ULUSLARARASI GÖÇ VE ÇOCUKLAR
INTERNATIONAL MIGRATION AND CHILDREN

TRANSNATIONAL PRESS LONDON

Books by TPL

Uluslararası Göç ve Çocuklar - International Migration and Children
Market Efficiency and Long-run Price Leadership in the US Energy Market
Transferring Procedural Knowledge from Multinationals to Local Distributors in Saudi Arabia
International Operations, Innovation and Sustainability
Overeducated and Over Here
Image of Istanbul: Impact of ECOC 2010 on the city image
Women from North Move to South: Turkey's Female Movers from the Former Soviet Union Countries
Turkish Migration Policy
Conflict, Insecurity, and Mobility
Family and Human Capital in Turkish Migration
Little Turkey in Great Britain
Politics and Law in Turkish Migration
Turkish Migration, Identity and Integration

Journals by TPL

Migration Letters
Remittances Review
Göç Dergisi
Border Crossing
Journal of Gypsy Studies
Kurdish Studies
Transnational Marketing Journal

ULUSLARARASI GÖÇ VE ÇOCUKLAR
INTERNATIONAL MIGRATION AND CHILDREN

Editörler / Edited by:

Abulfez Süleymanov, Pelin Sönmez,

Fatma Demirbaş Ünver, Selami Mete Akbaba

TRANSNATIONAL PRESS LONDON

2017

ULUSLARARASI GÖÇ VE ÇOCUKLAR - INTERNATIONAL MIGRATION AND CHILDREN

Editörler / Edited by: Abulfez Süleymanov, Pelin Sönmez, Fatma Demirbaş Ünver, Selami Mete Akbaba

First Published in 2017 by TRANSNATIONAL PRESS LONDON in the United Kingdom, 12 Ridgeway Gardens, London, N6 5XR, UK.
www.tplondon.com

Paperback

ISBN: 978-1-910781-56-2

Cover Design: Gizem Çakır

www.tplondon.com

Bu proje Avrupa Birliği ve Türkiye Cumhuriyeti tarafından finanse edilmektedir.
This project is co-funded by the European Union and the Republic of Turkey

SURİYELİ MÜLTECİ ÇOCUKLARLA EL ELE

ULUSLARARASI GÖÇ VE ÇOCUK SEMPOZYUMU

17-18 KASIM 2016
09:00-17:00

ÜSKÜDAR ÜNİVERSİTESİ, MERKEZ YERLEŞKE
NERMİN TARHAN KONFERANS SALONU

http://gocvecocuk2016.uskudar.edu.tr/tr/   gocvecocuk2016@uskudar.edu.tr

SEMPOZYUM KONULARI

- Göç, Kültür ve Çocuk
- Göç ve Çocuk Suçluluğu
- Göç, Çocuk ve Sosyalleşme
- Çocuk Hakları ve Göç
- Göçün Çocuklar Üzerindeki Psikolojik Etkileri
- Göç ve Çocuk İşçiliği

- Sinema ve Edebiyatta Göçmen Çocuk Teması
- Kent ve Göçmen Çocuk
- Göçle Değişen Aile Yapısı ve Çocuk
- Göç, Kadın ve Çocuk
- İnsan Kaçakçılığı ve Çocuk
- Göç, Mekânsal Değişim ve Çocuk

ÖNEMLİ TARİHLER

Özetlerin Son Gönderim Tarihi	: 24 Ekim 2016
Kabul Edilen Özetlerin İlanı	: 1 Kasım 2016
Bildiri Metinlerinin Son Gönderim Tarihi	: 7 Kasım 2016
Programın İlanı	: 10 Kasım 2016

CFCU   HAGEV   CELPES   ÜSKÜDAR ÜNİVERSİTESİ

KATKILARIYLA

Contents

About the Editors | Editörler Hakkında

DOÇ.DR. ABÜLFEZ SÜLEYMANOV

1975 yılında Azerbaycan'ın Ucar ilçesinde doğdu. İlk, orta ve lise öğrenimini burada tamamladıktan sonra 1991 yılında Azerbaycan'dan ülkemize gelen ilk öğrenci grubunun içinde yer alarak İstanbul Üniversitesi Edebiyat Fakültesi Sosyoloji Bölümü'nde lisans eğitimine başladı. 1995 yılında lisans eğitimini tamamlamasının ardından İstanbul Üniversitesi İktisat Fakültesi Sosyal Yapı-Sosyal Değişme Anabilim dalında yüksek lisans yaptı. Buradan mezun olduktan sonra aynı yıl (1998) İstanbul Üniversitesi Edebiyat Fakültesi Sosyoloji Bölümünde doktora eğitimine başlayıp "Azerbaycan'ın Yakın Tarihinde Milli Kimlik Arayışlarının Sosyolojik İncelemesi" tezle doktor unvanını aldı. 2012 yılında yine Türkiye'de girmiş olduğu doçentlik sınavında başarılı olarak sosyoloji alanında bu ünvanı kazanmış oldu. Uzun süre Azerbaycan'ın çeşitli üniversiteleri ve bilim merkezlerinde bilimsel faaliyetlerde bulunan A. Süleymanov, halihazırda Üsküdar Üniversitesi İnsan ve Toplum Bilimleri Fakültesi Sosyoloji Bölüm Başkanı olarak akademik çalışmalarını sürdürmektedir. Aynı zamanda Türk Dünyası Sosyologlar Birliği başkan yardımcılığı ve Avrasya Sosyal Araştırmalar Merkezinin başkanlığı görevini yürüten A.Süleymanov'un aile, milli kimlik, göç, gençlik, çocuk üzerine yurt içi ve yurt dışında yayınlanmış çok sayıda çalışmaları bulunuyor.

Yrd. Doç. Dr. Pelin SÖNMEZ

2002 yılında Başkent Üniversitesi İktisadi İdari Bilimler Fakültesi Siyaset Bilimi ve Uluslararası İlişkiler Bölümü'nden mezun olmuştur. 2006 yılında Dokuz Eylül Üniversitesi Sosyal Bilimler Enstitüsü'nde Avrupa Birliği Anabilim dalında yüksek lisansını tamamlamıştır. Aynı yıl İstanbul Üniversitesi Sosyal Bilimler Enstitüsü Avrupa Birliği Anabilim dalında başladığı doktora programından 2014 yılında mezun olmuştur. 2014 yılından beri Nişantaşı Üniversitesi İktisadi İdari ve Sosyal Bilimler Fakültesi Uluslararası İlişkiler Bölümü'nde yardımcı doçent doktor olarak görev yapmaktadır. "Europe Seen Here and Elsewhere: Eurobroadmap Visions of Europe in the World", "Avrupa Birliği'nin Doğu Avrupa ve Batı Balkanlar Genişlemesi AB 36 Mümkün mü?", "Avrupa Birliği ve Üye Devletler AB 15 Üzerine Bir İnceleme", "Gender and Migration" başlıklı kitaplarda bölümler yazmıştır. *Ankara Avrupa Çalışmaları Dergisi, Dokuz Eylül Üniversitesi Sosyal Bilimler Enstitüsü Dergisi, Göç Dergisi* ve *Güvenlik Stratejileri Dergisi* gibi dergilerde makaleleri yayınlanmıştır. Halen Avrupa Birliği, siyasi entegrasyon, göç politikası ve kimlik alanlarında çalışmalarını yürütmektedir.

Fatma Demirbaş Ünver

1987 yılında Bursa'da doğdu. 2010 yılında lisans eğitimini Marmara Üniversitesi Fen Edebiyat Fakültesi Sosyoloji Bölümü'nde tamamladı. İstanbul Şehir Üniversitesi Kültürel Çalışmalar yüksek lisans programına kabul aldıktan sonra 2013 yılında İstanbul Şehir Üniversitesi Şehir Araştırmaları Merkezi'nde TÜBİTAK Projesi araştırma asistanı olarak görev aldı. "Taktik ve Stratejiler Bağlamında Sokakta Yaşayan Çocuklar" başlıklı yüksek lisans tezi üzerinde çalışmaktadır. Akademik ilgi alanları arasında gündelik hayat sosyolojisi, dezavantajlı gruplar, saha araştırmaları ve kent sosyolojisi bulunmaktadır. Üsküdar Üniversitesi Sosyoloji Bölümü'nde araştırma görevlisi olarak çalışmaktadır.

Selami Mete Akbaba

1991 yılında Erzurum'da dünyaya geldi, ilk ve orta öğrenimini bu şehirde tamamladı. Lisans eğitimini ODTÜ Uluslararası İlişkiler bölümünde 2015 Haziran'da tamamladı. "YTÜ Sosyoloji Bölümü'nde "Hukuktan Sosyal Teoriye Son Dönem Osmanlı Düşüncesi" başlıklı tezi üzerine çalışmalarını sürdürmektedir. Birçok dergide telif ve çeviri eserleri yayımlanmıştır."

Sempozyum Açılış Konuşmaları

Fırat POLAT
HAGEV Proje Koordinatörü

Sayın rektörüm, sayın başkanım, sayın vakıf başkanım, değerli yönetim kurulu üyelerimiz, çok kıymetli hocalarım ve değerli katılımcılar; Dördüncü Dönem Sivil Toplum Diyaloğu Hibe Programı kapsamında Avrupa Birliği ve Türkiye Cumhuriyeti tarafından finanse edilen "Suriyeli Mülteci Çocuklarla El Ele Projesi" Uluslararası Göç ve Çocuk Sempozyumu'na hoşgeldiniz. Suriyeli mülteci çocuklarla el ele projesi 2016 yılının Şubat ayında uygulanmaya başlanmıştır. Suriyeli mülteci çocuklarla el ele projesi mülteciler arasında Avrupa Birliği ve Türkiye özelinde çalışan kurumlar arasında işbirliğini arttırmayı Suriyeli mülteci çocukların entegrasyon süreçlerine katkı sağlamayı ve Suriyeli mülteci çocukların eğitimi için Avrupa Birliği özelinde doğru eğitim modellerinin geliştirilmesini amaçlamaktadır. Projemiz kapsamında, bugüne kadar birçok faaliyetimiz oldu. Özellikle Sultanbeyli bölgesinde Sultanbeyli Belediyesi'nin de katkılarıyla hem Suriyeli hem de Türk ailelere mültecilerin son durumu, Türk ailelerinin mülteciler hakkında neler düşündüğüyle ilgili bir araştırma çalışması yapıldı. Bu araştırma çalışmasının raporları önümüzdeki günlerde sizlerle de paylaşılacaktır. Bunun dışında yurtdışında, İtalya Palermo'da ve Finlandiya Helsinki'de en iyi eğitim metodlarının mülteciler üzerinde uygulanan ve başarılı olmuş eğitim metodlarının öğrenilmesi amacıyla da iki tane saha ziyareti gerçekleştirildi.

Bugün de projemiz kapsamında İstanbul sempozyumunu gerçekleştiriyoruz. Önümüzdeki dönemde de ve halihazırda da başlamış olan bir faaliyetimiz daha var. Biz çocuklara dokunmak istiyoruz bu kapsamda da çocuklarımıza Türk ve Suriyeli çocuklarımıza drama eğitimleri veriyoruz. Onların kişisel gelişimlerine katkıda bulunmak amacıyla. Umut ediyoruz ki onunla ilgili olarakta en geç iki ay sonrasında birlikte yine bir final organizasyonunu el ele bitireceğiz. Ben sözü çok fazla uzatmak istemiyorum. Sadece şunu bilmenizi isterim ki, bu sorun, Suriye'ye ait bir sorun değil, bu sorun Türkiye'ye ait bir sorun, bu sorun insanlığa ait bir sorun. Umut ediyorum ki bu sorunun altında hep birlikte başarıyla kalkarız.

Benim özellikle teşekkür etmek istediğim bazı kişiler var izninizle. Siz değerli katılımcıların huzurunda özellikle Üsküdar Üniversitesi'nin çok kıymetli rektörüne, hocalarına ve yönetimine, vakfımızın kıymetli başkanı Abdurrahman Üstün Beyefendi'ye, mülteci sorununu ortaya çıktığından bu yana hayırlarını esirgemeyen ve proje süresince de bizlere destek olan Eminevim yönetim kurulu başkanı sayın Emin Üstün'e, Suriyeli yetim çocuklarımızla ilgilenen kreşimizin öğretmenlerine, vakıftaki ve üniversitedeki çalışma arkadaşlarıma, proje ortağımız Musa Kırkar beyefendi'ye, hem hocam hem de çalışma arkadaşlarım olan ve bu konuda beni gururlandıran Abulfez Süleymanov ve Pelin Sönmez Hocalarıma, bununla birlikte de projemizin uygulanmasında en büyük pay sahibi olan kendi öz çocuklarından ayırmayan yetim çocuklarımızı sahiplenen sayın Pınar Üstün Hanımefendi'ye huzurlarınızda teşekkürü bir borç biliyorum. Bizleri teşriflerinizle onurlandırdığınız için de hepinize ayrıca teşekkür ediyorum. Umut ediyorum ki bu hem bizler için hem de sizler için çok faydalı olur. Hepinize katkılarınızdan dolayı çok teşekkür ederim, saygılar sunarım.

Ahmet OKUR

Aile ve Sosyal Politikalar Bakanlığı, Çocuk Hizmetleri Genel Müdürü

Sayın rektörüm, rektör yardımcım, kıymetli hocalarım, sivil toplum kuruluşlarının değerli temsilcileri, eski genel müdürüm, sevgili hocam, kıymetli arkadaşlar, sevgili öğrenciler, hepinizi saygıyla selamlıyorum, hoşgeldiniz. Aile ve Sosyal Politikalar Bakanlığı Çocuk Hizmetleri Genel Müdürlüğü'nün burada çalışmalarını anlatacak değilim. Zaten bir kısmını biliyorsunuz. Çok güzel çalışmalara imza atıyoruz. Bunları, sevgi temelinde kadim medeniyetimizin öngördüğü şekilde, insan hakları temelinde, çocuk hakları beyannamesine uygun bir şekilde gerçekleştirmeye çalışıyoruz. Hizmetlerimizi verirken, ben hep söylüyorum; Suriyeli çocuklar, Somalili çocuklar olarak asla ayırmıyoruz. Biz kendi çocuklarımıza nasıl hizmet veriyorsak, hangi ortamlarda ne şekilde bakıyor, koruyor, kollamaya çalışıyorsak, Suriyeli çocuklarımıza, Somalili, Afgan vb. çocuklarımıza da aynı şekilde hizmet vermeye çalışıyoruz. Hizmetlerimizi insan onur ve vakarına yakışır şekilde yerine getirmeye çalışıyoruz. Hizmet verirken biz de bu organizasyonda olduğu gibi, tüm sektörleri bir araya getirerek ilgili tüm kamu kurum ve kuruluşlarıyla işbirliği içerisinde ve özellikle sivil toplumun desteğini de alarak hizmet vermeye çalışıyoruz.

Buradan bir örnek vermeden sözümü bitirmek istemiyorum. Daha geçen hafta Suriyeli sığınmacıların kaldığı Gaziantep'te sadece kampın birinde başladık, diğer kamplarda da yapılacak ve oradan bizim şehirlerimize de inşallah yaygınlaştıracağız. Çocuk oyunları federasyonumuz var. Bir sivil toplum kuruluşu, çok güzel çalışmaları var. Geleneksel çocuk oyunlarını gündeme getiriyorlar. Örneğin; seksek, mendil kapmaca, halat oyunu, çelik çomak gibi bizim küçüklüğümüzde oynadığımız şimdi belki çocuklarınızın fırsat bulamadığı ama sadece ismini duydukları oyunlar. Bu oyunları gündeme getirerek, Gaziantep'te bir oyun alanı inşa ettik. Çocuk oyunları federasyonumuzla birlikte. Yaklaşık yirmi beş takım kurduk, Suriyeli çocuklardan oluşan, cıvıl cıvıl çok güzel bir ortamdı, alanın açılışını yaptık. Futbol sahasından daha küçük bir alan bu. Çocuklar hazırlanmışlar, yirmi beş takım kurmuşlar. Her bir takım en az 10'ar kişiden oluşuyor. Hem içinde yaşadıkları toplumun kültürüne uymak ya da o kültürü öğrenmek ve iyi bir zaman geçirmek açısından faydalı olacağını düşündüğümüz bir çalışma. Bu çalışmayı yaygınlaştıracağımızı da ifade ediyorum. Bunun gibi daha birçok çalışmamız var. Bakanlık olarak, çocuk hizmetleri genel müdürlüğü olarak koruyucu aile hizmeti, sosyo-ekonomik destek hizmeti, korunmaya muhtaç ise ona yönelik hizmetlerden Suriyeli çocuklarımızı da faydalandırdığımızı, onları da tekrar ediyorum bizim çocuklarımızdan ayırmadan, onlara da hizmet verdiğimizi, şu an sadece çocuk destek merkezi bağlamında 8 tane çocuk destek merkezimizi Suriyeli çocuklara, sığınmacı çocuklara, ayırmış bulunuyoruz. Bu çocuklarımızın bolca bulunduğu şehirlerde bu hizmeti yaygın bir şekilde vermeye çalışıyoruz. Bununla ilgili daha detaylı çalışmalarımız da var.

Ben bu çalışmanın, bu sempozyumun hayırlı olmasını diliyorum. Çocuklarımız açısından hayırlar getirmesini diliyorum. Sempozyumda biz takip edeceğiz bakanlık olarak çıktıları alıp uygulamaya çalışacağız bunu ifade etmek istiyorum. Emek veren herkese, tüm hocalarıma başta Üsküdar Üniversitemiz sevgili Nevzat hocam ki bizim çalışmalarımızdan korunmaya muhtaç çocuklarımızın korunması yönelik çalışmalarımızda çok emeği vardır. Ve bu emeği şimdi görüyorum ki üniversite gençliğine de taşıyor. Emeği olan diğer sivil toplum kuruluşlarına, yurtdışından gelen misafirlerimize çok teşekkür ediyorum, sağ olun.

Doç. Dr. Abulfez SÜLEYMANOV
Sempozyum Düzenleme Kurulu Başkanı, Üsküdar Üniversitesi

Sayın rektörüm, protokolün saygı değer üyeleri, değerli öğretim üyesi arkadaşlarım, değerli katılımcılar, muhterem hanımefendiler, beyefendiler, basınımızın mümtaz temsilcileri ve sevgili öğrencilerimiz; Avrupa Birliği ve Türkiye Cumhuriyeti tarafından ortaklaşa finanse edilen Dördüncü Dönem Sivil Toplum Diyaloğu Hibe Programı'nın, Üsküdar Üniversitesi, Hacı Habibullah Geredevi Vakfı (HAGEV) ve CEIPES (İtalya) ortaklığında yürütülen "Suriyeli Mülteci Çocuklarla El Ele" proje kapsamında gerçekleştirdiğimiz "Uluslararası Çocuk ve Göç Sempozyumuna" hoş geldiniz!

Bilindiği gibi 17-20 Kasım tüm dünyada Çocuk Hakları Günü olarak kutlanıyor. Çocukların eğitim, sağlık, barınma haklarının korunması, fiziksel, psikolojik ve cinsel istismara karşı kanuni ve ahlaki olarak korunması yani özetle "çocuk hakları" olarak belirlenen kavram evrensel bir kavramdır. Ancak maalesef bugün dünya üzerinde çocukların mağduriyeti ve çocuk haklarının ihlali günden güne arttığı bir dönemden geçiyoruz. Bugün, en temel insan haklarından sayılan sağlıklı yaşam hakkı, eğitim hakkı, vatandaşlık, sağlık ve eğitimde fırsat eşitliği gibi haklar, her ne kadar kanunlarla koruma altına alınmış olsa da, çocukların durumu tüm bu hak alanlarında ciddi sorunlarla karşı karşıya. Birçok ülkede çocuk hakları hususunda mevcut zorluklara birde göçün getirmiş olduğu zorluklar eklenmiştir. Nitekim bugün dünyada hemen hemen 50 milyon çocuk köklerinden koparılmış durumdadır. Bu çocukların 28 milyonu hiçbir paylarının olmadığı çatışmaların etkisiyle evlerini terk etmek zorunda kalmış ve daha milyonlarcası da daha iyi, daha güvenli bir yaşam için yollara düşmüştür. Kaçtıkları çatışmaların ve şiddetin travmasını yaşayan çocuklar göç yollarında geçişleri sırasında denizde boğulma, kötü beslenme, aşırı su kaybı, insan tacirlerinin eline düşme, kaçırılma, tecavüz ve hatta cinayet gibi çeşitli tehlikelerle karşılaşmaktadır. Çocuklar, geçiş yaptıkları ve sonunda ulaştıkları ülkelerde de çoğu kez yabancı düşmanlığının ve ayrımcılığın hedefi olmaktadır. Mülteci çocukların, mağduriyeti ülkelerini terk ettikten sonra da devam etmekte, sığındıkları ülkelerde sömürü, fiziksel istismar, eğitim hakkına erişememe, cinsel şiddet gibi sorunlarla karşı karşıya kalmaktadırlar.

Türkiye stratejik konumu nedeniyle son dönemin en çok sayıda mülteciye ev sahipliği yapan ve bu sebeple de dünyada en fazla çocuk mülteci barındıran ülkesi konumundadır. Şu hususun altını özellikle çizmemiz gerekir: mülteci sorunu karşısında dünya ülkelerinin sorumluluk almaktan kaçındığı bir dönemde tüm ağırlığına rağmen Türkiye devleti ve halkı hep çözüm odaklı davrandı ve inisiyatif almaktan hiçbir zaman kaçınmadı. Bu aynı zamanda bu coğrafyada kardeşlik bağları ve tarihsel birlikteliğin doğrultusunda üzerlerine yüklediği sorumluluğun farkında olmasının bir göstergesidir. Biz göç meselesini tanımlarken göçün nedenlerini iyi analiz etmeyi, aynı zamanda insani bir perspektiften olaylara yaklaşmayı yeğliyoruz. Bu nedenle göçün getirdiği zorlukları tanımlamak, bu durumu bir de çocukları ilgilendiren boyutuyla anlamaya çalışmak ve gerekeni yapma duyarlılığı içerisinde olmak hepimizin görevidir. Bu sempozyum böyle bir gereksinimden doğmuştur.

Sempozyum programının kapsayıcı olması için ülkemizdeki ve yurtdışındaki üniversitelerde ve sivil kuruluşlarının deneyimlerinden azami derecede yararlanmak istedik. Mülteci çocukların eğitim, çalışma, sağlık, hukuk sorunları ve gittikleri ülkeye entegre olabilme sorunları sempozyum kapsamında iki gün süresince yoğun içerikli 8 farklı oturumda Türkiye'den ve yurtdışından gelen bilim adamları, resmi kurumların temsilcileri ve sivil toplum kuruluşları temsilcileri tarafından değerlendirilecektir. Çocuk ve göç konusu sosyolojik, psikoloji, hukuk ve felsefe disiplinleri açısından ele alınacaktır.

Bu tür etkinliklerde sunumlarını gerçekleştirecek konuşmacılarımızın katkıları her türlü takdirin üzerindedir. 8 farklı ülkeden 40 meslektaşımız serbest bildiri ile sempozyumuza katılmaktadır, onların her birine teşekkür ediyoruz. Genç meslektaşlarımız da programda yer alsın istedik. Bu amaçla genç meslektaşlarımızın da aktif olarak bilimsel programda yer alabilmesi ve sahip olduğu bilgileri paylaşabilmeleri için oturumlarda onların sunumlarına yer ayırdık. Sempozyumun sonunda sunulan bildiriler bir kitap haline getirilerek elde edilen çıktılar daha geniş kitlelere ulaşımı sağlanacaktır. Temennimiz sempozyum esnasında farklı fikirlerin sunumundan yeni hakikatlerin doğması, belirlenmiş öncelikler ışığında uygulanabilir ve sürdürülebilir çıktıların alınmasıdır. Minik Aylan ve Ümran gibi bir trajedinin bir daha yaşanmaması en büyük dileğimizdir. Bu doğrultuda verdiğimiz mesajların ilgili tüm muhataplara açık ve net şekilde ulaşacağına inanıyorum.

Yine bu sempozyum süresince değerli dinleyicilerin katılımları, bilgi olarak fikir olarak, konuşmacılarla aktif görüşmelere, diyaloglara girerek, yine sonuçta eğer aksayan yönlerimiz veya açık bırakılmış yönlerimiz varsa, onları değerlendirerek, yine bize yol göstereceğimiz çok önemli bir çıktı olacaktır.

Doğu'yu Batı'ya bağlayan en önemli merkezlerden biri olan İstanbul'da ve Türkiye'nin insani değerleri daim önde tutan üniversitelerinden biri olan Üsküdar Üniversitesi'nde böylesine bir etkinliğin düzenlenmesi son derece manidar. Bu sempozyumun gerçekleşmesinde destek olan kişi ve kurumlara teşekkür etmek istiyorum. Bu bağlamda bu tür etkinlikleri daim teşvik eden ve destekleyen Üsküdar Üniversitesi'nin kurucu rektörü sayın Prof. Dr. Nevzat Tarhan'a, üniversite yönetimine, projeyi destekleyen AB Bakanlığına, HAGEV'in değerli yönetimine, yabancı ortaklarımızdan CİEPES'a, Bilim ve Düzenlenme Kurulu'nda yer alan hocalarıma, genç arkadaşlarıma teşekkürlerimi sunuyor, sempozyumumuzun başarılı geçmesini diliyorum.

Prof. Dr. Nevzat TARHAN
Üsküdar Üniversitesi Rektörü

Hagev vakfının değerli başkanı, sayın genel müdürüm, Avrupa Birliği Bakanlığı temsilcileri ve İtalya'dan gelen misafirlerimiz, basınımızın değerli mensupları, değerli katılımcılar hepiniz hoş geldiniz. Bu proje şu açıdan önemli bir proje: hem Avrupa Birliği projesi, bakanlığın açtığı çağrı üzerine oluşturulmuş proje, hem üniversitenin ortak olduğu bir proje aynı zamanda toplumda kurbanlar ve mağdurlar var. Suriyeli göçmenler var, onlarla ilgili bir proje ve bu proje birçok insanın hayatına dokundu. Birçok çocuğun hayatına dokundu ve bunun meyveleri ilerde ortaya çıkacak. Böyle bir proje gönüllülük de isteyen bir proje. Emeği geçen herkese bütün genç arkadaşlara, bunun için gece gündüz çalışanlara, proje çıksın diye çırpınan herkese teşekkür ediyorum.

Proje özellikle Suriyeli mülteciler, ister mülteci ister sığınmacı diyelim, ister yerinden edilmiş insanlar diyelim. Bu sosyal bir olay, bir travma yaşandı bir afettir bu hatta biz afet ve acil psikiyatri ile ilgili birimlerde afet ikiye ayrılır. Birincisi doğal afetler. Mesela tsunami doğal afetti. Endonezya'da 300.000 kişi öldü. Bir de insan eliyle oluşturulan afetler var. Bu Suriye insan eliyle oluşturulan bir afet. Burada son rakamlara göre, yanlış bilmiyorsam 600.000 kişinin öldüğü söyleniyor ama bir o kadar da, mülteci daha fazla 3-4 milyon civarında mülteci var. Büyük çoğunluğu Türkiye, Ürdün, Almanya'da da 1 milyon civarında var, savrulmuş bir toplum sosyal bir tsunamidir bu. Bunun da en çok kurbanları hastalar zayıflar ve yaşlılar oluyor kurbanları... Şimdi burada insanlar mülteci krizi olduktan sonra hep şunları soruyorlar ve hep duyuyoruz da: peki biz bu insanlarla ekmeğimizi niye paylaşalım niye mecbur muyuz bir faydası yok ki bize? Bir çıkarımız yok ki bize niye yapalım? Kapitalist ahlakın yaklaşımlarını soruyorlar yani özellikle gençleri anlamak da zor. Yeni bu Y kuşağı gençlik, buna ayırdığımız zaman ve kaynak, kaynak israfıdır tarzında düşünülüyor.

Ben onlara şunu söylüyorum insanlık zaman zaman dönemler ve sınavlardan geçer. Nasıl ki insan hayatında sınavlar vardır bu da bir insanlık sınavıdır. Bu insanlık sınavında insanlar ikiye ayrılır dezavantajlılar ve avantajlılar. Dezavantajlılar bu olayda yaşanan krizi fırsata dönüştürmeye çalışır. Ya da tahammül eder sabreder ve bu şekilde o krizden kazanımla çıkmaya çalışır. Avantajlılar da böyle durumlarda insanlık sınavını daha çok yaşıyorlar. Ve yardım edip etmemeyle sınanıyorlar. Böyle durumlarda bir hastaya yani düşen birisine yaralı birisine yardım etmeden önünden nasıl geçiyorsanız, toplumu rasyonalize etmek için psikiyatrik yaklaşımda bir toplumun yüzde 50'si dezavantajlıdır genellikle. Yüzde 50'si çalışır diğer yüzde 50'sinin bakımı vardır. Hastalar çocuklar yaşlılar işte dezavantajlı insanlar. Dezavantajlı insanlar kendilerini güvende hissederse avantajlı insanlar geleceği güvende olur. O anda bir hasta bir mağdur eğer "tedavi edilemeyeceğim, bana bakılmayacak" diye düşünüyorsa bir toplumda, o toplumda huzur olmaz o toplum bir süre sonra dağılır. Bu nedenle dezavantajlı insanlara bakmak zaten her şeyi yolunda giden avantajlı insanların görevidir, sorumluluğudur, sosyal sorumluluğudur. Bu bir ülke için geçerli olduğu gibi, bütün dünya için de geçerli.

Dünyada gelişmiş ülkelere bakıyoruz; bizim gelişmiş olarak gördüğümüz Batı dünyasına bakıyoruz. Bu sınavı ciddi olarak kaybettiler. Mesela İngiltere hiç kimseyi almıyor. Amerika belgesiz olanları çıkarma kararı aldı. Bu son derece bencilce bir şey ve eğer 3. Dünya Savaşı çıkarsa, bu yüzden çıkacaktır. Yani bu derece insanlığı yok sayan bir durum. Hiçbir sosyal dinamik bunu tolere edemez. Şimdi ben empati öğretmeye çalışıyorum, böyle düşünen kişilere, gençlere, insanlara... Sizin mahallenizde birisi açlıktan ölüyor olsa kıvranıyor olsa sokakta kalsa ona yardım etmek istemez misiniz? Bir düşünün... Bana ne benim ilgim değil devlet ilgilensin diyenler oluyor böyle durumlarda... Eğer senin başına gelse ve devlet de ilgilenemiyor olsa sen ortada kalsan hissedersin?

Bir diğeri de aslında biz bunun canlı bir örneğini yaşadık. Türkiye de biliyorsunuz 15 Temmuz sürecinde Türkiye kantonlara ayrılacaktı. Ve burada bir grup Rusyalıları çağıracaktı, bir grup Amerikalıları yakalayacaktı. Ve biz şu anda Suriye gibi bir göç yasayacaktık. Eğer böyle bi durum gerçekleşseydi bir komşu ülke bizi çağırsaydı ne kadar sevinirdik ne kadar çocuklarımız mağdurlarımız güvende hissederdi kendini. Bunu imajinasyonla yaşamak gerekir. Bu tarz yardımların faydası kısa vadede olmuyor. Kısa vadede kaynak kaybediyorsunuz ama uzun vadede o size geri dönüyor. Ve bunun tarihteki örnekleri de var. Hatta Gandi'ye soruyorlar "ya sen tek başınasın nasıl İngilizlere karsı gelebiliyorsun yanında silah yok ordu yok" o da diyor ki "yanında Allah olan kimse yalnız değildir tek başına bir ordudur". Ve bu şekilde sivil itaatsizlik hareketiyle o dönemdeki sivil direnişi harekete geçiriyor. Ve Gandi'ye soruyorlar "sen bunu neye güvenerek yaptın?" "Ben geçmişe tarihe baktım" diyor "bu şekilde doğrulara inanan kişiler kısa vadede kazanmıyorlar ama orta vadede ve uzun vadede kazanıyorlar diyor ve ben de buna güvenerek yaptım diyor" ve yapıyor. Ve aynı şekilde de burada da bu mültecilere yardım etmek orta vadede ve uzun vadede tarihe baktığımız zaman hep yardım edene kazanımla dönmüştür. Biz burada ülke olarak da zaten biz bir şey kaybetmiyoruz sadece orta uzun vadeli insanlık yatırımı yapıyoruz. Ve bunun örneğini Osmanlı almıştır. Bir Japon arkadaşımız anlatıyor: Çinliler bizden nefret ediyor, niye Osmanlı'da bu kadar büyük bir coğrafyaya hâkim olmuştur. Merak ediyorum diyor. Arkadaşın verdiği cevap tarihinize bakın diyor. Çünkü Japonlar Çin'i işgal ettiklerinde herkesi kesmişler çoluk çocuk zulüm etmişler. Nefret oluşmuş Çin de Japonlara karsı. Ama Osmanlı öyle yapmamış yoksula yardım etmiş, mağdura muhtaca yardım etmiş ve bu şekilde bir yardım nedeniyle o İmparatorluk da... Mesela Filistinli bir taburla idare etmiş, niye, adaletli davrandığı için, niye, oradaki kendi çocuğuyla mağdur bir çocuğu ayırmadığı için yapmış. Biz de Türkiye olarak iyi bir sınavdan geçiyoruz. Bu nedenle devlet gençlere sahip çıkıyor. Ayrıca toplum da sahip çıkıyor. Halk da sahip çıkıyor. Çoğu devlet bakımının kontrolünde komşuluk ilişkileriyle yardımla tolere ediliyor toplum. Bu yardım gelecekte meyvesini verecektir. Bu nedenle bu vesileyle bunları söylemek istedim ve emeği geçen herkese bu güzel projede daha yaygın daha fazla, belki biz 50-100 çocuğa dokunabildik ama, daha çok aileye dokunabilecek projelerle, bu proje bittikten sonra devamını yaptırmakta fayda var. Bakanlığımızın yetkililerinin bu nedenle bu güzel projeyi sürdürülebilir hale getirmesinde fayda var.

Teşekkür ediyorum.

Anahtar Konuşma
İnsani Güvenlik Ekseninde Çocuklar ve Göç

Prof. Dr. İbrahim SİRKECİ
Regent's University London, Birleşik Krallık

17-18 Kasım 2016 tarihinde Üsküdar Üniversitesi'nde düzenlenen *Suriyeli Mülteci Çocuklarla Elele, Uluslararası Göç ve Çocuk Sempozyumu* dünyanın özellikle göç ve yabancılara ilişkin tutum olarak olumsuz örneklerle sarsıldığı bir döneme denk gelen önemli bir proje ile mülteci çocuklara dikkat çekmesi nedeniyle özel bir öneme sahip. Türkiye de, pek çok konuda olduğu gibi nüfus hareketleri ve göç açısından da bir dönüm noktasında. Suriye krizi, Orta Doğu'daki genel savaş hali ve başarısız darbe girişiminin sonuçları itibariyle hızla bir göç ülkesi olarak dinamiklerin değiştiği bir noktadadır. Bu yeni durumda göçmenlerin, göçün ve göç etmeyenlerin birlikte değerlendirilmesi gerekiyor. Göç edenlerin, özellikle Suriye gibi savaş halindeki ülkelerden gelen göçmenlerin uzun süre kalacaklarını bilerek, iki yönlü işlemesi gereken uyum sürecine önem verilmesi ve bunu yaparken de özellikle hassas nüfuslara dikkat edilmesi gerekiyor.

Bugün hemen herkesin hem fikir olduğu ama 1990'lardan itibaren yazdığım ve söylediğim bir gerçeğin yeniden altını çizmeli: Türkiye her zaman bir göç ülkesiydi ve maalesef, yakın geçmişinde ve kuruluşunda yoğun göçler yaşayan bir ülke olmasına karşın, göç meselesinin önemini yeni yeni kavramaya başlayan bir ülke.

2015 ve 2016 yıllarında uzun uzun göçmenleri ve mültecileri tartıştık ve pek sıkça 'en büyük kriz' sözlerini duyduk. Dünyanın ve Türkiye'nin içinde bulunduğu coğrafyanın ağır bir krizden geçtiği ortada. Ancak bunun en büyük göç krizi olduğunu söylemek için hem henüz erken hem de elimizde yeterli kanıt yok. Çünkü yakın ve uzak geçmişte, hem Türkiye'de hem de dünyanın başka ülkelerinde, oransal olarak çok daha büyük nüfus hareketlerine şahit olduk.

Kurtuluş savaşı öncesinde ve sonrasında yaşanan zorunlu göçler oransal olarak ülke nüfusunun neredeyse altıda birine tekabül ediyordu. Bugünkü nüfusla oranlarsak, bu 13 milyon dolayında mülteci eder. Savaş yorgunu ve yoksul bir ülke için bu külfetin ne kadar ağır olduğunu da tahmin edebiliriz.

Yine 45 milyonluk Türkiye'nin 1980'lerin sonunda Bulgaristan ve Irak'tan gelen, toplamda bir milyona yakın mülteciye -geçici de olsa- ev sahipliği yaptığını da hatırlayalım. Bir anlamda, farkında olmadan, Türkiye'nin, yıllardır bugünkü Suriyeli göçmen krizine hazırlanmakta olduğunu düşünebiliriz.

Suriyelilerle birlikte en azından 300 bin dolayında başka sığınmacının da ülkede bulunduğunu Göç İdaresi ve Birleşmiş Milletler Mülteciler Yüksek Komiserliği verilerinde anlıyoruz (Sirkeci, 2017: 128).

Ancak Türkiye'nin bugünkü göç ve göçmen meselesi bunların yanında izinli ve izinsiz olarak Türkiye'de yaşayan yabancı uyrukluları ve yabancı doğumluları da kapsıyor.

Bunların içinde çok sayıda yurtdışı doğumlu Türk vatandaşı da mevcut. Bir o kadar da geri dönmüş göçmen var (Bakınız, Sirkeci & Zeyneloglu, 2014).

Sınır istatistiklerinin içsel sorunlarını ve kayıt deseni ve toplama sürecindeki sorunlarını bir kenara bırakırsak, Türkiye'ye gelen gidenlerin sayıları hareketliliğin artışını ve boyutunu anlamamıza yardımcı olabilir. *Turizm Bakanlığı* bunları düzenli olarak yayınlıyor. Son yıllarda *Göç İdaresi Genel Müdürlüğü* de bu alana bir çeki düzen vermeye çalıştı (bkz. Sirkeci & Pusch, 2016). Bu kayıtlara baktığımızda Türkiye'ye giriş yapan insan sayısının 1990'lardan itibaren 20 yıllık dönemde giderek arttığını ve toplamda 6 milyondan fazla bir bakiye nüfusun oluştuğunu görebiliriz (Sirkeci & Martin, 2014). Bunların, kayıtlardaki sorunları hatırlayarak ve temkinli olmakla birlikte, ülkeye giriş yapmış ancak çıkış yapmamış görünen kişiler olduğunu söyleyebiliriz.

Yukarıdaki farklı grupları, Almancılar, kaçak göçmenler, mülteciler vs. Türkiye'nin siyasi ve ekonomik göstergeleri ile birlikte düşündüğümüzde kabaca yüzde 5 kadar göçmen nüfus olması gerektiği kanaatine varıyoruz. Bugün, son yıllarda başta Suriye'den gelmiş olan kitlesel akınları, mültecileri ve düzensiz göçmenleri dikkate alarak bu sayının biraz daha yukarıda olduğunu düşünebiliriz.

Sempozyumda çocuklarla ilgili konular tartışmaların eksenini oluşturdu. En önemli konuların başında ise eğitim geliyor. Suriyeli çocukların önemli bir kısmına maalesef okul sağlanamadığını biliyoruz. Türkçe bilen ve kolayca öğrenen bir nüfusun varlığı uyum açısından avantaj olsa bile alt yapınızın bu süreci destekler düzeyde olması gerekir.

Çatışma ve göç
Dünya'daki genel duruma bakarsak tarihsel olarak da bugün de insanların ekseriyetle bir çatışma, bir gerilim veya bir rahatsızlık üzerine göç ettiğini görüyoruz. Dünyadan çeşitli örneklere dayanarak geliştirmiş olduğumuz çatışma ve göç kültürleri modeli bunu açıklamayı hedefliyor (Sirkeci, 2009; Sirkeci & Cohen, 2016; Cohen & Sirkeci, 2011).

Burada savaşların silahlı çatışmaların ötesinde bireylerin veya grupların hissettikleri, algıladıkları insani güvensizlik ortamına vurgu yapıyoruz. İnsani güvensizlik maddi ve/veya manevi olarak kendini gösterebilir. Bu algının kişiden kişiye ve gruptan gruba değiştiğini de biliyoruz. Bunu etkileyen bir faktör de göç kültürünün varlığı yani geçmiş göç deneyimlerinin varlığı. Geçmiş göç deneyimleri göçün devamlılığını artıran bir unsur.

Dolayısıyla çatışma modelinde vurgu daha ziyade insanların köken ülke veya bölgelerindeki itici faktörler üzerine. Çünkü zorluklar, sıkıntılar yoksa kolay kolay göç de olmuyor. Algıdaki farklılıklar kısmen dünyada neden daha fazla göç olmadığını ve bazı bölgelerden neden herkesin değil ama sadece bazı kişi ve grupların göç ettiğini açıklıyor. Bunun detaylarını çeşitli çalışmalarımızda açıkladık ve yayınladık (bkz. Sirkeci, 2009; Cohen & Sirkeci, 2011). İç Savaş durumunda da dahi göç seçici bir biçimde işleyen bir süreçtir. Genel olarak genç ve sağlıklı erkeklerin göçe katılımının yüksek olduğunu biliyoruz. Ev ve bakım işleri sektöründe ise özellikle kadın göçmenler yoğun. Bu cinsiyet bazlı seçiciliğin ortadan kalktığı bir durum kitlesel mülteci akınları.

Çocuklar belki de nüfus hareketlerindeki tek 'zorunlu' göç edenler. Çoğu zaman göç kararında neredeyse söz hakkı olmayan tek grup. Çocuklar da normal göç akınlarında daha az temsil ediliyorlar ancak mülteci akınlarına katılımları genel olarak daha yüksek.

Şekil 1. Türkiye ve Suriye nüfus piramitleri.

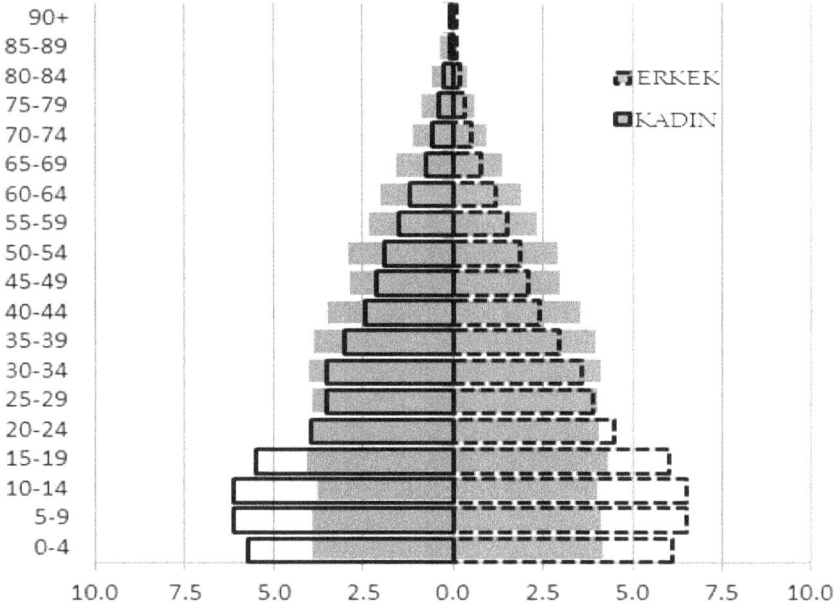

Kaynak: Birleşmiş Milletler

Suriye örneğinde de bunu görüyoruz. Burada Suriye'nin ve Suriyeli mültecilerin nüfus piramitlerini Türkiye'nin nüfus piramidi üzerinde görüyoruz. Demografik dönüşüm teorisi çerçevesinde, eğer hayatın normal akışına müdahale edilmemiş olsaydı Suriye nüfus yapısının 20-25 yıl zarfında Türkiye'ninkine benzeyeceğini tahmin edebilirdik. Ancak şimdi bu çok bilinmeyenli bir denklem.

Şekil 1'deki nüfus piramitlerinde Türkiye'ye (arkadaki renkli barlar) kıyasla Suriye nüfusunun (siyah çizgilerle belirtilen) çok genç bir nüfusu olduğunu görüyoruz. Suriye nüfusunda çocuk yaş gruplarının Türkiye'ye kıyasla yüzde 50 kadar daha büyük olduğunu görüyoruz. Şekil 2'deki Türkiye nüfusu ve Suriyeli mültecilerin piramitlerine baktığımızda Türkiye'ye gelenler arasında özellikle Suriyel kız çocuklarının ağırlıkta olduğunu görüyoruz. Adölasan erkek çocuklarının maalesef savaşa katılmış olma ihtimali bu grubun görece küçük olmasını açıklayabilir. 20-24 yaş grubunda Suriye nüfusu Türkiye ile aynı yapıda olmasına karşın mülteciler arasında bu grubun oranının neredeyse Türkiye'nin iki katı olduğu görülüyor.

Benzer şekilde 25-34 yaş gruplarında da göçe yüksek katılım söz konusu. Bunun nedenleri çeşitli olabilir ancak bu yaş grupları genel olarak göç hareketlerine en çok katılan gruplar (göçün seçiciliği için bkz. Findley, 1988; Greenwood, 1985; Stark & Taylor, 1989). İç savaş ortamında bunların, yani en yeterli ve göç kapasitesi yüksek olan grubun göç etmiş olmasını yadırgayamayız. Sonuçta daha önceki çalışmalarımıza göre iç savaş öncesinde de Suriye'de yurtdışına göç etme arzusunun yüzde 27 dolayında olduğunu tespit etmiştik (Sirkeci & Esipova, 2013: 9).

Şekil 2. Türkiye ve Türkiye'deki Suriyelilerin nüfus piramitleri.

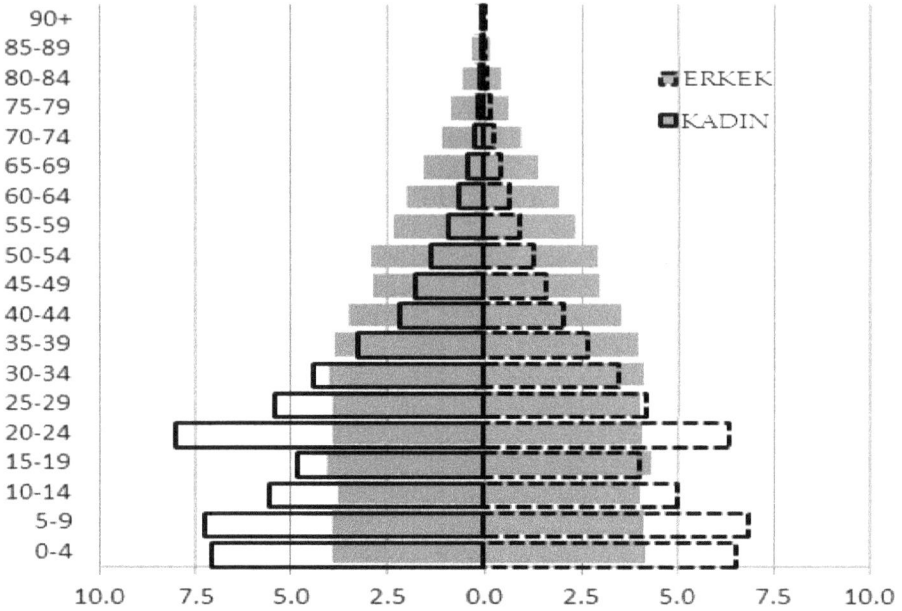

Kaynak: Birleşmiş Milletler

Göç ve Uyum
Özetle söylemek üstediğim göç meselesi kolayca bir kenara atılacak bir konu değil ve atılmamalı. Göç konusunda kısa vadede en önemli konu hassas grupların korunması ve uyum. Bu gruplar aileler, engelliler, yaşlılar ve tabii ki bugün konumuz olan çocuklar. Orta ve uzun vadede ise uyum süreçlerinin yönetimi en önemli siyaset ve planlama sorunu.

Uyum hep belirttiğimiz üzere iki yönlü bir süreçtir ve gelen göçmenlerin Türkiye'den etkilendikleri gibi göç etmeyen Türkiyelilerin de şu veya bu şekilde dönüştüğü karşılıklılık ilkesiyle yürür. Üç yıl kadar önce, henüz az sayıda Suriyeli gelmişken Celal Bayar Üniversitesi'nde bir konferansta 'Suriyelilerle yaşamaya alışın' demiştim. Bunu yayınlayan gazetelerde haberin altına yazılan yorumlardan pek dost kazanmadığımı maalesef gördüm. Bazı okurlar, Suriyelileri alıp İngiltere'ye götürmemi dahi istiyordu. İngiltere'ye gitmek isteyen ve giden Suriyeliler mutlaka vardır ve olacaktır ancak asıl mesele bugün daha da net bir şekilde karşımızda duruyor: Suriyelilerle yaşamaya alışmamız lazım.

Alışma meselesi sadece bu nüfusun varlığını kabul etme değil, uyumun hızlanması açısından onları anlamak, tanımak ve onların kültürlerini de öğrenmek anlamına geliyor. Her nekadar milli eğitim sistemimiz ve genel terbiyemiz ziyadesiyle Arap düşmanlığı içerse de (Turan, 2009; Yıldırım, 2014) Suriyeliler zannedildiği gibi çok farklı bir nüfus değil. Türkiye'nin hassas konusu olduğu için pek dile gelmeyen etnik nüfuslar meselesine baktığınızda öteden beri yüzde 3-5 dolayında bir Arap nüfusun

Türkiye'de hep var olduğunu görebilirsiniz. Bu Türkiye ve Suriyeli mülteciler açısından bir avantaj oldu. Bugün her 10 Suriyeliden sadece 1'i kamplarda yaşıyor. Geri kalanlar hemşerilik, dostluk ve akrabalık ağları ve göç ağları üzerinden ülkenin geneline dağınık biçimde yerleştiler (Sirkeci, 2017: 135-36). Ancak yine aynı bağlar nedeniyle ekseriyeti güneydeki sınır illerinde kalmaya devam ediyor. Bu sınır illerine yerleşmelerinin bir nedeni tabii ki Suriye'ye yakınlık ancak en önemli neden bu bölgelerde hısım akraba ve arkadaşların varlığı ve genel tanışıklık halidir. Bunu zincirleme göç önermesiyle de ilişkilendirebiliriz (bkz. Wilson, 1994).

Suriyelilerin uyum sürecini hızlandıran önemli bir başka unsur da Suriyelilerin önemli bir kısmının Türkçe konuşabiliyor olması. Sakız adası gibi Türkiye'ye yakın Yunan adalarında ve büyük şehirlerde sokakta gördüğünüz yetişkin veya çocuk pek çok Suriyelinin iyi bir Türkçe konuştuğunu görüyoruz. Ancak uyum sürecinde en az dil kadar önemli konuların başında siyasi katılımın önünün açılması ve işgücüne katılımın hızlandırılması geliyor. Bu iki alandaki sorunlar hem uyum sürecini baltalar ve Suriyelileri anaakım olanın dışına iter hem de toplumsal gerilimlerin artmasına yol açabilir.

Mülteci çocuklar ve eğitim

Türkiye açısından hazırlıksız olunan ve ciddi politikalar ve müdahaleler yapılması gereken nokta ise çocuk nüfusun eğitim imkanlarına kavuşması ve gerekli korumanın sağlanması. Suriyeli göçmenler arasında çocukların sayısının yüksek olduğunu yukarıdaki nüfus piramitlerinde gösterdik. Genel olarak Dünyada mülteci ve benzeri konumdaki nüfuslar içinde çocukların oranı yüzde 50'nin üzerinde. Türkiye'deki Suriyeliler arasında da en son 3 Kasım 2016 tarihli kayıtlar itibariyle bu oranın yüzde 54,2 dolayında olduğunu görüyoruz. Yani 3 Kasım itibariyle Türkiye'de bulunan 2,764,500 Suriyelinin 1,498,360'ı 0-17 yaş arası çocuk.

Suriyelilerin eğitim durumuna baktığımızda durum pek içaçıcı degil. Reuters (2016), AFAD'a atfen verdiği sayılarda kamp dışında kalan Suriyeli 6-11 yaş grubu çocukların sadece yüzde 15'inin okulda olduğunu duyururken, resmi kaynaklara atfen verilen sayılarla da okul çağındaki çocukların en azından yüzde 65'inin okula gitmediğinin altını çizdi.

Az önce piramitlerle gösterdiğimiz tabloya göre, her ne kadar Suriyeliler toplam nüfusun yüzde 3.5 kadarını oluşturuyorsa da okul çağındaki Suriyeliler, Türkiye'deki okul çağındaki çocuk sayısının yüzde 6'dan fazlasını oluşturuyor. Yani eğitim olanakları açısından ciddi bir kapasite artırımı gerekli. Türkiye'de ilk ve orta öğretimde ortalama sınıf başına 30 kadar öğrenci ve öğretmen başına 16-20 arası öğrenci düştüğünü dikkate alırsak bu 42 bin yeni derslik ve 80 bin dolayında öğretmen ihtiyacına işaret eder. Bu da önemli bir maliyet demek. Ancak, bu eğitim imkanlarını ve desteğin sunulamadığı durumda ise insani güvensizlik ortamı algısı güçlenebiliyor ve sistem dışı opsiyonlar gündeme gelebiliyor. Mülteci çocukların eğitim olanaklarına kavuştuktan sonra da konumlarına özel sorunları olabildiği ve ekstra desteğe gereksinim duyulacağını da unutmamak gerekiyor (Şeker & Sirkeci, 2015).

Mülteci çocuklar ve istismar riski

Çocuk istismarı mülteci çocukların durumu ve geleceği açısından ikinci en önemli alan ve Dünyanın bu konuda karnesi maalesef çok kötü. Bu alanda karnesi en kötü ülkelerden biri olan ABD'de çocuk istismarı oranı binde 9,2; 700 binden fazla çocuk istismara uğramış. Bunların 8,3'ü yani yaklaşık 60 bini cinsel istismara uğramış. Türkiye'de de maalesef bu sayılar çok yüksek. Türkiye İstatistik Kurumu'nun (TÜİK) 2014 istatistiklerine göre sadece cinsel istismara maruz kalmış çocuk sayısının 11bini geçtiğini ve güvenlik birimlerine getirilmiş çocuklar içinde de 141 bin mağdur çocuk olduğu görülüyor. Yine TÜİK verilerine göre Türkiye'deki evli kadınların yüzde 32 kadarının 18 yaşın altında evlendiğini dikkate alırsak çocuk istismarı riskinin korkutucu boyutlarda olduğunu düşünebiliriz. Dünya genelinde ve Türkiye'de özellikle cinsel istismarın genel olarak ekseriyetle rapor edilmediğini ve kayda geçmediğini düşünürsek bu istatistiklerin buz dağının ucunu gösterdiğini ifade edebiliriz.

Temel mesele sadece bu sayılar değil ancak bu deneyimin uzun vadede birey ve toplum açısından yaratabileceği olumsuz etkiler. Araştırmalar istismara uğramış çocukların geri kalan hayatlarında hem suça hem de daha fazla istismara açık olduğunu gösteriyor. Yine örneğin ABD cezaevlerindeki kadın mahkumların yüzde 36'sının çocukken istismara uğradığını görüyoruz.

Mülteci çocuklar ailelerini kaybetmiş olabiliyorlar, diğer mülteciler gibi arkadaşlarından okullarından ve çevrelerinden koparılmış olarak bu tarz suçlara maruz kalma riskleri artıyor. Son yıllarda, doğal olarak artan mülteci nüfusuna oranla, Çocuk İzleme Merkezlerine çok sayıda Suriyeli çocuğun da getirildiğini biliyoruz. Bu, bize bir hassas grup için insani güvensizlik ortamının pekiştirildiğini gösteriyor. İnsani güvensizlik ortamının pekişmesi göç baskısının da artması demek.

Sonuç yerine
Uluslararası göç bugün dünyanın en çok konuşulan konularından biridir ve yakın gelecekte de bunun değişmesi beklenmemeli. Göçmenlerin özellikle kriz dönemlerinde günah keçisi ilan edilmeleri yeni bir durum değil. Ancak ekonomik veya siyasi krizlerin temel nedeninin de göçmenler olmadığını biliyoruz. Aksine bu krizler göçü tetikleyen nedenlerdir. Bu olumsuz siyasi iklimde, göçmenlerin göç ettikleri ülkelerde ayrımcılık ve düşmanlığa maruz kalmaları maalesef artmıştır ve artacaktır. Türkiye gibi ülkelerin göçmenlere karşı daha insani bir tavır geliştirmeleri bu anlamda çok önemlidir. Bu insani olma hali sadece söylemde değil pratikte de gösterilebildiği oranda göçmen uyumu daha kolay sağlanabilir. Göçün ülkeleri her anlamda zenginleştirdiği ve bunun bir avantaj olduğunun altını çizmek göçmenlerin karıştığı müstesna olayların altını çizmekten daha daha önemli ve faydalı olacaktır.

Türkiye'nin bulunduğu coğrafya itibariyle çatışma temelli göçlere uzun süre maruz kalmaya devam edeceğini söyleyebiliriz. Türkiye'nin kendi içinde yaşayacağı sorunlar bu göçlerin kalıcı veya geçici olmasını belirleyecektir ve aynı şekilde Türk vatandaşlarının göçlerini de etkileyecektir. Yani ülkenin güvenli ülke olmak ile güvenliksiz ülke olmak arasında salınımı bölgesel durumla ilişkili olarak ulusal dinamiklerine bağlıdır. İnsani güvensizlik ortamı algısı arttıkça dışa göç eğilimi kuvvetlenecektir.

Yabancı düşmanlığı ve mültecilere yönelik saldırılar da insani güvensizlik ortamını artırır. Almanya ve diğer Avrupa ülkelerinde olduğu gibi Türkiye'de de Suriyelilere yönelik bazı saldırılar olduğunu basından takip edebiliyoruz (Yazgan & Tilbe, 2016). İnsan hakları gözleme grupları da bu yönde olaylar rapor ediyorlar. Özellikle nefret suçlarına yönelik yasal düzenlemelerin acilen yapılması bu alanda önemli bir adım oalcaktır.

Türkiye'nin göçmen uyumu konusunda acil bir eylem planına ihtiyacı var. Bizim başka ülke deneyimlerinden gördüğümüz, tüm siyasi risklerine karşın göçmenlerin siyasi, iktisadi ve cemiyet hayatına girişlerinin önündeki engeller kaldırıldığında uyum süreci hızlandırılabilir. Bu yönde yasal düzenlemeler hem Suriyelilere yönelik hem de Türkiyelilere yönelik farkındalık çalışmalarıyla da desteklenmelidir.

Çocukların ve mülteci çocukların konumu özel bir durum arzediyor. Yukarıda açıkladığımız üzere genö bir nüfusa sahip Suriye'den yine genç bir göçmen nüfus Türkiye'ye gelmiş durumda. Bu çocukların barınma, gıda ve eğitim hizmetleri açısından öncelikli desteklenmesi hem uyum açısından hem de Türkiye'nin insan kaynaklarına yatırımı açısından elzemdir. Aksi takdirde sorunlu ve yeni sorunlara gebe kuşaklar yaratılmasına yol açılabilir. Eğitim çalışmaları yanında çocukların korunmasına dair önlemlerin de alandaki uzmanların katkıları alınarak acil eylem planına dahil edilmesi gereklidir. Bu sadece mülteci çocukları için değil, Türkiye'nin tüm çocukları için gerekli bir adım olacaktır.

Göçmenlerin geçici olduğunu düşünmek gerçekçi değil. Dünyanın her yerinde bir yandan göç etmek, sınırları aşmak güçleşirken bir yandan da yerleşme göçlerinin arttığını görüyoruz. Türkiye'nin göç deneyimlerinin de benzer bir yol izleyeceğini tahmin ediyoruz. Sonuç itibariyle nasıl bugün en az 3 milyon dolayında Türkiyeli Almanya'da ikamet ediyorsa, bir o kadar Suriyeli'de çok uzun süre Türkiye'de yaşayacak ve muhtemelen yerleşecek. Bu noktada enerjimizin ve kaynakların yoğunlaşması gereken göçmenlerin ne zaman geri döneceği değil uyum politikaları ve uygulamaları olmalıdır. Gelen göçmenlerin hangi çatışma ortamından kaçtığını da unutmadan daha çok empati yapmaya ihtiyaç var.

Bu uzun süreli kalışlar için önümüzde pek çok neden var. Afganistan, Irak vb savaşların ve olumsuz etkilerinin çok uzun süre devam ettiğini dikkate alırsak Suriyelilerin durumun da o kadar geçici olmadığını anlarız. Doğru strateji, birlikte mutlu yaşamanın yollarını geliştirmek olacaktır.

Göçü anlamak ve uygun politikalar geliştirebilmek için önemli alanlardan birisi de bu konuda bilgi üretiminin teşvik edilmesidir. Bu anlamda son yıllarda, göç çalışmalarına artan bir ilginin varlığı çok değerli. Bir kaç yıl önce yayın hayatına başlayan *Göç Dergisi*'nin 2014 Ekim sayısında analiz ettiğimiz üzere göç konusuna bu artan ilgi sayılarla da ortada (Sirkeci & Yüceşahin, 2014). 5 yıldır düzenlediğimiz Uluslararası Göç Konferanslarına binden fazla akademisyen ve uzman katıldı. Geçen yıl Viyana'daki 4. Konferansta 400 dolayında katılımcı vardı (Martin & Sirkeci, 2016). Türkiye'den ve dünyanın başka ülkelerinden pek çok akademisyenle birlikte yürüttüğümüz çeşitli çalışmalarla bu yönde katkı sunmaya çalışıyoruz. Bu da Türkiye'nin ve Dünyanın göç meselesine dair bilgi ihtiyacının karşılanması açısından umut verici.

Başarılı bir sempozyum diliyorum. Teşekkürler.

Kaynakça

Cohen, J. & Sirkeci, I. (2011). *Cultures of Migration, the Global Nature of Contemporary Mobility*, Austin, USA: University of Texas Press.

Findley, S. E. (1988). The directionality and age selectivity of the health-migration relation: evidence from sequences of disability and mobility in the United States. *The International migration review*, *22*(3), 4.

Greenwood, M. J. (1985). Human migration: Theory, models, and empirical studies. *Journal of regional Science*, *25*(4), 521-544.

Reuters (2016). In Turkish sweatshops, Syrian refugee children sew to survive Reuters. http://www.reuters.com/investigates/special-report/assets/europe-migrants-turkey-children/PXP314.jpg?v=051606260716. Erişim: 15/11/2016.

Sirkeci, I. (2009). Transnational mobility and conflict. *Migration Letters*, 6(1): 3-14.

Sirkeci, I. (2017). Turkey's refugees, Syrians and refugees from Turkey: a country of insecurity. *Migration Letters*, 14(1), 127-144.

Sirkeci, I. and Cohen, J. H. (2016). Cultures of migration and conflict in contemporary human mobility in Turkey. *European Review*, 24(3): 381-396.

Sirkeci, I. and Esipova, N. (2013). "Turkish migration in Europe and desire to migrate to and from Turkey", *Border Crossing*, 3(1-2), pp.1-13. Available at: http://www.tplondon.com/journal/index.php/bc/article/viewFile/89.

Sirkeci, I. & Martin, P. L. (2014). Sources of Irregularity and Managing Migration: The Case of Turkey. *Border Crossing*, 4(1-2), pp.1-16.

Martin, P.L. & Sirkeci, I. (2016). Editorial: The Migration Conference and 13 years of Migration Letters. *Migration Letters*, 13(3): 329-332.

Sirkeci, I. & Pusch, B. (eds.) (2016). *Turkish Migration Policy*. London, UK: Transnational Press London.

Şeker, B. D. & Sirkeci, I. (2015). Challenges for Refugee Children at School in Eastern Turkey. *Economics & Sociology*, 8(4), 122-133.

Sirkeci, I. & Yüceşahin, M. (2014). Editörden: Türkiye'de göç çalışmaları. *Göç Dergisi*, 1(1), 1-10. http://tplondon.com/dergi/index.php/gd/article/view/2.

Sirkeci, I. & Zeyneloglu, S. (2014). Abwanderung aus Deutschland in die Türkei: Eine Trendwende im Migrationsgeschehen? In: Alscher, S. & Krienbriek, A. (eds.) *Abwanderung von Türkeistämmigen: Wer verlässt Deutschland und warum?* Germany: BAMF, pp.30-85.

Stark, O. & Taylor, J. E. (1989). Relative deprivation and international migration oded stark. *Demography*, *26*(1), 1-14.

Yazgan, P., & Tilbe, F. (2016). *Türk Göçü 2016 Seçilmis Bildiriler-1*. London: Transnational Press London.

Yıldırım, T. (2014). Tarih Ders Kitaplarında "Öteki" Kurgusu: 1930'lı Yıllar Üzerine Bir Değerlendirme. *Turkish History Education Journal*, *3*(1), 62-89. doi:http://dx.doi.org/10.17497/tuhed.73581

Turan, N. S. (2009). Erken Cumhuriyetin Tarih Kitaplarında" Arap" İmgesinin Oluşumuua Dair Notlar. *Türkoloji Kültürü*, *2*(3), 61-77.

Wilson, T. (1994). What determines where transnational labor migrants go? Modifications in migration theories. *Human Organization*, *53*(3), 269-278.

Göç ve Çocuk Benliği: Araftakiler

Hasan Bacanlı[1]

Kimlik ve benlik

Kimlik insanın kendisinin kim olduğu ile ilgili algılarıdır. Benlik ise kişinin kendisinin kim olduğu ile ilgili öznel algılarından oluşur. Bir anlamda kimliğin sosyal, benliğin bireysel olduğu söylenebilir. Deyim yerindeyse, kişi bir yandan kendisinin kim olduğu ve diğerleri arasındaki konumunu içeren kimlik duygusuna, diğer yandan kendisinin nasıl bir kişi olduğu ile ilgili olarak benlik duygusuna sahiptir. Benlik ve kimlik hemen hemen aynı yapının iki yüzünü oluştururlar. Psikoloji daha çok benlik algısını ele almaktadır.

Bireyin benliği dünyaya geldiği andan başlayarak gelişir ve büyük ölçüde içinde bulunduğu çevre ve toplumdan etkilenir. Çocuk dünyaya geldiği andan itibaren hem içine doğmuş olduğu dünyayı anlamaya çalışır, hem de başkalarına karşı kendisinin kim ve ne olduğunu kavramaya, bir anlamda oluşturmaya çalışır. Benlik gelişimin normal süreçleri boyunca kişiye bazı özellikler kazandırarak kişiyi değiştirirken, kişi de aynı zamanda benliğini ve kimliğini kendisi oluşturur.

Göç ve benlik algısı

Göç eden çocuklar açısından bakıldığında, benliğin ve kimliğin gelişimi oldukça sarsıntılı görünmektedir. Öncelikle, göç olgusunun kişi için bir ikilem yaşanmasına neden olduğu açıktır. Göç eden çocuklar, bir yandan doğup büyüdükleri ortamı arkalarında bırakırlar. O ortamlar onların kendilerini oluşturmaya başladıkları ve hayata başladıkları yerdir. Dünyayı orada tanımaya başlamışlardır. Dolayısıyla, çocukla doğduğu yer arasında bir duygusal bağ vardır. Vatan duygusunun temeli de budur. Vatanın "ana(vatan)" oluşu onun besleyiciliği ve koruyuculuğundandır. Harlow'un anne araştırmalarından bu yana annenin (besleyicilik ve rahat ettirme) iki özelliği olduğu ve bunlardan rahat ettirme işlevinin daha önemli olduğu bilinmektedir. Dolayısıyla, anavatan kişinin hem beslendiği hem de kendini güven içinde hissettiği yerdir. Ancak, şu veya bu nedenle, Suriyeli çocuklar bağlamında savaş nedeniyle vatan artık güvensiz hale gelmiştir. Gene savaş yüzünden insanlar vatanlarında beslenememektedirler. Kısacası, vatan vatan olma niteliğini kaybetmiştir.

Göçmen çocukların içinde yaşadıkları yer ise "doydukları vatan" niteliğindedir. Doyulan vatan kişiyi besler, ama güven konusu her zaman bir sorun olarak kişinin karşısına çıkar. Dolayısıyla anne işlevlerinden biri sürekli olarak eksik kalmaktadır. Ayrıca göçmen kişi içinde yaşadığı ortama yerleşmeyi göze almadığı veya yerleşemediği zaman, hep "misafir" konumundadır. Tabii ki, Türkiye'ye gelen Suriyeli çocukların bir kısmı kalmaya karar verebilir. O zaman misafir konumundan çıkar. Ancak geri dönmeyi düşünen herkes için göç bir tür misafirliktir ve kişide var olan kök salma, yerleşme ve kendini böylelikle güvende hissetme duygusu doyurulmamış olarak kalır.

Geri dönmeyi düşünen kişi "Araf"tadır. Bir yanda bir zamanlar yetiştiği ve büyüdüğü (büyülü) topraklar var olacaktır, bir yandan bir süre içinde yaşadığı ve deyim

---

[1] Prof. Dr. Hasan Bacanlı, Üsküdar Üniversitesi, İnsan ve Toplum Bilimleri Fakültesi

yerindeyse yaşamayı öğrendiği topraklar çekiciliğini sürdürecektir. İki tarafın da cazibesi olduğu kadar iticiliği de vardır. İçinde yaşadığı topraklarda kendin yabancı hisseder, ona misafir gözüyle bakılır, etrafındaki kişiler ona "ne zaman döneceksin" der gibi bakarlar. Anavatanı ise artık yakılmış, yıkılmıştır. Almanya'daki Türklerin durumu gibi yakılıp yıkılmadığı durumlarda da, artık bırakılan vatan olmaktan çıkmıştır, gelişmiştir, değişmiştir. Dolayısıyla Almanya'daki Türklerin zihinlerinde kalan o vatan artık çok farklıdır. Geri gelebilseler bile, geldiklerinde aradıkları şeyleri (ortamı, nesneleri, insanları) bulamayacaklardır. Suriyeli çocuklar durumunda, çocuklar oynadıkları sokakları da kaldıkları evleri ve komşularını da oldukça farklı bulacaklardır. Dolayısıyla göçmen çocuk ne gittiğinde, ne kaldığında kendini güvende ve rahat hissedecektir.

Erikson'a göre göçmen çocuk ve ergenin durumu
Güven duygusu Erikson (1977; 1959)'a göre, hayatın ilk bir yılı içinde kazanılmaya çalışılan duygudur. Ona göre, dünyaya gelen çocuk içinde bulunduğu dünyanın güvenilir bir yer olup olmadığını anlamaya, bununla ilgili bir kanı edinmeye çalışır. Çocuk bu dönemde rahat ve huzurlu bir ortamda büyürse, kendini güvende hisseder. Göçmen çocuklar bu dönemi geçirdikten sonra göç ettiklerinde işte bu güven duygusu edindikleri ortamı geri dönecekleri vatan olarak görürler. Eğer çocuk iki yaşından küçükse, durum daha da kötüdür. O zaman çocuk neye güvenip güvenemeyeceğini anlayamayacak ve içinde bulunduğu dünyanın istikrarlı bir yer olduğu duygusu edinemeyecektir. O zaman güvenilmez bir dünya ile karşı karşıya olduğu duygusuyla dünyaya ve hayata karşı yıkıcı duygular geliştirecektir. Son zamanlardaki terör olaylarının faillerinin çocukluklarında edinmiş oldukları bu güvensizlik duygusunun etkisinin olup olmadığı, üzerinde düşünülmesi gereken bir husustur.

Özellikle göçmen çocuklar üzerinde özellikle etkili olabilecek olan diğer dönem ergenlik dönemidir. Bir bakıma, bebeklik ve çocuklukta kişi benlik duygusu üzerinde yoğunlaşırken, ergenlik döneminde sosyalleşme eğilimleriyle birlikte, kimlik duygusu üzerinde yoğunlaşır. Kimlik duygusu kişinin içinde bulunduğu toplumda bir yer edinmeye çalışmasının bir sonucudur. Göçmen çocuk açısından bakıldığında, bu da ayrı bir sorun oluşturur. Çünkü onun içinde bulunduğu durum Mary Pratt'ın "bağlantı bölgesi" (contact zone) dediği, farklı dil ve kültürlerin karşılaştıkları bir sosyal alan niteliğindedir (Oriellana, 2009). Arafta olan göçmen çocuk hangi kültüre göre göre bir kimlik duygusu geliştirecektir? Arkada bıraktığı vatanı ve toplumuna göre mi, içinde bulunduğu topluma göre mi kimlik duygusu geliştirmelidir? Bu sorular ergenlik döneminde kişi için büyük sorunlar oluşturacaktır.

Kişiler ikili bir yaşam sürerler, bu anlamda iki kimlik sahibidirler (Bu ikili durumun psikanalitik yorumları için bkz. (Beltsiou, 2016)). Bir kimlikleri yaşadıkları toplumun kimliğidir, diğeri ise doğdukları yerle ilgili kimlikleridir. Bu gibi durumlarda onlardan genelde söz edilirken ikili kimliklerine vurgu yapılmaktadır. Bu yapıya "parantez kimlik" denmektedir. Yani, kişiler her ne kadar içinde yaşadıkları toplum açısından bir kimlik edinmekte iseler de, parantez içine onların asıl kimlikleri hala muhafaza edilmektedir. Yazımda da kimlik genellikle "-" işareti ile ayrılmış bir şekilde ifade edilmektedir: Afro-amerikan gibi. Ancak genel olarak bu ifadeler Türk toplumunda kullanılan kimlikler değildir. Türkiye'de bu şekilde bir ifade bulunmamakla birlikte, bireyler kendilerini zımni olarak bu şekilde kimliklendirmekte ve "Suriye kökenli Türkiyeli" kimlik anlayışı içinde bulunmaktadır.

Normal ortamda normal gelişimlerini sürdüren bireyler için bile ergenlik "fırtına ve stres" dönemidir. Ergenlik döneminde kişi bir yandan ailesinden bağımsızlığını kazanmaya çalışmakta, diğer yandan toplumda kendine yer bulmaya çalışmakta, kendisi için iş ve eş arama çabalarına girişmektedir. Bu dönemde akran ilişkileri önem kazanmakta ve kişi akranları arasında bir yer edinmeye çalışmaktadır (Bacanlı, 2016). Ayrıca, dünyası genişlemiştir. Gerek toplum açısından gerekse dünya (ve hayat) açısından genel görüşler geliştirme çabası içine girer. Başka bir ifadeyle, ergenlik dönemi tam bir savaş alanı gibidir: aile, akran grupları, toplum, karşı cins, eğitim ve iş dünyası. Ergen bu faktörler arasında "ben" duygusu geliştirerek bir kimlik iddiasında bulunmalıdır.

Normal çocuklar için oldukça sıkıntılı olan bu süreç göçmen çocuklar için daha da karmaşıktır. Aileleri her zaman onların yanında olmayabilmektedir. Bazı olumsuz durumlarda aile bireylerinin birbirlerinden ayrılmış olduğu düşünülecek olursa aileler kişinin kendi bağımsızlığı için çok fazla ses çıkarabilecek, daha doğrusu sorun oluşturabilecek durumda değildir. Akran grupları bir açıdan bakıldığında topluma geçişi sağlayan mekanizmalardır. Ancak göçmen çocuk durumunda, sıklıkla onun göçmenliğini vurgulayan ve içinde bulunulan topluma uyumunu zorlaştıran bir nitelik arz etmektedir. Çünkü göçmen çocuklar kendilerini kendileri gibi (göçmen) olan kişilerin yanında kendilerini güvende hissetmektedirler veya göçmen olmayan kişiler onları doğrudan aralarına almayabilmektedirler. Bu durumda çocuğun toplumsal bütünleşmesini sağlayabilecek olan akran grupları çoğu zaman topluma aykırı nitelikler taşıyan çetelere dönüşmektedirler. Ergen de onların içinde topluma uyum sağlamada başarısız olmakta veya onlara uyum sağlamaktadır. Karşı cins açısından bakıldığında büyük ölçüde kendisi gibi bir göçmen karşı cins ile yakınlık kurabilmektedir. İş ve eğitim dünyası da gelecekte kendisine açık olup olmayacağı belli olmayan bir dünya niteliğindedir. Dolayısıyla göçmen ergenin bu faktörlere uyum sağlaması her zaman olumlu anlamlar taşımamaktadır. Yapılan araştırmalar, göçmenler arasında etnik kimlik kazanımının araştırılmamış, moratoryum ve başarılı şeklinde gerçekleştiğini ve 19-20 yaşlarında göçmenlerin %80'inin başarılı kimliğe ulaştıklarını göstermektedir (Phinney & Ong, 2007).

Bu noktada, özelde Suriyeli çocukların şanslı oldukları hususlara işaret etmekte yarar vardır. Öncelikle Türkiye bu çocuklara göçmen muamelesi yapmamaktadır. Onlara kendi vatanlarında gibi yaşama ve bu toprakları kendi vatanları gibi ve olarak görme imkanları sunmaktadır. Benzer durumlarda Avrupa ve Amerika toplumlarında kendilerini sürekli olarak "yabancı" gibi görürken, bu topraklarda kendilerini yabancı olarak görmemeleri için uygun şartlar sağlanmaktadır. Zaten birçoğunun Türkiye'de akrabaları veya tanıdıkları vardır.

Toplum olarak Türk toplumu bu çocukların çok yabancısı oldukları bir toplum değildir, benzer değerlere ve benzer hassasiyetlere sahip bir toplumdur. Dolayısıyla, başka bir toplumda yaşayabilecekleri uyumsuzluklar bu toplumda oldukça küçük bir orandadır. Bu özellikler Suriyeli çocukların ergenlik dönemlerini geçirmelerinde, başka ülkelere göre daha fazla kolaylıklar sunmaktadır.

Göçmen çocukların benlik ve kimlik gelişimlerinin anlaşılmasında Erikson'un bu iki gelişim dönemi ile ilgili düşüncelerinin yanı sıra Havighurst'un gelişim görevleri anlayışı da önemli açılımlar sağlamaktadır. Havighurst, insanın içinde bulunduğu gelişim döneminde yerine getirmesi gereken bir takım görevlerden söz etmektedir

(Bacanlı, 2016). Bu görevler daha çok kişinin kazanması gereken özellikleri ifade etmekte ve bu görevleri başarabilen bireyler kendilerini huzurlu ve kendinden memnun hissederken, başaramayan bireyler kendilerini huzursuz ve hoşnutsuz ve toplum tarafından dışlanmış hissetmektedirler. Aşağıda gelişim dönemlerine göre gelişim görevleri verilmiş ve bu görevler ışığında göçmen çocukların gelişimlerinde karşılaştıkları durumlar ele alınmaktadır.

Havighurst'a göre göçmen çocuk ve ergenin durumu
Havighurst doğumdan ölüme kadar yaşamı çeşitli dönemlere ayırmış ve her dönem için gelişim görevlerini belirlemiştir. Yetişkinliğe kadar yaklaşık olarak 6 yıllık aralıklara bölünmüş olan bu gelişim dönemlerine göre gelişim görevleri birbiri üzerine bina edilerek kazanılmaktadır. Aşağıda gelişim görevleri ve göçmen çocukların bu gelişim görevleri açısından durumları verilmektedir (Gelişim görevleri listesi Bacanlı (2016)'dan alınmıştır):

Çocukluk (0-6 yaş)
Ona göre doğumdan 6 yaşına kadar olan bebeklik döneminin gelişim görevleri şunlardır:

a) Yürümeyi öğrenme:

b) Katı yiyecekleri yemeyi öğrenme:

c) Konuşmayı öğrenme:

d) Beden artıklarının atılmasını kontrol etmeyi öğrenme:

e) Cinsiyet farklılıklarını ve cinsel gösterişsizliği (cinsiyetini teşhir etmemeyi) öğrenme:

f) Sosyal ve fiziksel gerçekliği tanımlamak için kavramlar oluşturma ve dili öğrenme:

g) Okumaya hazır hale gelme:

h) Doğru ile yanlışı ayırma ve vicdan gelişimine başlama:

Bu gelişim görevlerinden göçmen çocuklar için kritik öneme sahip olan görevler "sosyal ve fiziksel gerçekliği tanımlamak için kavramlar oluşturma ve dili öğrenme" ile "doğru ile yanlışı ayırma ve vicdan gelişimine başlama" gelişim görevleridir. Çocuğun bu dönemi daha çok dünyaya uyum sağlamakla ilgilidir. Dolayısıyla bu dönemin gelişim görevleri daha çok fiziksel gerçeklik üzerine bina edilir. Bu iki kritik gelişim görevi çocuğun sosyal dünya ile bağ kurmanın başlangıcıdır. Göçmen çocuk açısından bakıldığında dilin öğrenilmesi hangi dil sorusunu gündeme getirir. Göçmen çocuk için iki dil söz konusudur: Ana dili ve içinde yaşadığı toplumun dili. Bu iki dil arasındaki farklılıklar çocuğun dil edinimine sorun olarak geri döner.

Vicdan gelişimi açısından bakıldığında, öncelikle vicdanı açıklığa kavuşturmak gerekir. Doğru yanlış kavramları başta olmak üzere vicdani değerler toplumun doğru ve yanlış olarak gördüğü şeyleri ifade eder. Dolayısıyla göçmen çocuğun kendi toplumu ile içinde yaşadığı toplum arasında olabilecek muhtemel farklılıklar çocuğun gelişiminde sorunlar oluşturması beklenebilir.

Orta çocukluk (6-12 yaş)
a) Gündelik oyunlar için gerekli fiziksel becerileri öğrenme:

b) Büyüyen bir organizma olarak kendine karşı yararlı bir tutum oluşturma:

c) Yaşıtlarıyla geçinmeyi öğrenme:

d) Uygun erkeksi veya kadınsı sosyal rolü öğrenme:

e) Okuma, yazma ve hesap ile ilgili temel becerileri geliştirme:

f) Gündelik yaşam için gerekli kavramları geliştirme:

g) Vicdan, ahlak ve değerler sistemi geliştirme:

h) Kişisel bağımsızlığa ulaşma:

i) Sosyal grup ve kurumlara karşı tutum geliştirme:

Orta çocukluk dönemi çocuk için sosyal gerçekliğin bireye yansımalarının yoğunluk kazandığı dönemdir. Çocuk bu dönemde bir benlik olarak kendisini oluşturmaya çalışmaktadır. Benlik sosyal bir iddia taşıdığı için bu dönem önceki döneme göre daha sosyal nitelikler içerir. Bu dönemde kritik öneme sahip görevler olarak "yaşıtlarıyla iyi geçinmeyi öğrenme", "uygun erkeksi veya kadınsı rolü öğrenme", gündelik yaşam için gerekli kavramları geliştirme", "vicdan, ahlak ve değerler sistemi geliştirme", "sosyal grup ve kurumlara karşı tutum geliştirme" sayılabilir. Örnek olarak yaşıtlarıyla iyi geçinmeyi ele alırsak, göçmen çocuk için "hangi yaşıtlar?" sorusunu sormak gerekir. Göçmen çocuğun kendisi gibi göçmen olan diğer çocuklarla iyi geçinmeyi öğrenmesi kadar içinde yaşadığı toplumdaki diğer yaşıtlarla geçinmeyi de öğrenebilmesi gerekir. Yoksa kısır döngü içinde göçmenlerin kapalı bir grup oluşturmalarına neden olur. Genellikle bu kapalı gruplar bir süre sonra içinde bulunulan toplum için bir tehlike olarak görülmeye başlar veya tamamen dışlanarak yok sayılır. Her iki halde de gelişim görevini başarmış görünen çocuk içinde yaşadığı toplum açısından bakıldığında başarısız sayılacaktır.

Erkeksi veya kadınsı cinsiyet rolleri bir şekilde daha az sorun oluşturma eğilimindedir. Çünkü bu roller her ne kadar içinde bulunulan toplum tarafından belirlenmekte ise de, büyük ölçüde benzerlik taşırlar. İnsanların farklı toplumlardan birileriyle karşı-cins ilişkilerine girebiliyor olması, cinsiyet rollerinin ortak özelliklerinin çok olduğunu göstermektedir. Göçmen çocuk açısından bakıldığında, içinde bulunulan toplumun cinsiyet rolleri ile çocuğun kendi toplumunun cinsiyet rolleri çatışmaya girdiğinde çocuk sorunlar yaşayacaktır. Suriyeli göçmen çocuklar açısından bakıldığında, Türkiye toplumu ile Suriye toplumu açısından cinsiyet rollerinin sorun oluşturacak düzeyde farklı oldukları söylenemez.

Gündelik yaşam için kavramların gelişimi çocuğun normal hayat mı, göçmen hayatı mı yaşadığı ile ilgili bir sorun oluşturabilir. Sürekli olarak bir gün dönecekmiş gibi yaşayan kişilerle normal hayatının sürdürdüğünü düşünen kişiler arasında kavramların oluşması farklılıklar gösterebilir. Vicdan kavramı ile ilgili gelişmeler, önceki dönemin devamı niteliğindedir.

Göçmen çocuk için bu dönemin can alıcı sorunu "sosyal grup ve kurumlara karşı tutum geliştirme"dir. Göçmen çocuk hangi grup ve kurumlara karşı tutumlar geliştirir? İçinde bulunduğu durum açısından bakıldığında, göçe neden olan grup ve kurumlar ağır basar ve terörün tohumları bu dönemde atılmaya başlanır. Çocuk göçe neden olan gruplara karşı olumsuz tutumlar geliştirmeye eğilimli olacaktır. Bu olumsuz tutumlar bir sonraki dönemin gelişim görevleri ile birlikte toplumsal ve dolayısıyla bireysel sorunlara yol açabilir. Göçmen çocuk içinde bulunduğu toplumdaki grup ve kurumlara karşı tutumlar geliştirmeye yöneldiğinde ortaya çıkan durum iki yönlüdür. Bir yandan kendisine sağlanan veya sağlanmaya çalışılan olanaklar nedeniyle olumlu tutumlar geliştirebilirken, diğer yandan daha fazlasını hak ettiğini düşünebilir ve bu olanaklara sağlamanın toplumsal değil evrensel bir nitelik taşıdığını öne sürebilir. Ancak bu noktada şunun hatırlanması gerekir ki, bu olanakların ancak küçük bir kısmı evrensel denebilecek Birleşmiş Milletler veya içinde yaşanılan toplumun dışındaki toplumlar (devletler) tarafından karşılanmaktadır. Yani uygulamada evrensel olanak sağlanması değil, daha çok içinde bulunulan toplumun devleti tarafından yardımda bulunulması söz konusudur. Bu da o toplumdaki insanların ödedikleri vergilerle finanse edilmektedir. Dolayısıyla devlet göçmenlere imkanlar sağlarken, kendi vatandaşlarını da düşünmek zorundadır. Son zamanlarda toplumda yaşanan bazı olaylar hatırlandığında toplumsal kurumların bu ikircikli dengeyi sağlama çabalarının anlaşılmamasından ileri gelen münferit olaylar olduğu görülecektir. Göçmen çocukların toplumsal kurumları değerlendirmeleri, zihinsel olarak henüz o olgunluk düzeyine gelmemiş oldukları için büyük ölçüde içinde bulundukları göçmen grubun etkisinde olacaktır ve bu da onları içinde yaşadıkları toplum tarafından için olası bir sorun kaynağı olarak görülmelerine neden olur.

Türkiye'de yürütülen politikaların hassasiyet gösterdiği önemli noktalardan biri budur. Göçmen çocuklar bu dönemi başarıyla atlatmak istediklerinde, hem göçe neden olan grup ve kurumları, hem de içinde yaşadıkları toplumdaki kendileriyle ilgili grup ve kurumları iyi değerlendirmek durumundadırlar.

Ergenlik (12-18 yaş)
a) Her iki cins yaşıtlarıyla yeni ve daha olgun ilişkilere erişme:

b) Erkeksi veya kadınsı sosyal role erişme:

c) Bedenini kabul etme ve etkili bir şekilde kullanma:

d) Ana baba ve diğer yetişkinlerden duygusal bağımsızlığa ulaşma:

e) Evlilik ve aile hayatına hazırlanma:

f) Bir meslek için hazırlanma:

g) Bir değerler sistemi ve ahlak sistemi edinme:

h) Toplumsal açıdan sorumlu davranışı isteme ve kazanma:

Ergenlik dönemi kişinin sosyalleşmeye başladığı dönemdir. Dolayısıyla, insan hayatının, önceki dönemlere göre en fazla toplumdan etkilenen dönemidir. Göçmen çocuklar için de en sorunlu dönem bu dönem olacaktır. Her iki toplumdan her iki cins yaşıtlarıyla ilişkiler geliştirmeyi, erkeksi veya kadınsı sosyal role erişmeyi, evlilik ve aile hayatına hazırlanmayı öğrenmeye çalışan göçmen çocuk iki toplumlu bir yapıyı özümsemek zorunda kalacaktır. Önünde iki türlü hayat bulunmaktadır, bu ikisini dengeleyebildiği ölçüde başarılı olabilecektir. Birine gereğinden fazla ağırlık vermesi ve dengeyi tutturamaması onu sorunlarla karşı karşıya getirecektir.

"Ana baba ve diğer yetişkinlerden duygusal bağımsızlığa ulaşma" gelişim görevi onun için en zor gelişim görevidir. Bağımsızlığa kavuşan göçmen çocuk kendisine nasıl bir yol çizecektir? Önceki dönemlerde bir şekilde çevresinden gördüğü sosyal denetim, artık gücünü kaybetmiştir. Bağımsızlık için çabalayan çocuğun aynı zamanda korumasız ve olumsuz yönlendirmelere açık olacağını kestirmek için özel bir çaba harcamak gerekmez. Bu durum onu çetelere veya yasadışı alt gruplara yönlendirebilir. Yapılan araştırmalar da, göçün suç işleme ile bağlantılı olmadığını, yani göçmenlerin suç işlemeye daha eğilimli olmadıklarını, ama ikinci neslin daha fazla suç işlediğini göstermektedir (Berardi & Bucerius, 2014). Bu gelişim görevi normal yaşamını sürdüren çocuklar için de zaten büyük bir sorun çıkarma olasılığı taşırken, şartlar göçmen çocuk için daha zor olacaktır. Çetelerin ve alt grupların onun üzerindeki baskılar normal çocuklardan çok daha güçle kendini hissettirecektir.

Değer yargılarının biçimlendiği bu dönem normal çocuklar için dünya görüşü oluşturma dönemidir. Onları mistik ve doğaüstü açıklamalara yönlendirir. Bu durum da göçmen çocuk için tehdit niteliği taşır. Değerlerini olumsuzluklar ve birilerine karı düşmanlık duygularının etkisiyle biçimlendirme olasılığının yanı sıra, mistik ve doğaüstü açıklamalara yönelmek onları "radikal dinci" olarak tabir edilen terör gruplarının telkinlerine açık hale getirir. Sağlıklı gelişimi içinde değer yargıları kişinin hayatına yön veren ilkelerdir. Bu ilkelerin genel olarak hayatın değil, içinde bulunulan olumsuz şartların ön planda tutularak geliştirilmesi ve biçimlendirilmesi kişinin hayatı boyunca bu yaşam biçimini sürdürmesi anlamlarına gelebilir.

Özetlemek gerekirse, normal gelişim gösteren çocuklar için zaten sorun olan gelişim görevleri göçmen çocuklar için daha büyük sorunlar oluştururlar. Kendi toplumu ile içinde yaşadığı toplum arasında kalan göçmen çocuklar bu iki unsurun çatışmalarını en fazla hissedecek olan kişilerdir. Hayata hazırlanma açısından bakıldığında da, göçmen hayatı ile normal hayat arasında kalmak onların karşı karşıya kaldıkları diğer bir ikilemdir. Gelecek hayatı kendisini hazırlamış olduğu hayatıdır ve bu da onun göçmen yaşamı ile yerleşik yaşam arasında yapacağı tercih, daha doğrusu dengenin sonucu olacaktır. Bir diğer ikilem toplumsal kurumlarla ilgilidir. Kendisini göçmen konumuna düşürmede etkili grup ve kurumlar ile içinde yaşadığı toplumun ilgili grup ve kurumları onun için tutum geliştirilecek grup ve kurumlar olarak karşısında durmaktadır. Görüldüğü gibi, gelişim görevleri göçmen çocuklar için normal çocuklara göre en azından iki kat zorluklar taşımaktadır.

Sonuç

Tüm bu değerlendirmelerin ardından göç olgusunun çocuk gelişimi açısından büyük sıkıntılara yol açtığı açıktır. Normal şartlarda kişi için büyük sorunlar oluşturan çocukluk ve ergenlik dönemleri göçmen çocuklar için çok daha büyük bir sorun niteliği taşımaktadır. Özellikle doğduğu toplumdan çok daha farklı toplumlara göç etmek zorunda kalan çocuklar daha büyük sarsıntılar yaşayacaklardır. Ancak Suriyeli çocuklar açısından bakıldığında, gönül rahatlatıcı bazı faktörlerin bulunduğu da görülmektedir. Suriye toplumu ile Türk toplumu birbirine yakın toplumlardır, tarihsel birliktelikleri vardır. Yaşam biçimleri ve inançları benzerdir. Ayrıca Türk toplumu Suriyelilere misafirden çok kardeş gözüyle bakmaktadır. Dolayısıyla, başka bir kültürde çok daha büyük sorunlar yaşayacak olan Suriyeli göçmen çocuklar Türk milletinin yardımseverliği ve alicenaplığı sayesinde karşılaştığı sorunları çok daha kolay aşabileceklerdir. Bu amaçla yapılan ve yapılacak çalışmaların, onların gelişimleri üzerindeki olası olumsuz etkileri azaltacağına kuşku yoktur.

Kaynakça
Bacanlı, H. (2016). *Eğitim Psikolojisi* (23 b.). Ankara: Pegem Akademi Yayıncılık.

Beltsiou, J. (Dü.). (2016). *Immigration in Psychoanalysis: Locating ourselves.* Abington, Oxon: Routledge Publ.

Berardi, L., & Bucerius, S. M. (2014). Immigrants and their children: Evidence on generational differences in crime. S. M. Bucerius, & M. Tonry (Dü) içinde, *The Oxford handbook of identity, crime and immigration* (s. 551-583). Oxford: Oxford University Press.

Erikson, E. H. (1959). *İdentity and the life cycle.* New York: International Universities Press.

Erikson, E. H. (1977). *Childhood and Society.* London: Paladin Grafton Press.

Oriellana, M. F. (2009). *Translating Childhoods: Immigrant youth, language and culture.* New Brunswick: Rutgers University Press.

Phinney, J. S., & Ong, A. D. (2007). Ethnic identity development in immigrant families. C. Suarez-Orozco, K. D.-D. Jennifer E. Lansford, & M. H. Bornstein (Dü) içinde, *Immigrant Families in Contemporary Society* (s. 51-68). New York: The Guilford Press.

Göç ve Çocuk Sağlığı

Nilgün Sarp[1]

Günümüzde yaşanan ekonomik ve sosyal değişimler, kişilerin veya ailelerin doğdukları yerlerden ayrılmalarına neden olmaktadır. Özellikle ülkemizin bulunduğu bölgede uzun yıllardır süregelen savaşlar, can güvenliği nedeniyle, bölge halkının komşu ülkelere göçünü zorunlu kılmıştır. Bu göçlerden en fazla etkilenen ülkelerin başında Türkiye gelmektedir.

İçişleri Bakanlığı, göç idaresi istatistiklerine göre; eğitim ve çalışma gibi amaçlarla gelen yabancıla hariç, Türkiye'ye 1922 yılından beri 2.5 milyondan fazla kişi göç etmiştir. Çalışma, eğitim ve diğer amaçlarla gelmiş olan yabancılarla ilgili veriler incelendiğinde, 2.442.159 yabancının son 13 yılda ikamet izni aldığı saptanmıştır (http://www.goc.gov.tr/).

Göç, "kişilerin gelecek yaşantılarının tamamını veya bir kısmını geçirmek üzere, sürekli ya da geçici bir süre için bir iskan ünitesinden bir başkasına yerleşmek amacıyla yaptıkları coğrafi yer değiştirme olayıdır" (Topçu ve Başer, 2006:37). Ancak bu eylem, insanların sadece yaşadığı yerleri terk ederek çevresini değişimini değil, yaşamını, bedensel, sosyal ve ruh sağlığını da etkilemektedir. Yaşamın belirleyicisi olan sağlık, Dünya Sağlık Örgütü'nün tanımına göre, sadece hastalık ve sakatlık durumunun olmayışı değil kişinin bedenen ruhen ve sosyal yönden tam bir iyilik halidir (www.who.int). Günümüzde, sağlığın biyo-psiko-sosyal bir yaklaşımla ele alındığı bütüncül bir sağlık görüşü ön plandadır.

Göçün etkileri

Ani ve hızlı bir çevre değişimi, sosyal, kültürel ve fiziksel olarak toplumu ve bireyleri etkiler. Yapılan çalışmalar, göç nedeniyle yaşanan sosyal ve kültürel değişme, kentleşme, modernleşme, kültürleşme, adaptasyon ve hayat stresi ile psikolojik bozukluk arasında önemli bir ilişkinin varlığını ortaya koymuştur. Aynı şekilde, göç eden aileler, sosyal kontrol mekanizmalarından uzak, ekonomik ve sosyal sorunlarla birlikte şiddette de başvurmaktadır. Bir başka sorun da göç eden ailelerde işsizlik ve boşanma oranları da artmasıdır (Yıldırım, 2015:969-972).

Göç olgusu, yoksulluğun da eklenmesi ile çocuk ve gençlerin dünyaya karşı güvensiz, sürekli tehdit duygusu ile yaşayan, çevresine yabancılaşan ve bunun sonucunda düşmanca duygular beslemeye başlayan kişiler olarak itilmiş ve sindirilmiş bireyler olarak yaşamlarını sürdürmelerine yol açabilir. Bu çocuk ve gençlerin, geldikleri yerlerde önemli sorunlara yol açabilecekleri göz önünde bulundurulmalıdır.

Göç ve sağlık

Göç eden bireylerin sağlıklarını olumsuz yönde etkileyen birçok etken yanında en sık gözlenen ve ölümlere neden olan sağlık sorunu bulaşıcı hastalıklardır. Göç eden bireylerde bulaşıcı hastalıklar salgınlar yaparak ölümlere yol açar. Örneğin Suriye'de savaş öncesi sağlık hizmetleri düzenli olarak yürütülmesine ve halkın sağlık düzeyi

---

[1] Prof. Dr. Nilgün Sarp, Üsküdar Üniversitesi, İstanbul.

bölge ülkelerine göre daha iyi durumda olmasına rağmen, yaşanan göç olayında, Türkiye'ye ulaşmak için günlerce yollarda yürüdüklerinden, yolda yaralandıklarından, tecavüze uğradıklarından, şiddete maruz kaldıklarından, Türkiye'ye ulaştıklarında sağlıkları ve ruhsal durumları çok bozulmuştur. Bu bozukluğun bir kısmı kamplara yerleşen kişilerde, kamplarda aldıkları sağlık hizmeti, hastane tedavisi, ameliyat gibi işlemlerle düzeltilebilmiştir ancak kamplara yerleşemeyen çoğunluk bu hizmetlerden yararlanamamıştır. Sağlık açısından ev sahibi ülkedeki en önemli sağlık sorunu, sığınanların bulaşıcı hastalık getirmeleri ihtimalidir. Ev sahibi ülkede bulaşıcı hastalık sorunu varsa, bu da sığınmacılar için risk oluşturabilmektedir (www.afad.gov.tr).

Suriye'de kütanöz layşmaniyazis, tifo, hepatit A hastalıklarının endemik olduğu bilinmekle beraber yabancı bir ortama geldiklerinden, içinde bulundukları kötü yaşam koşulları, bulaşıcı hastalık alma risklerini yükseltir. Ayrıca kalabalık yaşamın getirdiği menenjit, uyuz, pnömoni, bronşit riski ve ilaca dirençli tüberküloz, bu hastalıkların başında gelmektedir. Çocuk sığınmacılarda ise, bebeklik ve çocukluk dönemi aşıları aksadığı için suçiçeği, difteri, boğmaca, kabakulak, neonatal tetanoz gibi hastalıklar sorunu ortaya çıkmaktadır (TTB, 2016:13).

Kamplarda yaşayan sığınmacılara sağlık hizmeti götürülmesine rağmen, kamplarda da sağlık sorunları yaşanmaktadır. Uluslararası ve ulusal literatüre göre bu sorunlar şöyle listelenebilir(TTB,2016:23):

- Vitamin yetersizlikleri (Vit, A, Vit C, Niacin), anemi
- İstenmeyen gebelikler, riskli gebelikler
- Düşükler, doğum komplikasyonları
- Çocuklarda büyüme ve gelişme gerilikleri, anemi
- Kronik hastalıklar ve komplikasyonları
- İshal, sıtma, menenjit, tifo gibi bulaşıcı hastalıklar ve aşı ile önlenebilecek kızamık, tüberküloz, hepatit gibi hastalıklar
- HIV/AIDS dâhil cinsel yolla bulaşan enfeksiyonlar
- Fiziksel şiddet ve buna bağlı yaralanmalar ve cinsel istismar
- Depresyon, kaygı bozuklukları, tükenmişlik, uyku bozuklukları
- Uzamış yas ve travma sonrası stres bozukluğu başta olmak üzere ruhsal sorunlar
- Diş sağlığı sorunları

Göç ve çocuk sağlığı

UNICEF tarafından hazırlanan raporda 2015 yılında her gün 5 yaş altı 16 000 çocuğun hayatını kaybettiği saptanmıştır. Ölüm oranı Afrika bölgesinde Avrupa'ya oranla 7 kat fazla, düşük gelirli ülkelerde ise yüksek gelirli ülkelere kıyasla 11 kat daha fazladır. 1980'li yıllarda Afrika bölgesinde savaştan dolayı binlerce çocuk hayatını kaybetmiştir. Ölüm nedenlerine bakıldığında; ölümlerin çoğunun savaşın doğrudan etkisinden değil, dolaylı etkisinden kaynaklandığı belirlenmiştir (http://www.unicef.org.tr/).

Çocukların yaşamları ve gelişimleri savaş, şiddet ve göçten kısa ve uzun vadeli olarak etkilenmektedir. Bu ortamlara maruz kalan ya da tanıklık eden çocukların bilişsel, fiziksel, psikolojik gelişimleri etkilenir. Savaş mağduru çocuklar, başta yaşam hakkı olmak üzere eğitim hakkı, sağlık hakkı ve gelişim hakkından yoksun kalmaktadır. Çocuklar kriz karşısında en ağır bedeli ödeyen ve en ağır yükü taşıyan kesimdir ve 'kayıp kuşak' haline gelebilirler. Çocuklar kendilerini ailelerinin ve tanıdıklarının yanında güvende hissederler, bu durumlara maruz kalan çocuğun kendini güvende hissetmesi ve başkalarına güven duyması zorlaşabilir. Dünyanın iyi ve adil bir yer olduğu ve yetişkinlerin onları koruyacağına ilişkin temel inançları derinden sarsılabilir. Çünkü en temel ihtiyaçları olan yemek, su gibi ihtiyaçları bile süreç içerisinde zaman zaman karşılanamamaktadır (Sarp, 2016).

Bölgedeki çocuklardan gelen bir mektupta 15 yaşındaki bir çocuğun belki de öfkeyle, üzüntüyle, çaresizlikle ya da başka duygularla aşağıdaki ifadeyi yazması buna en güzel örneklerden biridir (http://www.egitimajansi.com).

"Gelecek diye bir şey bırakmadılar"
Yaş dönemine göre farklılık gösterse de çoğu çocuk, korku, kaygı, öfke, üzüntü gibi yoğun olumsuz duyguları söze dökmek yerine davranışlarına yansıtır. Bu çocuklarda olabilecek korkuların birden çok sebebi olabilir. Kaygısı artmış ve bu nedenle de yatıştırılamaya ihtiyaç duyan çocuklar, altını ıslatma, sık sık ağlama, anne-babaya yapışma gibi yaşlarının gerisinde, bebeksi davranışlar gösterebilirler. Zihinleri, tanık oldukları şiddet görüntüleri ve olup bitenin nedenlerini anlamaya yönelik çeşitli sorularla karışmış olan çocuklar, kendilerini başka bir işe vermekte, dikkatlerini toplamakta ve sürdürmekte zorlanabilirler (Sarp, 2016).

Ayrıca göç nedeniyle, çocukların hastanelere ulaşamaması, gerekli kontrollerinin yapılamaması, bunun engellenmesi birçok sağlık sorununa yol açar. Özellikle yeni doğan döneminde, düzenli sağlık kontrolleri ve aşılamaların yapılamaması bebeğin ileriki hayatındaki bağışıklığını etkiler. Tüm bu olumsuzluklar, çocuk hakları sözleşmesi hükümlerine göre suçtur.

Neler yapılmalı?
Göç nedeniyle evlerinden ayrılmak zorunda kalan çocuk ve ailelerine yönelik olarak;

Sağlık kontrolleri ve aşılama hizmetleri düzenli olarak tüm çocuklara yapılmalı,

Akut malnütrisyon tedavisi, bebek ve küçük çocuk beslenmesi, gıda güvenliği, su ve sanitasyon gibi konuları kapsayan olağanüstü durumlarda beslenme eğitimleri verilmeli,

Anne sütüyle besleme ve hijyen konularında farkındalığı artırmak üzere broşür ve diğer iletişim materyali hazırlanmalı,

Beslenme taranması –vitamin desteği, mikronütriyen tozu (VMP) çocuklara, hamile ve emziren kadınlara yüksek enerji bisküviler verilmeli,

Okul öncesi çocuklara başta oyun olmak üzere çeşitli etkinlikler düzenlenmeli,

Okul çağı çocuklara eğitim desteğinin yanı sıra, etkinlikler yapabilecekleri alanlar düzenlenmeli,

Psiko-sosyal destek hizmetleri verilmeli,

Danışmanlık, zihinsel sağlık desteği, toplumsal cinsiyet temelli şiddetin önlenmesi ve müdahale gibi alanlarda çocuk koruma hizmetlerinin yaygınlaştırılmasına özen gösterilmeli,

Ülkedeki örgün çocuk koruma sistemleri güçlendirilmeli ve uzmanlaşmış çocuk koruma hizmetleri yaygınlaştırılmalıdır (Sarp, 2016; Gözübüyük ve ark., 2015:327).

Son söz

Ne yazık ki göçler ve göçün insanlar, özellikle çocuklar üzerindeki etkileri yakın bir gelecekte de görülmeye devam edecektir. 2016 yılının Akdeniz'de meydana gelen kayıplar açısından en ölümcül yıl olarak kayıtlara geçmesi beklenmektedir. Avrupa'ya ulaşmak için tehlikeli deniz yolculuğuna çıkan 4 bin 200 mülteci ve göçmen denizde boğularak ölmüştür. 2016 yılının başından bu yana İtalya'ya ulaşabilenlerin sayısı ise yaklaşık 160 bindir. Bu bildiri hazırlanırken en son oluşan kaza İtalya, Lampedusa'da yaşanmıştır. 2 Kasım 2016 tarihinde, Avrupa'ya ulaşmak üzere yola çıktıktan sonra Libya açıklarında boğularak yaşamını yitiren 240 kişi arasında çocuklar ve hamile kadınlar bulunmuştur (www.unicef.org.tr).

Göçün çocuk sağlığı açısından etkisi ise tüm gelişim alanlarını kapsamaktadır. Göç yaşayan çocukların "kayıp kuşak" olmaması için, göç başlangıcından itibaren gerekli önlemler titizlikle alınmalıdır.

Türkiye göç konusunda yıllar içinde birçok deneyim kazanmış ve bu konuda dünyaya model önerebilecek yapıya sahip olabilmiş bir ülkedir. Dünyanın bu deneyimlerden yararlanması gerekir.

Yaşadığımız bölgede ve dünyada hedefimiz; kendi evinde, sağlıklı, zeki, bilgili, kendine güvenli, okula zamanında başlayan, okuluna devam edebilen, bitiren ve öğrenen mutlu çocuklardır.

Kaynakça

Gözübüyük ve ark. Olağan üstü durumlarda çocuk sağlığı, Journal of Clinical and Experimental Investigations, 2015; 6 (3): 324-330

Sarp, N. Çocuk Psikopatolojisi, yayınlanmamış ders notları, 2016.

Topçu, S. ,Beşer,A. C.Ü. Hemşirelik Yüksekokulu Dergisi, 2006, 10(3)

Savaş, Göç ve Sağlık. Türk Tabipleri Birliği Yayınları, Ankara, 2016.

Yıldırım, K. Göçün Aile Üzerindeki Etkisi. 965-977

http://www.ayk.gov.tr/wp-content/uploads/2015/01/YILDIRIM-Kaz%C4%B1m-G%C3%96%C3%87%C3%9CN-A%C4%B0LE-%C3%9CZER%C4%B0NDEK%C4%B0-ETK%C4%B0S%C4%B0.pdf

http://www.goc.gov.tr/icerik/goc-tarihi

https://www.afad.gov.tr

www.who.int

http://www.unicef.org.tr/

Göç ve Erken Çocukluk Gelişimi: Global Bir Bakış

Nurper Ülküer[1]

Göç Olgusu ve Göçmen Çocuklar:
Göç olgusu, yüzyıllar boyu insanların kendilerine daha uygun yaşam kurabilme isteği ve çabasıyla var olagelmiştir. Hemen hemen her ailenin uzun veya kısa bir göç hikayesi vardır. Ancak son yıllarda, bilhassa iç ve dış toplumsal çatışmaların sonucu olarak, insanların göçe zorlanması yığınlar halinde göç dalgalarının oluşmasına neden olmaktadır. Sayısı bir milyarı bulan, göçmenlerin ve yeni bir "vatan" arayan mültecilerin insan hakları ve insanca yaşama ihtiyaçlarının birçok uluslararası platformda tartışılmakta, Sivil Toplum Örgütleri ve Birleşmiş Milletler nezdine, bilhassa 2030 Dünya Kalkınma Gündemi çerçevesinde çözümler aranmaktadır. Konu acil ve komplekstir.

Bütün bu çalışmalar arasında, çocuklar ön plana çıksa da daha çok okul çağı çocukları ve gençlerin eğitim, korunma ihtiyaçları gündeme gelmekte, erken çocukluk dönemindeki 0-8 yaş aralığında bulunan çocukların bütüncül gelişimleri yeterince dikkate değer bulunmamaktadır (MADE, 2015).

Kimler "Göçmen Çocuk" Olarak Tanımlanabilir?
Uluslararası Göç Organizasyonu (IOM, 2011) göçü en genel anlamda "nüfus hareketi" olarak verir. İnsanların, çeşitli nedenlerle ve süre ile ülke içinde ve/veya ülkeler arasında ki hareketliliği göç olarak tanımlanmaktadır. Çocukların, göçü ise bu hareketin bir uzantısıdır. 18 yaş altı göçmen çocuklar da aynı tanım içine girmektedir.

Bu çerçevede göçmen çocuklar, şu şekilde sıralanabilir (IOM, 2013).

- Tek başına seyahat eden – bağımsız göçmen çocuklar
- Anne-baba ve aileleriyle göçen çocuklar
- Hareket halindeki (children on the move) çocuklar.
- Refakatsiz göçmen çocuklar
- Ülke içinde yerlerinden edilmiş çocuklar (internally displaced)
- İltica etmek isteyen çocuklar
- Sığınmacı çocuklar

Dünya'da Ne Kadar Göçmen Çocuk Bulunuyor ve Neredeler?
2015 verilerine göre UNICEF uluslararası göçmen sayısını 244 milyon olarak vermektedir. 18 yaş altı göçmen sayısı 31 milyonu geçmekte, yani dünyadaki her 200 çocuktan biri göçmen ve her 8 göçmenden biri çocuktur. Dünyada şu anda 28 milyon zorla yerlerinden olmuş çocuk bulunmakta ve bu çocukların 20 milyonu uluslararası göçmen statüsündedir. Çocuk göçmenlerin sayısı son on yılda iki kat artmıştır. Bölgesel olarak dağılımlarına baktığımızda, her beş göçmen çocuktan biri Afrika'da, biri Amerika'da, biri Avrupa'da ikisi Asya'da yaşamaktadır.

---

[1] Doç. Dr. Nurper Ülküer, ÇGE-DER Genel Bşk.

Dikkati çeken bir başka nokta ise, daha az gelişmiş ülkelerde bulunan göçmen çocukların yaşlarının ortalamaya göre daha küçük olmasıdır. Bu durumda, küçük göçmen çocukların kaynakları daha sınırlı olan ülkelerde, hâlihazırda var olan çocuk bakım hizmetlerine ulaşması daha zor olabilmektedir.

Neden Göçüyorlar?

Tanımlarında olduğu gibi, göç nedenleri de oldukça geniş bir yelpaze göstermektedir. Bu nedenler, "göçerlik" gibi toplumsal göçme ve gezerlik geleneğinden, aile ilişkileri ve bütünlüğüne, daha iyi yaşam şartları aramaktan silahlı terör ortamından daha güvenli bir ortama geçme isteğine kadar uzanmaktadır. Ancak son yıllarda çocuk göçmen sayısını ikiye katlayan en önemli nedenin savaştan kaçma ve daha güvenli ortamlar arama olduğu bilinmektedir.

Bilhassa savaş ortamında kalan göçmen çocuklar, sadece göçmenliğin getirdiği adaptasyon süreçlerini yaşamamakta, aynı zamanda savaşın etkilerini de silmeye, tekrar "normal" bir yaşama dönmeye çalışmaktadır.

Göçmen Çocukları Bekleyen Tehlikeler Nelerdir?

Düzenli, güvenli, organize, ve sorumlu göç etme süreci 2030 sürdürülebilir kalkınma hedeflerinin "hayal" ettiği bir durumdur. Ancak şu anda göçmen çocuklar ve aileleri bunun tam tersi bir durumla karşı karşıyalardır.

- Şiddet, sömürü, istismar ve insan ticareti…

- Ailelerin dağılması

- Göçmenlerin gözaltı ve tutuklu olması..

- Verileri eksikliği, yerlerinden edinmek, özürlülük

- Eğitimin yarım kalması

- Sosyal dışlanma ve ayrımcılık

- Vatansızlık, yasal kimlik ve statü yoksunluğu

- Kaybolma ve ölüm…

Erken Çocukluk Dönemi ve Göçmen Çocuklar:

Çocuk Hakları Sözleşmesinin, 7 Genel Yorumunda (2016) anımlandığı üzere, Erken Çocukluk Dönemi, doğumdan 8 yaşa kadar olan yaşam evresini kapsar. Bu dönem, çocukların en hızlı geliştiği, yetişkin bakım ve korumasına en çok ihtiyaçlarının olduğu, ve çevresel faktörlerinden en fazla etkilendikleri dönemi kapsamaktadır.

Nörolojik beyin gelişim çalışmaları, erken çocukluk dönemindeki deneyimlerin, çevresinden aldığı uyarılar çocuğun beyin yapısını etkilemekte ve bu etki bir yaşam boyu devam etmektedir (http://developingchild.harvard.edu=17,18 Kasım 2016'da erişildi).

Erken çocukluk döneminde ne kadar göçmen çocuk olduğu tam olarak bilinmemektedir. Bazı veriler, bu sayının önemsenecek büyüklükte olduğu, ve erken çocukluk çağı çocuklarının ayrıcalıklı bir grup olarak dikkate alınması gerektiğini ortaya koymaktadır. Örneğin, 2015 *yılında 16 milyon bebek çatışma* bölgelerinde doğmuştur. 3.7 milyon suriyeli çocuk son beş yıldır sadece savaşı bilmekte, ve

306,000 yeni Suriyeli bebek son beş yılda doğmuş ve hayatta kalmaya çalışmaktadır (Their World, 2016).

Göçün, özellikle savaş ve silahlı şiddet sonucu olarak yaşanan göçün, bu dönem çocukları üzerindeki kalıcı etkileri aşağıdaki gibi sıralanabilir:

- *Fiziksel zarar* – Acil durumlarda, beş yaş altı çocuklarda, ölüm ve açlık, normalinden 20 kat daha fazla olduğu görülmektedir.

- *Toksik stress ve gelişimsel yetersizlik* – ciddi ve uzun dönem yüksek stress bebeklerin beyin gelişimlerini geri dönülmez bir şekilde etkilemektedir.

- *Psikolojik zarar*: Suriyeli mülteci çocukların % 45'i normal çocuklardan 10 kat daha fazla PTSD sergilemektelerdir.

- *Şiddetin normalleşmesi*: Şiddetin artık çocuk için sıradan bir durum haline geldiği ve benzer saldırganlıkları oyunlarında ve güncel yaşamında sergileyerek davranış biçimi haline geldiği görülmektedir (Their World, 2016).

Yasal Koruma Mekanizmaları

Göçmen çocukların korunmasını güvence altına alan uluslararası sözleşmeler, BM üyesi olan, ve sözleşmeleri onaylamış tüm ülkeleri bağlamaktadır. BM ve diğer ilgili uluslararası kuruluşlar bu sözleşmelerin etkili bir şekilde uygulanmasını izlemek, değerlendirmek, raporlaştırmak, ve gerekli önlemleri almakla yükümlüdür.

Bu sözleşmelerin başında, 1951 BM Göçmen Sözleşmesi gelmektedir (http://www.goc.gov.tr/icerik3/multecilerin-hukuki-durumuna-iliskin-sozlesme_340 _341_ 641=17,18 Kasım 2016'da erişildi). Bu sözleşme ve ilgili 1967 Protokolü göçmenleri ve dolayısı ile göçmen çocuklarının temel haklarını güvenceye almaktadır. *"Uluslararası Organize Suçlara karşı göçmen çocukların ve kadınların korunması"*, *"Göçmen çocuk kaçakçılığının önlenmesi"* gibi protokoller, BM insan haklarını korumaya yönelik protokoller göçmen çocukları da kapsamakta, onların gelişimi ve bakımı ile ilgili hizmetlerin kendilerine ulaştırılmasını öngörmektedir.

Tüm çocukların, göçmen çocuklar da dahil olmak üzere, haklarını güvence altına alan, **Çocuk Hakları Sözleşmesi (ÇHS),** 1989 yılında BM tarafından kabul edilmiş ve hemen tüm ülkelerde en kısa zamanda onaylanarak yürürlüğe girmiştir. Bu sözleşme, tüm ülkeleri, göçmen çocukların *"yaşama, gelişim korunma ve katılım haklarını"* güvence altına alma konusunda bağlamaktadır.

Sonuç ve Öneriler

Göç, bilhassa şiddet ve savaş sonrası bulundukları yerleri terk etmek, bir başka ülkede vatansız, isimsiz, geleceğinden umarsız yaşamak zorunda kalma sonuçlarıyla göç, insanlar üzerinde geri dönüşü olmayan izler bırakmaktadır. Böyle bir ortama doğan ve büyüyen çocuklar için durum daha da ağır olmaktadır. Bu çocukların çok erken yaşlardan itibaren korunmalarına, hayatta kalmaları ve hak ettikleri şekilde gelişmeleri için önlemlerin alınması gerekmektedir. Göçün uzun soluklu, ve aşamalı bir süreç olduğunu düşünürsek, çocuk gelişimi ve eğitimi hizmetlerinin bu çocuklara ulaştırılmasında da, aşamalı stratejiler oluşturulmalıdır. Ve göçmenler için hazırlanan her plan ve uygulamanın içinde erken çocukluk çağı için özel bir bölüm ve bütçe ayrılmalıdır.

Bu çerçevede, yapılan uygulamalardan edinilen deneyimlerden yola çıkarak aşağıdaki öneriler geliştirilmiştir:

"Güvenli Mekanlar" oluşturmak: Bilhassa, göçmenlerin ilk kabul edildiği, kamplar veya alanlarda oluşturulacak "güvenli mekanlar", çocukların korunması ve temel hizmetlere çabucak ulaşabilmesi için önemlidir. Güvenli mekanların kapsamında, *Bütüncül erken çocukluk gelişim programları*, anne-bebek sağlığı, beslenme, oyun alanları ve benzeri hizmetler *güvenli mekanların* planlanması ve uygulanmasında en ön sırada yer almalıdır.

Eğitim çalışmaları: Erken çocukluk döneminden itibaren planlanacak eğitim çalışmaları, bir taraftan *"çorba dağıtımı"* ile birlikte hemen başlaması gerekirken, diğer taraftan, ortalama göçmenlik süresinin 17 yıl devam ettiği varsayımı ile, uzun bir zaman diliminde planlanması gerekmektedir (IOM,2013). Kamplarda ve kabul merkezlerinde başlayan eğitim çalışmaları, göçmen çocukların hareketlerine göre şekillendirilmeli, onların eğitimlerinin bütünselliğini bozmadan devam edecek şekilde planlanmalıdır. Eğitim çalışmalarının öncelikleri arasında Erken Çocukluk Gelişimi ve Eğitimi (EÇGE) ve diğer çocuk gelişim programları olmalı ve uzun dönemli stratejiler için yatırım yapılmalıdır.

Uluslararası İnsani yardım çalışmaları: Yapılan gözlemler, insani yardım organizasyonlarının ve politika üretenlerin erken çocukluk gelişimi konusuna yeteri önemi göstermediğini ortaya koymaktadır (Their World, 2016). Bu konuda INEE (Uluslararası Acil Durumlarda Eğitim Ağı), ve UNICEF'in Temel Kurumsal İlkeleri (Core Corporate Commitment) çerçevesinde belirlenen uluslararası normların uygulanması ve bütüncül EÇGE programlarının, insani yardım planlarında öncelikle yerini alması gerekmektedir. (https://www.unicef.org/publications/files/ CCC_ 042010.pdf=17,18Kasım 2016'da erişildi). EÇGE çalışmalarına yönelik *bütçeleme* çalışmaları detaylı bir şekilde yapılarak uluslararası insani yardım plan ve programlarında yer almalıdır

Ulusal düzeyde insani yardım çalışmaları da, aynı şekilde bütüncül ECGE stratejileri hem normal şartlar hem de acil durumlar için geliştirilmeli, ve bütçelendirilmelidir.

Göçmen çocukların topluma kazandırılması, ve gelişimlerinin ve eğitimlerinin onları insanca bir yaşama hazırlayacak şekilde planlanması uluslararası ve ulusal bir yasal sorumluluktur.

Kaynakça

2015 MADE (Migration and Development Civil Society Network) Program, *"Migration and Sustainable Development-A Post-2015 Call to Action"*.

Children on the Move, IOM 2013

Uprooted: The growing crisis for refugee and migrant children, UNICEF, Sept.2016, NY

CRC-General Comment - CRC/C/GC/7/Rev.1, 20 September 2006 (Madde 2)

Bakınız: Center on the Developing Child at Harvard University developingchild.harvard.edu/

Their World (2016) "Safe Spaces. The urgent need for Early Childhood Development in Emergencies and disasters

Bakınız: Mültecilerin Hukuki Durumuna İlişkin Sözleşme - İçişleri Bakanlığı Göç İdaresi Genel Müdürlüğü, www.goc.gov.tr.

Uluslararası Göç Örgütü (IOM)'in verisi. Bakınız: *Children on the Move, IOM 2013*

Their World (2016). "Safe Spaces. The urgent need for Early Childhood Development in Emergencies and disasters. Bakınız: Core Commitments for Children in Humanitarian Action - Unicef https://www.unicef.org/publications/files/CCC_042010.pdf

Türkiye'deki Suriyeli Çocuk ve Gençler: Mevzuattan Uygulamaya Karşılaşılan Sorunlar ve Çözüm Önerileri

Hıdır Düzkaya[1] ve Erdinç Yazıcı[2]

Giriş

Kişilerin yada grupların sembolik, coğrafi veya idari sınırların ötesinde yeni yerleşim alanları ve sosyalliklere doğru hareketi olarak tanımlanabilecek göç, çoğunlukla homojen olmayan iç dinamikleri nedeniyle göç alan toplumların yaşamlarını değiştirmekte ve şekillendirmektedir (Özkarslı, 2014: 7). Göç ile ilgili birçok farklı sınıflandırma yapılmasına rağmen, ana planda beş farklı kategori altında incelenebilmektedir. Bunlar arasında göçün hedef aldığı coğrafyaya göre iç veya dış, zamana göre kısa veya uzun süreli, iradeye bağlı olarak gönüllü veya zorunlu, büyüklüğüne göre bireysel veya kitlesel ve yasalara uygunluğuna bağlı olarak düzenli veya düzensiz göç kategorileri öne çıkmaktadır.

Etnik çatışmalar, ülkeler arası savaşlar veya doğal afetler gibi zorunlu nedenlerin tetiklediği göçlere muhatap olan insanlar uluslararası tanımlamalarda tartışmalar olsa da genellikle mülteci olarak görülmektedir (SDAM, 2015: 2). BMMYK'nın verilerine göre, 2015 yılında dünya genelinde yerinden edilen insanların sayısı 5.8 milyon kişi artarak toplamda 65.3 milyon kişiye ulaşmıştır (AA, 20 Haziran 2016). Bu insanların yaklaşık üçte ikisi ülke içerisinde yer değiştirmek zorunda kalmış, geriye kalan 21.3 milyon kişi de başka bir ülkeye sığınmıştır. Bu insanların menşe ülkesi incelendiğinde dünya genelinde en fazla mülteciye kaynaklık eden ülkeler sırasıyla Suriye, Afganistan ve Somali'dir. En fazla mülteciyi misafir eden ülkeler ise sırasıyla Lübnan, Pakistan ve Türkiye'dir (AA, 20 Haziran 2016).

2011 yılında Suriye'de başlayan iç karışıklıkların bölgesel bir vekalet savaşına dönüştüğü günümüzde, Türkiye'nin uluslararası normlara uygun olarak açık kapı ve geri göndermeme ilkeleri gereği misafir ettiği Suriyeli mülteci sayısı resmi rakamlara göre 2.7 milyonun üzerindedir (GIGM, 2016). Çalışma kapsamında hedef kitle olarak gördüğümüz çocuk ve gençler, söz konusu mülteciler arasında 1.8 milyona yaklaşmakta, yani her üç Suriyeli mülteciden ikisi çocuk ve genç kategorisinde değerlendirilebilmektedir (bkz. Tablo 1).

Suriyeli mültecilerin yaklaşık %10'u Türkiye'nin 10 ilde kurduğu 26 barınma merkezinde yaşamına devam ederken, geriye kalan büyük çoğunluk Suriye sınırı ve büyükşehirler başta olmak üzere Türkiye'nin hemen hemen tamamına yayılmış durumdadır. Resmi rakamlara göre en fazla mülteciye ev sahipliği yapan ilk beş il sırasıyla İstanbul, Şanlıurfa, Hatay, Gaziantep ve Adana'dır (GIGM, 2016). Bu insanlara sunulan hizmetler incelendiğinde toplamda 300 binin üzerinde öğrenciye temel, 100 binin üzerindeki genç ve yetişkine de mesleki ve genel eğitim verildiği

[1] Arş. Gör., Gazi Üniversitesi, Mühendislik Fakültesi, Elektrik ve Elektronik Mühendisliği Bölümü, hduzkaya@gazi.edu.tr
[2] Doç. Dr., Gazi Üniversitesi, İktisadi ve İdari Bilimler Fakültesi, Çalışma Ekonomisi ve Endüstri İlişkileri Bölümü, erdincy@gazi.edu.tr

gözlenmiştir. Sağlık hizmetleri açısından yaklaşık 20 milyon poliklinik, yaklaşık 1 milyon hastaneye sevk, 170 binin üzerinde doğum ve 750 bini geçen ameliyat sayısı gibi istatistikler ön plana çıkmaktadır (AFAD, 2016). Bu hizmetlerin verilmesi aşamasında güncel verilere göre toplamda 12.5 milyar doları geçen bir harcama yapılmıştır. Bu harcamalar, 2015 yılı itibariyle Türkiye'yi en fazla uluslararası yardımda bulunan ülkeler sıralamasında ABD'nin ardından ikinci sıraya çıkarmıştır (AA, 27 Haziran 2016).

Tablo 1. Türkiye'deki Suriyeli mültecilerin yaş ve cinsiyete bağlı dağılımı (GIGM, 2016)

Yaş	0 – 4	5 – 9	10 – 14	15 – 19	19 – 24	25+
Erkek	198.052	199.586	151.608	132.300	220.451	567.033
Kadın	184.634	188.544	138.519	111.162	174.464	492.056
Toplam	382.686	388.130	290.127	243.462	394.915	1.059.089

Suriyeli mülteciler Türkiye'yi sadece ekonomik olarak etkilememekte aynı zamanda iki toplum arasında toplumsal ve kültürel bir etkileşim de gün geçtikçe artmaktadır. Bu etkileşimin en önemli taşıyıcısı olan Suriyeli mülteci genç ve çocukların Türkiye'deki mevcut hukuki statüsünün anlaşılması, ulusal ve uluslararası mevzuat açısından bu statünün eksikliklerinin belirlenmesi, mevzuattan uygulamaya geçilirken yaşanan sorunların tespit edilmesi ve bu sorunlara yönelik çözüm önerilerinde bulunulmasını amaçlayan bu çalışma, Suriyelilerin Türkiye'ye entegrasyonu tartışmalarına katkı sunmayı amaçlamaktadır.

Türkiye'deki Suriyeli Mülteciler: Statü ve Hukuki Sorunlar

Türkiye'deki Suriyeli Mültecilerin Hukuki Statüsünün Gelişimi
Tarihi açıdan önemli bir göç güzergâhının üzerinde yer alan Türkiye, ondokuzuncu yüzyılın ortalarından bu yana, son halkasını Suriyeli mültecilerin oluşturduğu, birçok kitlesel göçe maruz kalmıştır. Osmanlı İmparatorluğu'nun parçalanma sürecinde, Balkan Savaşları ve I. Dünya Savaşı sonrası Türk ulus devletinin kurulma çabasının bir sonucu olarak kısmen ırk ve kültür temelli bir göç politikası geliştirilmiştir. İmparatorluk bakiyesinin azalan yoğunlukta göç hareketlerine cevap verebilen bu politika, 1980 sonrası bölgesel ve küresel sorun ve çatışmalar neticesinde karşılaştığı göç dalgalarına çözüm bulmak amacıyla daha karmaşık ve kapsayıcı bir göç politikasına dönüşmektedir (İçduygu ve Aksel, 2012: 7).

Türkiye'de yaşayan Suriyeli mültecileri de etkileyen göç politikalarındaki bu değişim, 1990'lı yılların başında Irak'ın kuzeyinde yaşanan çatışmalar sonrası Türkiye'ye sığınan Iraklı mültecilerin statü problemini çözme çabası ile başlamıştır. BM'in Cenevre Sözleşmesi ve New York Protokolü'ndeki mülteci tanımını coğrafi çekince ile kabul eden Türkiye, karşılaştığı bu kitlesel göç sonucu mülteci hukukunda ilk yasal metin olma niteliğini taşıyan 1994 İltica ve Sığınma Yönetmeliği'ni kabul etmiştir. Sığınmacıların geri gönderilmemesi ve temel haklarının sunulması yönünde bazı eleştiriler alsa da, bu metin kitlesel göçlere cevap verme ve geçici koruma rejiminin koşullarının belirlenmesi açısından temel metin niteliğini taşımaktadır (İçduygu ve Aksel, 2012: 39-40; ASPB, 2015: 21). AB'nin Schengen Sözleşmesi, geri kabul antlaşmaları ve sınır güvenlik önlemlerini arttırması sonrası gittikçe hedef ülke haline gelen Türkiye, AB ile 2001 yılında imzaladığı Katılım Ortaklığı Belgesi sonrası göç mevzuatını AB hükümlerine uyumlaştırmayı taahhüt etmiş ve 2005'te "İltica ve Göç Eylem Planı"nı yayınlanmıştır. Bu planın hedefleri arasında göç ve iltica alanında ihtisas biriminin oluşturulması, bu alanda çalışacak personelin istihdamı ve eğitilmesi, menşe ülke ve iltica bilgi sisteminin tesisi, kabul, barınma ve geri göndermeme merkezlerinin inşası ve gelecekte yaşanabilecek göç hareketlerini göz önüne alan bir politikanın geliştirilmesi bulunmaktadır (Güleç, 2015: 93-94). Bu hedefler çerçevesinde yapılan çalışmalar, bölgesel çatışmaların neden olduğu göç hareketlerinden etkilenmiş ve yasal bir düzenlemenin yapılması bu nedenle gecikmiştir.

Suriye'de başlayan iç karışıklar neticesinde 2011 yılının Nisan ayından itibaren Türkiye'ye gelen Suriyeli mülteciler, kamu yetkilileri tarafından öncelikle "mülteci" olarak tanımlanmıştır. Herhangi bir hukuki karşılığı olmayan bu tanımlamadan 2011 Ekim'inde vaz geçilmiş ve bu insanlar 1994 Yönetmeliği'nin 10. maddesine dayanılarak "geçici koruma statüsü"ne alınmıştır (Orhan, 2014: 11). Bireysel statü işlemlerinin belirlenemediği durumlarda başvurulan bu statü ile mülteci hukukunun temel ilkelerinden biri olan "geri göndermeme" ilkesi kabul edilmiş ve Suriyeli mültecilerin sağlık ve barınma gibi temel hizmetlere ulaşabilmesi sağlanmıştır. Bu fiili duruma rağmen ulusal mevzuatta geçici koruma statüsü ile ilgili açık bir düzenlemenin olmaması, Mart 2012'de İçişleri Bakanlığı tarafından kamusal erişime kapalı *"Türkiye'ye Toplu Sığınma Amacıyla Gelen Suriye Arap Cumhuriyeti Vatandaşlarının ve Suriye Arap Cumhuriyetinde İkamet Eden Vatansız Kişilerin Kabulüne ve Barındırılmasına İlişkin Yönerge"*nin yayınlanmasına neden olmuştur (Kirişçi, 2014: 21-22). Bu düzenleme sonrası BMMYK Türkiye'nin uyguladığı geçici koruma statüsünü geri göndermeme ilkesinin uygulanması ve temel insani ihtiyaçların karşılanması açısından uluslararası standartlarda gördüğünü ifade etse de, söz konusu alanda herhangi bir yasal düzenlemenin olmaması ve koruma statülerinin muğlaklığı nedeniyle mevzuat yönünden çalışmalara devam edilmiş ve 2013'te Yabancılar ve Uluslararası Koruma Kanunu (YUKK) yasalaşmıştır (ASPB, 2015: 21-22).

YUKK, İltica ve Göç Eylem Planı çerçevesinde Türkiye'nin göçmenler için transit ülke pozisyonundan hedef ülkeye dönüştüğü ve maruz kalacağı göçün artarak devam edeceği, mevcut mevzuatın ihtiyaçları karşılayamadığı, göç ve iltica alanında uzmanlaşmış bir kuruma ihtiyaç duyulduğu ve Türkiye'nin göç mevzuatı ve sisteminin AB müktesebatıyla uyumlu hale getirilmesi amacını taşımaktadır. Bu amaçla hazırlanan yasa, beş kısım ve toplamda 126 maddeden oluşmaktadır. Birinci kısım, amaç, kapsam, tanımlar ve geri gönderme yasağını; ikinci kısım, yabancıları; üçüncü kısım, uluslararası korumayı; dördüncü kısım, yabancılar ve uluslararası korumaya ilişkin ortak hükümleri ve besinci kısım, Göç İdaresi Genel Müdürlüğü'nün kuruluş ve işleyişine ilişkin hükümleri içermektedir (Ergüven ve Özturanlı, 2013:1032-1033). YUKK incelendiğinde iki önemli değişiklik ön plana çıkmaktadır. Bunlardan ilki, Türkiye'ye sığınan yabancılarla ilgilenen Göç İdaresi Genel Müdürlüğü'nün kurulmasüğ ve bu konudaki sorumluluğun Emniyet Genel Müdürlüğü'nden alınmasıdır. Söz konusu gelişme, sığınmacıları bir güvenlik sorunu olarak gören algının değiştiğinin izlerini taşımaktadır. Yasa ile tanımlanan bir diğer önemli değişlik ise mevcut mevzuat doğrultusunda hak ve sorumlulukları tam olarak belirlenemeyen "sığınmacı" kavramı yerine "şartlı mülteci", "ikincil koruma" ve sığınmacı gibi kavramların kullanılmasıdır (Kurtlu, 2015: 3-4)

Suriyeli mültecilerin tabi olduğu geçici koruma statüsü, YUKK'un 91. maddesinde tanımlanmaktadır. Bu maddeye göre, geçici koruma statüsüne bireysel statü belirleme başvurularının değerlendirilmesinin mümkün ve pratik olmadığı kitlesel sığınma talepleri esnasında başvurulabilmektedir. Sığınma talep eden bu grupların, uluslararası mülteci statüsü kazanmasını sağlayan nedenlerin ötesinde, herhangi bir sebeple "ülkeden ayrılmaya zorlanmış" olmaları yeterlidir (Elçin, 2016: 27-28). Söz konusu Kanun'un aynı maddesinin ikinci fıkrası gereğince 2014'te çıkarılan Geçici Koruma Yönetmeliği ile Suriyeli mültecilere sunulacak hizmetlerin çerçevesi ve alanda çalışacak kurum ve kuruluşların görev ve yetkileri belirlenmiştir (YUKK, 2013: m. 91/2). Bu kapsamda izleyen bölüm, Türkiye ve uluslararası mevzuatta geçici koruma statüsünün hak ve hizmetler özelinde anlaşılmasına yoğunlaşmaktadır.

B. Geçici Koruma Rejimi: Ulusal ve Uluslararası Mevzuat
Uluslararası koruma statülerine göre kısmen yeni bir statü olarak tanımlanabilen geçici koruma statüsünün ilk örneklerine, 1970'lerin ortasında Asya'da rastlanmaktadır. Silahlı çatışma, sistematik ya da yaygın şiddet ve insan hakları ihlalleri gibi durumların sonucu olarak yaşanan kitlesel göçlerde geri göndermeme yasağının bir gereği olarak bu kişilerin korunma ihtiyacını ve güvenli bir ortamda temel insan haklarını teminat altına almayı önceleyen bu statü, bir taraftan sığınma arayan kişilerin, diğer taraftan da bu insan hareketliliğinin yöneldiği devletin menfaatlerinin korunmasını hedeflemektedir (Topal, 2015: 14). Bu statünün yaygın olarak kullanılmaya başlanması, ekonomik ve siyasi olarak kısmen kararsız uluslararası ilişkiler ortamında gelişmiş ülkelerin mülteci politikasını sertleştirdiği 1990'lı yıllara tekabül etmektedir. Avrupa'nın II. Dünya Savaşı sonrası karşılaştığı en büyük mülteci krizi olan Bosna Savaşı sonrası, savaştan etkilen mültecilere BM Yürütme Komitesi'nin önerisiyle geçici koruma veren Almanya, Hollanda ve İsveç gibi AB ülkeleri söz konusu statünün sınırlarının belirlenmesinde öncül rol almıştır (Kirişçi, 2014: 14; Kaya ve Eren, 2015: 33-34). Hemen hemen aynı yıllarda Türkiye'ye Irak'tan yönelen kitlesel göç sonrası çıkarılan 1994 Yönetmeliği de Türkiye açısından geçici koruma statüsünün kullanıldığı ilk örnektir (Elçin, 2016: 15-16).

Bosna Savaşı'ndan etkilenen mültecilere sığındıkları AB ülkelerinde farklı hak ve hizmetlerin sunulması AB içerisinde ortak bir sığınma hukuku oluşturulması açısından zamanla bir probleme dönüştüğünden 2001'de AB Konseyi tarafından Geçici Koruma Yönergesi kabul edilmiştir. Bu Yönerge'ye göre "geçici koruma"; *"üçüncü ülkelerden gelen ve kendi ülkelerine geri dönemeyen yerinden edilmiş kişilerin kitlesel sığınması ya da yakın bir kitlesel sığınma tehlikesi durumunda, özellikle de sığınma sisteminin bu akınla, etkili işleyişi olumsuz biçimde etkilenmeksizin başa çıkamayacağına dair bir riskin bulunması durumunda, ilgili kişilerin ve koruma talep eden diğer kimselerin menfaatleri doğrultusunda bu tür kişilere acil ve geçici koruma sağlanması"* şeklinde tanımlanmaktadır (Topal, 2015: 13). Türkiye'nin YUKK kapsamında çıkardığı geçici koruma yönergesine göre, geçici korunma sağlanması için bu insanların kitlesel olarak ülkeden ayrılmaya zorlanmış olması, ayrıldıkları ülkeye geri dönememesi ve acil ve geçici korumaya ihtiyaç duyması gerekmektedir (Kaya ve Eren, 2015: 47-48). Geçici koruma statüsünü belirleyen şartlar açısından değerlendirildiğinde Türk mevzuatı AB'ye göre daha kapsayıcıdır.

Geçici koruma rejiminin uygulanma sebeplerinden biri olan ve statüye tabi insanlara devletin sunma yükümlülüğü olmayan haklar; AB mevzuatında devletlerin yükümlülükleri, Türk mevzuatında ise takdir yetkisine bağlı "sağlanabilir" hizmetler olarak tanımlanmaktadır (Kaya ve Eren, 2015: 47-48; Erdoğan, 2014: 17). BMMYK, bu hükümlere hareket özgürlüğü, aile birleşme hakkı, iş piyasasına erişim hakkı gibi konularda hakların sınırlanması noktasında olumsuz eleştiriler yöneltmektedir (Elçin, 2016: 50-51). Türk ve AB mülteci mevzuatı geçici koruma statüsü çerçevesinde incelendiğinde ikamet izni, temel sağlık ve eğitim hizmetlerine erişim ve kısıtlanmış çalışma hakkı gibi konularda benzer uygulamalar geliştirdiği, statünün sonlandırılması başta olmak üzere statünün süresi ve uluslararası bir koruma statüsüne başvuru konusunda farklı yaklaşımlar taşıdığı görülmektedir.

Geçici koruma statüsündeki kişiler, AB ve Türk mevzuatına göre statünün geçerli olduğu süre ile sınırlı olmak üzere geçici ikamet iznine sahiptir. AB ülkeleri buna ek olarak geçici korumadan yararlanan ve sınırlarına kabul ettikleri kişilere transit vizeler de dahil olmak üzere gereken vizeleri almaları için her türlü imkânı sağlamayı taahhüt etmektedir (Elçin, 2016: 52-53). Sağlık hizmetleri açısından incelendiğinde temel insan hakkı olarak tanımlanabilecek temel sağlık hizmetlerine erişim hususunda her iki yönetmelik de hemen hemen aynı hakları sunmaktadır (Elçin, 2016: 58-59). Temel bir insan hakkı olan eğitim, mülteci hukuku dışında Türkiye'nin de taraf olduğu Çocuk Hakları Sözleşmesi ve Ekonomik, Sosyal ve Kültürel Haklar Uluslararası Sözleşmesi tarafından tanımlanmakta ve 18 yaşın altındaki çocuklara sunulan eğitim hizmetinin ülkelerin kendi vatandaşlarına sunduklarından daha alt seviyede olamayacağını ifade etmektedir (ASPB, 2015: 57; Seydi, 2014: 270). AB uygulamaları bu sözleşmelerden doğan yükümlülükleri gerçekleştirmeyi taahhüt etmekte ama yetişkinlerin eğitimi ile ilgili herhangi bir taahhütte bulunmamaktadır (Elçin, 2016: 61-62). Türk mevzuatında ise Geçici Koruma Yönetmeliği ile birlikte Yabancılara Yönelik Eğitme ve Öğretme Hizmetleri Genelgesi aracılığıyla eğitim hizmetleri düzenlenmektedir. Bu mevzuat gereğince, temel eğitim seviyesindeki çocuklara sunulacak eğitim faaliyetleri barınma merkezleri içinde ve dışında MEB'in kontrolü ve sorumluluğunda yürütülecektir. Temel eğitim hizmetleri dışında kalan okul öncesi eğitim, dil eğitimi, meslek edindirme, beceri ve hobi kursları gibi eğitim faaliyetleri isteğe ve imkânlara bağlı olarak düzenlenecektir (Kutlu, 2015: 9; Kaya ve Eren, 2015: 59). Türkiye'de geçici koruma statüsündeki genç ve yetişkinlerin yüksek öğrenim görme hakkı ise YÖK tarafından alınan 2013 tarihli Suriye ve Mısır Ülkelerinden Yurdumuzda Bulunan Yükseköğretim Kurumlarına Yatay Geçiş Kararı uyarınca yürütülmektedir (Seydi, 2014: 288). AB Geçici Koruma Yönergesi'ne göre çalışma hakkı, geçici korumanın sağlandığı süre boyunca sunulmasına rağmen, iş piyasasının durumuna göre AB vatandaşlarına, Avrupa Ekonomik Bölgesindeki ülkelerin vatandaşlarına ve yasal olarak ülkelerinde ikamet eden üçüncü ülke vatandaşlarına öncelik tanınabilmektedir (ASPB, 2015: 60). Türkiye'de ise, geçici koruma statüsündeki sığınmacıların çalışma hakkı Ocak 2016'da yürürlüğe giren Geçici Koruma Sağlanan Yabancıların Çalışma İzinlerine Dair Yönetmelik çerçevesinde düzenlenmektedir. Bu Yönetmelik incelendiğinde sığınmacılar aleyhine belirli meslek grupları için özel çalışma izni, % 10'luk çalışan kotası ve bazı bölgelerde çalışma izinlerinin İçişleri Bakanlığı'nca durdurulması gibi sınırlılıkları içermektedir (Elçin, 2016: 58-60).

- AB Geçici Koruma Yönetmeliği ve Türkiye'nin Geçici Koruma Yönergesi arasındaki temel farklar aşağıdaki gibi sıralanabilmektedir,

- Türk mevzuatında geçici koruma statüsü, bireysel uluslararası koruma statüsüne başvuru sürecine izin vermemekte,

- AB uygulamasına göre en fazla üç yıl için uygulanabilecek statü, Türk mevzuatında herhangi bir süre kısıtlamasına tabi olmamakta,

- Türkiye'de uygulanan geçici koruma rejiminin sonlandırılmasında Bakanlar Kurulu'nun kararının yeterli bulunmakta ve bu durum kanunla düzenlenmemekte,

- Türk mevzuatında ülkesinde silahlı çatışmaya katılmış olup silahlı faaliyetlerine kalıcı olarak son verdikleri anlaşılan yabancıların bireysel uluslararası koruma statülerine başvurusuna, aynı kapsamdaki diğer sığınmacıların aksine, izin verilmektedir (Elçin, 2016: 75-77).

Göç hukuku özelinde geçici koruma statüsünün AB ve Türk mevzuatlarında karşılaştırıldığı bu bölüm, bireylerin sahip olduğu haklar ve sunulan hizmetlerin anlaşılması açısından değerli katkılar sunmaktadır. Suriyeli çocuk ve gençler özelinde mevzuattaki durumun pratik sonuçlarının tartışıldığı izleyen bölüm, uygulamada ortaya çıkan sorunlara yönelik çözüm önerilerinin getirilmesinde rehber niteliği taşımaktadır.

Türkiye'de Suriyeli Çocuk ve Gençler: Mevzuattan Uygulamaya Mevcut Durum

Türkiye'de yaşayan Suriyeli mültecilerin resmi rakamlara göre neredeyse üçte ikisini oluşturan Suriyeli çocuk ve gençlerin mevcut durumunun anlaşılması, hem Türk toplumu hem de Suriyeli mültecilerin birlikte yaşama koşullarının iyileştirilmesi amacıyla geliştirilebilecek politikaların temellendirilmesine katkıda bulunacaktır. Bu amaç doğrultusunda söz konusu insanların barınma koşulları, temel ihtiyaç malzemeleri, eğitim ve sağlık hizmetlerine erişimi ve çalışma hayatına katılımı gibi temel hususlarda güncel durum ve eksikler tespit edilmelidir.

Suriye'de 2011 yılında başlayan çatışmaların sonucunda ülkelerini terk etmek durumunda kalan mültecilerin neredeyse tamamı 2012 yılının ortasına kadar barınma merkezlerinde misafir edilmiştir. Bu mülteci hareketliliğinin artarak devam etmesi ve söz konusu insanları misafir edecek barınma merkezlerinin kurulabilmesi için yeterli imkânların bulunmaması, mültecileri öncelikle bölgedeki şehirlerde, günümüzde de büyükşehirler başta olmak üzere Türkiye'nin tamamında kendi hayatını devam ettirecek imkânları aramaya zorlamıştır. Bu aşamada mültecilerin karşılaştığı ilk sorun barınma ve temel ihtiyaç malzemelerine erişim hususunda yoğunlaşmaktadır. Mültecilerin bölge şehirlerinde sayısının giderek artması ev sahiplerinin kiraları arttırması ve yıllık peşin kira talep etmesi sonrası sağlıksız koşullarda barınmalarına neden olmaktadır (Yavçan, 2015: 16). Mülteciler bu durumun doğal sonucu olarak çok eski işyeri veya han olarak adlandırılan yerlerde oda haline getirilmiş mekânlarda yaşamaktadır. Herhangi bir kira sözleşmesi ve ruhsatı olmayan bu yerlerde yaşayan insanlar, çoğu zaman kalabalık gruplar halinde temizlik ve hijyen koşullarının yetersiz olduğu alanlarda yaşam mücadelesi vermektedir (Yılmaz, 2014: 12). Barınma merkezleri dışında yaşayan bu insanlar, ekonomik yetersizliğin bir sonucu olarak yeterli bir şekilde beslenememektedir. Genelde ekmek ve sebzeden oluşan beslenme rejimleri, çocuk ve gençlerin gelişim sürecini olumsuz yönde etkilemektedir (TTB, 2016: 11).

Barınma koşulları başta olmak üzere temel ihtiyaç malzemelerine ulaşım aşamasındaki bu yetersizlik, mülteciler arasında sağlık sorunlarının toplumun geriye kalanına nazaran daha yüksek oranda ortaya çıkmasına neden olmaktadır. Suriyeli mültecilerin temel sağlık hizmetlerine erişimi konusunda ulusal ve uluslararası mevzuat özelinde herhangi bir eksiklik olmasa da, mülteciler ve sağlık personeli arasında yaşanan iletişim sorunları, mülteci yoğunluğuna cevap verecek personelin bulunmaması, hem mülteciler hem de sağlık çalışanlarının mevzuat hakkında bilgisizliği gibi gerekçelerle yeterli sağlık hizmeti sunulamamaktadır (Kutlu, 2015: 10-11). Suriyeli mülteci çocuk ve gençler açısından incelendiğinde sağlık hizmetlerinde yaşanan sorunlar arasında koruyucu sağlık hizmetlerine erişilememesi, bu nedenle çocuk ölüm oranları başta olmak üzere salgın hastalıkların artması, kronik hastalık ya da pahalı tedavi gerektiren durumlarda sağlık hizmetlerinden yararlanılamaması ve yetersiz psikolojik ve ampüte destek hizmetleri ön plana çıkmaktadır. Koruyucu sağlık hizmetleri personel ve mobil destek hizmetlerinin yetersizliği nedeniyle sadece sağlık kurumlarında (ASM, TSM gibi) verilmektedir. Bu nedenle doğurgan çağ kadın, gebe, bebek ve çocuk izlenimleri kesintiye uğramakta rutin aşılar yapılamamakta veya eksik yapılmaktadır (TTB, 2014: 49). Yeterli sağlık hizmeti alamayan ve temel ihtiyaç malzemelerine ulaşamayan çocuklar arasında kızamık ve şark çıbanı başta olmak üzere salgın hastalıklar artan oranda görülmektedir (52-55). Mültecilerin şehir nüfusuna nazaran en fazla yoğunluğa sahip olduğu Kilis'te bebek ölüm oranının Türkiye genelinde en yüksek düzeyde olması salgın hastalıklara neden olan sebeplerin bir diğer sonucudur (Lordoğlu, 2015: 424). Sağlık hizmetleri açısından diğer bir eksiklik psikolojik ve ampüte destek hizmetlerinin yetersizliğidir. Suriye'de yaşanan çatışmalarda yakınlarını kaybeden, çatışmalara şahit olan, hatta bu çatışmaların bir tarafı olan veya olmak zorunda kalan insanların mülteciler arasındaki yoğunluğu dikkate alındığında söz konusu insanlara sunulması gereken psikolojik destek hizmetlerinin gerekliliği açık bir şekilde ortaya çıkmaktadır (Özkarslı, 2014: 22; Yavçan, 2015: 16). Uyuma zorluğu çeken, savaşla ilgili tekrarlayan düşüncelerle endişeli ve korku hisseden çocuk ve gençlerin oranı kendi yaş grubu içerisinde %35'tir (AFAD, 2014: 38-39). Mülteci çocuk ve gençlerin sağlık sorunlarının çözülmesi, eğitim hizmetleri başta olmak üzere diğer toplumsal entegrasyon kademeleri için vazgeçilmez önemdedir.

Türkiye'de yaşayan Suriyeli mültecilere sunulan eğitim hizmetleri, uygulama aşamasında mevzuatın aksine önemli eksiklikler barındırmaktadır. UNICEF'in 2015 yılı verilerine göre 18 yaşın altındaki Suriyeli çocuk ve gençlerin %64'ü eğitim-öğretim hizmetinden mahrumdur. Bu rakam, geçici barınma merkezleri dışında %74 seviyesine çıkmaktadır (ASPB, 2015: 33). Türkiye'de temel eğitim hizmeti alması gereken mülteci sayısı bir milyona yaklaşırken, 2016 itibariyle barınma merkezleri dâhil olmak üzere eğitim hizmeti alabilen mülteci sayısı 330 bin çocukla sınırlıdır (Guder ve Duran, 2016). Türkiye'de kalma süreleri göz önüne alındığında bu çocuklar, eğitime devam edemedikleri için, kayıp bir kuşak oluşturma riski taşımaktadır (Kutlu, 2015: 9). Eğitimlerine ara vermek zorunda kalan bu çocukların toplumsal ilişkileri zayıflamakta, bireysel gelişimleri olumsuz yönde etkilenmekte ve savaş travmasını atlatmaları zorlaşmaktadır (Yavçan, 2015: 24). Suriyeli mülteci çocukların önemli bir kısmına eğitim hizmeti sunulamamasının gerekçeleri arasında gerekli fiziki altyapı ve personelin bulunmaması, eğitim müfredatı konusunda kesin bir karara varılamaması, dil eğitimi verilememesi ve maddi yetersizliklerin çocuk yaşta kayıt dışı çalışmaya zorlaması gibi nedenler bulunmaktadır (Kirişçi, 2014: 32; AFAD, 2013: 50-51). Bu kısmen karamsar tabloya rağmen, sorunun çözümü yönünde UNICEF gibi uluslararası kuruluşlar, ulusal ve uluslararası STK'lar ve Suriyeli girişimciler değerli katkılar sunmaktadır (Kutlu, 2015: 9; Seydi, 2014: 294).

Suriyeli mülteci çocuk ve gençleri eğitim hizmetlerinden alıkoyan nedenler arasında öne çıkan çocuk yaşta kayıt dışı istihdama katılım, mültecilerin barınma ve beslenme başta olmak üzere temel ihtiyaçlarına ulaşma çabalarının sonucudur. Türkiye'de mültecilerin yoğun olarak yaşadığı sınır illeri ve büyükşehirlerde mevcutta bulunan kısıtlı istihdam olanakları, düşük ücretlerle uzun saatleri kapsayan sosyal güvenceden yoksun kayıtdışı çalışma koşullarına yol açmaktadır (Yılmaz, 2014: 11; Lordoğlu ve Aslan, 2015: 259). Söz konusu illerde ev kiraları başta olmak üzere temel tüketim malzemelerindeki yüksek enflasyon, mültecilerin aldığı düşük ücretlerle yaşayabilmeleri için aynı aileden birden fazla kişinin çalışmasını zorunlu kılmaktadır (Mazlumder, 2014: 41; Akdeniz, 2014: 53). Bu koşullar altında kayıt dışı çalışan Suriyeli mülteci sayısının kesin olarak bilinmemekle birlikte, 300 ile 500 bin arasında değiştiği yönünde tahminler yapılmaktadır (Erdoğan ve Ünver, 2015: 45-46; Şensoy, 2016). Kayıt dışı çalışan kitle içerisinde ailesinin geçimine destek olmaya çalışan Suriyeli mülteci çocuk ve genç sayısının Suriyeli yetişkinlere göre daha yüksek düzeyde olduğu düşünülmektedir (Erdoğan ve Ünver, 2015: 45-46; TTB, 2014: 64; Mazlumder, 2014: 42).

Suriyeli mültecilerin yaşadığı ekonomik sorunlar çocuk ve gençleri bir yandan kayıt dışı ekonominin bir parçası haline getirirken, diğer yandan yoğun mülteci nüfusunu barındıran sınır illerinde kız çocuklarını ikinci, üçüncü eş olmaya zorlamaktadır. Savaş nedeniyle ekonomik sıkıntı çeken ailelere belirli başlık paraları ödenerek alınan 15-20 yaşındaki kız çocukları, kendilerinden oldukça büyük erkeklerle resmi nikâh kaydı olmadan evlendirilmektedir (Mazlumder, 2014: 32). Söz konusu evlilikler bölgede çok eşliliğin artmasına ve aile bütünlüğünün zarar görmesine neden olmaktadır. Örneğin, Kilis'te yaşanan boşanmaların %20'sinin Suriyeliler nedeniyle gerçekleştiği bildirilmektedir (Orhan ve Gündoğan, 2015: 16). Bu evliliklerin bir diğer olumsuz sonucu ise, doğan çocukların milliyeti hakkında sorunların ortaya çıkmasıdır. Bu çocuklar soy bağı kurulmasını sağlayan usul ve esaslar yerine getirilmediği için vatandaşlık alamamaktadır (Dinçer vd., 2013: 34-35). Bu vatansızlık durumu, Suriyeli mülteci ailelerin Türkiye'de doğan ve güncel verilere göre 170 bini geçen bebekler için de geçerlidir. Ebeveynleri geçerli bir Suriye kimliğine sahip olmayan bu bebekler, AFAD'ın halihazırdaki bebek kayıt sisteminin Suriye'deki sisteme entegre edilmesi sonrası menşe ülkelerinin vatandaşlığını alabilecektir (AFAD, 2016).

Sosyal politikada dezavantajlı bireyler sınıfına giren Suriyeli çocuk ve gençlerin yaşadığı sorunları diğer mülteci kitlesinden tecrit etmek tam anlamıyla mümkün olmasa da, bu grubun barınma ve beslenme başta olmak üzere temel ihtiyaçlarını karşılayamadıkları, yeterli sağlık ve eğitim hizmetinden faydalanamadıkları ve başta kayıt dışı istihdam olmak üzere toplumsal ve ekonomik olarak istismar edildiği görülebilmektedir. Çalışmamızın hedef kitlesini oluşturan söz konusu insanların karşılaştığı sorunların tespit edilmesi, izleyen bölümde yapılacak çözüm önerileri için sağlam bir temel oluşturmaktadır.

Türkiye'de Suriyeli Çocuk ve Gençler: Sorunlar ve Çözüm Önerileri

Türkiye'de yaşayan Suriyeli çocuk ve genç mültecilerin yaşadığı sorunları iki kategoride toplamak mümkündür: mevzuattan ve uygulamadan kaynaklanan sorunlar. Mevzuattan kaynaklanan sorunlar, genel çerçevede geçici koruma statüsünde belirli bir süre sınırlamasının olmaması ve uluslararası koruma statülerine başvuru hakkının kısıtlanmasına yoğunlaşmaktadır. Takip eden bölümde tespit edilmeye çalışılan uygulamaya yönelik sorunlar ise, temel ihtiyaçlara erişimden çalışma hayatına katılmaya kadar geniş bir perspektifte yayılmaktadır.

Suriye'de yaşanan savaşın yakın bir zaman diliminde sona ermeyeceği ve savaş sona erse bile ülkede yaşanan yıkımın ülke içi ve ülke dışında mülteci konumunda yaşayan 10 milyonun üzerinde insanın geri dönmesine fırsat vermeyeceği gerçeği hem ulusal hem de uluslararası kamuoyunda kabul edilmektedir (Hürriyet, 23 Eylül 2015). Bu insanlara vatandaşlık verilmesi yönünde tartışmalar olmasına ve çalışma hakkı başta olmak üzere temel haklara ulaşmalarını düzenleyen hukuki zemin kurulmasına rağmen, Türkiye göç mevzuatı açısından Suriyeli mülteci krizi hala geçici bir kriz olma niteliğini korumaktadır (Kutu, 2015: 1). Türk mevzuatına göre geçici koruma statüsü kapsamında değerlendirilen söz konusu insanların, geçici koruma statüsünde kalma sürelerinin belirsizliği, diğer koruma statülerine başvuru yapamamaları ve statü gereği sunulan hizmetler konusunda herhangi bir hak talebinde bulunamamaları ciddi eksiklikler olarak göze çarpmaktadır (ASPB, 2015: 9). Bu sorunu aşabilmek için geçici koruma statüsünde olan bu insanların bireysel sığınma başvuruları aşamalı olarak değerlendirilmeli ve Cenevre Sözleşmesi'ndeki mülteci tanımına konulan coğrafi kısıtlama kaldırılarak Avrupa dışından gelen sığınmacıların da, gerekli koşulları sağlaması şartıyla, mülteci statüsü alabilmesi sağlanmalıdır. Temelde geçicilik algısı üzerine şekillendirilen mevzuattan kaynaklanan sorunların aşılabilmesi için aşamalı bir entegrasyonu önceleyen mülteci politikasına ihtiyaç duyulmaktadır.

Ulusal mevzuatta birçok hak ve hizmete erişim uluslararası standartlarla eşdeğer düzeyde tanımlanmasına rağmen, Türkiye'nin göç politikasının kısmen yakın tarihte oluşturulması, kurumsal sorunlar ve özellikle de II. Dünya Savaşı Sonrası karşılaşılan en büyük mülteci hareketliliğine nispeten kısa bir zaman diliminde maruz kalınması uygulama zemininde sorunlara neden olmaktadır. Tek başına kamusal iradenin çözebileceğinin çok üzerindeki bu sorunları aşabilmek için, şeffaf ve katılımcı politika zemininde yerel yönetimler, ulusal ve uluslararası STK ve uluslararası yardım örgütlerinin daha etkin bir şekilde çalışmasına özen gösterilmelidir (Erdoğan ve Ünver, 2015: 28; ASPB, 2015: 10).

Suriyeli çocuk ve genç mültecilerin temel ihtiyaçlarına erişebilmesi için, GİGM kayıt sistemindeki veriler ihtiyaçlar özelinde ayrıntılı bir şekilde düzenlenmelidir. Bu insanların ikamet adresleri başta olmak üzere yaşam koşullarının belirli aralıklarla takip edilmesi ve sahip oldukları hakların yerel dillerinde ellerine ulaşmasına özen gösterilmelidir (GÖÇ DER ve EŞHİD, 2013: 23). Ekonomik şartlar nedeniyle yeterli altyapısı bulunmayan meskenlerde barınmak zorunda kalan çocuk ve gençlerin yaşam koşullarının düzeltilebilmesi için ev sahibi ve mülteciler arasında kira sözleşmesinin yapılabilmesi, kira yardımının yapılması veya bu insanları hedef alacak ortak konut projelerinin geliştirilebileceği kapsamlı bir konut politikası belirlenmelidir. Mülteci çocuk ve gençlerin büyüme çağında yetersiz beslenmesini önlemek amacıyla, yerel yönetim ve STK'ların etkin bir şekilde tarafı olduğu projeler geliştirilmelidir (ASPB, 2015: 10).

Koruyucu sağlık hizmetlerinin anne adayı, gebe, bebek ve çocuk için izlenmesi kritik önemdedir. Bu sorunu aşabilmek için Suriyeli ebeveynlere sahip oldukları haklar aktarılmalı, mültecilerin yoğun olarak yaşadıkları şehirlerde sağlık personeli sayısı arttırılmalı ve gezici sağlık birimleri kurulmalıdır. Salgın hastalık riskinin önüne geçmek için sınırdan geçenlerin geçici olarak misafir edildiği barınma merkezlerinde aşılama faaliyetleri yapılmalı ve belirli bir sayının, on bin kişi olabilir, üzerinde Suriyeli mültecinin yaşadığı bölgelerde sağlık taraması ve aşılama faaliyeti yapacak Göçmen Sağlık Merkezleri kurulmalıdır (ASPB, 2015: 11). Çocuk ve gençler arasında yoğun bir şekilde karşılaşılan psikolojik sorunların çözülebilmesi için Sağlık Bakanlığı özelinde özel bir birim kurulmalı ve bu insanlara psikolojik destek verilmelidir.

Temel eğitim hizmetleri başta olmak üzere eğitim imkânlarından yararlanamayan çocuk ve gençlerin sayısı bölgesel olarak belirlenmeli ve gerekli altyapı problemini çözebilmek için özel girişimin teşvik edilmesi, yeni eğitim kurumlarının inşa edilmesi, yarı zamanlı eğitim verilmesi gibi politikalar geliştirilmelidir. Eğitimde yaşanan fiziki sorunların yanı sıra, Türkçe eğitimindeki yetersizlik ve nasıl bir müfredat takip edileceği yönünde tartışmalar günümüzde de devam etmektedir. Entegrasyonu önceleyen bir politika izleneceği ön kabulü ile hareket edilirse, öncelikli hedef Türkçe dil eğitiminin verilmesidir (ASPB, 2015: 12). Temel eğitim çağındaki Suriyeli çocuk ve genç mülteciler, bu dil eğitimi sonrası kendi ülkeleri ile ilgili dersleri de alabilecekleri karma bir müfredatla eğitim sistemine katılmalıdır. Bu eğitim sistemini desteklemek için yükseköğretim kurumlarında gerekli bölümler açılmalı ve mülteci yoğunluğunun fazla olduğu şehirlerde "Türk-Arap Üniversite"lerinin açılması önerilmelidir (Reçber ve Ayhan, 2013: 340). Mültecilerin mevcut durumu göz önüne alındığında, ekonomik sorunlar yaşamsal önemdedir. Bu durum mültecileri çalışmaya zorladığı için istihdam piyasasında yer alabilmelerini sağlayacak mesleki eğitimlere önem verilmeli, ÇSGB ve MEB'in işbirliği ile ihtiyaç duyulan sektör ve alanlara uygun mesleki eğitim programları geliştirilmelidir (ASPB, 2015:12). Eğitim programları tasarlanırken Türk ekonomi çevrelerinin görüşlerinin alınması, daha etkin çözümler üretilmesine yardımcı olacaktır (Erdoğan ve Ünver, 2015: 80).

Suriyeli çocuk ve gençlerin kayıt dışı çalışmalarının önlenebilmesi, kendilerinin ve ailelerinin temel ihtiyaçlarına ulaşabilmesine bağlıdır. Bu yardımın yapılması, Türkçe dil eğitimine veya temel eğitime katılmalarına bağlanarak kayıt dışı çalışmanın önüne geçilebilir. Söz konusu çocuk ve gençlerin çalıştırılmaması için gerekli önlemlerin ve incelemelerin yapılması için ÇSGB başta olmak üzere ilgili kurumlar daha etkin hareket etmelidir. Çalışma çağında olan Suriyeli gençlerin çalışma hakkını kısıtlayan genelgenin ilgili maddeleri, ILO ve Tüm Göçmen İşçilerin ve Ailelerinin Haklarının Korunmasına İlişkin Uluslararası Sözleşmeleri gereği kaldırılmalıdır (Erdoğan ve Ünver, 2015: 47-48).

Toplumsal açıdan Suriyeli mülteci çocuk ve gençlerin karşılaştığı en önemli sorun kızların çocuk yaşta evliliği ve bu evlilikler sonucu doğan bebeklerin herhangi bir ülkenin vatandaşlığını kazanamamasıdır. Suriyeli mültecilerin yaşadığı ekonomik sorunlardan faydalanarak kız çocuklarının istismar edilmesinin önüne geçmek için çok eşliliğin yaygın olduğu bölgelerde bilgilendirici faaliyetler yapılmalı, etkin bir mücadele için ASPB ve EGM'nin koordinatörlüğünü yaptığı birimler kurulmalı ve kadın dayanışma örgütlerinin konu ile ilgili katkısına başvurulmalıdır (Mazlumder, 2014: 45-46).

Türkiye'de Suriyeli mültecilerin sayısının büyümesi yasadışı faaliyetleri arttırmakta, vasıfsız işgücü piyasasını yerinden etmekte, çalışma şartlarını kötüleştirmekte, eğitim, sağlık ve yerel hizmetler başta olmak üzere yerli halkın aldığı hizmetlerin kalitesini düşürmekte ve toplumsal gerilimi arttırmaktadır. Suriyeli mültecilerin önemli bir kısmını oluşturan çocuk ve genç mültecilerin yaşadığı sorunların tespit edilmesi ve çözüm politikalarının geliştirilmesi toplumlar arasındaki gerilimi azaltacak ve entegrasyon çabalarına katkı verecektir.

Sonuç

Suriyeli mülteci genç ve çocukların Türkiye'deki mevcut hukuki ve toplumsal konumunu tartışan bu çalışma, Türkiye'nin ulus kimliğini ön plana çıkardığı göç politikasını değiştirdiği ve bölgesel gelişmelerin de etkisiyle gittikçe hedef ülkeye dönüştüğü yeni konumunun anlaşılmasına ve bu değişim esnasında ortaya çıkan sorunlara çözüm önerileri getirmesine yardımcı olmaktadır.

Küresel üretim biçimlerinin değiştiği, Soğuk Savaş'ın son bulduğu, Avrupa Birliği ülkeleri başta olmak üzere Batı bloku ülkelerinin göç politikalarını mültecilerin aleyhine sertleştirdiği 1980 sonrası dönem, Türkiye'yi Afganistan, Irak-İran, Yugoslavya ve Körfez Savaşı gibi çatışma bölgelerinden kaçan insanlar açısında transit ve hedef ülke olarak ön plana çıkarmaktadır (Ergüven ve Özturanlı, 2013:1012-1014). Bu göç baskısı ve AB adaylık sürecinde birliğin göç politikalarına uyumlu politikalar geliştirme zorunluluğu, son on yıl içerisinde ulusal mülteci hukukunda ciddi değişikliklere gidilmesini tetiklemektedir. Suriyeli mültecilerin Türkiye'ye sığınması ile bu süreç hızlanarak, 2013'te Yabancılar ve Uluslararası Koruma Kanunu ve 2014'te Geçici Koruma Yönetmeliği özelinde kanunlaşmıştır. Türkiye mülteci hukukundaki bu değişiklikler uluslararası mülteci hukuku ile uyumlu olsa da, mülteci tanımındaki coğrafi kısıtlama ve geçici koruma rejiminin daimi bir koruma rejimi olarak tanımlanması gibi sorunları hala taşımaktadır. Suriyeli mülteci genç ve çocukların tabi olduğu geçici koruma rejiminin engellediği bireysel koruma statüsüne başvuru hakkı kanunda yapılacak değişiklikle kaldırılmalı ve bu insanların entegrasyon süreçleri aşamalı olarak tasarlanmalıdır.

Suriye'deki savaşın altıncı yılını yaşadığı göz önünde bulundurulursa, Türkiye'de uzun yıllardır yaşayan, burada yeni çocuklar dünyaya getiren, yerel halkla ilişki kuran ve çalışma hayatına katılan Suriyeli mültecilerin Türkiye'de kalıcılığı ve entegrasyonunun tartışılması artık bir zorunluluk haline gelmektedir. Bu süreçte entegrasyon için kritik önemde olan Suriyeli çocuk ve gençlerin karşılaştığı sorunların anlaşılması ve bu sorunlara yönelik çözüm önerilerinin bulunması, iki toplum arasında çatışma riskini en aza indirerek entegrasyonu kültürel bir zenginliğe dönüştürecektir.

Kaynakça

Afet ve Acil Durum Yönetim Başkanlığı (2016). Suriye Afet Raporu, AFAD. Web: https://www.afad.gov.tr/TR/IcerikListele1.aspx?ID=16 adresinden 06.11.2016 tarihinde alınmıştır.

Afet ve Acil Durum Yönetim Başkanlığı (2014). Türkiye'deki Suriyeli Kadınlar. Ankara: AFAD.

Afet ve Acil Durum Yönetim Başkanlığı (2013). Türkiye'deki Suriyeli Sığınmacılar 2013. Ankara: AFAD.

Aile ve Sosyal Politikalar Bakanlığı (2015). Avrupa'da Geçici Koruma Rejimi Örnekleri. Ankara: ASPB.

Akdeniz, E. (2014). *Suriye Savaşının Gölgesinde Mülteci İşçiler*. İstanbul: Evrensel Kültür Kitaplığı.

Dünyada Yerinden Edilenlerin Sayısı 65 Milyonu Aştı Suriye'deki Savaş 600 Bin Çocuğu Babasız Bıraktı (20 Haziran 2016). Anadolu Ajansı, Web: http://aa.com.tr/tr/dunya/dunyada-yerinden-edilenlerin-sayisi-65-milyonu-asti/594367 adresinden 27 Haziran 2016'da alınmıştır.

Elçin, D. (2016). Türkiye'de Bulunan Suriyelilere Uygulanan Geçici Koruma Statüsü 2001/55 Sayılı Avrupa Konseyi Yönergesi ile Geçici Koruma Yönetmeliği Arasındaki Benzerlik ve Farklılıklar. TBB Dergisi, Sayı: 124, s. 9-80.

Erdoğan, M.M. (2014). Türkiye'deki Suriyeliler: Toplumsal Kabul ve Uyum Araştırması (Yönetici Raporu ve Özet). Hacettepe Üniversitesi Göç ve Siyaset Araştırmaları Merkezi.

Erdoğan, M.M. ve Ünver, C. (2015). Türk İş Dünyasının Türkiye'deki Suriyeliler Konusundaki Görüş, Beklenti ve Önerileri. Ankara: Türkiye İşveren Sendikaları Konfederasyonu, Yayın No: 353.

Ergüven, N.S. ve Özturanlı, B. (2013). Uluslararası Mülteci Hukuku ve Türkiye. Ankara Üniversitesi Hukuk Fakültesi Dergisi, 62(4), 1007-1061.

Göç Edenler Sosyal Yardımlaşma ve Kültür Derneği ve Eşit Haklar İçin İzleme Derneği (2013). Göz Ardı Edilenler İstanbul'da Yaşayan Suriyeli Sığınmacılar. İstanbul: GÖÇ DER ve EŞHİD.

Göç İdaresi Genel Müdürlüğü (Kasım, 2016). Geçici Koruma İstatistikleri, GİGM. Web: http://www.goc.gov.tr/icerik6/gecici-koruma_363_378_4713_icerik adresinden 06.11.2016 tarihinde alınmıştır.

Guder, I ve Duran, E. (2016) Türkiye, Suriyeliler için Umut Kapısı Oldu. Anadolu Ajansı, Web: http://aa.com.tr/tr/turkiye/turkiye-suriyeliler-icin-umut-kapisi-oldu-/576377 adresinden 22 Mayıs 2016'da alınmıştır.

Güleç, C. (2015). Avrupa Birliği'nin Göç Politikaları ve Türkiye'ye Yansımaları. Tesam Akademi Dergisi, Sayı: 2(2), s. 81-100.

İçduygu, A. ve Aksel, D.B. (2012). Türkiye'de Düzensiz Göç. Ankara: Uluslararası Göç Örgütü Türkiye.

Kaya, İ. ve Eren, E.Y. (2015). Türkiye'deki Suriyelilerin Hukuki Durumu: Arada Kalanların Hakları ve Yükümlülükleri. Siyaset, Ekonomi ve Toplum Araştırmaları (SETA) Vakfı.

Kirişçi, K. (2014). Misafirliğin Ötesine Geçerken Türkiye'nin "Suriyeli Mülteciler" Sınavı. Ankara: Brookings Enstitüsü ve Uluslararası Stratejik Araştırmalar Kurumu (USAK).

Kutlu, Z. (2015). Bekleme Odasından Oturma Odasına: Suriyeli Mültecilere Yönelik Çalışma Yürüten Sivil Toplum Kuruluşlarına Dair Kısa bir Değerlendirme. İstanbul: Anadolu Kültür ve Açık Toplum Vakfı.

Lordoğlu, K. (2015). *Beş Sınır Kenti ve İşgücü Piyasalarındaki* Değişim. G. Şeker, A. Tilbe, M. Ökmen, P.Y. Hepgül, D. Eroğlu ve İ. Sirkeci, Turkish Migration Conference 2015 Selected Proceedings. London: Transanational Press London, s. 421-429.

Lordoğlu, K. ve Aslan, M. (2015). Beş Sınır Kenti ve İşgücü Piyasalarında Değişim: 2011-2014. *Göç Dergisi*, Sayı: 2(2), s. 249-267.

Mazlumder (2014). Kamp Dışında Yaşayan Suriyeli Kadın Sığınmacılar Raporu. Ankara: İnsan Hakları ve Mazlumlar için Dayanışma Derneği.

Numan Kurtulmuş'tan Önemli Açıklamalar (23 Eylül 2015). Hürriyet, Web: http://www.hurriyet.com.tr/numan-kurtulmustan-onemli-aciklamalar-30142371 adresinden 8 Mayıs 2016'da alınmıştır.

Orhan, O. (2014). Suriye'ye Komşu Ülkelerde Suriyeli Mültecilerin Durumu: Bulgular, Sonuçlar ve Öneriler. Ortadoğu Stratejik Araştırmalar Merkezi (ORSAM), Rapor No: 189.

Orhan, O. ve Gündoğar, S.S. (2015). Suriyeli Sığınmacıların Türkiye'ye Etkileri. Ortadoğu Stratejik Araştırmalar Merkezi (ORSAM) Yayınları, Rapor No: 195, 5-39.

Özkarslı, F. (2014). Suriye'den Türkiye'ye Göç ve Suriyelilerin Enformel İstihdamı (Mardin Örneği). Yayınlanmamış Yüksek Lisans Tezi, Artuklu Üniversitesi Sosyal Bilimler Enstitüsü, Mardin.

Reçber, K. ve Ayhan, V. (2013). Türkiye ile Suriye Arasındaki Krizin Hatay Bölgesi Üzerindeki Etkileri. Alternatif Politika, Sayı: 5(3), s. 324-340.

Seydi, A.R. (2014). Türkiye'nin Suriyeli Sığınmacıların Eğitim Sorununun Çözümüne Yönelik İzlediği Politikalar. Süleyman Demirel Üniversitesi Fen Edebiyat Fakültesi Sosyal Bilimler Fakültesi, Sayı: 31, s. 267-305.

Strateji Düşünce ve Analiz Merkezi (2015). Türkiye'de Suriyeli Mültecilerin Hukuksal Statü Problemi. İstanbul: SDAM.

Topal, A.H. (2015). Geçici Koruma Yönetmeliği ve Türkiye'deki Suriyelilerin Hukuki Statüsü. İstanbul Medipol Üniversitesi Hukuk Fakültesi Dergisi, Sayı: 2(1), s. 5-22.

Türk Tabipler Birliği (2016). Savaş, Göç ve Sağlık. Ankara: Türk Tabipler Birliği Yayınları.

Türk Tabipler Birliği (2014). Suriyeli sığınmacılar ve Sağlık Hizmetleri Raporu. Ankara: TTB Sağlık ve Politika Çalışma Grubu ve TTB Sağlık Kolu.

Türkiye Uluslararası İnsani Yardımda İkinci Oldu (27 Haziran 2016). Anadolu Ajansı, Web: http://aa.com.tr/tr/turkiye/turkiye-uluslararasi-insani-yardimda-ikinci-oldu/598539 adresinden 28 Haziran 2016'da alınmıştır.

Yabancılar ve Uluslararası Koruma Kanunu (2013). T.C. Resmi Gazete, 28615, 4 Nisan 2013.

Yavçan, B. (2015). Türk Kızılayı Toplum Merkezi Projesi İhtiyaç Tespiti Raporu. Ortadoğu Stratejik Araştırmalar Merkezi (ORSAM), Rapor No:200.

Yılmaz, H. (2014). Türkiye'de Suriyeli Mülteciler – İstanbul Örneği – Tespitler, İhtiyaçlar ve Öneriler. İnsan Hakları ve Mazlumlar için Dayanışma Derneği (MAZLUMDER).

.

Savaş ve Çocuk

Dilara Özel

Giriş

Küresel Çatışma Takip Cihazı'na (Global Conflict Tracker) göre günümüzde süregelen 26 tane savaş ve çatışma durumu bulunmaktadır. Bu savaş alanlarında bulunan 12 milyon çocuk tıbbi yetersizlik ve yalnız kalma gibi durumları da içeren çeşitli nedenlerden dolayı hayatını kaybetti (Global Conflict Tracker, 2016). Yaklaşık 12 milyon çocuk evinden ayrılmak zorunda kaldı ve bunların bir çoğu kısıtlayıcı mülteci kamplarında hayatlarına devam etti (Plunkett ve Southall, 1998).

Savaş ve çatışma durumları kuşkusuz ki her yaştaki bireyi etkileyen durumlardır. Fakat, bu durumlardan en çok etkilenenler çocuklar olmaktadır. Temel olarak iki nedenden dolayı çocuklar çatışma ve savaş durumlarında yetişkinlerden daha fazla zarar görürler. Öncelikle çocuklar, özellikle okul öncesi dönemdeki bireyler ailelerine bağımlıdır ve bazı gereksinimleri için onlara ihtiyaç duyarlar. Örneğin kişisel bakımlarında, empati isteğinde, bağlanma konusunda ve yetişkinlerin dikkatine ihtiyaç konularında çocuklar ailelerinde bağımlıdırlar. Çocukların gelişimsel olarak yetişkinlere ihtiyaçları vardır. Yetişkinlerin duygusal olarak hazır bulunuşluğu, çocukların gelişimini etkilemektedir (Barbara, 2006). Fakat savaş ve çatışma durumlarından etkilenen bir yetişkinin, korku ve stres içerisindeyken çocuğunun bu ihtiyaçlarına cevap verme olasılığı çok düşüktür. İçinde bulunduğu savaş durumundan etkilenen çocuklar, çevrelerindeki yetişkinlerden de bu şekilde gelişimlerini tamamlayıcı destek alamadıkları için hem psikolojik hem de gelişimsel olarak zarara uğramaktadırlar.

Bunun yanında savaş ve çatışma durumları çocukların hayat çizgisini yetişkinlerden daha çok etkilemektedir. Olumsuz durumlar nedeniyle evlerini, ülkelerini, kültürlerini kaybeden çocuklar tamamen yeni bir çevreye adapte olmaya çalışırlar. Bunun yanında kamplarda yaşamaya başlayan çocuklar eğitim haklarını da elde edemezler. Yıllarca kamp ortamında eğitimden uzak kalan çocukların sosyal ortamlara uyum sağlamaları zorludur. Bunun yanında, savaş ve çatışma durumları süresince fiziksel olarak engeli olanlar, tecavüz ve istismar gibi durumlarla karşı karşıya kalan çocukların ise tüm bu yaşananlardan sonra hiçbir psikolojik yardım almaksızın okula başlayıp günlük hayata ayak uydurmaları güçtür (Barbara, 2006).

Savaşın Etkileri

Savaşın bireyler ve özellikle çocuklar üzerindeki psikolojik etkileri, sadece bireysel travma ve yılmazlık faktörleri ile değil, dinamik bir süreç içerisinde incelenmelidir. Özellikle çocukların akıl sağlığı konusu ve yılmazlık faktörü, sosyal ekoloji göz önünde alınarak değerlendirilmelidir.

Çocukların sosyal ekolojisi anne ve babanın ötesinde beslendikleri fiziksel ve duygusal alanı, kültürü, politik görüşleri, okul ve toplum yapısını beraberinde getirmektedir (Brtancourt ve Khan, 2008).

Çocukların gelişiminde ve özellikle savaş ve çatışma durumlarındaki tepkilerinin daha iyi anlaşılması için Bronfenbrenner'ın ekolojik modeli temele alınmalıdır. Bu ekolojik model silahlı çatışmaların ve savaşların çocuklar üzerindeki psikolojik etkilerine de ışık tutacak düzeydedir. Aynı zamanda bireylerin içinde bulunduğu duruma bütünsel bir açıdan bakabilmektedir. Bu nedenle, çatışma durumlarını bütünsel olarak ele almak ve bireyin hayatındaki her noktayı değerlendirebilme konusunda Bronfenbrenner'ın ekolojik modeli büyük bir önem taşımaktadır.

Brongenbrenner'ın teorisi bazı kaynaklarda dört, bazı kaynaklarda beş sistem ile açıklanmaktadır. Dört sistemli teori mikro sistem, mezo sistem, ekzo sistem ve makro sistemi içermektedir. Bazı kaynaklar ise bu sistemlere ek olarak hepsini kaplayan bir krono sistem eklenmiştir.

İlk katman olan mikro sistem, çocuğun çevresiyle olan ilişkisini yansıtmaktadır. Bu sistem genelde anne olan birincil bakıcıyla ilişkiyi içerir. Çocuğun birincil ilişkiler geliştirdiği okul ve ev ortamı oldukça önemlidir. Bununla birlikte, mezo sistem çocuğun birincil ilişki kurduğu çevresinin etkileşimini içermektedir. Örneğin çocuğun annesi ve babasının okul ile görüşmesi mezo sistemin içerisinde yer alır. Çocuğun evde birincil olarak ilişki kurduğu aile ortamı, yine birincil olarak ilişki kurulan okul ortamı ile etkileşime girer. Bu gibi iki veya daha fazla ortamdaki etkileşimi içeren her ilişki, mezo sistem içerisindedir (Betancourt ve Khan, 2008). Ekzo sistem, çocuğun ortamından daha bağımsız gözüken ve aslında çocuğun yaşamını çok derinden etkileyen ilişkileri içerir. Bu sistem, mezo sistemin biraz daha genişletilmiş halidir. Bu sistem hükümet yapılarını, sosyal kurumları, ekonomik ve kültürel yapıları içermektedir. Ekzo sistem, direkt olarak bireyi etkilemektedir (Devakumar ve ark., 2014).

Makro sistem ise ekzo sistemden farklı olarak, bireyi direkt olmayan şekilde etkileyen yapıları içermektedir. Bu sistem kültürel değerleri ve inançları daha geniş bir şekilde kapsar, toplumsal gelenekleri, tarihsel ve politik yapıları da geniş bir şekilde içinde barındırır (Betancourt ve Khan, 2008). Bronfenbrenner, özellikle çocuklarla çalışırken onları daha iyi anlayabilmek adına makro sistemin iyi bir şekilde incelenmesini ve anlaşılmasını tavsiye etmektedir. Ailelerin çocuklarına karşı davranışları büyük çerçevede makro sistem tarafından yani toplumun inanç ve değer sistemleri, tarihsel ve politik yapısı tarafından etkilenmektedir. Bu nedenle makro sistemin incelenmesi, çocuklarla çalışılırken gözden kaçırılmaması gereken bir noktadır (Devakumar ve ark., 2014).

Daha sonra eklenen krono sistem ise, tüm bu sistemleri içine alan toplayıcı bir yapıdadır. Bu sistem bireylerin hayatında gerçekleşen olayları bir sürçe içerisinde ele alır ve tüm sistemler açısından inceler. Örneğin, bir çocuğun ailesinin boşanması annesiyle ilişkisinde onu mikro sistem düzeyinde etkiler. Fakat bu ilişki, ebeveynlerin işte yaşadığı ilişkiler tarafından da, yani mezo sistem tarafından da etkilenebilir. Boşanma olayı, toplumun kültürü ve değerleri ile de oldukça ilişkili bir kavramdır. Bu nedenle, ebeveynleri ve dolaylı olarak çocuğu da etkiler (Betancourt ve Khan, 2008). Çevresel kültür ekzo sistemi içermekle birlikte, toplumun yapısı ve hukuki değerler, boşanmanın o toplumdaki tarihsel gelişimi ise makro sistemin içerisindedir. Krono sistem tüm bu yapıyı ele alarak, örnekteki boşanma olayını çeşitli açılardan değerlendirir ve ele alır (Devakumar, 2014).

Savaşın Çocuklar Üzerindeki Etkilerinin Kategorilendirilmesi

Yukarıda da bahsedildiği gibi, savaş durumları çocukları yetişkinlerden farklı olarak etkiler.

Çocukların, yetişkinlerin bakımına, ilgisine ve dikkatine ihtiyaçları vardır. Bu etkileri göremeyen çocuklar, tüm stres durumlarından oldukça etkilenirler.

Tüm bunların yanında, savaş ve çatışma durumları çocukların hayatını yetişkinlerden daha trajik bir şekilde etkilemektedir. Çocuklar, hayata alışma ve kimliklerini bulma dönemlerinde büyük bir değişikliğe uğrayan yeni hayatlarına ayak uydurmaya çalışırlar. Yetişkinlerin aksine, baş etme becerileri gelişmemiş çocuklar da bu durumlar ile başa çıkamayıp psiko patalojiler geliştirebilirler. Savaş ve çatışma durumlarının çocukları etkilediği bir kaç kategori aşağıda sıralanmıştır.

Ölüm, Yaralanmalar ve Engellilik: Girişte bahsedildiği gibi, her yıl yüzlerce çocuk savaş ve çatışma durumlarında öldürülmektedir. Çoğu zaman bu durumlarda çocuklar, 'etnik temizlik' adı altında birincil hedef olabilmektedir (Micheal, 1996). Bu nedenle çoğu zaman en fazla hedef gösterilen ve etkilenne kesim çocuklar olmaktadır. Bunların yanında çocuklar savaş ve çatışma durumlarında bir çok yaralanma durumuna katlanmaktadır. Özellikle yollara döşenen mayınlar, çocukları yetişkinlerden daha fazla etkilemektedir. Her yıl yüzlerce çocuk mayın patlamalarından dolayı sakatlanmakta ya da hayatını kaybetmektedir (Pearn, 2003).

Silahlı çatışmaların çocukları hedef alması ve çocukların bu durumlardan daha fazla etkilenmesinin sonucu olarak, bir çok çocuk sakat kalmakta ve engeli olan bireyler olarak hayatlarına devam etmek zorunda bırakılmaktadır. Özellikle savaş ve çatışma durumlarında, çocuklar temel ihtiyaçlarına dahi ulaşamayacak durumda oldukları için rehabilitasyon servislerine ulaşımları imkansıza yakındır. Mayınlardan etkilenen çocuklar, protezlerinin yapılmasını 10 yıla kadar beklemek zorunda kalabilmektedir (UNICEF, 2006).

Hastalıklar: Yukarıda bahsedildiği gibi çocuklar temel bakımları, beslenme ihtiyaçları ve güvenlik konularında yetişkinlere bağlı durumdadırlar. Aynı zamanda sağlık servislerine ulaşım ve barınma gibi ihtiyaçlarını da kendileri gerçekleştiremezler. Fakat savaştan bire bir etkilenen, evini kaybeden ailelerin bu çocukların bu ihtiyaçlarını karşılamaları olanaklı değildir. Özellikle mülteci kamplarına göç eden, bu kamplarda yaşayan aileler ve dolayısıyla çocukları bir çok bulaşıcı hastalık riskiyle karşı karşıya kalır. Çocukların yetersiz beslenmesi ve bulaşıcı hastalıklara maruz kalması ise savaş ve çatışma durumlarında çocuk ölümlerini arttırmaktadır (UNICEF, 2006).

Tecavüz: Cinsiyet, savaş durumlarında da önemli bir faktördür. Etnik temizlik adı altında özellikle kadın ve çocuklar öldürülürken tecavüze maruz kalmaları yaygındır. Bunların yanında, bir çok kız çocuk, mülteci kamplarında eşya, yiyecek gibi temel ihtiyaçlar karşılığında satılmaktadır (Barbara, 2006). Çocuklar arasında bu şekilde seks işçiliğinin yaygınlaşması, cinsel hastalıkların daha da yaygınlaşmasına ve çocuk ölümlerinin artmasına neden olmaktadır.

Çocuk Askerler: Savaş ve çatışma durumlarında bir çok çocuk gönüllü veya zorunlu olarak çocuk asker olarak görevlendirilmektedir. 80'ler ve 90'lardaki silahlı çatışmalar boyunca 300.000 çocuğun aktif olarak çocuk asker olarak silahlı çatışmalara dahil olduğu saptanmıştır (Dupuy & Peters, 2010). Özellikle 18 yaşın altındaki çocuklar, ailelerinin isteğiyle silahlandırılıp savaşa katılmaktadır. Bu durum, çocuk ölümlerini arttırmakta ve çocukların savaş sonrasındaki psikolojik durumlarını da etkilemektedir.

Psikolojik Etkiler: Savaş ve çatışma durumlarındaki çocuklar, fizyolojik ihtiyaçlarının yanında psikolojik ihtiyaçlarında da yetişkinlere bağlı durumdadırlar. Savaş sırasında yaşananlar ve yetişkinlerin bu stres durumuna tepkileri, çocukların kaygı ve depresyon gibi belirtiler göstermesine neden olmaktadır. Bunun yanında, genel olarak çocuklarda travma sonrası stres bozukluğu sık olarak görülmektedir (Dupuy & Peters, 2010).

Savaşın Yaş Gruplarına Göre Psikolojik Etkileri Yenidoğan Çocuklar (Doğumdan 1 Yaşa Kadar)
Bu dönemdeki çocuklar için bakım kalitesi oldukça önemlidir. Her ihtiyaçlar için birincil bakıcısına ihtiyaç duyan yeni doğanlar, bağlanma şekillerinin çoğunu bu dönemde geliştirirler. Bu nedenle yetişkin bakımına yanıt verirler. Bağlanma figürleri ile rahatlarlar (Bowlby, 1969). Savaş durumlarında, yetişkinlerin kendi fiziksel ve psikolojik ihtiyaçlarını karşıması zorlaşmaktadır. Bu nedenle, bakımları altındaki çocuklar için yetersiz kalmaya başlarlar. Savaş ve çatışma durumlarındaki yeni doğanlar, özellikle bakıcılarından bir destek alamadıkları için bu olaylardan bir hayli etkilenirler.

Yeni doğanlar, çevrelerinde olan olayları bakıcılarının tepkileriyle fark ederler. Bu nedenle savaş ve çatışma durumlarında yeni doğanları etkileyen şeyler olayların kendisi değil, bakıcılarının onlara verdiği tepkilerinin değişmesidir. Bakıcılarının duygusal tepkilerine karşı oldukça hassas olan yeni doğan grubu, aldıkları tepkilerin değişmesiyle birlikte bağımlı olma, uyku ve yeme bozuklukları, sürekli ağlama ve üst düzeyde ayrılma stresi gösterebilirler. Bu dönemdeki çocuklar için en büyük müdehale yöntemi, devamlı aile figürlerinin onlara vereceği iyi bir bakımdır (Greenstone ve Leviton, 2010).

Okul Öncesi Çocuklar
Bu dönemdeki çocuklar için, aynı yeni doğanlar gibi bakıcılarından aldıkları bakımın kalitesi oldukça önemlidir. Bu dönemdeki çocuklar konuşabildikleri, kendilerini ifade edebildikleri, oyunlarla düşüncelerini gösterebildikleri ve hikayeler anlatabildikleri için neler yaşadıklarını anlamak daha kolaydır. Bu dönemdeki çocuklar yaşadıkları travmaları yansıtabildikleri için daha anlaşılabilir bir dönemdedirler. Savaş ve çatışma gibi belirsizlik içeren durumlarda bir süreklilik ve rutin ararlar (Erdur- Baker ve Serim- Yılmaz, 2014).

Savaş ve çatışma durumlarında ise okul öncesi dönemdeki çocuklar yeni öğrendikleri becerilerde kaybolma ve geri dönme gösterirler. Bunun yanında, bu dönemdeki çocuklar etraflarındaki olan olaylardan kendilerini sorumlu tutarlar. Bu özellik, savaş ve çatışma durumlarında oldukça önemli bir rol oynamaktadır. Bu dönemdeki çocuğun savaş ve çatışmadan kendisini sorumlu tutması, yaşanan kayıp ve travmalardan da kendisini sorumlu tutması demektir. Bu nedenle, olayların yarattığı travmatik etkilerin yanında bu düşünceler strese neden olabilir.

Ailelerin ve bakıcıların bu gibi durumlarda okul öncesi dönemdeki çocuklarla konuşmaları ve durumları onlara resim, drama, hikaye yolu ile anlayabilcekleri şekilde anlatmaları oldukça önemli bir durumdur (Greenstone ve Leviton, 2010).

Tüm bunların yanında okul öncesi dönemdeki çocuklar savaş ve çatışma durumlarına karşı kabuslar, korku, hassaslık gibi tepkiler göstermeye başlarlar. Şiddetin her türlü görsel görüntülerine karşı oldukça hassastırlar. Fakat oyun yoluyla travmalarını ortaya koyabilmeleri bu dönemdeki çocukların çok büyük bir koruyucu faktörüdür. Okul öncesi dönemde savaş ve çatışma durumlarından etkilenen çocukların müdehalesinde rutinlik, tutarlılık, güvenilirlik ve iyi bir bakım gibi ögeler kullanılmalıdır (Erdur-Baker ve Serim- Yılmaz, 2014).

Erdur- Baker ve Serim- Yılmaz (2014)'ın editörleri olduğu Afetler, Krizler, Travmalar ve Psikolojik Yardım adlı kitapta çocukların ve ergenlerin afet durumları karşısında yaşadıkları tepkiler özetlenmiştir. Savaş ve çatışma durumlarının çocuklar ve ergenler üzerinde gösterdiği tepkiler, afet durumları karşısında gösterdikleri tepkiler ile benzerlik göstermektedir. Bu nedenle, Erdur- Baker ve Serim- Yılmaz (2014)'ın kitaplarında özetlediği afet tepkileri tabloları, bilgilendirici ve özetleyici olması açısından her yaş grubu başlığının altına konulmuştur.

Tablo 1: Okul Öncesi Çağdaki Çocukların Afet Karşısındaki Tepkileri

Psikofizyolojik	Psikolojik	Davranışsal	Bilişsel
İştah bozuklukları	Huzursuzluk Hissi	Davranışlarda gerileme (bebek konuşmaları, parmak emme vb.)	Suçluluk duygusu
Altını ıslatma, kabızlık	Ayrılık kaygısı	Öfkeli ve saldırgan davranışlar	
Sık baş / karın ağrıları	Karanlıktan ve yüksek sesten korkma		
Uyku düzensizliği	Olayın tekrarlayacağı korkusu		
	Çaresizlik hissi ve pasiflik, içine kapanma		
	Kötü rüya/ kabus görme		

Kaynak: Erdur- Baker ve Serim- Yılmaz, (2014)

Okul Çağındaki Çocuklar

Bu dönemdeki çocuklar etraflarında olan ölüm ve yaralanmaların farkındadır. Gelişen bir endişelenme kapasiteleri vardır. Bu nedenle, savaş ve çatışma durumlarından oldukça etkilenirler. Travma sonrası stres bozukluğunun etkileri okul dönemindeki çocuklarda oldukça açık bir şekilde görülebilir. Bu dönemdeki çocuklar rahatsızlık veriri düşünce ve görüntüleri akıllarından çıkaramazlar, kabuslar görüp uyku problemleri çekerler, öfke, saldırganlık ve rahatlıksızlık duyguları oldukça yaygındır (Erdur- Baker ve Serim- Yılmaz, 2014).

Okul çağındaki çocuklar, olan olayların kendi suçları olmadığını bilirler fakat özellikle savaş gibi durumlarda ve kayıp yaşayan çocuklarda bu durum daha çok kaygı verici olmaya başlar.

Özellikle çevrelerindeki yetişkinlerden etkilenerek, olayların daha da büyüyeceğini ve en sonunda öleceklerini düşünürler. Bu nedenle okul dönemindeki çocuklar savaş ve çatışma durumlarında kendilerine zarar verme eğilimindedirler. Sonunda kendilerinin de öleceklerini düşünen bir çok okul öncesi dönemdeki çocuk ölümü beklemeye başlarlar (Greenstone ve Leviton, 2010).

Bunların sonucu olarak da depresyon, baş ağrıları, karın ve mide ağrıları gibi semptomlar görülebilir. Bu dönemdeki çocukların en büyük avantajı çevrelerinden destek aramaları ve çevresel desteğe oldukça açık olmalarıdır. Yaşadıkları olaylar hakkında bilgi toplarlar ve bu bilgileri kullanabilirler. Bu nedenle, okul çağındaki çocuklarla savaş ve çatışma durumları hakkındaki bilgiler açıkça paylaşılmalıdır (Greenstone ve Leviton, 2010).

Bunların yanında, okul çağındaki çocuklar kahraman ve kurtarılma düşüncelerine sahiptirler. Aslında bu düşünceler, okul dönemindeki çocuklar için büyük bir koruyucu faktördür. Diğer kişilere yardım edebilirler ve daha etkili bir şekilde yardım arayışındadırlar. Bu dönemdeki çocukların güvenilir ve rutin bir bakımın yanında akranlarının yardımına, sosyal aktivitelere, kontrol ve güvenliğe ihtiyaçları vardır.

Tablo 2: Okul Çağı Çocukların Afet Karşısındaki Tepkileri

Psikofizyolojik	Psikolojik	Davranışsal	Bilişsel
İştah bozuklukları	Huzursuzluk Hissi	Söz dinlememe	Bilişsel karmaşa
Altını ıslatma, kabızlık	Ayrılık kaygısı	Öfkeli ve saldırgan davranışlar	Konsantrasyon güçlüğü
Sık baş / karın ağrıları	Yakınların sağlığıyla ilgili sürekli endişeli olma hali	Okula gitmek istememe	Öğrenme bozuklukları
Uyku düzensizliği	Olayın tekrarlayacağı korkusu	Anne/ babanın ilgisi için kardeşlerle yarışma	Okul başarısında düşme
Konuşma bozuklukları (örn: kekemelik)	Çaresizlik hissi ve pasiflik, içine kapanma	Yetişkinlere karşı güvensiz davranışlar	
	Kötü rüya/ kabus görme	Eskiden sevdiği şeylere karşı ilgisiz davranma	
		Savaş ile ilgili oyun oynama ve hikaye anlatma	

Kaynak: Erdur- Baker ve Serim- Yılmaz, (2014)

Ergenler
Ergen grubundaki çocuklar, kendi gelişimsel süreçleri de göz önüne alındığında daha büyük bir risk grubu içinde oldukları söylenebilir. Bu dönemdeki çocuklar, kendi kişiliklerini arama ve kişilik geliştirme ihtiyacı içerisindedirler. Savaş ve çatışma durumlarında ise onların sosyal ve duygusal ihtiyaçlarına, kendi kişiliklerini geliştirmek için yardımcı olacak bir ortama ulaşamazlar. Bunlara ek olarak, kendi içlerinde çatışma yaşayan ergenler, çevrelerinde de hayatlarını tehdit eden bir durumla karşı karşıya gelirler (Greenstone ve Leviton, 2010).

Savaş ve çatışma durumlarındaki ergenlerde yoğun bir umutsuzluk ve çaresizlik duygusu görülür. Hayal kırıklıklarına karşı çok hassas bir dönemde olan ergen grubu, çatışma durumlarında ise bu duyguyla başa çıkamazlar. Bunlara karşılık saldırganlık, antisosyal ve riskli davranışlar göstermeye başlarlar. Bunlara ek olarak, travma sonrası stres bozukluğu hastalığının etkileri ergen grubunda da oldukça açık bir şekilde görülebilir. Bu dönemdeki çocuklar rahatsızlık verici görüntüleri ve düşünceleri akıllarından atamazlar. Depresyon riskleri artmaktadır (Greenstone ve Leviton, 2010).

Ergenlik dönemindekiler büyük bir bağımsızlık ve hareketlilik gösterirler. Bu hareketlilik, olaylara daha kolay adapte olmalarını, akışkanlığı da içermektedir. Bu özellik, ergenlik dönemindeki çocuklar için büyük bir koruyucu faktör oluşturmaktadır. Bilişsel becerileri, fiziksel güçleri oldukça geliştiği için olayları anlayabilirler. Ergenlik dönemindeki çocuklar için en büyük koruyucu faktör arkadaşları ve/ veya romantik olarak ilgi duydukları kız veya erkek arkadaşlarıdır. Bu dönemdeki çocukları arkadaşlarının düşüncelerini daha çok önemsediği ve arkadaşları arasında popüler olma isteği duyduğu için, savaş ve çatışma durumlarında da ailelerden çok arkadaş çevresi ergenlik döneminde çocuklar için koruyu faktördür (Erdur- Baker ve Serim- Yılmaz, 2014).

Bu dönemdeki çocuklar yetişkinliğe yaklaştığı için kendilerini ifade etmekte hiçbir sıkıntı yaşamazlar. Bu özellikle savaş ve çatışma durumlarının semptomlarını belirlemede ve üzerine çalışmada oldukça yararlıdır (Greenstone ve Leviton, 2010).

Ergenlik dönemindeki çocuklar için savaş ve çatışma durumlarındaki en iyi müdehale yöntemi onları da önemli görevler için ve anlamlı bir şekilde yaşananlara dahil etmektir. Yetişkin olmaya istek duyan ve çocukluk dönemi atlatmaya çalışan, kendi kişiliğini geliştirmeye çalışan bu dönemdeki çocukların hem gelişimine yardım etmek hem de yaşanılan olayların etkilerini azaltmak amacıyla onları çözüm sürecine dahil etmek oldukça yararlı olacaktır. Ayrıca, ergenlik dönemindeki çocukların kendilerini ifade etmeleri için fırsat verilmesi ve yaşanılanların onaylanması ayrıca müdehale yöntemlerinden biridir. Yetişkinler tarafından dikkate alınmak, düşüncelerinin dinlenmesi, yetişkinlerle birlikte olan aktivitelere katılmak ve önemli görevlerin içerisinde yer almak ve ayrıca akran etkinliklerinde yer almak ergenlik dönemindeki çocuklar ile savaş ve çatışma durumunda yapılacak müdehalelere örnektir (Greenstone ve Leviton, 2010).

Tablo 3: Ön- ergenlerin ve Ergenlerin Afet Karşısındaki Tepkileri

Tepkiler / Davranışlar	Ön- Ergenler	Ergenler
Dikkat ve yoğunlaşma güçlüğü, gerginlik ve çabuk irkilme hali	+	+
Aile ve akran ilişkilerinde sorunlar ve sosyal desteği kaybetme	+	+
Benlik saygısında azalma	+	+
Daha önce ilgi duyduğu şeylere ilgi kaybı	+	+
Sorumluluklarını yerine getirememe	+	+
Uyku ve iştah bozuklukları	+	+
Mide bulantısı, ağrılar ve halsizlik	+	+
Şok, korku, hüzün, çökkünlük, çaresizlik, ümitsizlik, öfke, zevk alamama	+	+
Okul başarısında düşme, devamsızlık, dikkatsizlik	+	+
Ölüm hakkında sık sık soru sorma	+	-
Olayı tekrar tekrar konuşma isteği	+	-
Madde kullanımına eğilim	-	+
Kendine zarar verme ve intihar eğilimi	-	+

Kaynak: Erdur- Baker ve Serim- Yılmaz, (2014)

Şavaştan Etkilenen Çocukları Koruyucu Faktörler
Bir çok farklı araştırma, çocukların kişilik özelliklerinin koruyucu faktör olabileceğini savunmuştur. Yetişkin bireylerde olduğu gibi, çocuklarda da sosyal zeka, başa çıkma becerlileri ev içsel duyguları kontrol gibi özellikler, çocuklar için savaş durumlarında koruyucu faktör olarak görülmektedir.

Cortes ve Buchanan (2007) savaştan etkilenmeyen Kolombiyalı 6 çocukla bir araştırma yapmışlardır. Bu araştırmayla, savaştan etkilenmeyen ve yılmazlık faktörü yüksek olan bu çocukların ortak özelliklerini bulmaya odaklanmışlardır. Bu araştırmanın sonucunda, savaş travmasının üstesinden gelebilen çocukların altı özelliği olduğunu belirtmişlerdir. Bunlar; birey olma hissi; sosyal zeka, empati ve öz düzenleme; paylaşılan deneyimler, bakıcının özellikleri ve toplumsal bağ; gelecek inancı, umut ve büyüme duygusu; manevi bağ ve ahlak (Cortes ve Buchanan, 2007). Tüm bu özelliklerin yanında dinsel bağ kültürel kaynağın ve travmanın iyileşmesinde önemli bir rol oynamaktadır. Sri Lanka'da yapılan bir araştırmaya göre, çocukların Budist inancı onların olayları anlamlandırmasında ve başa çıkma becerileri geliştirmelerinde önemli bir rol oynamıştır. Savaş sonrasında Sri Lanka'daki çocuklara Budist hikayeler okunmuş ve bu hikayeleri kendi hayatları ile özdeşleştirmeleri istenmiştir. Okunan hikayeler, zor durumlarla başa çıkma açısından değerlendirilmiştir. Bu hikayeler sayesinde çocuklar zor bir durum karşısında ayakta durabildiklerini ve 'hayatta kalan' (survivor) oldukları bilincini kazanmışlardır (Fernando, 2006).

Bağlanma Şekilleri

Bowlby'nin 1969 yılında yaptığı anne- çocuk bağlanması üzerine olan araştırması, bağlanma şekillerinin bireylerin hayatında çok önemli olduğunu gözler önüne sermiştir. Özellikle sosyal ilişkilerde, bağlanmanın etkisi yadsınamaz. Çevresel olaylarla başa çıkma becerileri, yine bağlanma şekillerimizle birlikte şekillenmektedir (Bowlby, 1969).

Savaş ve çatışma durumlarında da çocukların bağlanma şekilleri, savaştan etkilenme durumları açısından kritik bir rol oynamaktadır. Yukarıda da verilen örnekte, Anne Frued ve Dorothy Burlingham'ın 2. Dünya Savaşı sonrası yaptıkları araştırmada, çocukların bağlanma ilişkilerinin savaştan etkilenme durumlarında oldukça önemli bir rol oynadığını kanıtlamışlardır.

Sosyal Destek

Bir çocuğun sosyal olarak çevresinden aldığı destek, aslında bağlanma şekli ile de doğrudan ilişkilidir. Sosyal olarak sevgi, bakım ve destek gören bir çocuk gelişimsel sürecini tamamlayabilir. Bu gelişimsel süreç, buna bağlı olarak da bağlanma ve sosyal destek, çocukların savaş durumları süresince ya da sonrasında başa çıkma becerilerini etkilemektedir (Machel, 1996).

Bir çocuğun sosyal olarak destek almasında, diğer konularda olduğu gibi bir çok farklı etken vardır. Toplumun kültürü, cinsiyet gibi faktörlerin etkisi, sosyal destek konusunda göz ardı edilemez. Fakat, tüm bu etkenlerden bağımsız, sosyal destek çocukların savaşın etkilerinin üstesinden gelmesinde önemli bir etkendir.Özellikle travma sonrası stres bozukluğu tedavisinde, sosyal destek temel bir etkendir.

Kişinin günlük hayatına duygusal olarak devam edebilmesi, fiziksel gereksinimleri yerine getirecek gücü bulması gibi etkenler sosyal olarak aktif destek alan kişilerde kolayca üstesinden gelinebilir. Kuterovac- Jagodic (2003) tarafından yapılan araştırmaya göre, savaş sonrasında alınan sosyal destek, travma sonrası stres bozukluğunun ana etkenlerinden birini oluşturmakta ve yüksek sosyal destek, travmanın etkisini azaltmaktadır.

Bunların yanında, Bronfenbrenner'ın ekolojik modelinde de bahsedildiği gibi, birincil bakım veren kişinin akıl sağlığı, çocukların çevresel olaylardan etkilenme durumunu doğrudan etkilemektedir.

Çocuk Bakım Kurumları ve Okullar

Çocukların içinde bulunduğu her türlü eğitim kurumu, savaş ve çatışma durumları süresince çocuklar için koruyucu bir faktör oluşturmaktadır. Bu kurumlar, özellikle savaştan etkilenen aileler ile birlikte çalışarak, ayrıca mülteci kamplarına ve sosyal sistemdeki diğer kurumlara yardımcı olarak büyük bir etki yaratmaktadırlar.

Genel olarak, eğitim programları bir çok çocuğa ulaşabilmekte ve oları savaş ve çatışma konuları hakkında bilgilendirmektedir. Bu kriz durumlarından önce çocuklara okullarda eğitim verilmesi, savaş ve çatışma durumlarının çocuklar üzerindeki etkilerini azaltmaktadır. Böylece çocuklar, hem günlük hayatlarına bilinç sahibi olan bireyler olarak devam ederler, hem de kriz durumlarından az etkilenir, bu durumlarda çevrelerine de bilgi verebilirler. Bu kurumlarda yapılan herhangi bir eğitim ve etkinlik, tüm toplumu etkileyecek nitelikte olduğu için koruyucu faktör olarak oldukça önem taşımaktadır.

Savaş ve çatışma durumlarındaki çocukların koruyucu ve risk faktörlerini aşağıdaki tablo ile açıklayabiliriz.

Koruyucu Faktörler	Risk Faktörleri
Bağlanma Şekilleri	Savaş ve Çatışma Durumuna Uzaklık
Sosyal Destek	Bulaşıcı Hastalıklar
Birincil Bakıcının Ruh Sağlığı	Birincil Bakıcının Ruh Sağlığı
Çocuk Bakım Kurumları ve Okullar	Çocuğun Cinsiyeti
Toplumun Savaş Tarihi, Bakış Açısı	

Psikolojik Danışmanlar Olarak Savaş Sonrasında Çocuklara Nasıl Yaklaşmalıyız

Öncelikle çocuklar için güvenli bir ortam yaratılmalıdır. Bu güvenli ortamda çocuklar yaşadıklarını rahatça paylaşabilmelidirler. Böylece çocuklar, savaş ve çatışma durumu sonrasındaki etkileri sadece kendilerinin yaşamadığı bilincine varır. Durumu normalleştirmek, çocuklara yalnız olmadıkları duygusunu aşılar.

Durum hakkında doğru ve kesin bilgiler vermek çocuklar için oldukça yararlıdır. Kaos ve stres döneminde çevresel olarak gerekli desteği alamayan çocuklar, çevrelerinde ne olduğuna dair fazla bir bilgiye sahip olmazlar. Bu gibi durumlarda çocukları en çok etkileyen şey savaş durumu değil, savaşın getirdiği stres ve belirsizlik durumlarıdır (Plunkett ve Southall, 1998). Bu nedenle savaş hakkındaki yanlış anlaşılmaların ve büyülü düşüncelerin düzeltilmesi ve açıklanması yararlı olacaktır.

Tüm bunların yanında umut olgusunu çocuklara tekrar aşılamak önemli bir basamaktır.

Kültürünü, değerlerini, evini ve belki de ailesini kaybetmiş çocukların umudunu yitirmesi kaçınılamaz bir gerçektir. Fakat savaş öncesi durumlara odaklanarak, o zamanki anıların hatırlanmasına yardımcı olunarak çocukların geleceğe daha umutlu bakmaları sağlanabilir. Bu geçmişte yaşanılan anıların ve duyguların gelecekle bağlantı kurularak yeniden ele alınması, çocukların iyimserlik duygusunu arttıracaktır.

Savaş sonrasında yapılabilecek temel adımlar şu şekilde sıralanabilir;

• Travmatik olay hakkında konuşmaktan korkmayın. Çocuklar olay hakkında düşünmemekten ya da o olayı akıldan çıkarmaktan fayda sağlamazlar. Eğer çocuk çevresindeki yetişkinlerin üzgün olduğunu hissetmezse, yaşadıklarını dile getiremez. Uzun süreçte bu çocuk için iyileşme sürecini zorlaştırır. Konuyu kendiniz kaçmayın, çocuk konuşmak istediğinde tartışmaktan kaçınmayın, sorulara cevap verin ve destekliyici, güvenli bir ortam oluşturun.

• Düzenli, tahmin edilebilir bir süreç oluşturun. Çocuğun gün içerisinde yapacağı etkinliklerin belirli olduğundan emin olun. Yemekler, ödev, oyun saati gibi etkinliklerin her zaman aynı saatte yapıldığından emin olun. Gün içerisinde farklı bir etkinlik yapılacağı zaman bunu çocuğa önceden bildirin ve nedenini açıklayın. Çocuğun, olayların yetişkinlerin kontrolünde olduğunu anlamasına yardımcı olun. Travmatik çocuklar için bakıcılarının endişeli olmaları korkutucu olabilir.

• Kendi beklentilerinizden ve disiplin anlayışınızdan çocuğa bahsedin. Kuralları ve kurallara uymamanın sonuçlarını açık bir şekilde belirtin. Bunları anlattığınızda, çocuğun bunları anladığından emin olun.

• Çocukla konuşun. Ona gerekli bilgileri verin. Travmatik çocuklar daha hareketli, endişeli ve saldırgan olabilir. Doğru bir bilgi ve açıklama olmadan, çocuklar hikayelerdeki boşlukları kendileri doldurur ve daha endişeli olabilirler. Her zaman doğruyu söyleyin. Çocuğa karşı açık ve dürüst olun.

• Yeniden sahneleme (re-enactment), kaçınma ve hiperaktivitenin belirtilerini yakından izleyin. Travmatik çocukların hepsi bu belirtilerin çeşitli kombinasyonlarını sergileyebilirler. Gözlemlediğiniz bu davranışlar için bir günlük tutup bu belirtilerin paternlerini izleyebilirsiniz.

• Çocuğa seçenekler verin, kontrol duygusunu aşılayın. Travmatik çocuklar, çevrelerinde olan hiçbir şeyin kontrolünün kendilerinde olmadığını hissederler. Fakat çocuk kendisine seçenek verildiğinde ya da kontrol duygusu aşılandığında kendisini daha rahat ve güvende hisseder, düşünerek hareket edebilir.

• Eğer bir sorunuz olursa, yardım olmak için sorun. Travmatik çocuklarla çalışmak çok geniş bir konudur. Bilgi güçtür. Ne kadar fazla şey bilirseniz, çocuğa o kadar yardımcı olabilirsiniz. Bu şekilde onlara daha fazla destek, bakım ve gereken rehberliği sağlayabilirsiniz. Toplumsal kuruluşlardan faydalanın. Aynı konularla çalışan kişi, kurum ve kuruluşlarla iletişim halinde olun.

Savaş sonrasında yaplacak müdehaleleri ikincil ve üçüncül müdehale olmak üzere iki başlık altında inceleyebiliriz.

İkincil Müdahaleler
Çocuk Hakları Sözleşmesi gereğince yasalar savaş ve çatışma durumlarında tüm çocukların beslenme, barınma, eğitim, sağlık gibi temel ihtiyaçları karşılamalıdır. Bunun yanında, çocukları etnik temizlikten korumak da yine aynı zamanda yasaların görevi içerisindedir. Bunun yanında, çocukların bakım veren bir yetişkin eşliğinde savaş ve çatışma durumlarının sürdüğü alanlardan uzak kamplarda veya bölgelerde güvende olduğundan emin olunmalıdır. Eğitim ve oyun ihtiyaçları karşılanarak çocuklara yardım edilmelidir (Barbara, 2006).

Cinsiyet temelli şiddeti önlemek adına kamplarda belirli programlar uygulanmalıdır. Bu eğitim ve programların başında askerlerin eğitimi, tecavüzü raporlama ve tecavüz mağdurlarına destek birimleri oluşturulmalıdır. Cinayet ve tecavüzün insanlığa karşı bir suç olduğu eğitimlerle öğretilmelidir.

Üçüncül Müdehaleler

Üçüncül müdehaleler, savaş sonrasında yapılacak acil müdehaleleri içermektedir. Ulusal ve Uluslar arası kuruluşlarla çocukların sağlık bakım ihtiyaçlarının giderilmesini gerektirir. Fizyolojik yardımların yanında, psikolojik yardımlar ve rehabilitasyon hizmetleri verilmelidir. Savaş ve çatışma durumlarının tekrar etmesi olasılığına karşılık, okullarda barış kültürünü öğretme ve yayma amaçlı koruyucu ve müdehale edici eğitimler verilmelidir (Barbara, 2006). Barış eğitimi, üçüncül müdahaleyi kapsayan eğitim şekline örnek olarak verilebilir.

Barışa ulaşmanın bir çok farklı yolu olduğu için, barış eğitimi de farklı şekillerde düzenlenebilir ve uygulanabilir. Bireyler farklı kültürlere, fikirlere ve düşüncelere sahip olduğu için barış eğitimi programları da farklılık göstermektedir. İsrailli barış eğitimcisi Bar-Tal (2002) bu durumu şöyle açıklamıştır: *Amaçları aynı olsa bile, her toplum çoğunlukla konulara, şartlara, kültüre ve tabii ki eğitimcilerin yaratıcıklarına ve görüşlerine bağlı olarak farklı şekillerde barış eğitimi düzenlemektedir (p.35).*

Şiddetin her şekli, barış eğitimi tarafından farklı yöntemler uygulanarak çözümlenebilir, uyuşmazlıklar dönüştürülebilir. Barış eğitimi çalışmaları genelikle çok kültürlülük ve çeşitli grupların farkındalığı üzerinedir. Fakat fiziksel şiddetin olduğu bir bölgede çalışan barış eğitimcisi, mağdur durumda olanlara karşı empatinin arttırılması ve düşmanlığın azaltılması konuları üzerine çalışabilir (Harris, 2004).

Tarihsel olarak, milenyumun başlarında eğitimciler uyuşmazlık çözümü konusuna odaklanmışlardır. Buna bağlı olarak barış eğitimleri iletişim becerileri, empati, sempati gibi konuları üzerine yoğunlaşmıştır. Yirminci yüzyılın başlarına doğru çevresel krizlerin artmasıyla birlikte barış eğitimi çalışmaları daha çok 'düşman'ı tanımlamak üzere 'öteki' kavramına yoğunlaşmaya başlamıştır. Özellikle İsrail ve Filistin gibi Orta Doğu ülkelerinde yapılan barış eğitimleri bu çalışmalara örnek olmuştur. Bu çalışmalarla karşıdakini daha iyi anlama ve bireylere ulaşarak barışı inşa etme süreçlerine odaklanılmıştır.

Tüm bunların yanında barış eğitimi örgün ve yaygın eğitim yolları kullanılarak farklı şekillerde düzenlenebilir. Örgün eğitim süresince barış eğitimi temel eğitim, öğretmen eğitimi, ders kitabı geliştirilmesi, müfredat geliştirilmesi gibi çeşitli şekillerde yapılabilir. Yaygın eğitimde ise gençlik kampları, spor klüpleri, toplum liderlerinin eğitimi, ebeveynler ve gençler için eğitsel programların ve atölyelerin düzenlemesi gibi çeşitli şekillerde barış eğitimi uygulanabilir (Brown, 1999).

Psikolojik danışmanlar okuldaki rolleri gereği öğrencilere örnek olan davranışlar sergilemektedirler. Bunun yanında eğitimleri gereği öğrencilere karşı empatik, ötekileştirmeyen, aşağılayıcı ve iğneliyici bir dil olmayan bir dil kullanmalıdırlar. Psikolojik danışman olmanın temel gereksinimleri aslında barış eğitimcisi özelliklerinin de temelini oluşturmaktadır.

Barış eğitimi uygulamaları, öğrencilerin kendilerini güvende hissettiği bir ortamda yapılmalıdır. Böylece öğrenciler her etkinliğe içten bir katılım gösterebilir ve etkinlik sonunda kendi düşüncelerini ifade edebilirler.

Okulda çalışan psikolojik danışmanlar olarak, okula savaş ve çatışma durumundan etkilenen bir öğrenci geldiğinde yapılacak olanlar aşağıdaki şekilde sıralanabilir.

Çocuk Okula Geldiği Anda: Çocuğu ve çocuğun ailesini tanımak önemlidir. Açık ve güvenilir bir iletişim kurmak gerekir. Özellikle ilk okullarda, ilk gün için ailenin ya da yasal bakıcının okula davet edilmesi gerekir. Bu sırada, aile ile çocuğun ihtiyaçları konusunda bir görüşme yapılır. Aile, okuldaki öğretmenler ile tanıştırılır ve aynı zamanda okul tanıtılır. Bu sayede ailede güven oluşur.

Okulun bir haritası hem çocuğa hem de aileye verilir. Öğrenci için 'Hoşgeldin' partisi düzenlenebilir. Eğer okula gelen ailenin ana dili, öğretmenlerin ana dilinden farklı ise tüm bu prosedürler çevirmen eşliğinde yapılmalıdır.

Öğrenci için okulda her zaman ulaşabileceği bir kişi belirlenmelidir. Okulun işleyişi, aile katılımının önemi, kurallar ve diğer önemli konular hakkında hem öğrenci hem de aile bilgilendirilmelidir. Okul yönetimindeki kişilerin isimleri ve fotoğrafları ailenin daha güvende hissetmesi için tedarik edilebilir.

Sınıf tarafından 'Hoşgeldin Paketi' hazırlanabilir. Bu pakette diğer öğrencilerin okula hoşgeldin notları, okulda kendilerini nasıl iyi hissetleri ve sınıf etkinliklere nasıl katıldıkları hakkında notlar yer alabilir. Bunların yanında, öğrencinin kendini daha iyi hissedebilmesi ve uyum sürecini çabuk atlatabilmesini sağlamak için akran rehberliği uygulanabilir. Çocuk için ayrı bir öğrenme planı gerekiyorsa hazırlama sürecine başlanmalıdır.

Aileler için bir bilgilendirme toplantısı düzenlenerek ailelerin birbirlerini tanıması sağlanabilir.

Bu şekilde veliler arasında güven ilişkisi oluşturulur. Eğer gelen öğrencinin ana dili, öğretim dilinden farklı ise dil sınıfları açılmalıdır.

Yerleşim Sürecince:

Okul Düzeyinde Yapılabilecekler
Öğrencinin akademik ve sosyal gelişimini takip amaçlı toplantılar düzenlenmelidir. Zorbalığı ve ırkçılığı önleyici çalışmalar yapılmalıdır. Çocuk haklarını, barışı, sosyal adaleti öğretici etkinlikler ve aktiviteler düzenlenmelidir. Ailelerin de katılım gösterebileceği, göçmen ve mülteci gruplarını içeren kültürel aktiviteler düzenlenmelidir.

Sınıf Düzeyinde Yapılabilecekler
Savaş ve çatışma durumundan etkilenen çocukların uçak ya da yangın alarmı gibi ani seslere tepki verebileceği, değişimlerden daha fazla etkileneceği gibi konular sınıfta diğer öğrencilerle konuşulmuş olunmalıdır. Savaştan etkilenen çocukların rutinlerini devam ettirici, kendilerini rahat ve güvende hissetmelerini sağlayan bir ortam yaratmak için sınıfın yardımı istenmelidir.

Sınıftaki öğrenciler ile başka kültür, din, tarih ve hayatlar üzerine okumalar yapılmalıdır. Seçilecek kitaplar doğrultusunda sınıf içerisinde farklılıklara dair tartışmalar yürütülebilir. Barış eğitimi, çatışmaların barışçıl yollarla çözümü gibi konular sınıf içerisinde işlenmelidir. Savaştan etkilenen çocuklar için güvenli alanlar oluşturulmalıdır. Sınıf etkinlikleri daha çok drama, müzik dans gibi öğrencilerin travmatik anılarını iyileştirecek pozitif etkinlikleri içermelidir. Sınıftaki öğrencilerin diğer mülteci ve göçmen çocuklarla tanışması sağlanmalıdır. Anadili farklı olan öğrenciler için ek ödevler verilmelidir.

Savaştan Etkilenen Öğrencileri Ne Zaman Bir Uzmana Yönlendirmeliyiz?

Yukarıda bahsedilen öneriler, mülteci ve göçmen çocukların okula uyum sürecine katkı sağlamaktadır. Özellikle okul sürecine başlayabilen mülteci ve göçmen çocuklar, öğretmenleri ve aileleri tarafından desteklendiğinde travmatik süreci daha kolay atlatabilmektedir.

Diğer yandan, savaş ve çatışma durumlarından etkilenen çocukların psikolojik yardım almaları gerekebilir. Bazı bölgelerde psikolojik yardım alma 'lüks' olarak tanımlanmakta ve özellikle mülteci ve göçmenlerin yönlendirilmesi zor olarak görülmektedir. Fakat okul danışmanları, bölgede faaliyet veren sivil toplum kuruluşlarının ve devlet tarafından mülteci ve göçmenlere sağlanan imkanların bilincinde olmalıdır. Bu sayede, savaş ve çatışma durumlarından etkilenen öğrenciler için çok geç olmadan tedavi süreci başlatılabilir.

Aşağıda belirtilen durumlar zaman içerisinde devamlılık gösteriyorsa, özel bir ilgi ya da dışarıdan bir yardım gerektirebilir. Öğrenci;

• Yavaş öğreniyor, beklenen gelişimi gösteremiyorsa

• Okula gelmiyor, derslere düzenli katılmıyorsa

• Akranlarıyla sosyal sorunları varsa

• Evde gerekli bakımı alamıyorsa

• Saldırgan ve itaatsiz tavırlar gösteriyorsa

• Odaklanmada sorun yaşıyorsa ve aşırı tepkiler veriyorsa

• Ağrı ve acı gibi fiziksel sorunlardan şikayet ediyorsa

• Sürekli devam eden kabuslar ve rahatsız edici görüntüler görüp gün içerisinde aklına geliyorsa

• Gün boyunca yorgun ve bitkin görünüyorsa

• Sürekli endişeli ve kaygılı davranışlar sergiliyorsa

Bir uzmandan yardım almak ya da görülen bu belirtileri dikkatle izlemek yararlı olacaktır.

Kaynakça

Barbara, J. (2006). Impact of War on Children and Imperative to End War. Medicine and Peace, 47, 891- 894.

Betancourt, T., & Khan, K. (2008). The Mental Health of Children Affected by Armed Conflict: Protective Processes and Pathways to Resilience. International Review Psychiatry, 30(3), 317-328.

Betancourt, T., Meyers-Ohki, S., Charrow, A., & Tol, W. (2013). Interventions dor Children Affected by War: An Ecological Perspective on Psychosocial Supprt and Mental Health Care.

Harvard Review Psychiatry, 21(2), 70-91.

Bowlby, J. (1969). Bağlanma. İstanbul: Pinhan Yayınları.

Carpenter, R. (2010). Forgetting Children Born of War. New York: Columbia University Press.

Childhood Under Siege: Living and Dying in Besieged Areas of Syria (Rep.). (2016). UK: Save the Children.

Collier P, Elliott VL, Hegre H, Hoeffler A, Reynal-Querol M, Sambanis N. Breaking the conflict trap: civil war and development policy (A World Bank policy research report). Washington DC: World Bank and Oxford University Press; 2003.

Cortes L, Buchanan MJ. (2007). The experience of Colombian child soldiers from a resilience perspective. International Journal for the Advancement of Counselling. 29:43–55

Devakumar, D., Birch, M., Osrin, D., Sondorp, E., & Wells, J. (2014). The Intergenerational Effects of War on the Health of Children. BMC Medicine, 1-15.

Dupuy, K., & Peters, K. (2010). War and Children: A Reference Handbook. California: Praeger Security International.

Erdur- Baker, Ö, & Serim- Yılmaz, B. (2014). Çocuklar ve Ergenler. In Özgür Erdur- Baker & Türkan Doğan (Eds.), Afetler, Krizler, Travmalar ve Psikolojik Yardım (pp. 25-42). Ankara: Türk Psikolojik Danışma ve Rehberlik Derneği.

Fernando C. PhD dissertation. University of Toronto; 2006. Children of war in Sri Lanka: Promoting resilience through faith development.

Freud, A., & Burlingham, D. (1973). War and Children (P. Lehrman, Ed.). NewYork, NY: Greenwood Press.

Greenstone, J., & Leviton, S. (2010). Elements of Crisis Intervention: Crisis and How to Respond Them. US.

Harris, I. M., & Morrison, M. L. (1943). Peace Education. (2. ed.). London: McFarland Company. Harris, I. M. (2013). Conflict Resolution and Peace Education: transformations across disciplines. Journal of Peace Education. 10:3, 329-331.

Kirk, J. (2002). War- affected Children and Schooling in Montreal (Rep.). Montreal: McGill University.

Machel G. The impact of armed conflict on children: report of the expert of the secretary general of the United Nations. New York: United Nations; 1996.

National Institute of Child Health and Human Development National Black Child Development Institute. (2003). An Activity Book For African American Families: Helping Children Cope with Crisis [Brochure]. Author.

Pearn J. Children and war. J Paediatr Child Health. 2003;39:166–72. US Fund forUNICEF. Landmines pose the greatest risk for children.

Plunkett, M., & Southall, D. (1998). War and Children. Disease in Childhood, 78, 72-77.

State of World's Mothers: Protecting Women and Children in War and Conflict (Rep.). (2003). Connecticut, US: Save the Children.

The Child Trauma Academy. (2014). Helping Traumatized Children: A Brief Overview for Caregivers [Brochure]. Perry, B. D.

Werner, W. (2012). Children and War: Risk, resilience and recovery. Development and Psychopathology, 24, 553-558.

Zimmer, C., & Gupta, L. (2008). Psychosocial Intervention for War Affected Children in Sierra Leone. The British Journal of Psychiatry, 192, 212-216.

Migrants' Children in Russia: Peculiarities of Adaptation

Ildarhanova Chulpan[1]

Introduction

Migration is a serious social-demographic and conflict phenomenon. Being a global process it possesses regional peculiarities caused by territorial position and social-economic state of the country and its political sustainability. Children of migrants face problems of social, cultural, climate adaptation, access to education, medical and juridical help.

Migration flow in Russia has 3 sources – migration with regions of Russia, with countries of CIS and Baltic, and with far-abroad countries. In 2016 migration in Russia constituted 3365510 people - 86,1% inside Russia (43,7% inside regions, 56,3% from other regions), 13,8% from foreign countries. Emigration – 3072591 people, 90,5% inside Russia (42,4% inside regions, 57,6% to other regions), 9,5% to foreign countries. Migration growth is 292919 people, migration exchange of population with foreign countries – 173254 people[2].

Figure 1. International migration in Russia, 2015

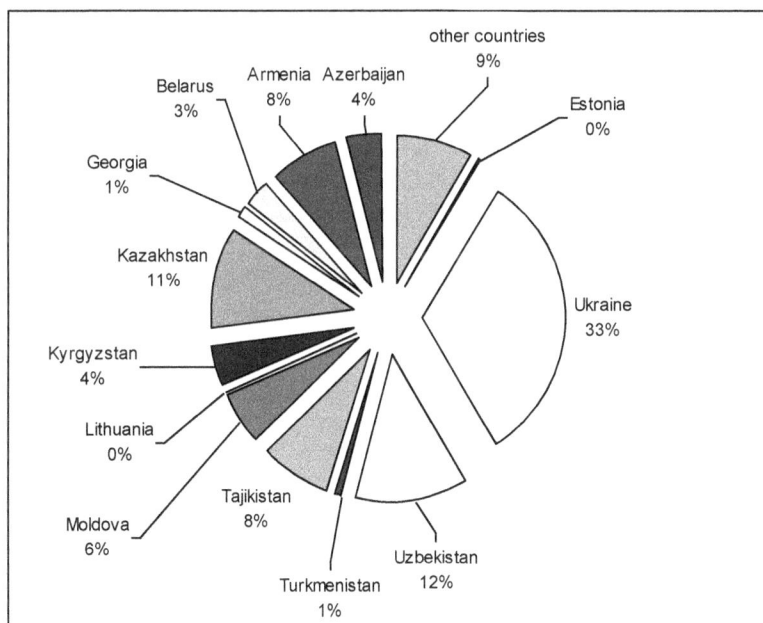

[1] Family and Demography Center, Academy of sciences of the Republic of Tataristan. E-mail: chulpanildusovna@gmail.com.
[2] Federal State Statistics Service of Russian Federation http://www.gks.ru/wps/wcm/connect/ rosstat_main/rosstat/ru/statistics/population/demography/#

The number of forced migrants in Russian Federation aged under 18 was 8800 children in 2009: 100 kids under 5 years old, 6700 kids from 6 to 15 y.o., and 2000 teenagers of 16-17 y.o. There wasn't fixed any gender dominance inside this group (Deti ve Rossii, 2009).

Method

Sociological study of migrants' children can't be achieved by quantitative methods. The researcher can rely on such tools as case-study, expert interview, observation, and documents' analysis. Perspective methodological bases for the development of migrants' children studies are sociology of migration, ethno sociology, sociology of childhood and others.

Modern sociological concepts interpret migration in terms of mobility, space and life trajectories. Researchers found out that one of the significant factors influencing migrants' children trajectories in receiving (host) society, success of their adaptation and integration is the stage of their life cycle on the moment of their migration (Rumbaut, 2007). Sociology worldwide (USA, Israel, New Zealand, etc.) has been focused on formulation of '1.5 Generation' concept reflecting urgent tendencies in world migration process since 1980s. Peculiarities of territorial-space position of Russia defined preferences of Russian scientists working on this problem, and this concept has been popular among them towards environments of foreign cultures, though it hasn't been widely practically used for Russian context (Rocheva, 2011). Operationalization of 1.5 generation concept differs according to social policy of the country and goals of the research. Rocheva A.L. discovered that American sociologists distinguish 1.5 generation among 6-12 years old children, Israel scientists – 11-18, and Russian researchers – 13-19 years old teenagers.

Another approach to study migrants' children integration to host country is concentrated on migration in formative years together with fluent use of two languages and knowledge of cultural patterns of the sending and host society (Danico, 2004). According to Portes and Rumbaut there are 4 types of bilinguals (Portes and Rumbaut, 2001) - free bilinguals, bilinguals with dominant English, bilinguals with other dominant (foreign) language, restricted bilinguals.

Findings

Russian scientist D. Alexandrov applied this classification in his empirical study at Saint-Petersburg schools (UNICEF, 2012). His research was a part of the study that was ordered by United Nations Children's Fund in Russian Federation and Public charity organization 'Saint-Petersburg center of international cooperation of Red Cross'. This project was one in the series of studies on migrants' children held from 2008. They made surveys in Saint-Petersburg and Moscow area, took interviews with school workers, children and their parents. Social and economic structure of ethnic community determines educational attainments of pupils. Ethnic communities with high social status use financial resources to organize establishments that can help migrants' families. There can be distinguished 3 groups of migrants' children according to the age of their arrival to Russia. The first group consists of children who arrived to Russia at school age and who had had experience of attending school at the sending country. The second group – children who arrived to Russia just before entering school (at the age of 6-7) who hadn't had experience of attending a kindergarten in Russia. The third group – those who came to Russia at infant age or were born in Russia.

Migration studies center (Russia) held several projects to learn opportunities and problems of social integration of labor migrants from countries of Central Asia in Russia. It was found out that more than half of labor migrants of both ages are married and 40% of them have children under 16 years old. Migration is a stress situation and keeping tight family ties, family support allows to decrease this tension. From this point of view, migrating with family is an optimal solution. As social surveys show, it's quite hard to fulfill it – 57% of married migrants have an opportunity to bring their couples with them. Migrating with children is even a rather rare phenomenon – 1/3 of migrants having children under 16 take them to the arriving country.

The following factors influence on migrants' decision to bring children. The type of the settlement where migrants come from - rural migrants leave their children more often. Education level- the higher it is more often migrants move with their children. Native country of migrants - immigrants from Central Asia leave their children at home more often, than take with them, immigrants from Transcaucasia – Armenia and Azerbaijan, on the contrary, prefer to take children with them. Financial situation of families – the poorest families refuse from family migration more often. Duration of work trip – attitude to migration with children changes totally in case of constant living without leaving home, though even here almost 1/3 of migrants leave their children at home.

Educational adaptation. Only 15-25% of migrants children-preschoolers attend kindergarten in Russia. The is a problem of lack of information about the procedure of enqueuing (waiting for a free place) to kindergarten, lack of money to pay for kindergarten, difficulties in preparing documents including necessity of parents to obtain official registration and demand to purchase special medical polis. It is necessary for children to attend kindergarten in order to prepare properly for school. For migrants' children kindergarten is an opportunity to adapt in Russian environment, among peers, to obtain Russian language skills. But 50-70% of migrants consider that their children-preschoolers in Russia don't need kindergarten. It is important to reduce the number of these parents by enriching their informational competence and breaking bureaucracy barriers.

The majority of migrants' children of school age goes to school – 70%. The main issues while entering school are deficiency of registration, medical documents, and insufficient knowledge of Russian language or voluntary refusal of school administration.

Migrants' children lower school's results of unified state exam so it is actual to develop additional educational program for migrants. Many Russian regions solve problem of Russian language with the help of extra classes. They are organized at school at the second half of a school day where migrants' schoolchildren study Russian as a foreign language. About 300 schools in Moscow have such groups. In fact almost every director can organize such groups if there are any migrants with bad Russian at school. These lessons are paid from the city budget. Another opportunity to improve language skills is provided by school departments – 'Russian language schools' supported by Department of education of Moscow government. There are such schools in every administrative area of Moscow, and evening schools where adults can study as well. School education in Russia is rather available for migrants but still social studies reveal that 10-25% of migrants' children don't attend school. This parents' attitude to their own children restricts their opportunities for normal socialization in the future. Migrants' children don't suffer from discrimination at school. 80% of parents said that there was a friendly attitude to their kids. The attitude of Russian schoolchildren to their peers-migrants is better than that of Russian society to adults-migrants.

In the Republic of Tatarstan, for example, there are only 3,1% children among migrants. There is a House of Friendship of Nations that includes about 35 ethnic communities having separate departments to support culturally and socially minor nations living on the territory in the Republic of Tatarstan[3]. They hold national events, organize dance lessons for children and other activities. 'Multinational Sunday School' in Kazan is oriented to learn and keep languages, cultures, traditions and customs of nations, living in the city as pupils of this school are mostly children and teenagers who left their historical Motherland. The primary task of the school is to solve problems of sociocultural adaptation of pupils. House of Friendship of Nations of the Republic of Tatarstan holds lessons of tolerance every Thursday for pupils of 7th grades where schoolchildren get acquainted with creative works of Multinational Sunday School pupils. 5000 pupils visit different events held by House of Friendship of Nations of the Republic of Tatarstan every year. Its activity promotes mutual understanding and enriches ethnic cultures, brings respect and kind attitude to peers of any nationality, breaks stereotypes and prejudices, forms capacity to value individuality and dissimilarity, caused by ethnic differences as well.

In Khabarovkaya area of Russia Theological seminary held an event 'Friendship days' for children from 5 national expatriate communities (Uzbekistan, Tadjikistan, Kyrgyzstan, Tatarstan and Azerbaijan). Children from 5 to 12 years old studied Russian culture, the history of development and nature of Russian Far East. As a result of successful work of this project they plan to organize school for migrants' children.

Khanty Mansi autonomous Ugra region of Russia has a big experience in development and creation of system of educational and pedagogical activity on formation of tolerance in different educational establishments. They are working on a model 'School as a territory of tolerance' together with municipalities, public organizations that help them in particular settlements (holding national festivals, holidays, interacting with diasporas). At the same time, school facilities to solve problems of social adaptation of migrants' children are restricted because they are transmitted by social environment where pupils live (existence of social inequality, lack of legal protection, limited access to social services, etc.) (Zasypkin, et al. 2012)

Conclusion
Results of social studies on problems of adaptation of migrants' children show that relationship between children of different nationalities dominate in the structure of interpersonal relations in the class. Migrants' children contact less with pupils-representatives of local population and interact with each other according to the principle of similarity of 'migrants' destiny'. Indexes of sociometric status and emotional expansivity of migrants' children grow while the number of migrants'

---

[3] http://addnt.ru/en/

children in the class increases. Such structure of interpersonal relations causes problems of adaptation of migrants' children in the host country and provokes explicit and latent conflict situations in a school group.

Bibliography

Deti v Rossii. 2009: Stat. sb./JuNISEF, Rosstat. M.: IIC «Statistika Rossii», 2009. – 121 s. http://www.gks.ru/doc_2009/deti09_rus.pdf

Rumbaut R. Ages, Life Stages, and Generational Cohorts: Decomposing the Immigrant First and Second Generations in the United States // Portes A. and DeWind J. (eds.) Rethinking Migration: New Theoretical and Empirical Perspectives. – New York and Oxford: Berghahn Books, 2007. – Pp. 342 -390; Oropesa R.S. and Landale N.S. In search of the new second generation: Alternative strategies for identifying second generation children and understanding their acquisition of English // Sociological Perspectives. – 1997, Vol. 40, No. 3, Immigration and Incorporation. – Pp.429-455.

Rocheva A.L. «Polutornoe» pokolenie migrantov: mnozhestvennaja marginal'nost' (obzor literatury) // Oficial'nyj sajt IC RAN. - 2011 URL:http://www.isras.ru/publ.html?id=2355

Danico M.Y. The 1.5 generation: becoming Korean American in Hawaii/Danico M.Y. – Honolulu: University of Hawai'I Press; Los Angeles: UCLA Asian American Studies Center. – 221 p. - P.3.

Portes A. and Rumbaut R. Legacies: The Story of the Immigrant Second Generation / Portes A. and Rumbaut R. -Berkeley Los Angeles London: University of California Press; New York: Russel Sage Foundation, 2001. – 455 p.

Polozhenie detej migrantov v Sankt-Peterburge. – M.:Detskij fond OON (JuNISEF), 2012 – 168 s.

Zasypkin V.P., Zborovskij G.E., Shuklina E.A. Aktual'nye problemy obuchenija detej migrantov // Vestnik Surgutskogo gosudarstvennogo pedagogicheskogo universiteta. 2012. N 2.

Gurbetçi Ailelerin Çocuklarına Yönelik Uygulanan Şiddet Sorunu: Kırgızistan Örneği

Taalay Şarşembiyeva[1]

Giriş

Kırgız Cumhuriyeti, içerisinde bulunduğumuz 2016 yılında bağımsızlığının 25. yıldönümünü kutlamıştır. Bu yirmi beş yıl içinde Kırgızistan ekonomik, sosyal, siyasal ve kültürel alanlarda büyük değişiklikler yaşamıştır. Ülke ekonomisi büyük zarar görmüş olup, fabrikalarda üretim durmuş, tarım işleri kökten değişmiştir. Ülke genelinde işsizlik hüküm sürmeye başlamıştır. Bırak para kazanmayı, insanların giyecek bir şeyi, yiyecek bir lokması bile yoktu.

Bu dönemde yakın ve uzak ülkelere göç edilmeye başlanmıştır. Kırgızistanlılar para kazanmanın yeni yolunu keşfetmiştir. Bu süreç günümüzde de devam etmekte olup, olumlu sonuçlarının yanında, olumsuz sonuçları da getirmiştir. Bu durum özellikle aile ilişkilerine yansımış olup, aile yapısı çökmeye başlamış, aile değerleri değişmiş ve çocuklar çok sıkıntı çekmiştir. Çünkü anne ve babaları para kazanmak için ülkelerini terk etmek zorunda kalmıştır. Bu süreç günümüzde de devam etmektedir. Bu nedenle çocuklar anne-babasının tanıdıkları veya yakın ve uzak akrabalarının himayesinde büyümek zorunda kalmaktadırlar.

Ancak çocuğa anne babasından daha iyi kim bakabilir ki? Bu sorunla ilgili kitle iletişim araçlarında verilen bilgiler ve istatistikî veriler Kırgızistan'da akrabalarının yanında bırakılan çocukların çeşitli risklere maruz kaldıkları ve her türlü problemle karşılaştıklarını göstermektedir.

Bu sorun üzerinde ülkede birçok devlet ve özel kuruluşlar çalışmaktadır. Ne yazık ki, bu sorunlar çözülmemiş olarak kalmaktadır. Bu da, seçilen konunun önemini açıklamaktadır.

Yukarıda bahsedilen göç süreci Kırgızistan'da devam etmektedir. Kırgızistan'da akrabalarının yanında bırakılan çocukların karşılaştıkları sorunların belirlenmesi ve incelenmesinin yanı sıra meydana gelen durumun analiz edilmesi için kalite yöntemlerinin kullanılmasıyla birlikte sosyolojik bir araştırma yapılmıştır.

Yöntem

Bilgilerin alınması için aşağıdaki yöntemler kullanılmıştır:

Masa başı araştırması (göç, çocuklar v.b. ile ilgili resmi evrak ve kanunlar, bunun yanı sıra daha önceden bu konu üzerinde Kırgızistan'da yapılan sosyolojik araştırmaların materyalleri incelenmiştir.)

Çocukların sorunlarıyla ilgilenen kâr amacı gütmeyen kuruluşların temsilcileri ile yapılan *derinlemesine görüşme* (10 kişi ile görüşme yapılmıştır.)

Halk ile gerçekleştirilen *derinlemesine mülakat* (iş gereği yurt dışına gidenlerin çocuklarına bakan 30 geçici vasi ile görüşme yapılmıştır.)

---

[1] Kırgızistan-Türkiye Manas Üniversitesi Edebiyat Fakültesi Sosyoloji Bölümü. E-posta: shartaalay@mail.ru

Bulgular

Vatandaşların yakın ve uzak ülkelere göç etmeleri nedeniyle Kırgızistan genelinde nasıl bir durum oluşmuştur? Günümüzde sığınmacı çocukların hakları ne ölçüde korunmuştur?

Kamu denetçisi Kubat OTORBAYEV'in söylediklerine göre, günümüzde yaklaşık yedi yüz bin Kırgızistan vatandaşı yurt dışında iş aramaktadır. (Tabi ki, bu sadece resmi bir bilgidir. Gerçek sayı 2 kat fazla olabilir). 56 binden fazla çocuk kendi ülkelerinde akrabalarının yanında kalmıştır. Kamu denetçisi diyor ki: Bu yüzden çocuk haklarını korumak için çabalarımızı yoğunlaştırmak zorundayız (Otorbayev K., 2016).

Yapılan araştırma sırasında aşağıdaki sonuçlar elde edilmiştir: Kırgızistan'da çocuğu yakın akrabalarının yanında bırakmak yeni bir şey değildir. Çünkü bu durum ezelden beri sürüp gelmektedir. Başka bir deyişle önceleri de çocuklar yakın akrabalarının yanında, ama geçici bir süreliğine bırakılıyordu. Bunu akrabalarının çocuklarına bakan araştırma katılımcıları dile getirmiştir. Araştırma katılımcılarının üçte biri bunda kötü bir şey görmeyip, bu çocukların anne ve babalarının çok para kazanarak çocuklarının geleceği için uygun koşulları yaratacaklarını düşünmektedirler.

Vasilerden kaynaklanan sorunlar hakkında sorulduğunda araştırma katılımcılarının yarısı herhangi bir sorunun olmadığını belirtmektedirler. Ancak sorunları olduğunu dile getirenler buna vurgu yapmıştır: veliler çocuklarının bakımı için her zaman zamanında para göndermiyorlar.

"Biz zengin değiliz, zar zor geçinmekteyiz. Üstelik iki çocuğumuz da var. Aileyi geçindirmek lazım. Çocuklar çabuk büyüyor, kıyafetleri küçük geliyor veya yırtılıyor. Bu durumda ne yapabiliriz ki? Üstelik büyük kızımız da öğrenci. Okul masraflarının karşılanması lazım. Bu yüzden neden razı oldum diye kendime kızıyorum" (Rusya'da bulunan Mira'nın ablası)

Çocukların sosyo-psikolojik durumu

Araştırma sonuçlarından yola çıkılarak, ebeveynlerin iş gereği yurt dışına gitmesi en çok çocukların sosyo-psikolojik durumunu etkilemektedir. Göç durumunun çocukların sosyo-psikolojik durumu üzerindeki etkilerini belirtelim:

1. Çocuğun depresyona girmesi ve kendini izole etmesi;

2. Veli kontrolünün olmaması, çocukların agresif ve disiplinsiz olması;

3. Çocukların korkutulması, alay edilmesi, aşağılanması;

4. Riskli davranışların olması (alkol veya uyuşturucu madde kullanma, cinsel davranışlar).

Alınan sonuçlara dayanılarak aşağıdaki örnekleri inceleyebiliriz.

Gurbetçi ailelerin çocukları yeni aile ve şartlara kolaylıkla adapte olabiliyor mu? Çoğu araştırma katılımcılarının düşüncesine göre, çocuklar yeni aile ve şartlara zor adapte olabiliyor. Bu en çok 3-8 yaş arasındaki çocuklarda görülmektedir. Çünkü bu yaştaki çocuklar kendi anne ve babasını iyi tanır ve geçici bir süreliğine olsa bile anne-babasız yapamayacaklarını düşünürler. Bu yüzden çocuklar devamlı ağlar, bağırır, bazen krize girer ve agresif olurlar. Bunun yanı sıra gurbetçi ailelerin çocukları söz dinlemez, bu yüzden de çeşitli cezalara maruz kalmaktadırlar.

Bazı araştırma katılımcıları çocukların istenmeyen davranışlarını düzeltmek için popolarına vurma yolu seçtiklerini, seslerini yükseltiklerini belirtirken, diğerleri çocuklara korkunç, üzücü hikâyeleri anlatarak onları korkuttuklarını dile getirmişlerdir. Örneğin, çocukların söz dinlememesi halinde, anne ve babasına kötü bir şey olabilir (bir daha dönmez, vefat eder v.b.) diye korkutmaktadırlar.

Ocak ayının ilk günlerinde vahşi cinayetle ilgili bir ceza davası açıldı: « Narın Bölgesi'ne bağlı Cumgal İlçesi'nin sakinleri D. CUMALİYEVA ve eşi, 4 ve 6 yaşındaki torunlarını dövdükten sonra kaynar suya atıp canlı canlı haşladılar». (K. OTORBAYEV, 2016)

UNICEF'in Aile İçi Şiddet Araştırmasına göre, bedensel cezalar toplumda normal disiplin cezası olarak algılanmaktadır (UNICEF'in raporu, 2010). Çocuk yetiştirme süreci içerisindeki şiddet uygulamaları da toplumda şiddetin artmasına yol açmaktadır. Yukarıda izah edilenler ışığında, toplumda şiddet algısının değişmesi ve olumlu çocuk yetiştirme uygulamalarının geliştirilmesi için aile ve okul içinde çocuklara yönelik bedensel ceza kullanımının yasaklandırılmasına ilişkin kanunun hazırlanması gerekmektedir.

Oldukça çok sayıda çocuklara karşı yapılan şiddet olayların olmasına rağmen 2016 yılında Kırgızistan'da fiziksel cezanın doğrudan yasaklanmasına ilişkin ancak bir kural bulunmaktadır. Kırgız Cumhuriyeti Eğitim ve Bilim Bakanlığı'nın 14 Nisan 2009 tarihli 264/1 sayılı kararnamesinde yer alan "Eğitim Kurumlarında çocuklara karşı fiziksel ceza kullanılmasına izin verilmez" hükmü gereğince eğitim faaliyetleri sürdürülmektedir. Fiziksel ceza kullanılması halinde bu eylemi yapan şahıs ve kurumun yöneticisi Kırgız Cumhuriyeti kanununda öngörülen (Kırgız Cumhuriyeti Eğitim ve Bilim Bakanlığı'nın 14 Nisan 2009 tarihli 264/1 sayılı kararnamesine istinaden) kişisel sorumluluk taşır.

İş gereği yurtdışına giden ebeveynlerin çocuklarını ev hizmeti işlerine (fiziksel emeğe) çekmek. Bu soruya çeşitli cevaplar alınmıştır: bazıları çocukları fiziksel emeğe çekmek şiddet olmadığını belirterek, eğitimin bir yolu olduğunu, bundan dolayı kendi çocukları ile birlikte ev işlerini zorunlu olarak yaptırmaktadır (kar temizlemek, ambarı temizlemek, su getirmek, odun yarmak, çamaşır yıkamak vb.) ve böylece onları yetiştirmektedirler. Çocukların reddetmesi halinde bazı vasiler zorunlu olarak ev işlerini (örneğin: televizyonu yasaklamak veya boş zamanında oyun oynamayı yasaklamak veya yemeği kısıtlamak) yaptırmaktadırlar. Bazı anket katılımcıları (sayısının az olduğunu belirterek) çocukları ev işlerine çekmediklerini, eğer çocuğun isteği var ise o zaman ev işlerini yaptırdıklarını belirtmişlerdir.

İş gereği yurtdışına giden ebeveynlerinden gelen finansmanların bölüştürülmesi. Gelen paralar ile ilgili soruya anket katılımcılarının çoğunluğu gurbetçi aile çocukların ebeveynlerinin gönderdiği paralar genel kullanıma yiyecek satın alınmasına harcandığını belirttiler. Onlar tüm aileye besin maddelerini almaktadırlar, kendi vasilerinin besin maddelerini diğer aile mensuplarından ayrı bir şekilde tutması mümkün olmamaktadır. Anket katılımcıları giyim için gönderilmiş olan paralar giyim satın almaya harcanmaktadır, gönderilen paralar her zaman çok miktarda olmamaktadır dolayısıyla gönderilen tam miktara giyim satın aldıkları belirtmişlerdir.

Gurbetçi aile çocukların sağlık meseleleri. Katılımcıların çoğunluğu çocuklarına hasta olması halinde doktora müracaat ettiklerini belirtmişlerdir. Ancak ilaç satın alma ve tedavi ücreti söz konusu olduğunda ebeveynlere bilgi verilmektedir. Bazı katılımcılar, eğer çocuk ağır bir hastalığa maruz kalmadıysa doktora müracaatta bulunmanın gerekli olmadığını belirtmişlerdir. Çocuğa gereksiz yere ilaçlar vermenin gerekli olmadığını, başka bir ifade ile çocuğun ateşi yükseldiğinde, yataktan kalkamadığında v.b. durumlarda doktora müracaat etmek gerek. Onların nazarınca çocuğun kendi organizması direniş göstererek hastalıkla mücadele etmesi gerek, bu da herhangi virüs ve hastalığa bağışıklık getirir.

Gurbetçi aile çocukların eğitim-öğretim meselesi. Göç meselesi ebeveyn kontrolü, yardım ve destekleri olmayınca eğitim-öğretim durumunun ve motivasyonun düşmesine, davranışlarının bozulmasına, başka işlerden dolayı dikkat dağılımına yol açmaktadır.

Katılımcıların çoğunluk kısmı himayesinde bulunan çocukların okula gitmesini takip ettiklerini belirtmişlerdir. Aynı zamanda sadece küçük bir kısmı sistematik olarak eğitimini kontrol ettiğini, ev ödevlerinde yardımda bulunduğunu, okul toplantılarına gittiğini, sınıf öğretmenleri ile görüştüğünü belirtmişlerdir.

Ne yazık ki çoğunluk böyle düşünmemektedir. Onlara göre onların ve ebeveynlerin emanetinde olan çocuklar okula gitmelidir, onlar nasıl okuduklarını ve orada ne yaptıkları onların meselesi değildir. Bu meseleler ile okul uğraşmalıdır, hukuk ihlalleri durumunda polis vb. uğraşmalıdır. Onları çocuğun psikolojik ve manevi dünyası bile ilgilendirmemektedir.

Bu ancak buzdağının görünen kısmıdır. Bilirkişilere göre gurbetçi ailelerin çocuklarının çoğu kendi kendine bırakılmış bir vaziyettedir. Eğer onlar isterse okula gider, istemiyorsa gitmez veya okuldan kaçar. Nasıl eğitim alıyorlar? Kimlerle arkadaşlık ediyorlar? bu soruları çoğunluğu ilgilendirmiyor, varislerin de çoğunluk kısmını ilgilendirmediğini iddia etsek de yanılmayacağız. Onlar için önemli olan onların okula gitmesidir ve böylece diğer meseleler göz ardı bırakılmıştır.

Çok sık çeşitli suçları gurbetçi aile çocuklar yapmaktadır. Çünkü onların davranış ve eğitimi büyükler tarafından takip edilmemekte, ayrıca ebeveynlerinin yanında bulunmaması serbestlik hissi vermekte olup, aşırı adımlara gitmesine, soygunluk, şantaj ve saldırıda bulunmasına sebep olmaktadır.

Buna tam zıt olarak güçsüz gurbetçi aile çocuklar büyükler veya daha güçlü çocuklar tarafından fiziksel ve psikolojik şiddete maruz kalmaktadır.

Gurbetçi aile çocuklar çok sık bir şekilde uyuşturucu maddelerine potansiyel müşteri olarak çok erken dönemde kullanmaya da başlamaktadır. Kızlar ise cinsel şiddete maruz kalarak, fuhuş bataklığına itilmektedirler.

Sonuç ve tartışma
Kırgızistan Hükümeti'nin Göç Politikası ve Göç Politikasının uygulanması için kurumsal ortam çok dolambaçlıdır. Sığınmacı aileler ile onların çocuklarının problemlerini çözmeye ilişkin siyasi çareler sistemsiz ve düzensiz olarak devam etmektedir. Gurbetçi aile çocukları kendi yurdunda kaldığında sıkça çeşitli problemlerle karşı karşıya kalmaktadırlar ve bu problemlerin çözümünde çocuklar çaresiz kalmaktadır.

Araştırma sonucunda elde edilen bilgiler:

Gurbetçi aile çocuklar ilk önce toplum tarafından yapılan psikolojik baskıya maruz kalmaktadır. Bu baskı varis aile mensupları, komşular, okul (çocuklar ve bazı öğretmenler) tarafından yapılmaktadır.

Genelde istek dışı ve gücünün üstünde olan işlerde çalıştırılır, ev işleri yaptırılır.

Büyük varisleri dinlemediklerinde ve söylediklerini yerine getirmediklerinde onlara yemek kısıtlaması, sevdiği işi yapmasını yasaklamak, ev işlerini yaptırmak gibi çeşitli cezalar uygulanmaktadır.

Gurbetçi aile çocuklarının varisleri onların eğitimini ihmal etmektedir, onları ilgilendiren görünürde gurbetçi aile çocuklarının okula gitmesidir. Orada ne oluyor onların umurunda bile değildir.

Çocuğun şahsi gelişmesinde okulda geçirilen zaman ve çevresi çok önemli unsurdur. Tam bu zamanda ebeveynlerin yanında bulunmaması bu süreci olumsuz bir şekilde etkilemektedir.

Gurbetçi aile çocuklarının sağlık meselesine gelince, çocuklar ağır bir şekilde hastalanıncaya kadar doktora müracaat edilmemektedir. Akabinde kronik hastalıklara dönüşmektedir.

Varis-ebeveynlerinin denetim dışı olduğundan gurbetçi aile çocuklar çoğunlukla kötü çevreye girerek esrarkeş, hırsız, alkol bağımlısı bağımlıları olmaktadırlar.

Gurbetçi aile çocukları, hem erkek ve hem kız çocuklar dâhil olmak üzere, cinsel şiddete maruz kalmaktadır.

Gurbetçi aile çocukları çeşitli türden şiddete maruz kaldıklarında yardım için nereye müracaat etmesi gerektiğini bilmezler veya bunu yapmaya imkânları bulunmamaktadır.

Bundan dolayı yapılması gerekenler:

Çocuklar ile ilgili faaliyet yapan devlet ve sivil toplum örgütlerince gurbetçi aile çocuklarının üzerindeki denetimin perçinleştirilmesi,

Ailelerin durumunu yeterince incelemeden kendi çocuklarını o aileye bırakıp giden büyük ebeveynlere karşı ceza verilmesine ve çocuk haklarına ilişkin kanun esaslarını geliştirmek,

Çocuklara yönelik şiddet belirtilerine ilişkin Tıp ve Eğitim Kuruluşları'ndan yetkili makamlara ve kolluk kuvvetlerine hızlı bir şekilde bilgi aktarım sistemini sağlamak,

Bunun yanı sıra çocukların sağlığı ve yaşamını tehdit etmesi, çocukların bulundukları aile ortamı veya kurumundan ayrı bırakılması halinde, bununla ilgili acil soruşturmanın açılması ve çocuk korumasının sağlanmasını öngörmek,

Yasal temsilcilerin yardımları fiziksel olarak yanlarında bulunmadığı veya çıkar çatışmasından dolayı çocuklara ulaşılması zor olduğu zamanlarda mağdur çocuklara teminatlı olarak ücretsiz hukuki hizmet verilmesi,

Okul öğrencileri için insan hakları koruma, yükümlükler ve sorumluklar ile ilişkin aydınlatıcı işleri yürütmek,

Gurbetçi aile çocukları ile işbirliği yapma mekanizmasını hazırlamak,

Kendi himayesine geçici olarak verilen çocukların bakımı ve yetiştirilmesine ilişkin varislere aydınlatıcı işleri yürütmek,

Okullarda soysal eğitimciler gurbetçi aile çocukları ile yoğun ve aktif çalışma planı çerçevesinde faaliyet sürdürerek onlar ile ayrı bir çalışma yapmalıdır,

Ailede, okulda, çocuklara bakım organizasyonlarınca fiziksel ceza kullanılmasının yasaklanması,

Mağdurlar için yeniden uyum ve iyileştirme programlarını düzenlemek,

Çocukların hak ve menfaatlerini korumak ve onlara karşı yapılacak şiddeti önlemek amacı ile her ilçede ve her şehirde acil hizmet telefon hatlarını düzenlemek.

Bu makalede sadece problemler yansıtılmıştır ancak malum olduğu üzere göçün olumlu tarafları da mevcuttur. Bununla birlikte burada büyükler ile yapılan görüşmenin sonuçları yansıtılmıştır. İleride daha da sağlam bilgileri elde etmek ve büyükler ile kıyaslamak için gurbetçi aile çocuklarının katılımıyla araştırma yapmak gerekmektedir.

Kaynaklar

B. AMANBAEV, "Kırgız Cumhuriyeti'nde çocuklara yönelik yapılan şiddete karşı mücadele" ("Borba s nasiliyem v otnoşenii detey v Kırgızskoy Respublike"), Slovo Kırgızistana (Kırgızistan'a Söz), 15 Haziran 2015.

K. OTORBAEV, "Bizim trajedimiz çocuğa yönelik yapılan şiddetin evde olmasıdır" ("Naşa tragediya – nasiliye nad rebyonkom ostayetsya vnutri doma"), www.gezitter.org/ .../48651_nasha_tragediya__nasilie_nad_rebenkom_ostaetsya_vnut... 23.03.16.

Çocuklara Yönelik Yapılan Şiddet (Nasiliye v otnoşenii detey), htpss: www/unicef.org

Kırgız Cumhuriyeti Eğitim ve Bilim Bakanlığı'nın 14 Nisan 2009 tarih ve 264/1 sayılı kararnamesi, online.zakon.kz

Suriyeli ve Azerbaycanlı Mülteci Çocuklar Örneğinde Çocukların Sosyal Uyum Süreci

Kamala Gahramanova[1]

Giriş

Suriye, Irak, Afganistan ve Dağlık Karabağ gibi topraklarda silahlı çatışmalar, askeri operasyonlar ve savaşlar olan ülkelerde çocuklar da dâhil olmak üzere mülteci varlığını oluşturmaktadır. Tüm mültecilerde, aynı ve farklı milletlere mensup olan yaş, milli, dini ve cinsiyet farklılıklarına bakılmaksızın bu zorunlu göç durumunun maddi, sosyal ve psikolojik etkileri oluşmaktadır (Buslayeva, Makarova, 2016:3). Göç ve savaşlardan en çok etkilenen ise çocuklardır. Psikolojik sarsıntı geçirerek hayatları tehdit altında olan çocuklar alışılmış ortamı kaybederler ve onlar için değerli olan her şeyi, evlerini, eşyalarını, sevdiklerini, vatanını bırakıp mümkün olan tüm yolları kullanarak yaklaşan tehlikeden kurtulmak için vatanlarını terk ederler. K.Horney kuramında belirtmiştir ki "bu doğal bir süreçtir ve birey yaşamındaki iki temel eğilime bağlı olarak yönelim gösterir. Bunlar emniyet ve doyumdur. Emniyet ve doyum kişiliği yönetir. Birey korkmadan yaşamak ister. Korku ve güvenlik aynı temel ihtiyacın iki kutbudur. Birey güvenlik arar, korkudan kaçar" (URL-1). Bu 'kaçış' doğaldır.

Bu süreçte çocuklarda duygusal stres görülmektedir. Psikolojik stresin bir türü gibi duygusal stres, anne babanın ölümü, evlerinin dağıtılması, doğdukları yerin düşman işgalinde olduğunu gören çocuklarda duygusal stres sendromu için tipik durumlar-keder, üzüntü, korku, çaresizlik, nefret vb. görülmektedir (Alizade ve Mahmudova, 2013:302). Mülteci çocukların tanık oldukları olaylar, sosyal uyumdaki zorluklar onların kişiliğini etkiler çünkü kişilik sosyal etkiler sonucu yaşam tecrübeleriyle meydana gelir (E.Fromm), bireylerin kendisine, diğer insanlara ve topluma karşı geliştirdiği tutumların ürünü olarak gelişir (A.Adler). Tanınmış araştırmacı K. Dodd mülteci ve yerinden edilmiş kişilerin yeni hayatında 4 davranış modelini belirlemiştir.

1. Flight – yerel halk ve onların kültürü ile bağlı herhangi bir ilişkiden kaçınmayı denerler. Tipik olarak, böyle bir model, düşük sosyal ve eğitim düzeyine sahip olan mülteciler için karakteristiktir, gruplar halinde hareket ederek göç ederler ve kendi küçük dünyalarını yaratırlar.

2. Fight – kendi etnik kültürlerinin aktif transferinin sağlanması durumudur. Bir kural olarak, yerel halk tarafından reddedilir ve etnik çatışmalara eşlik edilir.

3. Filter - çeşitli kültürlerin temsilcileri arasında karşılıklı uzlaşma olduğu için en verimli modeldir. Milli ve ulusal özelliklerini koruyarak değerler ve deneyim alışverişini sağlar.

4. Flex – yerel topluluklarla pasif birleşme kendi köklerinden vazgeçmek ve halkı ile manevi iletişimin kaybedilmesidir. (Buslaeva, Makarova, 2016:4)

---

[1] Doç. Dr. Kamala Gahramanova, Avrasya Üniversitesi Sağlık Bilimleri Fakültesi, Çocuk Gelişimi Bölümü, Trabzon. E-posta: kamala.qahraman@yahoo.com.

Başka bir ülkeye ve yeni bir ortama yerleşmek zorunda kalan çocukların sosyal uyum ve kültürel adaptasyonu temel sorunlardan biridir. Sığındıkları ülke yönetimlerince bu kişilere belli yardımlar yapılsa bile hem çocuktan hem de bulunduğu ortamdan kaynaklanan nedenlerle sosyo-kültürel ortama mülteci ve göçmen çocukların uyumu çoğu zaman başarısız olmaktadır.

Çalışmanın Amacı

Bu çalışma zorunlu göçmen ve mülteci çocukların ve onların ebeveynlerinin, aynı zamanda onların sığındığı bölgedeki yerli sakinlerinin düşüncelerini ve tutumlarını öğrenmeyi, ruhsal durumlarını tespit etmeyi, sosyal uyum sureci ve zorlukların nedenleri hakkındaki bilgi düzeylerini anlamayı ve durumu değerlendirmeyi amaçlamaktadır.

Yöntem

Araştırma var olan durumu tespit etmeye dayalıdır. Araştırmada olay ve olguları kendi doğal ortamlarında anlama ve anlamlandırmayı sağlayan nitel araştırma yöntemi kullanılmıştır. Çalışma, nitel araştırma yöntemlerinden durum çalışması olarak desenlenmiştir. Nitel bir durum çalışmasını en temel özelliği, bir ya da birkaç olayın derinlemesine incelenmesidir. Bir duruma ilişkin etkenler (ortam, bireyler, olaylar, süreçler vb.) bütüncül bir yaklaşımla araştırılır ve ilgili durumu nasıl etkiledikleri ve durumdan nasıl etkilendikleri ortaya konulmaya çalışılır (Yıldırım ve Şimşek 2006: 77).

Araştırmada iki farklı ülkedeki "mülteci" algısının karşılaştırmalı analizi yapılmaktadır. Bu araştırmada analiz deseni olarak iki farklı kültürden gelen mültecilerin sosyal uyumu ele alınmış ve her ikisi karşılaştırılarak değerlendirilmiştir. Bu amaçla, iki farklı ülke ve milletten toplanan verilerin dökümü yapılmıştır.

Araştırmanın Katılımcıları

Çalışmaya Azerbaycan'a sığınan toplam 150 göçmen ve Türkiye'de, Mardin, Diyarbakır, Kilis ve Trabzon'a sığınan toplam 136 Suriyeli mülteci katılmıştır.

Araştırmanın Veri Toplama Aracı

Araştırmanın veri toplama aracını, göçmen ve mülteci çocuklarla ve onların ebeveynlerinle, onların sığındığı bölgedeki yerli sakinlerle yapılan görüşmeler ve göçmen ve mülteci çocukları üzerinde yapılan gözlemler oluşturmaktadır.

Göçmen ve mülteci çocukların ve onların ebeveynlerinin, aynı zamanda onların sığındığı bölgedeki yerli sakinlerin her iki tarafın birbiri hakkındaki görüşlerini almak amacıyla görüşme görüşmeler gerçekleştirilmiştir. Araştırmadan elde edilen veriler nitel yapıya sahip olduğu için içerik analizi yöntemi ile analiz edilerek sunulmuştur.

Bulgular ve yorum

Gözlem ve araştırmalardan alınan sonuca göre çocuklardan ve bulunduğu ortamdan kaynaklanan nedenlerin olduğu tespit edilmiştir. Çocuklardan kaynaklanan nedenler aşağıda ifade edilmektedir.

Yaşla İlgili Sorunları ve Bireysel Psikolojik Özellikleri

Çocukların yaşla ilgili sorunları ve bireysel psikolojik özellikleri göz önüne alındığında iki farklı başlık karşımıza çıkmaktadır. Birincisi çocukların genel olarak gelişiminin yaş seviyesine bağlı olarak değiştiği, ikincisi ise her bireyin kendine ait bir düşünme biçiminin olduğu ve buna bağlı olarak yetenek ve karakterlerinin farklılaştığı gerçeğidir (Gahramanova, 2007:31).

- Ülkesinde kendine ve yakınlarına yapılan şiddet

- Zorlu sürgün süreci

- Yeni bir yere taşınmak

- İlk sığınma izlenimleri

- Yakınlarının ölümü

Bu gibi sorunlarla yüzleşen çocuklar ruhsal acıdan zarar görmekte ve gelişimi etkilenmektedir. Örneğin, 0-1 yaşında çocuğun temel güven duygusu gelişmekte ve bu durum çevredeki kişilerle ilişkilerini etkilemektedir. Annenin rolü çocuk için oldukça önemli bir tema olmasına rağmen özellikle sevgi ihtiyacının ödenmesi önemlidir. Maalesef içlerinde ebeveyn yokluğu, geldikleri yerde istenmeyenler, maddi sıkıntıdan sevgiyi unutanlarla yaşayan çocukların gelişimi zedelenmekte ve sonraki hayatları için sorunlar yaratmaktadır. Bu çocukların ''dış dünya güvenilir" duygusu ve umudu gelişmez. İleri dönemlerde onlarda kötümserlik, ümitsizlik şeklinde tavırlar, içekapanıklar, alkol ve ya madde bağımlılıklar gelişebilir ve gördükleri işkencelerden dolayı psikolojilerinde güvensizlikler oluşabilir (Ericsson, 2014).

Diğer bir neden ise çocukların duygusal durumları ile ebeveynlerin davranışları sıkı bir şekilde bağlıdır. Özellikle küçük çocuklar davranışsal olarak ebeveynlere daha tutkulu bir tutumlar sergilemektedir. İlköğretim çağındaki çocuklar hızla değişmekte, sinirli ve kaba hareketler sergilemekte, kendini iyi hissetmedikleri için şikâyet etmekte ve eksiklik duygusuna sahip olmaktadır. Hayata karşı güvensizliği nedeniyle bu çocuklar güvenli ilişki kurmakta zorlanırlar. Anne veya babasının acizliği ve aşağılanması onlarda korku, güvensizlik ve öfke durumlarını oluşturur. Çünkü aile çocuğa güven duygusu aşılar ve çocuğu herhangi bir dış tehdide karşı korur.

Çocuğun sağlıklı ruhsal gelişimi için sevgi dolu, ilgili, güven veren, cesaretlendiren, tutarlı bir aile ortamında büyümelidir (K.Horney, 2015). Aile içindeki huzursuzluk, Ebeveynlerin nevrozu çocukları sevmeye ya da onlar hakkında "Bir birey olarak" düşünmeye engel olunca çocukta temel heyecan gelişir ki, bu da onlara gerçek duygularının önerdiği gibi başkalarına doğrudan davranma imkânı vermez. Bu durum çocukları olumlu yeni durumlar için arayışa sevk eder. Duygular ve davranışlar artık çocuğun kendini samimi ifade etmesi için değil koruma stratejilerini belirlenmesi içindir (Horni, 2006:8).

Maddi Sıkıntı ve Barındıkları Yer

Mültecilerin bir kısmı akrabaların evine sığınırken bir kısmı da çadır kentlerde yaşamaya başlar. Bazıları yeni evlere taşınsa de çoğu ağır koşullarda yaşamaktadır. Çocuk genellikle çok genç yaşta yetişkin sorumlulukları almak zorunda kalır, ekonomik sıkıntıların çocuğun kişilik ve karakteristik özelliklerini etkilemektedir.

Çocukların ruhsal durumu

Savaşta yaşadıkları acılar, alçaltılmış, terk edilmiş olma duygusu, çocukta yalnızlık, uyumsuzluk duyguları oluşturur. Çocuklar, akrabalarının ve arkadaşlarının ölümünü, onlara yapılan işkence ve şiddeti, evlerinin ve okullarının bombalandığını kendi gözleriyle görmüşlerdir. Bütün bunlar onları çok etkiler ve bunu sanki kendileri yaşamış gibi hissederler ve bu sarsıntının çocuğun kalbinde bıraktığı iz bir ömür boyu sürebilir.

Mülteci, göçmen çocuklar ruhsal hayatlarının özellikleri ile aynı yaş çocuklardan seçilir. Onlar tarafından çocukluk yıllarında amansız dehşetleri yaşamışlardır. Onlar düşmana nefret hissi ile yaşarlar (Alizade ve Mahmudova, 2013:302). Bu nefret insanlara, hayata olan münasebeti etkilemektedir. Bu ruh hali çevresindeki insanlar tarafından idrak edilmeyende hırçınlaşırlar. Bu bağlamda çocuklarda nevrozun belirtileri görülmektedir.

Güvensizlik, düşmanca tutumlar, saldırganlık, kin, nefret ve bunlara benzeyen, kişinin sağlıklı sosyal ilişkiler kurmasına engel olan hareketler nevrozun belirtileridir. Nevrotik insanlar normal insanlarla aynı sorunları daha yoğun yaşarlar (Yazgan İnanç ve Yerlikaya, 2012).

Kültür Uyuşmazlığı
Çocukların büyüdüğü ortamlar ve gelişme adaptasyon mekanizmaları farklıdır. Bu yüzden insanlarla iletişimde farklı dil ve beden dili kullanmakta ve başkalarına belli şekilde cevap vererek farklı bir kültürel ortama gelmektedir. Yeni bir kültürün benimsemesi zor bir süreçtir ve bu durum iletişimi engellemektedir. Oysa bir çocuk için arkadaşlık yapabilmek çok önemlidir. Çünkü okul öncesi çocuklar güvenli bağlılık ile genellikle akranlarının dikkatini kullanma eğilimindedir ve dostluk karşılıklı desteğe dayanmaktadır.

Suriyeli mültecilerle Azerbaycan'daki göçmenlerle kıyasladığımızda benzer *ve farklı tarafları var. Her iki tarafta da ekonomik durumdan kaynaklı sorunlar karşımıza çıkmaktadır.* Azerbaycan'a sığınan göçmen çocukları ile yapılan görüşmelerin sonucunda çocuklardan kaynaklanan nedenler ve yerli sakinlerin onlara olan tutumu tespit edilmiştir. Azerbaycan'da Novhani kasabasında yerleşmiş Karabağ göçmenlerin ağır günlerin, gurbetlik, tanık oldukları hainliklerin sonucunda inançlarının azalmıştır. Onlarda Allah'a karşı güven vardır ama insanlara karşı güvenleri sarsılmıştır ve ümitleri kesilmiştir. Bu da onların maneviyatına etkilemektedir (Gahramanova, 2007: 71).

Çoğunlukla çocuklar yerli sakinlerin onlara acıdıklarını, yardım ettiklerini, sevgi ile kucakladıklarını, ama bazıları tarafından sevilmediğini de bildirmişlerdir. Lakin farklı fikirler de ortaya çıkmıştır.

- 'Herkes bize göçmen diyor'.

- 'Birimizin yanlışını hepimize ait ediyorlar'.

Türkiye'de de barınan Suriyeli çocukların bazıları aynı düşüncededirler.

--- 'Bizi dışlıyorlar'.

--- 'Bize ismimizle hitap etmiyorlar. 'Suriyeliler' diyorlar. Bizi ötekileştirirler'.

--- 'Anlamıyorum bizi sevmedikleri halde bele yardım ediyorlar'.

--- 'Bize her zaman yardım ediyorlar, ama yetersizdir'.

--- 'Kadınlar bize yaramaz diyor, ama yardım ediyorlar'.

--- 'Bizi sevmiyorlar, Bizi istemiyorlar'.

Ama sevgi ile yaklaşan kişilerin de yeterli derecede olduğunu söyleyenler oldu:

--- 'Türk insanı bize acıdı'.

--- 'Türk askeri, polisi çok iyi ve merhametlidir'.

--- 'Komşular bize yardım ediyor'.

--- 'Yerli halk bizi geri Suriye ye yollamadılar. Çadır verdiler, eğitim, hastane açtılar yerli halk çok iyi çünkü çok merhametliler sevgi dolular'.

--- 'Bizi yalnız bırakmadılar, sevgi ile baktılar'.

--- 'Türkiye bizi kabul ettiği için Türkiye ye şükür ediyorum'.

--- 'Türkiye'yi çok seviyorum yerli halk olmasaydı eğer bizleri kim alırdı nereye giderdik'.

--- 'Yerli halk çok iyi bizi geri çevirmediler bizi ülkelerine aldılar. Bize hiç bir yasak koymadılar babam ise girdi motor aldı'.

Çocuğun bulunduğu ortam hem sosyo-kültürel ortam, hem de sığındığı devletin yerleştirme politikası da kastedilmektedir.

- Kendi topraklarını paylaşmak zorunda olan yerli insanların sosyo-ekonomik durumları

- Kültür farklılıktan gelen uyumsuzluk

- Kültürel-sosyal, *demografi*k yapının değişimi

- Terör, hırsızlık gibi olayların çoğalması

Azerbaycan'da çocuklardan barınan göçmen çocukları hakkında düşüncelerini öğrenende yerli sakinler onları kaba, sinirli, medeniyetsiz diye nitelendirmişlerdir. Bazı kişiler de göçmene, mültecilere maddi yardımı doğru bulmuyor, çünkü mültecilerin bir kısmının onlardan daha iyi yaşadığı kanaatindedirler. Yerli sakinlerin dediklerinden alıntılar şu şekildedir:

'Biz kaç yıldır ev almak için para biriktiriyoruz hayla ev sahibi olamadık, ama onlara ev veriliyor...'

'Bazılarının birkaç yerde evi var. Devletin dikkatli araştırması lazımdır.'

'Neden onlara ilave toprak veriliyor, bize de versinler.'

'Kamu ve diğer hizmet ücretleri (elektrik, doğalgaz, içme suyu, telefon abonelik ücreti) ödemekten muaftırlar. Ben işçiyim, ailemi zor geçindiriyorum.'

Gerçi şimdi Azerbaycan topraklarının Ermenistan tarafından işgali sonucunda ülkenin diğer bölgelerinde yaşayan zorunlu göçmenlere yardım kuralları değişmiştir'.

Azerbaycan'daki mülteciler eski Azerbaycan toprakları olan Ermenistan'dan ve Azerbaycan'ın Karabağ bölgesinden bir milyona yakın insan sığınmıştır. Dağlık Karabağ sorunu, öncelikle, yirminci yüzyılın başlarından itibaren Azerbaycan halkına karşı zaman zaman gerçekleştirilen soykırımı ve sürgün politikasının mantıksal sonucudur. Onlar aynı dil, din ve kültüre sahiptirler. Lakin buna rağmen kültürel anlamda memnuniyetsizlikler yaşanmıştır. Mesela, yıllarca köylerde yaşamış ve büyümüş insanları Azerbaycan'ın başkenti olan Bakü'ye yerleştirdiler. Köyün yaşam tarzı kendine has vasıflara sahiptir. Emek ve maişet daha yoğun kavuşmuştur;

kişilerarası ilişkiler de spesifiktir, sosyal ve ulusal açıdan homojen aileler üstünlük teşkil etmekte ve iletişim ortaklığı olmamaktadır. İnsanların davranışı üzerinde güçlü bir sosyal denetimi bulunmaktadır ve milli adetler, gelenekler, yerel nüfuz sahipleri tarafından da kabul edilmektedir (Vahidov ve Ağayev, 2015:112). Köy kültürüne mensup insanların sergilediği davranışlar, konuşma tarzı şehir medeniyetine sahip ahalini rahatsız etmekte ve şehrin simasını bozacağından endişelendirmektedir. Sonuçta da öyle olmuştur. Yerli insanların gelenlere karşı oluşan 'isteksizliğin' sebeplerinden biri de bu idi. Hâlbuki göçmenleri zamanında doğru yerlere yerleştirseydiler en azından bu sorun olmaya bilirdi.

Türkiye'deki çocuklardan barınan mülteci çocukları hakkında düşüncelerini öğrenende onları kaba, zavallı, çirkin diye nitelendirmişler.

Yerli sakinlerin dediklerinden alıntılar şu şekildedir:

---'Bizim asker Suriye'de şehit oluyor. Ama Türkiye'ye gelen Suriyeliler savaşmıyor.'

---'Kavşaklarda dilenen Suriyeli çocuklar rahatsız ediyor.'

---'Sokaklardaki çocukların yarın suç makinesi olmayacağına kim garanti verir.'

---'Suriyeliler çocukları sokaklara bırakıyor. Ebeveynler sorumsuzdur, bizim çocukları da etkiliyor.'

---'Çocuklara kötü örnektirler.'

---'İstanbul'un simasını bozdular. Her yer dilenci ile doldu.'

---'Kendimi güvende hissetmiyorum.'

Yerli halk Suriyeliler hakkında

---'Evleri yok mağdurlar.'

---'Ülkelerini bırakıp Türkiye ye sığındılar onları tanımadığımız için bir güvensizlik var.'

---'Suriyeliler geldi geleli milletimizin iş sorunu arttı.'

Bunun gibi şikâyetler yeterli derecededir.

Amma başka bir taraftan da dertlerine ortak olanlar da var.

Suriyeliler kendi ülkelerinden ve topraklarından çıkarak yabancı ülkeye sığınarak farklı yaşam tarzı, dil ve kültüre mensup insanların bulunduğu ortama dâhil olmaktadırlar. Bu durum da iletişim bozukluğu ve sosyal uyum sorunlarını yaratmaktadır. Maddi sıkıntı ve bakımsızlık yüzünden çocukların sokaklara düşmesi, *sokaklarda uğradıkları tacizler,* dilenmesi, *toplu taşımada verdikleri rahatsızlık* yerli sakinleri endişelendirir. Sorumsuz olarak doğumların artışından, gelecekte onların suç işlemeye meyilli olacaklarından ve onları kullanacaklarından endişelenirler. ORSAM ve TESEV işbirliği ile hazırlanmış Suriyeli sığınmacıların Türkiye'ye etkileri raporunda şu şekilde belirtilmektedir:

Türkiye, Suriye'ye komşu ülkeler arasında en fazla Suriyeli ağırlayan ülkedir. Suriyeli sığınmacıların Türkiye'ye toplumsal etkileri:

• Dil, kültür ve yaşam tarzı farklıkları toplumsal uyumu güçleştirmektedir

• Yerel halk arasında çok eşlilik yaygınlaşmakta, buna bağlı olarak boşanma oranları artmaktadır.

• Çocuk işçiler yaygınlaşmaktadır.

• Etnik ve mezhepsel kutuplaşmayı tetikleyebilecek zemin oluşmaktadır.

• Çarpık yapılaşma artmaktadır.

• Bazı sınır illerinde demografik yapının değişmesinin yarattığı kaygı söz konusudur.

• Demografik yapıda (doğurganlık oranı, nüfus artış oranı) değişim ortaya çıkmaktadır.

• Suriyelilerin yaşam koşullarının zorluğu ve eğitim imkânından faydalanmıyor olması uzun vadede suç oranlarındaki artış da dâhil bazı sosyal sorunlara uygun zemin hazırlamaktadır (Rapor No: 195, 015:7).

Azerbaycan'daki göçmen çocuklarla Suriyeli çocukların durumu arasında farklardan biri de eğitimdir. Azerbaycan'daki çocukların hepsi eğitim almış ve onların için düşünülen okullara gitmişlerdir. Çocuklar zor şartlarda da okulda kalmamışlar ve çadır kentlerinde bile okullar faaliyet göstermiştir. Bu sosyal bütünleşme için önemlidir, en önemlisi cehaletten kurtulur, geçinmek için bir iş bulabilmek imkânları olabilir. Azerbaycanlı çocuklar kendi dilinde konuşmuş ve anlaşmışlardır ama onlarda başkasından yardım alma beklentisi oluşmuştur.

Suriyeli ve Azerbaycan'daki mülteci çocukların yaşananlara da bunlara neden olanlara, olaylara da yaklaşımı, tepkisi de farklıdır. Azerbaycanlı mültecilerde ve çocuklarında düşmana karşı bir nefret vardır ve yıllar geçse de yaşadıklarını unutmazlar, intikam duygusuyla yaşarlar. Suriyeli mülteci ve çocuklar ise çoğunlukla yaşananları kadere bağlarlar ve bazıları günahı kendilerinde de görürler. Televizyon kanallarının birinde Suriyeli bir küçük kızı kurtaran kişi ona bu acıları yaşatanları öldüreceğini söyleyerek teselli etmek isteyince kız ona öldürmek günahtır dedi. Lakin kınayanlar, Başar Esad'ı düşman gibi görenler de var.

--- 'Komşularımız yok kimin iyi kimin kötü olduğunu bilmiyoruz evimiz yok. Milletimiz kötülük yaptı meydanlara çıktılar duvarlara kötü şeyler yazdılar.'

Yerleştikleri yerlerde hayata nasıl tutunacaklarını, ne yapacaklarını düşünüyorlar. Mesela, Suriyeli üniversite öğrencileri asimile olacaklarından dolayı endişelerini dile getirir. Suriyeli çocuklar entegrasyon sürecinde, kendi dilini ve kültürel özelliklerini kaybetme riskiyle de karşı karşıya kalır. Bu da onları etkiliyor,

Bu sebepten Suriyeli mülteci çocukları kültürleşmesine dikkat etmek gerekir ki asimile olmasınlar. Bir etnik grup asimile olduğunda, kendi özelliklerini bırakır ve başka grubun özelliklerini alır (Alba & Nee, 2003; Portes& Rumbaut, 2001). Kültürleşme, bir etnik grubun özelliklerinin başka bir grupla etkileşimi sonuca değişmesi surecini anlatır. Kültürleşme olduğunda, etkileşen gruplar kültürel özelliklerini değiştirir ve bu yüzden ikisi de bu süreçte değişir (Banks, 2013). Lakin bu yerli insanları tatmin etmemektedir.

Öneriler

Yukarıda bahsedilen ve başka birçok sebeplerden dolayı yaşanan sosyal uyum sorununu halletmek için anlatmak ve ilişkilerin tanzim edilmesinde yapılan çalışmalarda aşağıdakileri dikkate almak gerekir.

Burada her iki tarafın da empati kurması ve birbirini anlaması lazımdır. Her iki taraf da esasen de çocuklar diğer insanların kendisinden farklı düşünce ve duygulara sahip olabileceğini idrak etmesi önemlidir, bireyin mutlu bir yaşam sürdürebilmesi için gerekli en önemli gelişimsel becerilerden biri empati kurabilmesidir.

Empatide önce anlamaya çalışılır, sonra hissedilir, daha sonra da çözüm üretilir. Empatide hüküm yoktur, ön bilgi vardır. Kişi biri hakkında kötü diye duygusal bir yargılama yapmış ve hükme varmışsa o kişi hakkında empati yapamaz, o kimseyi anlayamaz ve önyargı sahibi olmuştur. Hedefi olan kimse daha iyi empati yapar. Çünkü empatide var olan iyi, güzel, doğru kavramlarının sınırları kafasında netleşmiştir. Bu kavramlarla düşünerek, karşısındaki insanın duygularını hissedip ideal olanı tespit eder (Tarhan, 2017). Empati kuracak kişi kendisini karşısındakinin yerine koyduğu zaman onun duygu ve düşüncelerini anlar. Bunun için yollardan biri onların hayat hikâyeleriyle tanış olmak, yaşadıkları hakkında bilgi sahibi olmalıdırlar, diğer taraf da mülteciler geldikleri ülkedeki insanları anlamaları lazımdır. Kişiler empati kurmayı öğrenemezlerse diğer insanlarla doğru iletişime giremezler. Ama empatiden anlayış doğar, bu da hem mültecilere, hem de yerli sakinlere lazımdır.

Mültecilerle ilgili sorunlar Azerbaycan'da ve diğer ülkelerde de yaşandı. Çocukları anlamak için onların yaşadıklarını bilmek lazımdır, Ermeni ve Rus kaynaklarındaki örneklerde bu aydın görünür. Mesela, geçen yüzyılın 80'li yıllarında Zori Balayan "Ocak" kitabını yazarak Ermenileri Türklere savaşa çağırdı ve 1988 yılında Ermenistan'dan hızla, vahşetle kovulması gerçekleştirildi. Çocuklar da bu göçün içinde idi. Yüzlerce insan soğuk, karlı günlerde yollarda idi, bebekler kurt-kuşa yem oldu.1988 yılı Aralık 5'te Hamamlı şehrinde (Spitak) 17 küçük çocuğu 5 -12 yaş 20 metre uzunluğunda 1,5 çapında boruya doldurarak her iki tarafını kapattılar. Boruyu yüksek uçurumdan attılar katlettiler. Aynı Kasım Quqark'da da bu tür olay gerçekleştirildi. Aralık'ta meydana gelen deprem sırasında yardıma gelen Fransız itfaiyeciler bu katliamın üstünü açarak dehşete geldiler. 1989 yılında Ermeniler kendi televizyonlarında çocuklara yapılan işkencelerden konuşuyorlardı, hem de ailesinin ve diğer kardeşlerinin gözü önünde. Ermenistan-Azerbaycan, Dağlık Karabağ sorunu ile ilgili halkımızın 20 bine yakın çocuğu öldü, 50 bin kişi yaralandı, 400'e yakın kadın Ermeni işgalcilerinin esaretine düştü. Zori Balayan 1996 yılında yayınlanan "Ruhumuzun canlanması" adlı eserinde Hocalı'da Azerbaycanlılara karşı soykırım gerçekleştirildiğini gururla itiraf etti. "Biz Xaçafurla eve girerken askerlerimiz 13 yaşında bir Türk çocuğunu pencereye çiviyle vurmuşlar. Türk çocuğu çok gürültü yapmasın diye, Xaçatur çocuğun annesinin kesilmiş döşünü onun ağzına soktu. Daha sonra bu çocuğun kafasına, göğsünden ve karnından derisini soydum. Saate baktım, türk çocuğu 7 dakika sonra kan kaybından öldü. Xaçatur daha sonra ölmüş türk çocuğunun cesedini parça parça doğradı ve *onu Türkler ile aynı kökten olan* köpeklere attı ve bunu daha 3 Türk çocukla ettik." (URL 2)

David Xeyriyan birisi "Haç adına" kitabında yazmış: "26 Şubat'ta cesetleri taşıyıp Daşbulaq yakınlarındaki bataklığa döktüler ve cesetlerden köprü yaptılar. Ben ölülerin üstünden geçmeye korkuyordum. Tereddüt ettiğimi gören Albay Ohanyan bana, "Korkma, geç. Bu durum savaşın ilkelerinden biridir, dedi. Ben kana bulaşmış 9-11 yaşlı Türk çocuğunun ve diğer cesetlerin üstünden atlayıp bataklığı geçtim. Ayakkabılarını ve pantolonumun balağı kana batmıştı." (URL 3)

Bunları yaşayan ve gören çocuklar hiçbir zaman unutmazlar. Aldıkları sarsıntıdan dolayı stres veya kaygı ile yaşamaya devam ederler. Bu tür çocuklar gelecekte de korku içinde olurlar, etrafında ani yüksek çıkanda korkarlar. Bu nedenlerle onlar iletişime geçmekte, uyum saklamakta zorluk çekerler.

Suriyeli çocuklar, öğrenciler de böyle davranış sergilemektedir ve onların da kendi hikâyeleri vardır

---'Biz, ben ve abim yaralı ve tek başına idik, anne babamızı arıyorduk. Ben babamı buldum ve abimi sesledim. Babam bana baktı ve şükür sağsan deyip ebediyen gözünü kapattı. Her kes kaçırdı. Abim acele etmemi söyledi. Ben babamı sokakta bırakmak istemiyordum. Gözyaşları içinde oranı terk ettik. Annem nerede bilmiyorum.'

---'Yerdeki insanlar kıpırdamıyordular.'

---'Arkadaşımın yüzü kan idi, ben onun yüzünü sildim ve gülümsedim. Ama o gözleri açık bana bakırdı, bir şey söylemeden. Annem onun cennete gittiğini söyledi, ama o benim yanımda idi.'

---'Annemi öldürdüler.'

---'Helikopterlerle bomba atıyorlardı üstümüze'

---'Akrabalarımızı göremiyoruz, arkadaşlarımızı göremiyoruz, evimiz yok.'

--'Bombalar, silahlar, casusular… kimseye güvenmem.'

--'Abimi amcamı akrabalarım önümde katliam ettikleri için önümde vefat ettiler.'

--'25 kişi etrafımda öldüler cesetler etrafımdaydı roketler gördüm o roketler le evleri vuruyorlardı. Evlerin içine bazı adamlar giriyordu sakalları uzun saçları uzun kadınları alıp herkesin önünde boğazlarını kesiyorlardı.'

BBC'ye konuşan Bana Alabed'in annesi Fatemah: "Bana her şeyi görüyor. Arkadaşı öldü ve evimiz bombalandı. Okulunun bombalandığını gördü. Bütün bunlar onu çok etkiledi" diyor. Bana balkonda ve bomba sesleri duyuluyor. Elleri ile kulaklarını tıkayan Suriyeli kız şu satırları yazıyor: 'Bu gece öleceğim. Çok korkuyorum. Bombalar öldürecek beni bu gece.' (URL 4)

Mültecilerle ve çocukları ile çalışma yapmak gerekir, onlara başka bir hayat başladığını öğretmek ve idrak etmelerine yardım etmek gerekir. Çocuklara yaşlarına uygun bir şekilde gerçekler anlatılmalıdır ki, karşılaştığı hayat geçici de olabilir. Yeni hayatta Allah'a ve onlara yardım, himaye eden insanlara teşekkür etmeleri belki de minnet duymaları gerektiğini de öğrenmelidirler, bu ilişkilerin kolaylıkla kurulmasına yardım edecek ve adaptasyon sürecini kolaylaştıracak ve hızlandıracaktır. Onlar kısmen de olsa sakinleşir, stresten ve zararlı şeyler yapmaktan uzaklaşır, mutluluk hissini artar. Çok kuvvetli yöntemlerden biri de duadır. Hem manevi, hem de psikolojik faydaları vardır. Mültecilere bölgenin özelliklerini, kültürünü öğretmek ve onların da dikkate almak gerekir. Çocuklara yeni davranış kurallarını açıklamak, sabırlı ve minnettar olmayı öğretmek yerli sakinlerle iletişim kurmak, uyum için bu son derece önemlidir (URL 5).

Sosyolojik araştırmalar, insanlarda milli özün, sağlıklı, sivil ilişkiler kültürü erken yaşlarda oluşmaya başlamaktadır. Bu yüzden de ailede, çocuk kurumlarında, okullarda vb. ilgili eğitici çalışmalar yapılmalıdır (Vahidov ve Ağayev, 2015:66). Yerli sakinlerle de yapılan çalışmaların içinde okuldaki çocuklara çok kültürlü eğitimi öğretmek gerekir. Onların sosyal ve duygusal gelişimi de başlıca şarttır, çocukların hoşgörü ve empati becerileri gelişir, farklılıklara saygı göstermeyi ve toplumsal yaşamın iyileştirilmesinde ve korunmasında sorumluluk alabilmeyi öğrenirler. Çocuk ilk yıllarda ortak yaşam kurallarını saygı ve sevgiyi öğrenemediyse bu boşluğu doldurmak gelecekte çok daha zor olacaktır.

Sonuç
Çocukların sosyal uyumu mühim bir olaydır. Zorunlu göçmenlerin, mültecilerin adaptasyonu onların bireysel-kişisel özellikleri, uyum koşulları, değişime istekli olmalarına, dil ve kültür bilgi derecesi ile belirlenir. Çalışma sonucunda elde edilen bulgular ışığında, çocukları sosyal uyumu konusunda her iki tarafa yönelik getirilen öneriler gerçekleştirilse sosyal uyuma ve düzene yardım etmiş olabilir. Aksi takdirde karşı tarafa yapılan yardım ve iyiliklere rağmen içlerinde nefret büyütecekler. Sonuçta insanların kalplerinde milletler arasındaki dostluk yerine onlara içlerinde kinli bir yaklaşım oluşacak. Bu küçük insanların düşünceleri, gelecekte ülkeler ve halklar arasındaki ilişkileri zedeleyecek bir yaklaşım örneği teşkil edecektir. Örneğin, her yardıma rağmen Edirne'den Yunanistan sınırını geçmek isteyen küçük Suriyeli bir kızın söyledikleri: 'Gidiyoruz. Rahatlayın, yerinizi dar ettik' gibi kinayeli konuşmalara sıkça rastlanmaktadır. Oysa 2013 yılında iç savaşın dozunun artması sonucu göç oranlarında gözle görülür bir artış meydana gelmiştir. İnsanlar göç ederken ilk seçenek olarak komşularının kapılarını çalmışlardır. Bu seçenekler içerisinde ise öne çıkan ülke Türkiye'dir. **BM'nin hazırladığı 04 Nisan 2016 tarihli raporuna göre** Suriye'den toplam 4.837.208 kişi kayıtlı olarak ülkeden göç etmiştir. Gerçek rakamların bu rakamın çok üzerinde olduğunu söylemek de yanlış olmaz. Mülteci sayısında ilk sırada bulunan **Türkiye'de kayıtlı mülteci sayısı 2.749.140** kişi olmuştur (URL 6). Türkiye, 3 milyondan fazla sığınmacı ve mülteci ile dünyada en fazla sığınmacı ve mülteci nüfusunu ağırlayan ülke konumundadır (URL7).

Zorunlu göçmenlerin yaşadığı kimlik krizi, sosyal güvensizliği ve savaşın yarattığı ahlaki çöküntü onların kişiliğinin gelişmesini, dolayısıyla tavır ve değerler sistemini de etkiler. Bakış açısını değiştirmemene, sosyal aktivitelerde ve ilişkilerde problemler (Ansbacher, Ansbacher, 1956), sosyal destek yetersizliği (Bocknek, 1991), yüksek kaygı (Sharf, 2000), kronik korku ve hayal kırıklığı (Perls, Hefferline, Goodman, 1951), çocukluktan beri süregelen güvensizlik ve düşmanlık (Geçtan, 1989) gibi belirtilerin, bu bireylerde diğer değişkenlerle birlikte demokratik tutumu olumsuz yönde etkilediği ileri sürülebilir (URL8)

Çocukluk döneminde kazanılamayan davranışlar çocuğun gelişiminde eksikliklere veya yetersizliklere yol açabilmektedir. Edinilen olumsuz tutumlar ileriki yıllarda düzeltilmesi zor durumlara sebep olmaktadır. Çocuklar geleceği, geleceğin değerlerini inşa ederler. Bu nedenle çocukların eğitimi ve gelişimine dikkat etmek gerekir.

Kaynakça:
Alizade H.A. ve Mahmudova R.M. (2013). Sosial Pedaqogika, Bakı: Bakı Universiteti neşriyyatı
Alizade H.A. (1993). Terbiyenin demografik problemleri, Bakı: Maarif,
Aral, N. ve diğerleri (2001). Çocuk Gelişimi. İstanbul: Ya-Pa Yayınları
Banks A.J. (2013). Çok kültürlü eğitime giriş, (Çev. yrd.doç.dr.H.Aydın) Ankara: Ani Yayıncılık
Bayramov A.S ve Alizadə Ə.Ə. (2002). Ümumi psikologiya, ÇİNAR-ÇAP" Neşriyyat-Poliqrafiya müessisesi.

Buslaeva M.E. (2015). Problemı adaptasii i obuçeniya detey bejensevv inklyuzivnom obrazovatelnom prostranstve Kalujskoy oblasti // Nauç.trudı / KQU im. K. e. Tsiolkovsky. Kaluga (Sep «Qumanitarnıe nauki»).

Buslaeva M.E., Makarova V.A. (2016). Problemı sosialnoy adaptasii detey bejensev i miqrantov v kontekste professionalnoy podqotovki studentov, Pedaqoqiçeskoe obrazovanie v Rosii, Vıpusk № 1.

Erik H. Erikson (2014). İnsanın 8 Evresi, (Çev.: Gonca Akkaya) OKUYAN US YAYINLARI

Gahramanova K.K. (2007). Ergenlerin manevi niteliklerinin oluşmasında inanç ve dini itikadın rolü, Bakü Üniversitesi

Horney K. (2011). Nevrozlar ve insan gelişimi: Kendini gerçekleştirme mücadelesi (Çev.E.Erbatur), SEL

Horni, K. (2006). Nevroz i liçnostnıy rost, (Peravod E.İ.Zamfir), K: PSYLIB.

İnanç B.Y., Yerlikaya E.E. (2012). Kişilik kuramları,Pegem akademi.

İonin, L.Q. (1996). Kültür Sosyolojisi. Moskova, M. Ed. SEÇ evi.

Muhina B.S. (1985). *Detskaya Psikologiya, M.*: Prosveşeniye,

Odman T. (2008). Çocuk hakları bağlamında çocuk mülteciler, Arzu matbaası.

Senemoğlu, N. (2001). Çocuk Hakları, Çalışan Çocuklar ve Eğitim Sorunları, Milli Eğitim Dergisi, 151.

Smirnova E.O. (2009). *detskaya psikologiya*, SPb.: Piter

Sueann R.A. & Neil J.S. (1084). Child development, CBS COLLEGE PUBLİSHİNG.

Suriyeli sığınmacıların türkiye'ye etkileri - tesev Rapor No: 195, (Ocak 2015)

Tarhan N. (2017). Empatiyi geliştirmenin yolları, Gönül dergisi, Kültür ve medeniyet dergisi, http://www.gonuldergisi.com.

Ünalan, Ş. (2004). Dil ve kültür. Ankara: Nobel Yayın Dağıtım.

URL 2:www.ramilsafarov.org

URL 4: http://www.bbc.com/turkce/haberler-dunya-37563594)

URL 5:http://www.grozniedni.ru/main/travmi_ voini/kak_bejencu_ sohranit_svoe_dushevnoe_ zdorove.htm#ıxzz4X9dzq2VG

URL 7: http://amnesty.org.tr/uploads/Docs/turkey-briefing-2june2016 _turkish771.pdf

URL 8: PDF] ÖGRETMEN Adaylarında DEMOKRATİK TUTUM, NEVROTİK EVEK GERÇEKLEŞTİRME, DTIC ATTITUDE... - 2006 - efdergi.hacettepe.edu.tr

URL1: (ÜNİTE 8 Kişilik Kuramları *erzurumram.meb.k12.tr/meb_iys_dosyalar /25/21/ .../ 30104803_kiilikkuramlar.pdf*)

URL3:F.XƏLİLZADƏ"Azərbaycan"www.azerbaijan-news.az/index.php?mo=3&id =

URL6: http://www.stratejikortak.com/2016/04/suriyeli-multecilerin-sayisi.html

Vahidov, F. Q. and Ağayev T. B. (2015). SOSİOLOGİYA, Bakı

Yavuzer, H. (2006). ÇOCUK PSİKOLOJİSİ, Remzi kitabevi, İstanbul 29 basın

Yavuzer, N. (2013). İnsanın saldırgan ve yıkıcı doğasını anlamak. *İstanbul Ticaret Üniversitesi Sosyal Bilimler Dergisi. 12*(23)

Yazgan İnanç, B., & Yerlikaya, E. (2012). *Kişilik kuramları.* Ankara: Pegem Akademi.

Yıldırım, A. ve Şimşek, H. (2006). Sosyal Bilimlerde Nitel Araştırma Yöntemleri. (6. baskı) Ankara: Seçkin Yayıncılık.

Karabağ'da Savaş ve Çocuklar

Nesrin Sarıahmetoğlu*

Giriş

Savaşlar sebepleri, çeşitleri ve özellikleriyle ne kadar farklı olsa da hepsinin sonucu aynıdır. Dünyanın dengesi bozulur, milyonlarca insan ölür, şehirler dağılır, topraklar işgal edilir. İnsanların esaret, işkence, sürgün vb. pek çok olayla hayatları bir anda mahvolur. Savaşlarda bir süre sonra ahlaki, insani manevi değerler önemini kaybetmeye başlar.

Dağlık Karabağ Savaşı olarak adlandırılan olaylar zinciri veya Ermenilerin bölgeyi Ermenistan'a bağlamak amacıyla başlattıkları faaliyetler 1960'lı yıllara kadar uzanmaktadır. Bu yıllarda özellikle Ermeni aydınların Karabağ'ın Ermenistan'a bağlanması için başlattığı yoğun kampanyalar son olarak Gorbaçov dönemindeki Glasnost ve Perestroyka politikalarıyla savaşı kaçınılmaz hale getirir. Bugün Azerbaycan topraklarının %20'si işgal altında bulunmaktadır ve bu bölgelerden mecburi göçe maruz kalan 1 milyondan fazla insan Azerbaycan için sadece büyük bir sosyal problem değil, aynı zamanda gerek ekonomik gerekse psikolojik etkileri çok derin bir yaradır.

Azerbaycan ve Ermenistan arasındaki savaşta da her savaşta olduğu gibi dramatik insan manzaraları vardır ki, bunların arasında belki de en çarpıcı olanları çocukların içinde yer aldığı sahnelerdir. Savaş cereyan ederken yaşananlara savaştan bir şekilde kurtulan ancak yaşadığı doğma topraklarını terk etmek mecburiyetinde kalıp göçmenliğin ağır şartlarını yaşayan insanların durumları da eklenmiştir. Bu çalışmada zor yaşam koşulları içindeki çocukların, kadınların, yaşlıların kısacası savaşın cephe gerisinde bütün bu zorluklara katlanarak hayata tutunanların mücadelesi değerlendirilecektir.

1990-2000'li yıllar Azerbaycan'da Göç Hareketleri

Azerbaycan tarih boyunca sürgünler ve göçlere sahne olduğu kadar son yüzyıl içinde hem toprak hem de nüfus açısından değişikliklere uğrayan bir ülke oldu. Ülkede göç hareketleri, dış göçler olduğu kadar iç göçler şeklinde köylerden şehirlere doğru da yaşandı. Bu yıllarda yaşanan göçlerin sebepleri de farklıydı. Savaşlar yüzünden halkın güvenlik gerekçesiyle başka şehirlere göç etmesi, şehirlerin ticaret yolları üzerinde bulunması ve köylerdeki işsizlik şehirlere göçü zorunlu hâle getirdi. Köylerden şehirlere yapılan göçler 1939'da % 36, 1959'da % 48, 1970'de % 50, 1989'da % 53, 1999'da % 54 şeklinde artış gösterdi.

Ayrıca Karabağ Olayları sırasında Dağlık Karabağ ve Ermenistan'da yaşayan 1.000.000 civarında Azerbaycan Türkü bu bölgelerden Azerbaycan'ın içlerine göç etmek zorunda kaldı. Bu göçmenlere "kaçkın" adı verilerek Bakü çevresine yerleştirildi. Azerbaycan'dan yurtdışına en yoğun göç, 1990 yılından 2013 yılına kadar Rusya Federasyonu'na oldu. Bunu Ukrayna ve Kazakistan takip etti

---

* Mimar Sinan Güzel Sanatlar Üniversitesi Fen-Edebiyat Fakültesi Öğretim Üyesi

(Sarıahmetoğlu, 2015: 116; "Ehali", Azerbaycan Respublikasının Dövlet Statistika Komitesi: 2014).

Azerbaycan'dan bu göç hızının son yıllarda artışı sosyo-ekonomik nedenlerden kaynaklanmaktaydı. Rusya 1998 krizine kadar Azerbaycan'a oranla hayat seviyesi daha yüksek ve yönetimin baskısı daha düşük bir profil gösteriyordu. Sanayi krizi, ilmî kuruluşların dağılmış olması, eğitim, sağlık ve sosyal güvenlik sisteminin kötü işleyişi Azerbaycan vatandaşlarını yurt dışına çıkmaya yöneltti. Fakat ekonomik sebeplerin yanı sıra Azerbaycan'da yaşayan Slav halklar da ülkeden göç etmeye başladı. Bunun en önemli sebeplerinden biri 1990'lı yılların başında Dağlık Karabağ Savaşı'nın çıkması ve istikrarsız bir siyasî atmosfer idi. Bağımsızlığını kazanan Azerbaycan'da üstün konumlarını kaybeden Ruslar, Azerbaycan Türkçesinin resmî dil statüsü kazanması, Rus birliklerinin ülkeden çıkartılması vb. sebeplerin oluşturduğu problemlerle karşı karşıya kaldı. Diğer taraftan Karabağ Savaşı sırasında Azerbaycan vatandaşı olan Rusların, çocuklarını askere göndermek istememeleri de bu göç hızını artırdı.

Azerbaycan'da "deportasiya", "represiya", "didergin", "kaçkın", "muhacir", "zorunlu göç" olarak ifade edilen terminolojiler kavrandığı takdirde son yüzyılda asırlarca yerli halk olan Azerbaycan Türklerinin Güney Kafkasya'da yaşadıkları problemler daha doğru değerlendirilecektir. 1905, 1918-1919 ve 1948'de baskıyla, silah gücüyle sivil halkın ülkeden kovulması, bu olayların sebep ve sonuçlarının yorumlanmasının bu coğrafyada halklar arasındaki ilişkilerin ve geleceğe yönelik uzun vadeli planların değerlendirilmesi açısından çok gereklidir. Azerbaycan Türklerinin Ermenistan'dan baskılarla çıkartılmaları, zorla göç ettirilmeleri göçmenlik ve sürgünler tarihinin yüz yıllık geçmişidir. Şüphesiz bu göç ve sürgünlerde Rusya'nın planlarını kademe kademe hayata geçirdiği de gözden kaçırılmamalıdır.

XIX. yüzyılın başlarında Rusya'nın Güney Kafkasya'yı ele geçirmesinden itibaren bugünkü Ermenistan topraklarında tarih boyunca yaşamış olan Türk boylarının sorunlu devri başladı. Bu topraklarda yaşayan Türklere karşı yapılan baskılar ve sürgünler sonucunda onlar bu coğrafyadan son kişi kalana kadar kovuldu.

Azerbaycan Türklerinin sürgünlerle dolu olan geçmişleri Sovyet hâkimiyetinin kurulduğu yıllarda da yaşandı, 1928-1930'lu yıllar Azerbaycan Türklerinin, pek çok gerekçe ile tevkif edilmesi, idam edilmesi ve Sibirya'ya sürülmeleri ile neticelendi.

1948-1953'te ise Harutyunov-Mikoyan ve Stalin tarafından hayata geçirilen sürgünlerde 100.000'den fazla Azerbaycan Türkünün Ermenistan'da teröre maruz kalması ise uzun yıllar bilinmedi.

Ermenistan topraklarından Azerbaycan Türklerinin, son sürgününün üzerinden 29 yıl geçti. Son 500 yılda ise milyonlarca Azerbaycan Türkü tarihî topraklarından kovuldu. Sürgün acısını yaşayan Azerbaycan Türkleri bunun sonucunda dünyanın pek çok ülkesine gitmek mecburiyetinde kaldı.

Azerbaycan Türkleri, tarihleri boyunca göçmenliğin ağır şartlarını da yaşadı. Savaş, ihtilâller, güvenlik ve ekonomik sebeplerle Azerbaycan'dan yurtdışına giden göçmenler bu coğrafyada göç dalgasının en somut örneğini teşkil etmektedir. Azerbaycan muhacereti gerek ekonomik gerekse siyasî yönlerden göç hareketinin en belli başlı gruplarını oluşturur. Sürgünler ve göçlerle şekillenen bu dramatik olaylar gelecek nesillerin tarihî belleklerini şekillendirecektir.

Süleymanov, Sönmez, Ünver, Akbaba (der.)

Karabağ Savaşının Göçmen ve Göçmenlik Problemi

Ermenistan-Azerbaycan, Dağlık Karabağ anlaşmazlığının insan hakları ile ilgili en önemli meselelerinden biri Azerbaycan'da kaçkın ve mecburi göçkün problemidir. Günümüzde dünyada yaşanan gelişmeler sonucunda kaçkın ve mecburi göçkünlerin sayısı artınca bu da problemin uluslararası hukukla çözümünü gerekli kıldı. Azerbaycan'da 1 milyondan fazla bu statüde insanın mevcut olması problemin ne kadar ciddi boyutta olduğunun da bir göstergesidir. Bunun sebebi Ermenistan'ın Azerbaycan topraklarını ele geçirmek adına başlattıkları siyasi ve askeri faaliyetlerin sonucudur. 1988'de Ermenistan tarafından Azerbaycan Türklerine karşı başlatılan baskı ve takibat neticesinde Azerbaycan Türkleri doğma topraklarını terk etmek mecburiyetinde kalarak Azerbaycan'a göç etti. 25 Ocak 1988'de Ermenistan'ın Kafan ve Megri bölgelerinden Azerbaycan'a Azerbaycan Türklerinin ilk göçmen kafilesi geldi (*Hronologiya osnovnıh sobıtiy tragedii dlinoyu v 2 goda; Hronika NKAO Fevral 1988-Fevral 1990*, 1990: 9). 18 Şubat'ta göçe zorlanan Azerbaycan Türklerinin sayısı 4 bine ulaştı (*Hronologiya osnovnıh sobıtiy tragedii dlinoyu v 2 goda.*). 1 Haziran'da Azerbaycan'a bir göçmen dalgası daha geldi. Birkaç gün içinde gelenlerin sayısı 2 bini buldu (V.Tolz, "The USSR This Week", *Radio Liberty Research Report*, 22 June 1988). 14 Haziran'da Azerbaycan İstatistik Komitesi Azerbaycan'a 4 bin kişinin daha geldiğini bildirdi (A.Gromiko-T.Menteşvili, "Ermenistan SSC ve Azerbaycan SSC Yüksek Sovyetlerinin Dağlık Karabağ Meselesi Baresinde Gerarları Haggında SSRİ Ali Soveti Reyaset Heyetinin Gerarı", *Azerbaycan Gençleri*, 21 Temmuz 1988; V.Tolz, 1988; *Hronologiya osnovnıh sobıtiy tragedii dlinoyu v 2 goda*). 21-31 Haziran tarihleri arasında Ermenistan'daki gergin durum yeni göçmen dalgasını başlattı. 16-31 Aralık 1988 tarihleri arasında en büyük göçmen dalgası geldi. Birçoğu yaya olarak veya dağlardan helikopterlerle gelerek, Azerbaycan'ın muhtelif yerlerine yerleştirildiler *(Hronologiya osnovnıh sobıtiy tragedii dlinoyu v 2 goda).* Daha sonra Ermeni Silahlı Kuvvetleri tarafından Azerbaycan toprakları işgal edilmeye başlanınca göçmenlerin sayısı da süratle arttı. Bu süreç askeri anlamda Azerbaycan topraklarının ele geçirilmesi ile paraleldi.

1992 yılının sonuna doğru Dağlık Karabağ'ın tamamını ele geçiren Ermeniler, 25-26 Şubat 1992'de Hocalı, 8 Mayıs'ta Suşa, 15 Mayıs'ta Laçin, 31 Ağustos'ta Fuzuli, 23 Ağustos'ta Cebrail, 31 Ağustos'ta Gubadlı, 1 Kasım'da Zengilan bölgelerini işgal ettiler. 1994 yılının Şubat ve Mart aylarında ise Kelbecer, Ermeni orduları tarafından işgal edildi. Böylece Azerbaycan'ın % 20'si işgal edilirken 1.000.000'a yakın Türk de yaşadığı toprakları terk etmek zorunda kaldı (*Azerbaijan. Seven Years of Conflict in Nogorno-Karabakh:* 1994, s. 58; Pompeyev, 1996:134; İbrahim 2005, s. 62; Cevadov 1999: 106).

1995 yılının ilk yarısına kadar Azerbaycan'ın 874 yerleşim bölgesi, Ermeniler tarafından işgal edildi. Bunların 224'ü Dağlık Karabağ, 83'ü Ağdam ilçesi, altısı Kazak, 120'si Laçin, 122'si Kelbecer, 94 Gubadlı, 81'i Zengilan, 62'si Fuzuli, 76'sı Cebrail ve biri Nahçıvan Muhtar Cumhuriyeti'nin yerleşim bölgeleri idi. Karabağ Savaşı, Azerbaycan ekonomisine de büyük zarar verdi. İşgal altındaki 72.000 hektar toprak sahasında elde edilen 200.000 ton tahıl, 730.000 ton üzüm, 4.000 ton tütün, 20.000 ton et, 100.000 ton süt, vb. Azerbaycan halkının kaybı olarak kaydedildi. Ayrıca işgal edilen bölgelerde 693 ilkokul, 219 ana okulu ve kreş, 12 teknik lise, 270 sağlık kuruluşu, şarap fabrikaları, süt fabrikaları gibi kültür ve sanayi açısından önemli kuruluşlar da Ermenilerin eline geçti (Cevadov 1999:108-108).

Bu kadar büyük boyutta olan bir göçmen sorununun şüphesiz kısa zamanda halledilebilmesi mümkün değildi. 1992 yılına kadar kaçkınların statüsü hakkında bir kanunun olmaması karışıklıklara yol açıyordu. 29 Eylül 1992 tarihinde "Kaçkınların ve Mecburî Göçkünlerin Statüsü Hakkında" bir kanun kabul edildi. Böylece kimin "kaçkın", kimin "mecburî göçkün" olduğu belirlenecek; herkese belge verilerek ev ve iş imkânları daha düzenli olarak dağıtılacaktı. Kanunun 1. maddesinde "kaçkın" ve "göçkün" terimleri açıklanarak; milliyeti, dini, dili gibi özelliklerine göre takibe maruz kalması; hayatının, ailesinin, malının tehlikede olması, yaşadığı devletin onu müdafaa etmemesi yüzünden yaşadığı ülkenin dışına çıkan Azerbaycan Cumhuriyeti vatandaşı olmayan kişiler "kaçkın"; Azerbaycan Cumhuriyeti'nde daimi yaşadığı yeri terk etmeye mecbur olup, başka yere göçen şahıslar veya başka ülkelerde daimi yaşayış yerlerini terk etmeye mecbur olup, başka yere göçen şahıslar veya başka ülkelerde daimi yaşayış yerlerini terk etmeye mecbur olup Azerbaycan Cumhuriyeti'ne gelen Azerbaycan vatandaşları "mecburî göçkün" (zorunlu göçmen) olarak adlandırıldı (Cevadov 1999:126).

Bu arada Azerbaycan Türklerinin kendilerine kaçkın veya mecburi göçkün denilmesinden de rahatsız olduklarını belirtmek gerekir. Onlar bu kelimelerin bir hançer gibi yüreklerine saplandığını, kaderlerine damga gibi vurulduğunu, derdin, azabın ve zorlukların girdabında boğulduklarını ifade etmişlerdir. Zira çok zor şartlar altında yaşansa da halkın geriye ata baba yurtlarına hala dönme ümidi vardır.

Mecburi göçmenlerin dağılımında gruplar ve kişi sayısı dikkate alındığında kadınlar (321.652) ve erkeklerin (289.641) dışında en dikkat çekici grubu 17 yaşından küçükler (196.480), okul çağındaki çocuklar (126.482), yetim çocuklar (5.000) ve kimsesizler (4.000) oluşturuyordu. Ayrıca vasıflı işçiler (301.359), çalışmayanlar (196.380) ve emekliler (116.454) de listenin diğer belirleyicileriydi *(Azerbaycan Respublikasında Kaçkınlar ve Mecburî Göçkünler Hakkında İstatistik Albüm* 1999-cı İl, 1999).

Şüphesiz yurtlarından çıkartılan 1.000.000'dan fazla insanın, belirlenen ölçütlerin dışında kalan çok sayıda sorunu vardı. Bu bağlamda barınma, çalışma-beslenme, sağlık, eğitim, yapılan yardımların ulaşmaması ve eşit paylaştırılamaması bu sorunların başlıcaları idi.

Göçmenliğin en büyük problemlerini yaşayan grup olan kadınlar, çocuklar ve yaşlılar pek çok sıkıntıyla mücadele etmenin yanı sıra en çok sağlık ve eğitim konularında zorluk çektiler. Çocuklar ve yaşlılar göçmenliğin bütün sıkıntılarını en ağır şekilde yaşamanın ötesinde sık sık sağlık sorunlarıyla da karşılaşmaktaydılar. Gerek sağlık merkezi ve doktor yokluğu gerekse ilaç sıkıntısı, insanların çaresizliğine ve yaşam ümitlerinin kırılmasına yol açtı. Çadır koşullarında, yurtlarda (kanalizasyonsuz, elektriksiz ve özellikle susuz mekânlarda) yaşayanlar, bu sağlıksız koşullarda kalmanın sonucu olarak sık sık hastalandı. Bunula birlikte büyük fedakârlıklarla özverili çalışmalar da yapıldı. Bunlardan biri işgal edilen Ağdam ilçesinin merkez hastanesinin 1.000 personelinin, işgalden sonra da görevlerine büyük fedakârlıkla devam etmesiydi. Ağdam'ın işgal altında olmayan kısmında yaşayan 60.000 kişiye, bölgeye yakın yerlere yerleştirilen 35.000 mecburî göçküne; Bedre, Ağçabedi, Yevlah ilçelerinde ve Mingeçevir şehrinde yaşayanlara, bu hastane personeli büyük bir gayret ve özverili bir şekilde sağlık hizmeti verdi (Yeşilot, 2015: 123).

Çok sağlıksız şartlarda yaşayan göçmen çocukların büyük kısmı, kronik hastalıklardan rahatsızdı. Suyu ve kanalizasyon şebekesi olmayan yerlerde barınan bu çocukların hasta olmamaları bir mucizeydi. Ayrıca kış aylarında üşüyerek hasta olan çocukların sayısı da hayli idi. Hasta çocukların tedavileri; yeterli sağlık personeli ve ilaç olmadığı için yapılamamaktaydı. Yeterli şekilde beslenemeyen çocukların %35'i, başta anemi olmak üzere, birçok hastalığa yakalanıyordu. Devlet, uluslararası yardım kuruluşlarının da desteğiyle özellikle çadır şehirlerde yaşayanların tedavileri için geçici sağlık ocakları oluşturmaya çalıştı. Uluslararası yardım kuruluşları bu bölgelere sağlık elemanı, tıbbî malzeme ve ilaç göndermesine rağmen bu yardımların yeterli olduğunu söylemek mümkün değildi. Fizikî rahatsızlıklarının yanı sıra ruhsal durumları da bozulan çocuklar ve gençlerin tedavileri için yapılan çalışmalar da son derece yetersiz kaldı.

Göçmenliğin bu zor yaşam şartlarında doğum yapan kadınlar ve bebekler de etkilendi. Yeterli tıbbî imkânların olmaması, hijyenik ortamın bulunmayışı gibi sebepler anne ve çocukların ölümüne yol açtı. Göçmenlerin çoğunlukla yaşadıkları Sabirabat, Saatlı, Bilesuvar ve İmişli ilçelerinde yapılan kontrollerde sıtma, çocuk felci, difteri, verem gibi birçok hastalığa rastlandığı ve bu hastalıklara yakalananların çoğunun da çocuklar olduğu rapor edilmekteydi (*Kaçgınların ve Mecburî Köçkünlerin Vaziyetine Hasr Olunmuş İnkişaf Problemleri ve Strateji İsttikametler Mövzusunda Keçirilmiş Beynelhalk Konferansının İşi Hakkında Hesabat,* 2000: 49) Sabirabad'ta C1 kampında 700 civarında çocuk yaşıyordu. Diğer kamplarda olduğu gibi burada yaşayan çocuklarda da korku-heyecan ve birtakım psikolojik problemler vardı. Burada psikolojik rehabilitasyon programı, çoğu gönüllülük esasında hizmet veren psikologlar tarafından hayata geçirildi ve 1999'un yaz aylarında Sabirabad'ta Çocuk Cumhuriyeti (Uşak Respublikası) kuruldu. Bu mini hükümette çocuklar kendileri için çalışmaya başladılar. 12 üyeden oluşan bir meclis seçtiler. Ekoloji Bakanlığı bağlar bahçeler yaptı. İletişim Bakanlığı gazete çıkardı. Yarışlar, müsabakalar düzenlendi. Müzik ve dans festivallerine gidildi. Buna rağmen C1 kampında hayat çok zorluklarla doluydu (De Vaal, 2008:251-258).

Göçmenlerin birçoğu, hastalıkları ilerlemeden çocuklarını doktora götüremedikleri ve götürdükten sonra da ilaçlarını alamadıkları için hastalıklar istenmeyen boyutlara ulaştı. Çocukların çöplerden erzak toplamak istemesi beraberinde salgın hastalık riskinin artması endişesini de getirdi (Yunusova 1998:126-127; Yeşilot, 2015:126-127). Bir diğer tehlike, göçmenlerin yoğun olarak bulunduğu Görenboy, Gedebey, Kazah, Terter ve Hanlar bölgesinde yaşayanların ve özellikle de çocukların, mayınlara karşı uyarılmaları hususuydu (Yeşilot, 2015:127).

Kaçkın ve mecburî göçkünlerin önemli bir kısmı, eğitim çağındaydı. Çok zor şartlarda yaşayan bu insanlar, eğitim alanında da sıkıntı çektiler. Azerbaycan Türklerine ait olan 616 okul, 234 çocuk yuvası, 12 teknik lise, beş lise, bir üniversite ve iki fakülte, Ermenilerin işgal ettikleri bölgelerde kaldı. Yaklaşık 130.000 öğrenci ve 20.000'e yakın öğretmen göçmen durumuna düştü. Bu da ülkenin eğitim sisteminde büyük sorunlar yarattı. Göçmen çocukların eğitim alması için 708 okul tahsis edildi. Bu okullarda 86.000 öğrenci eğitim görmekte ve 12.420 göçmen öğretmen çalışmaktaydı. Okul çağına gelmemiş çocuklar için 1.900 çocuğun eğitim alabildiği 39 çocuk yuvası açıldı ve buralarda çalışmak üzere 1.200 eğitimci işle temin edildi (*Kaçgınların ve Mecburî Köçkünlerin Vaziyetine Hasr Olunmuş İnkişaf Problemleri ve Strateji İsttikametler Mövzusunda Keçirilmiş Beynelhalk Konferansının İşi Hakkında Hesabat:* 45).

200.000 kaçkın ve mecburî göçkün çocuğun, ekonomik ve sosyal sorunlarının zorluğu ve bunun onların sosyal hayatına yansımaları, hayli karmaşık bir sürecin de parçası idi. Asgari barınma şartlarında bile yaşayamayan, yeterince beslenemeyen, sağlıklı yaşam koşullarından uzak, iyi bir eğitim alamayan bu çocuklar toplum içinde bir takım sıkıntıların derinleşmesine neden oldu. Yeterli psikolojik desteği bulamayan gençler, itilmişlik duygusuyla yalnızlık hissederek, isyankâr bir kişiliğe büründüler. Devlete, yöneticilere, vatan ve millet gibi kutsal mefhumlara karşı kayıtsız ve kozmopolit bir gençlik meydana geldi.

Geleceğinden endişe duyan gençlerin, yasadışı faaliyetler içinde yer alarak suça yönelmeleri de mümkündü. Yetim ve kimsesiz çocuklarla, aile düzeni olmayan ve yeterli terbiyeyi alamayan çocukların birçok kötü alışkanlık edinme olasılığı şüphesiz çok daha yüksekti.

Göçmenler içerisinde en hassas grubu oluşturan çocukların sorunları zamanla tamamen olmasa da imkânlar ölçüsünde çözümlenmeye çalışıldı (*Kaçgınların ve Mecburî Köçkünlerin Vaziyetine Hasr Olunmuş İnkişaf Problemleri ve Strateji İstikametler Mövzusunda Keçirilmiş Beynelhalk Konferansının İşi Hakkında Hesabat:* 18).

Karabağ Savaşında Zarar Gören Çocuklar
1988'den 1990'a kadar yani Karabağ probleminin ilk yıllarında Ermenistan'ın çeşitli bölgelerinde doktor ilgisizliğinden, işkencelerle, dövülerek, kardan donarak, yakılarak, otomobille ezilerek öldürülen Azerbaycan Türklerinin arasında aynı muameleye tabi tutulan çocukların sayısı da az değildir. Üstelik bunların bir haylisini 1988 doğumlu olup aynı yıl ölen bebekler teşkil etmektedir. Yine ölen çocuklar içinde 1 yaşından 10 yaşına kadar çeşitli yaş gruplarında çocukların bulunduğunu da belirtmemiz gerekir. Verilen istatistiki bilgilere göre öldürülen 216 bazı bilgilere göre ise 218 kişiden 5'inin bebek, 18'inin ise çocuk olduğu görülmektedir (Ismayıl, 1995:100-110; Arzumanlı 1998:221-231; "Karabakh: The Chronicle of the Armenian Aggression", 2002; "Report. On Mass Human Rights Violation During the Deportation of Azerbaijanis from Armenia as well as from Azerbaijani Territories Occupied by Armenian Military Forces", 2002).

Ermenistan'dan sürgüne maruz kalan Azerbaycanlıların her birinin kendi bölgelerinde yaşadıkları olaylar şüphesiz başlı başına bir savaş edebiyatı oluşturacak türden malzemeye sahiptir. Ana malzemesini çocukların meydana getirdiği birkaç olaydan bahsetmek yerinde olacaktır. Bunlardan ilki 27 Kasım 1988'de gece saat 23:30'da Ermenistan'ın Lori-Penbek vadisindeki eski adı Hamamlı olan Spitak kasabasında oldu. O gece bu insanların başına gelen felaketleri buradan sağ kurtulan iki kadın Medine Şeref ve Fatma Habibi ayrıntılı olarak *İlham* gazetesinin 24 Kasım 1990'daki sayısında ve *Tanıdım* gazetesinin 1991 yılındaki 8. sayısında anlattılar (Sarıahmetoğlu, 2003:259-268).

Bu gece ile ilgili anlatılanlardan en ilginci yine çocuklara ait olan bir bölümdür. 24 Kasım gecesi Karabağ Komitesi şehirde yaşayan daha önce evlerini tespit ettiği Azerbaycanlıları meydana toplarlar. Raykom Sekreteri Muradyan erkeklerin çocukların ve kadınların birbirinden ayrılmalarını emreder. Çocuklar annesinden, kadınlar kocalarından ayrılmak istemezler. 5 yaşından 12 yaşına kadar olan çocuklar tartaklanarak annelerinin ellerinden çekip alınırlar ve yakınlarında eni 1,5 m uzunluğu

27 metre olan bir boruya doldurulurlar. Her iki taraftan ağzını kapattıklarında erkekler harekete geçer. Hiçbirinde silah yoktur ve sadece yumruklarına güvenmektedirler. Bir anda silahlardan mermiler yağmaya başlar. Cesetler birer birer yığılmaya başlarken sağ kalanların feryatları da birbirine karışır. Ölenlerin ve sağ kalanların çocukları bir boruya doldurulur. Bu arada Medine Şeref'in 8 yaşında olan Aruz adındaki oğlu ile 6 yaşındaki kızı Aygün de boruya atılır. Kadınların feryatlarını engelleyemeyen Ermeniler boruyu vinçle kaldırarak bir kamyonun üzerine koyarlar. Savcı Arakelyan, borunun Türkiye sınırına atılması emrini verir. Raykom katibi itiraz ederek Gursalı köyünün altından akan nehrin kenarına bırakılmasını çocukların oradan Azerbaycanlı köyü olan Gursalı'ya gidebileceklerini söyler. Fakat boruyu alıp nehrin kenarına geldiklerinde ağzını açmayarak o şekilde bırakıp giderler (Velizade İ-Muradov B, 1996:95-97).

Karabağ Savaşının en kanlı bölümü Hocalı'da yaşananlardır. Bu olaylarının üzerinden bugün 25 yıl geçti. Hocalı olayları Karabağ savaşı içinde çok özel bir yer tutar ve Azerbaycan yakın tarihi içinde sivil halkı hedef alması dolayısıyla "Hocalı Soykırımı" şeklinde ifade edilir.

Hocalı olaylarında 613 kişi ölmüştür, bunların 63'ü çocuk, 106'sı kadın, 70'i yaşlıdır.

8 aile bütün fertleriyle tamamen öldürülmüştür.

25 çocuk bütün ebeveynlerini kaybetmiştir.

130 çocuk ebeveynlerinden birini kaybetmiştir.

487 kişi yaralanmıştır, buna 76 çocuk da dahildir.

1275 kişi rehin alınmıştır.

150 kişi ise hala kayıptır (Sarıahmetoğlu, 2002:461-468; Sarıahmetoğlu, 2001: 4).

O geceden sağ kurtulan çocuklar bugün 25-30 yaşlarındadırlar. Ancak o yıllarda bu olayları bizzat yaşayan ve yaşadıklarını anlatan çocukların ifadelerindeki acıyı, korkuyu ve anne baba hasretini anlamamak mümkün değildir. Bu örneklerden biri dönemin gazetelerini tararken karşıma çıkan 8 yaşındaki Hatıra Oruçova'nın yer aldığı bir gazete haberidir.

Hatıra'nın acı çeken küçücük kalbi bütün gücüyle annesini bekliyor, fakat ne yazık ki bu mümkün değil. Hatıra bir anda öksüz kalır. Kızın omuzları, göğüs kafesi kurşun yaraları içinde, akciğeri zedelenmiş, kaburgaları kırılmış ve kanaması olduğu söylenir. Çok güzel siyah gözlerinin ardında çocuklara has olmayan ciddi bakışlarından "Biz çocukların suçu ne?" diye okunan bir soru uzun bir süre akılları meşgul eder.

Hatıra'nın tedavi gördüğü Bakü Acil Yardım Hastanesi'nin 1. Cerrahi Bölümü müdürü Zaur Memmedli "İnanın biz acil yardım hekimleri her çeşit vakayla karşılaşmaya alıştık. Tıbbın özelliği bu. Fakat silahlarla yaralanmış çocukları görmek bizim için de çok zor." diyordu. ("Anaya Tuşlanmış Gülle", 1992)

Bu olay Şubat 1992 tarihinde Hocalı'da meydana gelen olaylardan sonra yaşanan onlarca dramatik sahneden sadece bir tanesidir. Bir diğeri ise 10 yaşındaki Adalet'in yaşadıklarıdır.

25 Şubat'tı. Gece Ermeniler Hocalı'ya hücum ettiler. Her birimiz bir tarafa kaçıyorduk. Evimizden hiçbir şey alamadık. Annem, babam, kardeşim ve ben ormana doğru gittik. Bizden başka pek çok insan da vardı. Herkes bağırıyordu.

Kadınlar, çocuklar ağlıyordu. Üç gün ormanda kaldık. Yemek için hiçbir şey alamamıştık. Açlıktan kar yemeye başladık. Yanımızda birkaç kişi soğuktan donarak öldü. Ormanda Ermenilerin kuşatması altında kalmıştık. Aniden Ermeniler bize ateş etmeye başladılar. Annem ve babam öldü. Onların ölümüne hiç dayanamamıştım. Her ikisinin bedenleri karın üstünde kaldı. Kardeşimle birlikte ağlamaya başladık. Onların cesetlerini taşımak için gücümüz yetmiyordu. Ağdam'dan Milli Ordu geldi ve bizi kurtardı. Ağdam'a geldik ve burada teyzemi bulduk. Biraz sonra annemle babamın cesetlerini getirdiler ve Berde rayonunda defnettiler... Şimdi yetim kaldık. (Alioğlu, 1995:60-63)

Savaş sırasında ölenler ve yaralananların yanında yukarıda da ifade edildiği gibi doğma topraklarını terk etmek mecburiyetinde kalan insanların ve bunların içinde yer alan çocukların yaşadıkları zor şartların da birer hikâyesi vardır. Bunlardan biri Salman Alioğlu'dur. Salman Alioğlu, Karabağ Savaşı sırasında bölgeyi karış karış dolaşarak oralardan haberler veren bir gazetecidir. Savaş hakkında yazdığı makale ve denemeler dolayısıyla "Zafer" ödülüne de layık görülmüştür. Onun bir grup çocukla yaptığı konuşma son derece çarpıcıdır.

Hava da insanı yakıp kavuruyor. Bir yaprağı bile yerinden oynatacak kadar rüzgâr esmiyor. Ağdam-Berde yolunun kenarında arabaların gölgesinde kendilerine sığınacak bir yer bulan insanlarla birlikteyiz. Bu kişilerin tek bir kelime dahi söylemeye, sohbet etmeye ne hevesleri ne de inançları var. Çocuklar ise kenardaki bir ağacın gölgesinde oturmuşlar. Üst başları toz toprak içinde, elleri tırnakları kapkara, saçları karmakarışık olan bu oğlan çocuklarının gözlerine bakmak dehşet. Bu gözler insanın kalbini, beynini deşiyor. Bu bakışların altında bir şeyler söylemek mümkün değil. Kendimi zorlayarak onlarla tanıştım.

Adın ne?

Anar

Kaç yaşındasın?

Yedi

Bu yıl okula gidecek misin?

Mektebimizi Ermeniler yaktılar.

Senin adın ne?

İsa

Kaç yaşındasın?

Sekiz

Elin neden sargılı?

Odun keserken yaralandım

Baban var mı?

- Yok, şehit oldu.

Dokuz-on yaşlarında olan bir çocuk ise gözlerini toprağa dikmiş sanki toprağın bağrını eşiyordu. Çok gönülsüz olarak konuşmalara katıldı.

- Senin adın ne?

- İskender

- Sanki uyuyor gibiydin

Ne yapayım. Kaç gecedir yatamıyorum, kız kardeşlerime bakıyordum.

- Baban nerede?

- Öldü

Bunları söylediğinde yumruklarını sıktı. Ağladığını hissettim, ama gözyaşlarını gizlemeye çalışıyordu. Yüzünü yana çevirdi ve oradan uzaklaştı.

Yüzünden gözünden masumiyet akan bir erkek çocuğuyla da tanıştım. Adı İtibar. Dokuz yaşında. Babası asker, annesi birkaç yıl önce Ağdam şehrinde "Grad" mermisinden ölmüş. Üç kız kardeşi, iki ağabeyi var. Onlara babaanneleri bakıyor.

Seyidli köyünden olan 10 yaşındaki Tahir'le de görüştüm. Tahir,

- Evimizin yandığını gözlerimle gördüm. Ermeniler köyümüze o kadar mermi attılar ki, mermiler her yerden yağmur gibi yağıyordu. Komşumuzdan üç kişi öldü. Herkes ağlıyor, bağırıyordu. Ama ne olursun Allah aşkına rica ediyorum senden benim savaşa gitmeme izin versinler. Savaşmak istiyorum. Evimize geri dönmek istiyorum...

Biraz kenarda altı-yedi yaşlarında bir erkek çocuğu elindeki bir sopayla toprağın üzerine bir şeyler çiziyordu. Tofik'ten durumlarının nasıl olduğunu sordum.

- Kötü, dedi.

İki gündür onlara ekmek gelmiyor. Annesi hasta. Babası savaşta. En büyük kız kardeşi 12 yaşında. Ekmek getirenler ekmeği kime geldiyse dağıtıp gidiyorlar.

- Peki, aç nasıl dayanıyorsunuz?

- Bilmiyorum, diyerek göğsünü kabarttı.

Salman Alioğlu "Bu yürek dağlayan konuşmaları sonuna kadar dinleyemedim. Kahırdan gözlerim, kalbim ağrımaya başladı. Çok kötü bir durumda çocukların yanından ayrıldım. Onlara hiç teselli de edemedim. Gün gelecek dünyanın bu kötü yüzünü görmüş 9-10 yaşındaki çocuklar savaşı kumara çevirenlerden, ticaret haline getirenlerden intikam alacak. O zaman o mahşer günü bu mahşerden olmayacak." diyerek savaşa hakkındaki düşüncelerini ifade etmekteydi (Alioğlu, 1995: 27).

Azerbaycan bugün dünyada kişi başına en çok kaçkın ve mecburi göçkün düşen ülkelerden biridir. 7,5 milyon nüfusun %10-15'i bu durumda bulunmaktadır. 27 Haziran 2002 tarihinde Avrupa Konseyi Parlamenterler Meclis'nin düzenlediği "Ermenistan, Azerbaycan ve Gürcistan'da kaçkınların ve mecburi göçkünlerin durumu" adlı resmi istatistiklere dayanarak verilen raporda Dağlık Karabağ'dan ve Ermenistan silahlı kuvvetlerinin işgal ettiği diğer 8 bölgeden (Azerbaycan topraklarının %20'si) 1990-1993 yıllarında kaçmaya mecbur olmuş 570 bin mecburi göçkün Azerbaycan hükümetinin nezareti altında bulunan bölgelere yerleştirilmişlerdir denilmektedir.

Raporda çadırlarda yaşayan kaçkınların sayısı 1994'de 100 bin kişiye kadar çıksa da Avrupa İnsani Yardım Teşkilatlarının inşa ettirdiği tek odalı evlere nakledilmesiyle sayıları 40 bin kişiye düştüğü, "Azerbaycan hükümetinin verdiği bilgiye göre, bugün mecburi göçkünlerin %29'unun (167. 133) sosyal tesislerde, %26'sının (149.843) akraba veya dostlarının yanında %16,4'ünün (94.517) çadırlarda ve diğer yerlerde, %7,4'ü (42.648) inşaatı yarım kalan binalarda, %6,8'i (39.190) demiryolu vagonlarında diğerlerinin ise kanunsuz şekilde zapt edilmiş evlerde ve arsalarda yaşadığı belirtilmekteydi (Hajiyeva, 2002). Yine rapora göre "Azerbaycan kaçkınlarına temin edilen erzakın %25'inin uluslararası yardım teşkilatlarından sağlandığı, mecburi göçkünlerin ise sadece %30'u bir iş sahibi idi ("Azerbaycan, Ermenistan ve Gürcüstan Gaçkınlarının Veziyyeti Avropa Şurasının Meruzesinde", 2002; Eliyev, 2002).

Azerbaycan, Avrupa Konseyi uzmanlarının hazırladıkları bu raporun meseleye objektif olmayan, taraflı bir şekilde yaklaştığını, olayların kuru bir tasnifini yapmaktan ileri gidemediğini söyleyerek protesto etti. Zira belgede ne Azerbaycan'ın karşı karşıya olduğu kaçkın ve mecburi göçkün probleminin gerçek sebepleri ne de Ermenistan'ın işgalcilik siyasetinden bahsediliyordu. Azerbaycan, "Ermenistan'ın Azerbaycan'a tecavüzü onun gerçek manzarası ve olaylar göz önündedir. Tecavüzkâr da tecavüze maruz kalan da bellidir. Ama uluslararası birlik bu gerçeği itiraf ederek işgalciyi adıyla çağırmak ve onu cezalandırmak istememektedir." demiştir.

Azerbaycan, raporda yer alan ayrılıkçılık (separatizm) meselesine de dikkat çekti. Çünkü raporun Gürcistan'a ait bölümünde "Abhaz veya Osetin separatçıları" ifadesi kullanılırken Dağlık Karabağ anlaşmazlığından bahsedildiğinde Ermeni ayrılıkçıları denilmemekteydi ("Garabağ üzre meruzeci teyin edildi"; Eliyev 2002). Sonuçta rapor bazı maddeler tekrar gözden geçirilerek kabul edildi. Alınan bir takım tavsiye kararlarında kaçkınların durumlarının iyileştirilmeleri için milli ekonomiye yatırımların gerekli olduğu vurgulandı. Ayrıca bölgeye inşaat, eğitim, bilhassa kaçkın ve mecburi göçkünler için iş yerlerinin açılmasına dair projelerin geliştirilmesi istendi (Cenubi Gafgaz Ölkelerinde Gaçgınların Veziyyetine Dair Meruze Gebul Olundu" 2002).

Savaşlarda çocuklar, kadınlar ve yaşlılar en büyük acıları çeken gruptur. Uluslararası insan haklarına göre esasen savaş sadece silahlı olan anlaşmazlık taraflarının silahlı kuvvetleri arasında meydana gelmelidir. Sivil halk savaşa katılmamalıdır. Cenevre Konvansiyonu'na (Sözleşmeleri) göre esasen sivil halkın hayatına ve fiziki dokunulmazlığına kasıt-öldürülme, sakat bırakılma, işkence, insan liyakatine kast, tahkir ve alçaltıcı hareketler yasaklanmıştır. Konvansiyonun 33. Maddesine göre hiçbir sivil hukuka aykırı bir şekilde cezalandırılamaz. Sivil halka karşı kolektif ceza tedbirlerinin alınması sivil halkı korkutmak, terör hareketleri, baskı ve zulüm yasaklanmıştır. Fakat Ermenistan Silahlı Kuvvetleri tarafından sivil halkın gerek havadan gerekse karadan bombalanması Dağlık Karabağ'ın 100 km uzakta olan yaşayış bölgelerinde de hayata geçirilmiştir. Konvansiyon ayrıca esasen sivil halkın esir alınmasını da yasaklamıştır. Ancak Ermenilerin sivil halktan aldıkları esirlerle bu madde de ihlal edilmiştir.

Cenevre Konvansiyonu ve Ek Protokolün 77. Maddesi çocukların özel korunmasını içermektedir. Burada çocuklara özel davranılmalı ve her tür olumsuz harekete karşı müdafaa edilmelidir. UNESCO tarafından yapılan bir araştırmaya göre savaş sırasında çocuklara en çok psikolojik ve duygusal olarak tesir eden durum onların normal hayatlarından ve en çok da annelerinden ayrılmasıdır. Uluslararası hukukun taleplerine göre 15 yaşında olmayan çocuklar silahlı anlaşmazlıklara celp edilemezler. Çocuklar eğer bu maddelere aykırı olarak silahlı anlaşmazlıkların içinde yer almışlar ise onlar asker konumunda değerlendirilirler. Bu tip çocuklar esir alındıklarında askeri esir statüsünde olurlar. Ancak yine de yaşlarına göre özel korumalardan istifade etmelidirler. Çünkü protokolün kuralları anlaşmazlıkta olan tarafları esas alır ve savaşa katılmak çocuklar tarafından kanunların ihlal edilmesi olarak değerlendirilir ("The Use of Children as Soldiers: Political, Legal, Social and Economic Aspects", 2002).

Karabağ Savaşı sırasında Ermenistan Silahlı Kuvvetleri tarafından çocukların öldürülmesi, esir alınması, ebeveynlerinden ayrılması vb. hadiseler sıklıkla meydana gelmiştir. 18 Kasım 1994'te Azerbaycanlı çocuklardan 71'inin Ermeniler tarafından esir alınması resmi olarak kayda geçirilmiştir. Bu listede yaş itibariyle 1992 doğumlu çok küçük çocuklar da vardır (İbayev, 2005:112).

Görüldüğü üzere Karabağ Savaşı farklı hayatların dramatik insan manzaralarıdır. Şüphesiz çocukların bu zor zamanlarda hayata bakışı, duruşu ve gelişmeleri kavrayıp algılamaları değişkenlik göstermektedir. Öksüz ve yetim kalan çocukların anne babasızlığı en çok hissettiği zamanlar bayramlardır. 1995 yılında Azerbaycan Cumhurbaşkanı Haydar Aliyev tarafından Karabağ Savaşında anne ve babalarını kaybeden çocuklar için Gülistan Sarayı'nda Nevruz Bayramı münasebetiyle bir davet verilmişti. Aliyev burada çocuklara hitaben yaptığı bir konuşmada;

Çocuklarım, bu facia sadece sizin facianız değil. Ülkemizde her ailede meydana gelen bir felaket. Bütün Azerbaycan halkının felaketi... Siz gencecik hayatınızda bunları yaşadınız ve gördünüz. Bazılarınız o dehşetli günlerin şahidi de oldunuz. Bunlar bize karşı olan tecavüzlerin ve savaşın neticeleridir. Biz bugün bayram ediyoruz. Aynı zamanda vatan için Azerbaycan'ın bağımsızlığı için şehit olanların hatırasını büyük bir saygı, hürmet ve minnettarlık hissiyle yad ediyoruz. Sizlerin de anne babalarınızdan, akrabalarınızdan, yakınlarınızdan şehit olanlar var. Onun için bu bayram günü, şenlik günü ben önce şehitleri yad etmek için onların hatırasına bir dakikalık saygı duruşunda bulunmak istiyorum... Allah bütün şehitlere rahmet eylesin. Şehit ailelerine sabır versin sevgili çocuklarım. Allah size sabır versin. Bayramınızı bir kere daha tebrik ediyorum. Nevruz Bayramı insanlara sevinç ve mutluluk getirir. Ben de sizin daima o sevincin içinde yaşamanızı tahsil görmenizi ve büyümenizi arzu ediyorum.

diyerek duygu ve düşüncelerini ifade etmişti (Uşaglar ve Gençler Halgımızın Ümidi, Geleceyin Gurucularıdır. Gülistan Sarayında Novruz Bayramı Şenliyi", 1995). Bu konuyla ilgili olmak üzere Karabağ Azadlık Teşkilatı Başkanı Akif Nağı da bu çocukların "babamı, annemi istiyorum" feryatları karşısında artık "Ağlama can bala" demenin artık merhem olamadığını, onları en mutlu edecek şeyin kendi doğma topraklarına dönmek olacağını belirtiyordu (Nağı, 2002).

Geçmişin çocukları bugünün yetişkinleri bunun dışında nasıl bir ortam yaratılırsa yaratılsın kendilerini mutlu hissetmeyeceklerdir. Bu da 29 yıldır kaçkınlık veya mecburi göçkün statüsünde yaşayan bir neslin ne gibi bir durumla karşı karşıya olduğunun da bir göstergesidir.

Sonuç

Göçmenlik problemi insan hakları problemi ile iç içedir ve birbirinden ayrılması mümkün değildir. Zira halkın kitlesel anlamda göç etmesinin en önemli sebebi insan haklarının ihlal edilmesidir. Buna göre problemin çözümü ilk önce insan haklarına riayet edilmesinden başlanmalıdır. Zorunlu göçmenliği yaşamak zorunda kalmak pek çok şeyi yitirmek demektir. Doğduğu toprakları terk eden insanlar aslında önemli ve hayati bir parçalarını da orada bırakırlar. Geldikleri yere uyum sağlamakta zorlanırlar. Böylece bütün bu kayıplar sosyal psikolojik ve hukuki sonuçları da beraberinde getirir. Bu problem sadece insani yardım kuruluşları ile de çözümlenemez. Çözüm bu problemi doğuran meselelerin ortadan kaldırılmasıdır.

Savaşların ve buna benzer gayri medeni olguların, barışın olağanca yüceltildiği günümüzde dahi önlenememiş olması ciddiye alınması gereken bir problemdir ve bunun bir yandan insan tabiatı ve diğer yandan modernite ve post modernite ile yakın bir bağlantısı vardır. Daha yaşanabilir bir dünya için, tüm dünya milletlerinin gerçek uygarlık anlayışı temelinde samimi işbirliği şarttır. Ancak bütün insanlık tarihi boyunca olduğu gibi, "modern" toplumların hakim olduğu günümüzde de savaş maalesef kaçınılmaz bir olgu olarak karşımıza çıkacaktır.

Kaynakça

"Anaya Tuşlanmış Gülle", *Halg Gezeti*, 5 Mart 1992.

"Azerbaycan, Ermenistan ve Gürcüstan Gaçkınlarının Veziyyeti Avropa Şurasının Meruzesinde", *Avrasya Stratejik Araştırmalar Merkezi (ASAM)* 25 Haziran 2002.

"Cenubi Gafgaz Ölkelerinde Gaçgınların Veziyyetine Dair Meruze Gebul Olundu", *Avrasya Stratejik Araştırmalar Merkezi (ASAM)* 1 Temmuz 2002.

"Ehali",*Azerbaycan Respublikasının Dövlet Statistika Komitesi,* http://www.stat.gov.az/source/demoqraphy/ Erişim Tarihi: 19.09.2014.

"Garabağ üzre meruzeci teyin edildi", *Avrasya Stratejik Araştırmalar Merkezi (ASAM)* 1 Temmuz 2002 .

"Hocalı Sağalmaz Yaramız", *Zaman*, 24-26 Şubat 2001, s. 4.

"Karabakh: The Chronicle of the Armenian Aggression", *www.karabakh.org*. 23 Ekim 2002;

"Report. On Mass Human Rights Violation During the Deportation of Azerbaijanis from Armenia as well as from Azerbaijani Territories Occupied by Armenian Military Forces", *www.karabakh.org,* 23 Oktyabr 2002.

"The Use of Children as Soldiers: Political, Legal, Social and Economic Aspects", http://www.child-soldiers.org/confrences/confrepost_asianinfo.html., (21.04.2002)

"Uşaglar ve Gençler Halgımızın Ümidi, Geleceyi Gurucularıdır. Gülistan Sarayında Novruz Bayramı Şenliyi", *Azerbaycan* , 23 Mart 1995.

Alıoğlu, S. (1995). *Müharibe,* Bakı.

Arzumanlı Vagif – Mustafa, N. (1988). *Tarihin Gara Sahifeleri,* Bakı.

Azerbaijan. Seven Years of Conflict in Nogorno-Karabakh, Human Rights Watch/Helsinki, 1994.

Azerbaycan Respublikasında Kaçkınlar ve Mecburî Göçkünler Hakkında İstatistik Albüm1999-cı İl, Bakı 1999.

Cevadov, C. (1999). *Azerbaycan'da Heyriyyecilik Harekatı*, Elm Neşriyyatı, Bakı.

De Vaal, T. (2008). Qarabağ Ermenistan ve Azerbaycan Sülh ve Savaş Yollarında, İlay, Bakı.

Gromiko, A.-Menteşvili, T. (1988). "Ermenistan SSC ve Azerbaycan SSC Yüksek Sovyetlerinin Dağlık Karabağ Meselesi Baresinde Gerarları Haggında SSRİ Ali Soveti Reyaset Heyetinin Gerarı", *Azerbaycan Gençleri*, (21 İyul 1988)

Hajiyeva, G. (2002). "Humanitarian situation of refugee women and children in Azerbaijan", *Parliamentery Assembly,* 1 February.

Hronologiya osnovnıh sobıtiy tragedii dlinoyu v 2 goda; Hronika NKAO Fevral 1988-Fevral 1990, Baku 1990.

Ismayıl, E. (1995). Ermenistan Türklerinin 1988-ci il Soygırımı, Bakı.

İbayev, V. (2005). "Dağlıq Qarabağ Münaqişəsinə Ermənistanın Törətdiyi Beynəlxalq Hüquq Pozuntuları", *Qarabağ, Suallar və Faktlar,* Qismət Nəşriyyat, Bakı.

İbrahim, F. (2005). "Qarabağ Düyünü", Qarabağ Dünən, Bu Gün və Sabah, 4-cü Ümumrespublika Elmi-Əməli Konfransının Materialları, Qarabağ Azadlıq Təşkilatı, Bakı.

İlham E. (2002). "Geribedir ki, Halgımıza Garşı Bötün Bu Beşeri Cinayetleri Töretmiş Ermenistan Nümayendeleri Avropa Şurasında Bizimle Oturublar", *Avrasya Stratejik Araştırmalar Merkezi (ASAM)* 1 Temmuz 2002.

Kaçgınların ve Mecburî Köçkünlerin Vaziyetine Hasr Olunmuş İnkişaf Problemleri ve Strateji İstikametler Mövzusunda Keçirilmiş Beynelhalk Konferansının İşi Hakkında Hesabat, Bakı 2000.

Nağı, A. (2002). "En Böyük Gaygı Onların Doğma Torpaglara Geri Gaytarılmasıdır", *www.yenimusavat.com,* 15 May 2002.

Pompeev, Y. (1996). *Qarabağ Qan İçində,* Azərbaycan Ensiklopediyası Nəşriyyat Poligrafiya Birliyi, Bakı.

Sarıahmetoğlu, N. (1995). "Hocalı'nın Anısına...", *Azerbaycan,* Mart-Nisan,s. 24-25.

Sarıahmetoğlu, N. (2002). "Bağımsızlığının 10. Yılında Hocalı Olaylarının Değerlendirilmesi", *Bağımsızlıklarının 10. Yılında Türk Cumhuriyetleri,* (SOTA, Haarlem,

Sarıahmetoğlu, N. (2003). "Karabağ Savaşının Çocuk Yüzleri", *Savaş Çocukları Öksüzler ve Yetimler,* İstanbul, s. 259-268.

Sarıahmetoğlu, N. (2015). "Göçler ve Sürgünler Coğrafyası: Güney Kafkasya", *Türk Dünyasında Göç ve Sürgün,* Türk Kültürüne Hizmet Vakfı, İstanbul.

Tolz, V. (1988). "The USSR This Week", *Radio Liberty Research Report,* 22 June 1988.

Tolz, V. (1988). "The USSR This Week", *Radio Liberty Research Report,* 22 June 1988

Velizade, İ., Muradov, B. (1996). *Ermenistan Azerbaycanlıların Soygırımı,* Bakı.

Yeşilot, O. (2015). "Azerbaycan'da Kaçkın ve Mecburi Göçkünler (1988 Sonrası)", *Türk Dünyasında Sürgün ve Göç,* Türk Kültürüne Hizmet Vakfı, İstanbul 2015.

Yunusova, L. (1998). "Women and War", *Caucasus: War and Peace,* SOTA, Haarlem

Kazakistan'da Mülteci Çocukların Eğitim Haklarının Uygulanması: Kaynaklar, Sorunlar ve Bazı Çözümler

Kuat Rahimberdin ve Aigerim Serdaliyeva

Giriş

Mültecilerin çağdaş uygarlıklara erişebilmeleri için özelikle eğitim sorunlarına çözüm bulunması gerekiyor. Bu çözüm arayışı ise Kazakistan halkına yakın ve onun anlayabileceği bir durumdadır. Eskiden beri var olan mültecilerin, dalga dalga Kazak bozkırlarını "örtmesi" halkın hafızasında ve ruhunda dramatik olaylarla dolu tarihi bir iz bırakmıştır. Diğer yandan savaşların, açlığın ve yoksulluğun sürekli devam etmesi bu bölgede yaşayan insanları başka bölge ve ülkelere göç etmeye zorlamıştır.

Örneğin; XVIII. yüzyılın ve 20'li yıllarında, yüz binlerce Kazak ailesi ata yurtlarını Jungarlardan kurtarmak için terk etmişlerdi. Halk arasında bu süreç "Aktaban Şubırındı" (Büyük Felaket Zamanı) diye adlandırıldı. (Kozıbayev, 2010: 78)

XIX. yüzyılın ikinci yarısında Kazak bozkırlarına Rusya ve Ukrayna köylüleri yerleşmeye başladı. Bunların yarısı açlık ile yoksulluktan Kazakistan'ın doğusuna yerleşmiştir. Diğer yarısını oluşturan eski Rus mümin kilisenin temsilcileri de Rus İmparatorluğunun misillemesi ve korkusuyla yerleşmiştir. (Nazarbayev, 2012: 137)

XX. yüzyılın trajedi olayları çağında, Kazakistan ezilmiş ve sürgün edilmiş milyonlarca kişiye kucak açmıştır. Bu insanların sadece 243.904 kadarını Almanlar oluşturmaktadır.

Bu olaylardan önce Stalin'in totaliter rejiminin Bolşevik liderleri eliyle yürüttüğü kolektivizasyon ve yerleşik hayata geçiş politikasını uygulamak, şiddet ve baskıcı bir tutum ile olmuştur. Bu politikadan kaçan Kazaklar, Çin ve Moğolistan topraklarına göç etmek zorunda kalmışlardır. Sovyetler Birliği'nin son yılları ve dağılmasının ardından bu topraklarda ardı ardına birçok etnik çatışma yaşanmıştır. Bu etnik çatışmalardan dolayı yine bir mülteci sorunu ortaya çıkmıştır.

Açıkçası bu mülteciler kelimenin tam anlamıyla tüm mülklerini ve varlıklarını bırakarak silahlı çatışma veya AKUT'un sivil çatışma yaşanmadığı bölgelerine göç etmişlerdir.

Kırgızistan'ın, Özbekistan'ın, Tacikistan'ın, Kuzey Kafkasya'nın ve Eski Sovyetler Birliği'nin diğer bölgelerinden on binlerce insan Kazakistan'da savaş ve şiddete karşı sığınma ve korunma alanları bulmuştur.

Yabancılara karşı düşmanlık hissine sahip olmayan ve tarihi-kültürel bir toleransa sahip olan Kazaklar, mültecilerin yaşadığı acı ve ıstırapları çok iyi anlamaktadırlar. Bu yoksulluk özelikle çocuklar için çok ağır ve zor bir süreçtir.

Bu durum çocuğun temel yaşama hakkı, insan onuru, şiddet ve istismardan korunma, eğitim ve çağdaş uygarlığa erişebilme gibi sosyal hakları gözler önüne sermektedir. Mülteci çocukların eğitim alma haklarına dair Birleşmiş Miletler Sözleşmesi son derece önemlidir. Kazakistan Cumhuriyeti'nin imzaladığı ve üye olduğu Uluslararası Sözleşmenin 28. maddesine göre *"...Tüm çocuklara eğitim ve mesleki eğitime erişimi için bilgilendirilmesini sağlamak, okullarda düzenli biçimde devamlılığını sağlamak ve okulu terk etme oranının düşürülmesi için önlemleri almak...*" Dolaysıyla mülteci çocuklar ve onların ebeveynleri, eğitim sürecinin uygulanması hakkındaki bilgilere, eğitim alanındaki kamu kuruluşları aracığıyla erişmeleri gerekmektedir. (Kaynak: http://www.un.org/ru/documents/decl_conv/declarations/declhr.shtml) (Erişim tarihi: 28.03.2017)

Mülteci çocukların gelmiş olduğu ülkelerdeki (Suriye, Afganistan ve diğerleri) kültürel gelenekleriyle eğitim aldıkları ortamdan tamamen farklı olarak yeni bir eğitim sürecineentegre olabilmeleri için, Birleşmiş Miletler Çocuk Haklarına İlişkin antlaşmasının 1. maddesinin 29. fıkrasında yer alan önerilere dikkat etmemiz gerekmektedir "...*çocuklara verilen eğitim onların gelişimlerini azami ölçüde sağlayacak düzeyde olmalıdır. Eğitim, çocukların ve onların anne babalarına karşı hoşgörüsünü, kendi kültürüne, diline, değerlerine ve farklı kültürlere saygısını arttıracağı, ayrımcılıktan uzak ve doğaya saygısını arttıracak biçimde düzenlenir. Etnik, ulusal ve dini gruplar ile yerel kişilere karşı anlayışlı, barışçıl, hoşgörülü, cinsler arasında eşitlik ve dostluk ruhu içinde topluma özgür bireyin yetiştirilmesi sağlanır*; Çocuğun kendi kültürü, bulunduğu ülkedekinden farklıysa gelişim ve eğitim hakkının her aşamasında buna gereken özen gösterilir...*"

Böylece Kazakistan Cumhuriyeti'nde eğitim alan mülteci çocukların, Kazakistan'da yaşayan halkın kültürü ile geleneklerine karşı saygılı ve hoşgörülü davranmasıyla birlikte kendi kültürel kimliklerini de korumaları ve kaybetmemeleri için uyumlu bir ortam sağlanmaktadır.

Böyle bir ortamın sağlanması özellikle zorunlu göç yaşayan ailelerin, manevi gelişiminin yükseltilmesinin yanında yerleşecekleri mevkilerde bulunan halkla entegre olmasını sağlayarak, onlara karşı yabancı düşmanlığı hissini ve ülkedeki etnik çatışmaların artması riskini de düşürmektedir.

Aynı zamanda Birleşmiş Miletlerin Çocuk Haklarına dair Sözleşmesinin 31. maddesine uyarınca eğitim süresinde Kazakistan Cumhuriyeti'nin bütün eğitim kurumlarının programında düzenlenen "...*kültürel ve sanatsal*" yetkinliklere katılmaları sağlanmaktadır. Ayrıca Mülteciler hakkında düzenlenmiş olan Uluslararası Sözleşmeye dair mülteci çocukların "ilköğretim" eğitimi alma hakları da ülkede yaşayan vatandaşlar ile aynı hukuki statüde olmasına dikkat çekilmektedir.

Devlet okullarının muhtelif alanlarında, mültecilerin eğitim alma imkânları hususunda diğer yabancı çocuklara nazaran daha fazla kolaylık sağlanmalıdır (22. Madde sözleşme). Böylece mülteci çocukların eğitim hakları tamamıyla Kazakistan vatandaşlarının öğrencileri ile aynı hukuki statüye uygun bir şekilde gerçekleştirilmesi gerekmektedir. Kazakistan Cumhuriyeti'nde eğitim gören yabancı uyruklu öğrencilerin yanında mülteci çocukların diğer eğitimin türlerinden faydalanabilmeleri için fırsat tanınmasıyla beraber çeşitli burs ve kolaylık sağlayacak araçların kullanılması gerekmektedir.

15 Aralık 1998'de Kazakistan Cumhuriyeti resmi (Kaynak: http://adilet. zan.kz/rus/docs/Z980000317) (Erişim tarihi: 25.03.2017) olarak mültecilerin yasal statüsününü belirleyen "Uluslararası 1951 Mülteciler Statüsü Sözleşmesi" (Kaynak: http://www.un.org/ru/documents/decl_conv/conventions/ refugees.shtml) (Erişim tarihi: 24.03.2017) ve "1967 Protokolüne" (Kaynak: http://www.un.org/ru/

Süleymanov, Sönmez, Ünver, Akbaba (der.)

documents/decl_conv/conventions/refugees_prot.shtml) (Erişim tarihi: 24.03.2017) katılarak uluslararası platformda bir takım tahhütlere imza atmış bulundu.

Bu tahahhütler arasında mültecilerin sınırdışı edilmemesi, sürece erişirebilirlik, bilgi paylaşımı, üst mahkemeye başvurabilmeleri gibi bir takım hakları hukuki olarak kanunla düzenlendi. Bu antlaşmaya imza atmasıyla birlikte Kazakistan'ın resmi kurumları ile Birleşik Milletler Mülteci Komisyonu arasındaki ilişkilerinde gelişmesine olumlu katkı sağlamış oldu. Kazakistan, 4 Aralık 2009 tarihinde, Uluslararası 1951 Mülteciler Statüsü'nü belirleyen protokolü imzalayarak Kazakistan Cumhuriyeti kendisinin üstlenmiş olduğu yükümlülüklerini göz önünde bulundurararak Mülteciler Hakkında Kanunu (Kaynak:http://adilet.zan.kz/rus/docs/ Z090000216) (Erişim tarihi: 24.03.2017) 4 Aralık 2009 yılında kabul etti. Kanunun başlıca maddeleri Kazakistan vatandaşı olmayan yabancılara mülteci satüsünün verilmesine ilişkin hususları düzenlemektedir. Kazakistan Cumhuriyeti'nde *"mülteci statüsünü ırkı, dini, belli bir toplumsal gruba mensubiyeti veya siyasi düşünceleri yüzünden zulme uğrayacağından haklı sebeplerle korktuğu için vatandaşı olduğu ülkenin dışında bulunan ve bu ülkenin korumasından yararlanamayan ya da söz konusu korku nedeniyle yararlanmak istemeyen her şahıs..."* olarak tanımlamıştır (Kazakistan Cumhuriyeti'nin Mültecilere İlişkin Kanunu 1.madde 1. fıkra).

Kazakistan'da mülteci sorunları ile ilgilenen yetkili makamlar kendi faaliyetlerini Birleşmiş Milletlerin Uluslararası 1951 Mülteciler Statüsüne Dair Anlaşması ve 1967 Protokolüne, Kazakistan Cumhuriyeti'nin Mültecilere İlişkin Kanunu ile diğer normatif hukuki düzenlemelere dayanarak gerçekleştirmektedir. Kazakistan Cumhuriyeti, Mülteciler Hakkında Kanunu resmi olarak 1 Ocak 2010 yılındakabul etmiştir. Düzenlenen bu kanuna göre kişilerin Kazakistan Cumhuriyeti'nin sınırlarında, sınır kapılarında ya da Kazakistan Cumhuriyeti'nin içinde mülteci, koruma veya sığınma talebinde bulunan herhangi bir kişinin temel hak ve hürriyetleri ile geçiçi koruma durumu düzenlenmiştir. Suriye ve Ukrayna'da yer alan son olaylar çok sayıda insanın göç etmesine neden olmuştu. Yaşanan bu olaylar Kazakistan yönetimini ülkenin batısında bulunan Mangıstau eyaletinde iki mülteci kampı oluşturmasına sevk etmiştir. Mülteci kampların yapılmasına devlet bütçesinden üç milyon dolar ayrılmıştır. 1 Ocak 2016 tarihinde Kazakistan'da 692 mülteci yani 247 aile kayıt altına alınmıştı. Bunlardan 353'ü Tacikistanlı, 145'i Peştun, 90'ıHazar, 65'i Özbek ve geriye kalan 39 kişi diğer etnik unusurlardan oluşmaktaydı. Mültecilerin eğitim durumuna gelecek olursak, 93'ü okul öncesi eğitim, 6'sı İlköğretim, 217'siortaokul ve 23 mülteci lise eğitimi alırken, 194 ortaokul mezunu ve 71 Lisans mezunu bulumaktaıdr. Bunun yanı sıra 28 tamamlanmamış lisans ve toplam mültecilerden eğitim almayan 44 kişi mevcuttur.Yaşlarına göre bunlardan 425'içalışma çağında, 16'sı emekli, 3'ü engelli ve kalan 248'i çocuktur. Toplam mültecilerden 648'i Afganistan vatandaşı olup bunların çoğu Kazakistan'da 10 yıldan fazla bir zamandır ikamet etmektedirler. 14 mülteci Özbekistan, 14 mülteci Suriye ve 5 mülteci de Çin vatandaşıdır. Cinsiyet olarak 297'si erkek geriye kalan 395'i ise kadındır. Bu mültecilerin 526'sı Almatı şehrinde, 133'ü güney Kazakistan Bölgesinde ve 33'ü Almatı'ya yakın ilçelerde ikamet etmektedirler (Kazakistan İçişleri Bakanlığı, 2016: 15). 15 Ocak 2016 tarihinde İç İşleri Bakanlığı tarafından hazırlanan rapora göre Almatı şehrinde, Güney Kazakistan bölgesi ve şehre yakın, ilçelerde 248 mülteci çocuk ikamet etmektedir. Bunlardan 26'sı okul öncesi eğitim alıp 172'si ortaokul öğrencisidir. Afganistan'dan gelen çocuk sayısı 120, Suriye'den gelen çocuk sayısı 5,

İran'dan gelen çocuk sayısı 5, Kırgızistan'dangelen çocuk sayısı 1, Pakistan'dan gelen çocuk sayısı 1, Çin'den gelen çocuk sayısı 2 ve son olarak Özbekistan'dan gelen çocuk sayısı 14'tür.Geriye kalan 100 coçuk ise Kazakistan Cumhuriyeti sınırları içerisinde doğmuştur (Kazakistan İçişleri Bakanlığı, 2016: 25). Birleşmiş Milletler Çoçuk Hakları hakkındaki Sözleşmesinin 2. maddesini Kazakistan Cumhuriyeti kendi Anayasal kanununda düzenlemiştir ve bu maddeye göre her bir çoçuğun eğitim almalarınınn eşit bir şekilde sağlanmasını öngörülmuştür. Bununla birlikte Kazakistan Cumhuriyeti'nin Anasayasının 12. maddesine göre yabancılar ve vatandaşlığı olmayan kişiler Kazakistan'da anayasa, kanun, tüzük ve uluslararası antlaşmalar aksini belirtmediği takdirdemülteciler ile vatandaşlar aynı haklara sahip olur ve aynı yükümlülükleri taşırlar. Çocuk haklarına dair kanunun 47. maddesine göre mülteci veya geçici süreyle koruma talebinde bulunan, çocukların İlköğretim ve ortaokule ğitim-öğretiminden ücretsiz faydalanma hakkı tanınmıştır (Kaynak: http:/adilet.zan.kz/rus/docs/Z020000345) (Erişim tarihi: 16.03.2017). Sağlık ve tıbbi hizmet erişimine ilişkin olarak tıbbi tedaviye ücretsiz erişim, kamp içinde ve dışında tüm mülteciler için kolaylaştırılmaktadır. Kanunun 10. maddesinde yabancıların Kazakistan Cumhuriyeti'nin vatandaşlarıyla aynı şekilde okul öncesi eğitim, ilköğretim ve ortaokul eğitimini almaları garanti altına alınmıştır. Burada belirtmemiz gereken, tüm yabancılar ve vatandaşlığı olmayan çocuklar kendi ana dillerini, üst düzeyde öğrenebilmeleri için imkanlar sağlanmaktadır. Bununla birlikte ilköğretim ve ortaokulda çevreyle iletişimi kolaylaştırmak amacıyla ek olarak Kazak ve Rus dilleri öğretilmektedir. Mülteci çocuklara eğitim, resim, müzik gibi seçmeli ek ders tercih hakkı sunulmaktadır. Bu dersleri mülteci çocukların çoğunluğu seçmektedirler. Telefon aracılığıyla yapılan anket çalışmalarında genelde mülteci çocukların aileleri devlet okullarından yararlanabileceklerini dile getirmişlerdir. 28 Eylül 2010 tarihinde Kazakistan Eğitim Bakanlığı geçici süre ikamet eden yabancı uyruklu çocukların eğitim almalarının uygulanmasına ilişkin kurallarını kabul etmiştir (Kaynak: http://adilet.zan.kz/rus/docs/V100000657z0) (Erişim tarihi: 16.03.2017). Kanımızca bu kuralların Birleşmiş Milletler'in yabancılara ilişkin kanununda yer aldığını düşünüyoruz. Kazakistan Cumhuriyeti'nin Çocuk Haklarına ilişkin kanununda uluslararası sözleşmelere dayanarak "Her çocuk eğitim alma hakkına sahiptir ve kanuni olarak garanti altına alınmıştır. İlk ve orta eğitimleri ücretsiz verilmektedir. Bunun dışında mesleki ve teknik eğitimleri ücretli veya ulusal sınav ve burs kazanma koşuluyla gerçekleşmektedir (08.08.2002 Kazakistan Cumhuriyeti Çocuk Haklarına İlişkin Kanunun 1. Madde, 15. Fıkra)" Dikkat etmemiz gereken bir diğer husus da, Kazakistan Devleti çocukların eğitim süreci boyuncaonların "... fiziksel, zihinsel, ruhsal, ahlaki gelişimi ile vatanseverlik, vatandaşlık ve barış içinde yaşamalarını planlayarak, gerçek bir açısı kazanabilme, halkın gelenek ve göreneklerini kavrayabilme, ulusal kültür ve dünya medeniyetini öğrenip-öğretme ve bu kıstasları kendisine ölçüt olarak belirlemesi amaçlamaktadır." Bununla birlikte belirttiğimiz çocuk haklarına dair kanunun içeriğinde devletin minimum standartları belirtilmektedir (Kanun, 6. madde, 2. Fıkra). Bu bilgiler devletin her bir bölgesindeki eğitim kurumunun devletin standartlarına ilişkin olan kriterlere dikkat etmelerini sağlamaktadır. Adı geçen kanunun 2. Madde, 2. Fıkrasına göre kamu işçileri ve diğer vatandaşlar tarafından çocukların haklarının ihlal edilmesi halinde ceza kanuna dayanarak cezai yaptırım veya diğer yaptırım usullerine uygun olarak hareket edilecektir. Ayrıca kanunda eğitim hakkı engellenen çocukların eğitimine engel olanlara yönelik yapılması gerekenlerde düzenlenmiştir. Öyle düşünüyoruz ki; herhangi bir çocuğun eğitimine engel olan herhangi birinin cezai sorumluluğa bağlanması gerekmektedir. Yukarıda belirttiğimiz üzere uluslararası sözleşmeler ile Kazakistan Cumhuriyeti'ndeki mülteci çocukların eğitim haklarının hukuki boyutunun en önemli maddeleri şunlardır;

- Kazakistan vatandaşları ile eğitim haklarına eşit şekilde erişebilmeleri;

- Eğitim hizmeti sürecinde ayrımcılık yapılmasından korunması;

- Eğitim sürecinde devletin sosyal standartlarına ulaşma hakkı;

- Eğitim alma hususunda bilgi edinme hakkı;

- Eğitim sürecinde yaratıcı ve kültürel faaliyetlere katılma hakkı;

- Lisans ve lisansüstü eğitimine hak kazanma için ulusal üniversite sınavına başvuru yapma hakkı;

- Dernek, kulüp, cemiyet ve ek derslere katılma hakkı;

- Belli bir eğitim seviyesini tamamladığına dair resmi belge alma hakkı;

- Kendi dili, dini örfü ve geleneğini bilme ve etnik kimliğini koruma hakkı;

- Kazakistan Cumhuriyeti'nin sosyo-kültürel ve eğitim alanına entegre olma hakkı;

- Eğitim alma haklarını savunma ve dile getirmeleri için Kazakistan Cumhuriyeti'nin mahkemelerine başvuru hakkı;

- Mülteci çocukların eğitim almalarına katkıda bulunacak herhangi hukuki ve sosyal yardımdan faydalanabilme hakları;

Mülteci çocukların göç ettiği ülkede eğitim alabilmeleri için İçişleri makamı Göç İdarelerine belirtilen zamanında kayıt yapması gerekmektedir. Hukuki mülteci veya sığınmacı statüsünü almadıkları takdirde mülteci çocukların eğitim kurumlarına başvuru yapma koşulları engellenmektedir. Bunun yanında dil, sosyal ortama adapte olamama, kamu görevlilerinin dikkatli davranmaması, geldiği süre, geldiği yerde çatışma ortamına düşmesi, mülteci ailelerin çocuklarının eğitim almalarını umursamamaları gibi nedenlerden dolayıeğitime başvuru yapma prosedürü ertelenebilir. Bunun yanında ulusal sınavları, dil ve eğitim sisteminin farklılığından dolayı geçememeleri de aşikardır. Bu sınavlar mülteci çocukların eğitimin düzeylerini yükseltme ve meslek sahibi olma hakkını yitirmesine neden olmaktadır. Bu faktörleri Eğitim Bakanlığı mülteci çocukların eğitimlerine ilişkin yaptığı düzenlemelerde dikkate alması gerekmektedir. Bununla birlikte eğitim alabilme şartlarını yasa ve kanun üzerinde düzeltmeleri faydalı olacaktır. Kazakistan Cumhuriyeti'nin hukuki yapısında bu şartlar düzenlenmemektedir.

Mültecilerin maddi durumlarının çoğunlukla elverişsiz olmasından dolayı özel üniversitelerde ücretli lisans ve yüksek lisans yapmaları mümkün değildir.

Sonuç olarak; Kazakistan Cumhuriyeti'nde mülteci çocukların eğitim hakları, uluslararası antlaşmalara uygun olarak yapılmaktadır. Kazakistan'da yapılan sosyal çalışmaların sonucuna göre mülteciler ek ders ve eğitim almaya eğilimleri vardır. Genelde dans, müzik, vb. dersler çocukların daha düzenli bir şekilde büyümesini sağlamaktadır. Bütün mülteciler bu ek dersleri alabilme imkânına sahip değildir.

Çünkü bu belirtilen ders ve benzerleri ücretlidir. Yapılan anket çalışmaları gösteriyor ki; mültecilerin bir kısmı, çocuklarının devlet okullarında eğitim almalarına istememektedir. Genelde kız çocuklarını evde tutmaktadırlar. Bunun sebebi ise örf, adet ve gelenekleridir. Bazı aileler erkek ve kız çocukların ayrı yerde eğitim almalarını istememektedirler.

Bununla birlikte öğrencilerin okul elbiseleri ve okul malzemeleri gibi asli ihtiyacları tam olarak karşılanmamaktadır. Mülteci çocukların lisans ve yüksek lisans eğitimini almaları Kazakistan vatandaşlarıyla birlikte üniversite sınavına girmeleri ve burslu okuma hakları bulunmaktadır fakat Kazakça ve Rusça'yı yeterli seviyede bilmedikleri için ekseriyetle sınavı geçememektedirler. Mülteci çocukların ücretli özel üniversitelerde ders almaları mümkün değildir. Kazakistan Cumhuriyeti'nde dersler Kazak, Rus ve İngiliz dilinde işlenmektedir. Böylece Kazakistan Cumhuriyeti'nde eğitime erişebilme hakları uluslararası şartlara uygun bir biçimde düzenlenmektedir. Bununla birlikte mülteci ailelerin rüşvet ve yolsuzluk gibi sorunlarla karşılaşabileceklerinin altını çizmemiz gerekmektedir. Kazakistan'da rüşvet alma oranı eğitim dahil birçok yerde oldukça yüksektir. Ne yazık ki rüşvet olayı, kapalı, örtülü ve gizli bir şekilde gerçekleşmektedir. Özelikle bu yükseköğretim kurumlarının okula başvuru sırasında eğitim kurumu yöneticileri tarafından açık ve baskıcı bir şekilde ortaya kendini göstermektedir. Tabii mülteciler Kazakistan Cumhuriyeti'nin hukuki düzenine ait yeteri kadar bilgi sahibi olmadıklarından dolayı kendi haklarını savunmada zorluk çekerek mağdur duruma düşmektedirler. Bu tamamıyla mülteci çocuklarının haklarının bozulmasına neden olmaktadır. Öyle düşünülüyor ki Kazakistan hükümeti mülteci çocukların eğitim bağlamında haklarının korunması için karşılaşabilecek yolsuzluk risklerini önlemek amacıyla gereken faaliyetlere odaklanacaktır. Tabii yukarıda bellirtiklerimizin sonucu olarak mülteci çocukların eğitim alabilme haklarının yasayla düzenlenmesine rağmen uygulamada gerçekten eğitime erişebilme konusunda daha uygun bir düzenleme getirilmesi günümüzde önemli bir konudur. Hukuki açıdan yasa ve normatif mekanizmasnın oluşturmasına rağmen bu hakları yerine getirecek, mültecilerin eğitim alabilme haklarını savunabilecek bütün bir algoritmanın oluşturulması gerekmektedir. Bu algoritmada çocuk hizmetlerinin rolünü kurumsallaştırmak tavsiye edilebilir. Bu bağlamda çocuk haklarının korunması enstitüsü için (komite) çok önemlidir. Bu kurum Kazakistan Cumhurbaşkanı'nın 10 Şubat 2016 tarihinde 'Kazakistan Cumhuriyeti'nde Çocuk Haklarının Korunmasına İlişkin Yetkili Ensitünün kurulması kararına ilişkin kabul edilmiştir. Çocuk haklarının korunması kurumunun sadece 7-1 ve 7-2 maddelerinden teşekkül eden iki maddeyi düzenlemesi ilgi çekicidir. Maalesef çocuk haklarını koruma kuruluşunun ne gibi yetki ile göreve sahip olduklarıda belirtilmemektedir. Kazakistan Cumhuriyeti'nin uluslararası standartların uygulamasına göre uygulama yapmak istedigi çabasını dikkate alırsak bu durum Kazakistan'da bir hukuki boşluk olduğuna işaret eder. Bu kuruluşların gerçekten toplum içinde gerekli bir görevi yerine getirdiklerini söylemek oldukça zordur. Bu kuruluşlar devlet katında çocuk haklarını koruyucu bir simgeye sahip olan yetkili makamlara dönüştürülmesi gerekmektedir (Kaynak: http://adilet.zan.kz/rus/docs/U1600000192) (Erişim tarihi: 10.03.2017). Diğer bir ifadeyle, açıkçası bu kuruluşlar birer devlet kuruluşu haline getirilmelidir. Bu kuruluşların gereken yere getirilmemesi durumunda Kazakistan Cumhuriyeti'nde çocuk haklarının korunması söz konusu uluslararası standartlara uygun bir hale gelmeyecektir. Kuruluşların fonksiyonlarını, ilkelerini, hedeflerini, yetki ve görevlerini sivil ve uluslararası kuruluşlar birlikte işleyişini ile ilişkisini belirleyici hale getirmesi gerekmektedir. Yetkili kurumlara çocukların eğitim alma haklarına dair haklarının ihlal edilmesi halinde soruşturma ve araştırma yetkisi verilmesi gerekmektedir. İnanıyoruz ki Kazakistan Cumhurbaşkanı'nın yaptığı açıklamada anayasa değişikliği beraberinde yasama ile hükümetin görev ve yetkisini genişleterek bu konuyla ilgili gereken kanun ve yasaları da düzenleyecek ve koruma altına alacaktır.

Kaynakça

Kazakistan Cumhuriyeti (2017). 1995 Kazakistan Cumhuriyeti Anayasası. (http://www.constitution.kz/razdel1/) (Erişim tarihi: 30.03.2017)

Kazakistan Cumhuriyeti Adalet Bakanlığı (1998). Kazakistan Cumhuriyeti'nin 15 Aralık 1998 tarihi itibaren Uluslararası Mülteciler statüsü hakkında Protokolü (http://adilet.zan.kz/rus/docs/Z980000317) (Erişim tarihi: 25.03.2017)

Kazakistan Cumhuriyeti Adalet Bakanlığı (1998). Kazakistan'ın Uluslararası Mülteciler Protokolüne Taraf Olmasına Dair 317-I Sayılı Kanun (http://adilet.zan.kz/rus/docs/Z090000216) (Erişim tarihi: 24.03.2017)

Kazakistan Cumhuriyeti Adalet Bakanlığı (2002). Çocuk Haklarına İlişkin 8 Ağustos 2002 tarihli ve 345 sayılı Kanun. (http://online.zakon.kz/Document/?doc_id=1032460) (Erişim tarihi: 29.03.2017)

Kazakistan Cumhuriyeti Adalet Bakanlığı (2002). No 216 IV sayılı Kazakistan Cumhuriyeti'nin Mültecilere İlişkin Kanun.

Kazakistan Cumhuriyeti İçişleri Bakanlığı (2016). Birleşik Milletler için hazırlanan Orta Asya 2016 Raporu. (http:/adilet.zan.kz/rus/docs/Z020000345) (Erişim tarihi: 16.03.2017)

Kazakistan Cumhuriyeti İçişleri Bakanlığı (2016). Kazakistan Cumhuriyeti İç İşleri Bakanlığı tarafından hazırlanan mülteciler raporu. (http://adilet.zan.kz/rus/docs/V100000657z0) (Erişim tarihi:16.03.2017)

Kazakistan Cumhuriyeti Milli Eğitim Bakanlığı (2010). Kazakistan Cumhuriyeti'nde Yabancı, Mülteci veya Vatandaşlığı Olmayan kişilerin okul öncesi, ilkokul, ortaokul, lise ve lisans eğitimini almasına dair 28 Eylül 2010 tarihinde 468 sayılı Milli Eğitim Bakanlığı Kararnamesi. (https://tengrinews.kz/zakon/pravitelstvo_respubliki_kazahstan_premer _ministr_rk/obpazovanie/id-V1000006573/) (29.03.2017)

Kozibayev, Manaş (2010). "Kazakistan Tarihi", Almatı: Atamura Yayınları

Nazarbayev, Nursultan (2012). "Tarihin Akışında" Ankara: Kazakistan Cumhuriyeti Ankara Büyükelçiliği.

BM, İnsan Hakları Evrensel Beyannamesi (1948). (http://www.un.org/ru/documents/ decl_conv/declarations/declhr.shtml) (28.03.2017).

BM (1951) 429 sayılı Mülteciler Statüsüne İlişkin 28.07.1951 Birleşmiş Milletler Antlaşması (http://www.un.org/ru/documents/decl_conv/conventions/refugees.shtml) (Erişim tarihi: 24.03.2017)

BM (1967). 31.01.1967 Uluslararası Mülteciler Protokolü (http://www.un.org/ru/documents/decl_conv/conventions/refugees_prot.shtml) (Erişim tarihi: 24.03.2017).

Suriyeli Çocuk Sığınmacıların Türkiye'deki Sosyalleşme ve Entegrasyon Sorunları

İsmail Doğan[*]

Giriş

> *"Sorgun'da dedemlerin eski evinde amcamlar Suriyelileri oturttular. Bahçede de dedemin 60-70 yıllık ceviz ağacı var. Kardeşim (9 yaşında) bir gün ceviz almaya gidince Suriyeliler bu bizim ağacımız deyip vermemişler. O kadar benimsemişler ki, artık ev verildi, başımızı sokacak bir yer bulduk diye şükredeceklerine her şeyi sahiplenip, sorun çıkartmaya başladılar. Zaten bir gün, bir sabah baktık ki evi terk edip gitmişler, hiçbir şey söylemeden..."*
>
> Beyza Nur Kaya[**]

Türkiye, Ortadoğu'da Suriye merkezli siyasal ve toplumsal sorunlardan etkilenen ülkelerin başında yer alır. Bu durum coğrafyanın siyaseten bugünü ve geleceğine ilişkin ciddi dalgalanmalar oluştururken toplumsal olarak da önemli sonuçlara sahiptir. Savaştan ve iç karışıklıklardan daha güvenli bölge ve ülkelere doğru gerçekleştirilen insan hareketliliği Türkiye'ye yapılan göç ve sığınma taleplerinin abartılı bir şekilde artmasına neden olmuştur.

2011 Yılında başlayan göçlerle Türkiye'de 2012'de 14.237 olan sığınmacı sayısı Nisan 2016 itibariyle 2 749 410 olmuştur. Bu nüfusun ancak 269 bin 858'i 10 ilde kurulan – toplam 26- geçici barınma merkezlerinde; bunların dışındaki 2 milyon 479 bin 552 kişilik büyük kesim ise geçici koruma kapsamında Türkiye'nin hemen hemen tüm bölge ve şehirlerine (81 il) dağılmış durumdadır. Devasa sosyolojik sorunları beraberinde getiren bu yapay nüfus hareketliliğinin ne zaman biteceğine dair bir emmâre de bulunmamaktadır.

Esasen Türkiye'ye gerçekleştirilen bu hareketliliğe konu olan Suriyeliler uluslararası hukukun norm ve tanımlamaları açısından mülteci statü ve kimliğine sahip değildirler. Geçici koruma statüsünde Türkiye'nin insani yardımlarına mazhar olan bir kitle konumundadırlar.

Geçici koruma altındaki Suriyelilerin yasal ve toplumsal konumlarıyla ilgili olarak ortaya çıkan ihtiyaç ve sorunlarının bürokrasideki muhatap kuruluşu İçişleri Bakanlığı'na bağlı olan Başbakanlık Göç İdaresi Genel Müdürlüğüdür. Genel Müdürlüğü'nün konuya yüklediği anlam ve icraatı resmi web sitesinde *Geçici Korumamız Altındaki Suriyeliler* başlığı altında şöyle özetlenir:

Suriye'deki iç karışıklıkların kendi sınırları olması nedeniyle bu hareketlilik Türkiye için özel bir öneme sahiptir. Komşu ülke ve halklarının güçlü tarihi, kültürel ve komşuluk ilişkileri nedeniyle "açık kapı politikası" izlenmiştir.

Bu amaçla;

[*] Ankara Üniversitesi, Eğitim Bilimleri Fakültesi, Eğitimin Sosyal ve Tarihi Temelleri Anabilim Dalı Başkanı; E-posta: idogan0616@hotmail.com
[**] Ankara Üniversitesi Sağlık Bilimleri Fakültesi Çocuk Gelişimi Bölümü Öğrencisi.

Geçici koruma ve barınma merkezleri açılmıştır. Bu merkezlerle birlikte ülkenin diğer bölge ve şehirlerinde yerleşmiş olan tüm Suriyelilere sağlık, eğitim ve gıda yardımı sağlanmaktadır.

Kamplarda, okul öncesi de dâhil olmak üzere, okul çağındaki tüm çocuklar için eğitim hizmetleri mevcuttur ve Türk vatandaşlarına verilen standartta sağlık hizmetleri verilmektedir.

Geçici koruma kapsamındaki Suriyeli yabancılar için yetişkin eğitim merkezleri de mevcut olup bir mesleği olmayanlara, yeterli beceri kazandırılarak meslek sahibi olmalarına yardımcı olunmaktadır.

Geçici barınma merkezlerinin kurulumu ve işletilmesi için yazılı standartlar kılavuzları oluşturmuş ve böylece tüm barınma merkezlerindeki koşulların benzer olması sağlanmıştır. Bu standartlar aynı zamanda gelecekte meydana gelebilecek muhtemel afetler sonrasında ihtiyaç duyulan afet barınma merkezlerinde de kullanılacak standartlar olarak oluşturulmuştur.

Kamuoyuyla paylaşılan bu icraatın benzer gelişmelerle birlikte kriz sonrası ortaya çıkabilecek muhtemel gelişmeleri dikkate alan uzun erimli bir tecrübeye dönüştürüldüğüne de ayrıca vurgu yapılmaktadır.

Türkiye'nin bu bağlamdaki eylem ve yaklaşımlarını -söz konusu hareketlilikten etkilenen-başta komşu ülkeler olmak üzere Avrupa ülkeleriyle karşılaştırıldığında etkin ve işlevsel olduğu gerçeği son derece açıktır. Türkiye yeterince cömert ve insani bir tavır ve icraata sahiptir. Ancak olayın bir de sosyolojik boyutu vardır ve her ne kadar benzer kültürler arasındaki bir hareketlilikmiş gibi görünse de bu boyut en az öncekiler kadar önemli bir konu olarak ortaya çıkmaktadır.

Bu itibarla geçici korumaya konu olan Suriyelilerin siyasal ve hukuki düzlemde gelişen statü sorunlarıyla birlikte sığındıkları ülkenin yaşamına adapte olma gibi en az bunlar kadar önemli bir sorunları bulunmaktadır. Esasen yaşama tutunma sadece kendilerini ilgilendiren bir süreç olmayıp ülkenin yerli halkı yani ana kültürel olgu açısından da sosyolojik anlam ve sonuçlara sahiptir.

Suriyeli sığınmacılar örneğinde bu sorunlar şu 3 temel başlık altında toplanabilir;

- Hukuk ve toplumsal statü sorunları

- Barınma, beslenme ve iş sorunları

- Adaptasyon (sosyallaşme), entegrasyon ve eğitim sorunları

Türkiye genelinde yaşayan ve biyometrik verileri alınarak kayıt altına alınan Suriyeli sayısı 2 milyon 749 bin 410 dur.

Sığınmacıların 1 milyon 286 bin 464'ü kadın, 1 milyon 462 bin 946'sı ise erkek nüfustur. Bu nüfusun 1.354.553'ünü yaş aralığı 0-18 olan çocuklar oluşturur. Bu rakam gelen nüfusun %45'ine tekabül eder; bu demektir ki, sığınmacı nüfusunun yarısı çocuktur. Bunlara yaş aralığı 19-29 yaş aralığında ve klasik tanımlamalarda genç nüfus olarak kabul edilen yaklaşık 600 bin (588701) kişilik bir topluluğun eklenmesi halinde çocuk ve genç nüfus toplamı 1 milyon 943 bin 254'e yükselir.

Önemli bir husus da çocuk nüfusun trajik bir doğurganlığa bağlı olarak gösterdiği artıştır. Konu uzmanı bu konuda şu çarpıcı tespiti yapar: "Her yıl 45 bin çocuk kalabalık çadır ve/veya konteyner hayatı içindeki cinsel beraberlik sonucu vatansız doğuyor. Bunlar beş yıldır çadır hayatı içinde kent yaşamını bilmeden yaşamını sürdürüyor. Unutulmasın ki beş yıl içinde 13 yaşında gelen çocuk bugün 18 yaşına ulaştı. Eğitimsiz, kimliksiz, vatansız, kenti bilmeyen, Arap olduğu için ötelenmiş, dil öğrenemeyen, her şeye açık yüzbinlerden söz ediyoruz" (Erdoğan'dan aktaran Sarıkaya 2016: 11/Dizi 2/).

Çoğunluğu vasıfsız olan bu insanların Türk ekonomisine üretken ve kreatif bir katkı yapacakları beklenemeyeceği gibi Türkiye'nin mevcut işgücünün ücret ve yaşam kalitesine de olumsuz etkilerinden bahsetmek mümkündür. Anlatılmak istenen şudur: sığınmacıların büyük bir kısmı modern toplumun gerektirdiği vasıf dokusundan yoksun, verilen tüm işleri yapma zaruretinde olan ihtiyaç sahipleridir. Bu yüzden geçici işlerle birlikte şehirlerde ucuz işgücü olarak çalıştırılmaktadırlar.

Ekonomik açıdan ortaya çıkan bu sorunlar söz konusu hareketliliği, sosyalleşme ve uyum sorunları ile tam bir sosyolojik soruna dönüştürmektedir. Toplumsal uyum, doğru ve sağlıklı bir sosyalleşme süreci ile mümkün olabilir. Bu bakımdan geçici koruma statüsünde ve ana kültürel olgunun misafir olarak kabul ettikleri bu insanlar için sosyalleşme koşullarının kendine özgü güçlükleri bulunmaktadır. Bu koşullar daha önce içselleştirilen kültürün davranış kalıplarına benzerlikler taşıdığı gibi büyük ölçüde farklılıkları da içermektedir. Sorun sığınmacıların bildiklerini sandıklarının onları şaşırtacak derecede farklı kalıplar, davranışlar ve alışkanlıklar olduğunun tecrübe edilmesi gerçeğinde ortaya çıkar. Bu elbette ana kültürel olgunun toplumsal kabulünü de etkileyen bir boyuttur ve her iki taraf için de şaşırtıcı, caydırıcı ve ürkütücü bir tecrübe alanı yaratmaktadır. Durum bir paradoks olarak taraflara birbirlerine izafeten "ne kadar yabancı?!" dedirtecek trajik bir konudur.

Esasen sosyalleşme ve entegrasyon sadece genç kuşağın değil yetişkin sığınmacıların da önemli sorunları arasındadır. Yetişkinlerin, geldikleri kültürün alışkanlıkları üzerinden bakıldığında ise daha ciddi bir sosyal sorunla karşı karşıya olunduğu görülür. Her ne kadar coğrafyanın din ve tarih gibi unsurlarla harmanladığı ortak ve benzer kültürel harmonisinden söz edilse de günlük yaşamın ürettiği alışkanlıklar çatışma vesilesi olabilmektedir. Bu durum ana kültürel olguyu önemli bir taraf olarak öne çıkarmaktadır. Göç alan ülke olarak Türkiye'de halkın olaya bakış açısı ve buna bağlı olarak ortaya koyduğu tutum ve davranışlar bürokratik ve siyasal muhatapların icraatında da dikkate alınması gereken önemli bir boyuttur. Bu çerçevede yerel halkın (Türk vatandaşlarının) Suriyeli sığınmacılar konusuna bakışı şöyle özetlenebilir;

Suriyeliler konusu bir dramdır, insani bir konudur. O nedenle Suriyelilere yardımcı olmak doğru ve gerekli bir tavırdır. Bu tavırda "savaştan, zulümden kaçan insanlara kucak açmalıyız", "biz din kardeşiyiz", "misafirperveriz" gibi sıcak insani ve kültürel eğilimler öne çıkmaktadır.

Sığınmacıların içinde bulundukları durumu anlıyor görünmelerine karşın çoğunluk Suriyelilerin en kısa zamanda ülkelerine dönmeleri; önlem olarak da kamplara yerleştirilmeleri gerektiğini düşünmektedir. Buna bağlı olarak giderek daha fazla sayıda Suriyelinin alınmaması, üstelik geçici koruma amaçlı kampların kent merkezlerinin dışında açılması istenmektedir.

Farklı kültürel ve toplumsal alışkanlıklar olaya bakışı olumsuz etkileyen bir etkendir. Bu çerçevede şu yargılar üretilmektedir: Suriyeliler temizliğe dikkat etmemekte, tembellik yapmakta, sözlerinde durmamakta, çok gürültücü ve kaba insanlardır.

Bazı bölgelerde Suriyeliler bağlantılı suç olaylarındaki artış güvenlik sorununun önemli bir malzemesi olarak düşünülür. Güvenlik kaygısı da zaman geçtikçe olayı hane sahibi-misafir ilişkisi dışında çıkarmakta o nedenle bu konudaki bir başka kötümser yaklaşımın nedeni olarak işlemektedir. Bu durum misafir misafirliğini bilmeli tutumunda kalmayarak "ötekileştirici" bir dile dönüşme eğilimini de beraberinde getirmektedir.

Suriyelilerin Türkiye'de kalıcı olmalarından kaygı duyulmamakta, vatandaşlık verilmesine büyük ölçüde karşı çıkılmaktadır.

Rahatsızlık verici bir diğer husus da beyana dayalı olarak Suriyeli vatandaşların YÖK ve MEB tarafından okullara yerleştirilmesidir. Burada esas itiraz Suriyelilerin sınavsız ve hatta belgesiz olarak öğrenci kayıtlarının yapılmasınadır.

Ve nihayet;

Dilencilik, fuhuş, ucuz işgücü, güvenlik, ticari ve cinsel istismar, kadın ticareti gibi hususlar konunun aktüel ve belirleyici terimleri olarak ortaya çıkar.[*]

Türk halkının Suriyeliler konusunda ortaya koyduğu bu toplumsal tablo son derece önemlidir. Burada ortak bir coğrafya ve inanç birliğine, bazı yörelerde etnik beraberliğe karşın ortaya çıkan kültür farkının son tahlildeki bu mesafeli tutuma yol açtığı görülüyor. Günlük yaşamın, zamanın ve mekânın kullanımında ortaya çıkan farklı algı ve uygulamalar mahalle ve sokakların bu yeni sakinlerini hane sahibi olan ana kültürel olgu ile karşı karşıya getirmektedir. İlginçtir, kültür farkını yaratan yerel, bölgesel ve ulusal alışkanlık ve değerler Suriyelilerin toplumsal kabul ve entegrasyonu ile sağlıklı bir biçimde sosyalleşmelerinin de önünde bir engel olarak ortaya çıkıyor.

Toplumsal kabulü oluşturan sosyo-kültürel yapıdaki bu genel eğilim çocuk ve gençler söz konusu olduğunda olayın yakın ve uzak geleceğinin belirleyen bir faktör olarak öne çıkıyor. Uluslararası ve ulusal hukuki tanımlar çerçevesinde mülteci bile kabul edilmeyen bu kitle misafir oldukları ülkedeki bu iğreti konumları ile birlikte kültür farkının ortaya koyduğu sıkı bir toplumsal defans ve markajla karşı karşıyadır. Bu durum yetişkinler kadar neredeyse sayıları 1 milyona (992 bin 683) ulaşan okul çağındaki çocuklar ile üniversite çağındaki 3 yüz bin (315,441) genç sığınmacıların da toplumsal motivasyonlarının yanı sıra eğitimleri ile duyuşsal ve bilişsel yeti ve yeteneklerini olumsuz yönde etkileyen bir husustur. Nitekim devlet okullarında Suriyeli çocuklarla ilgili yaşanan devamsızlık sorunlarının eğitim ortamlarında, mahalle ve sokakta ortaya çıkan bu toplumsal iklimle ilişkili olmadığını söylemek mümkün değildir.

Eğitim durumları
Suriyeli tüm sığınmacıların eğitim durumu konusunda sağlıklı bir dağılımı içeren genel istatistikler yoktur. Bu konudaki verilere sahip olması gereken Göç İdaresi Genel Müdürlüğü'nün başta 2013 ve 2015 Türkiye Göç Raporları olmak üzere aktüel "net sayfasında" da herhangi bir veriye rastlamak mümkün olmamıştır.

Ancak eğitim çağındaki Suriyeli çocuklara Türkiye'de eğitim hizmetleri sunulmaktadır. Suriyeli çocuklara sunulan eğitim, 1. kamplarda, 2. kampların dışında,

---

[*] Buradaki sıralama M. Murat Erdoğan 2015'den (Türkiye'deki Suriyeliler/Toplumsal Kabul ve Uyum,): 114-122'den özetlenmiştir.

3. Suriyelilerin açtıkları özel okullarda olmak üzere üç kolda yürütülmektedir. Kamp dışında eğitim ise devlet okullarıyla geçici eğitim merkezlerinde gerçekleşmektedir. Kamplarda geçici koruma altında bulunan Suriyeli çocuklara verilen eğitim istatistikleri 2015 Türkiye göç raporunda yer alır. Yalnızca "Geçici Koruma Altına Alınan Suriyeli Yabancılara Sağlanan Eğitim Hizmetleri" başlığı altında verilen istatistiklerde kamplardaki Suriyelilerin bu çerçevedeki dağılımını izlemek mümkündür.

Tablo: 1. Geçici Koruma Altına Alınan Suriyeli Yabancılara Sağlanan Eğitim Hizmetleri

Derslik Sayısı	Okul Öncesi	İlkokul	Ortaokul	Lise	Türk Öğretmen	Arap Öğretmen
1.211	6.157	42.491	20.051	9.300	315	290

Kaynak: 2015 Türkiye Göç Raporu, s. 90

Buna göre Tablo 1'de de görüleceği üzere -31 Aralık 2015 tarihi itibariyle-kamplardaki 1.211 derslikte 6.150 okul öncesi, 42.491 ilkokul, 20.051 ortaokul, 9.300'ü lisede olmak üzere78.707 öğrenci öğrenim görmektedir. Tüm Suriyelilerin eğitim durumları ise kesin olmayan olasılık rakamları etrafında dolaşır. Bazı taramalardan çıkarılan taslaklarda ise bu olasılık şöyle bir tablo ortaya koyar:

Tablo: 2. Türkiye'deki Suriyeli Nüfusun eğitim Durumu

Durum	%
Okuma-yazma bilmeyen	33
Okuma yazma bilip okul bitirmeyen	13
İlkokul ve dengi mezun olan	16.5
Ortaokul ve dengi mezunu olan	6.5
Lise ve üstü mezunu	5.6
Beyanda bulunmayan	26.6

Bu tablonun öne çıkardığı gerçek sığınmacı nüfusun eğitim düzeyinin dramatik bir oranda düşük olduğudur. Bu da kamuoyundaki "kültürlüsünü Avrupa alıyor, kültürsüzü bize kalıyor" şeklindeki yaygın algıyı doğrular niteliktedir.

Okul çağındaki çocuk sayısı 992 bin 683'tür. Üniversite çağındaki genç sayısı ise 315 bin 441'dir. MEB verilerine göre 325.000 Suriyeli çocuğun okula ya da geçici eğitim merkezlerine kaydı bulunmaktadır. Bu rakam 2015-2016 eğitim öğretim yılına göre kayıt oranlarında %50 artış olduğunu göstermektedir, ancak Suriyelilerin sayısındaki artış dikkate alındığında çok fazla çocuğun eğitim sisteminin dışında kalmaktadır. UNICEF Türkiye verilerine göre okul dışında kalan 18 yaş altı çocukların oranı % 73'tür.

Bu sayısal tablo genç Suriyeli sığınmacıların önemli ölçüde eğitim sorunlarının varlığını kanıtlar. *"Yabancılar ve Uluslararası Koruma Kanunu 2013 (YUKK)"* yürürlüğe girmesi eğitim imkânlarına erişim ve yararlanma noktasında da önemli bir aşama olmakla birlikte uygulamanın yol açtığı sorunlar henüz ciddiyetini korumaktadır. Denklik sorunu, dil sorunu, bina ve araç gereç sorunu, öğretmen ve öğretici sorunları, pedagojik sorunlar, sosyalleşme ve adaptasyon sorunları örgün eğitim için göze çarpan ilk sorunlardır. Elbette olgunun kendisi kadar bürokrasinin bu devasa sorunlar karşısında hazır olmamaktan kaynaklanan sınırlıkları da bulunmaktadır.

Uzun göç tarihi ve göçmen hareketliliği deneyimine sahip bir ülke olarak Türkiye maalesef bu konuda da hazırlıksız yakalanmıştır. Türkiye'nin bu konudaki eylem ve söylemlerinde komşu ve sınır ülkeler olmanın getirdiği zorunluklarla birlikte bölgenin ortak tarihi duygusal referans olarak alınmıştır. Diğer göç hareketliliklerinde olduğu gibi icraatın büyük ölçüde siyasal aygıtla gelişen reaksiyoner bir boyutu vardır, bu son olaylarda da böyle işlemektedir. Devlet refleksi toplumsal kabul düzeyinde anlaşılabilir ve paylaşılabilir yaygın etkili bir toplumsal kampanyaya dönüşememiştir. Topluma mal olmayan, devletle sınırlı göç ve sığınmacı politikası konunun insani boyutuna rağmen toplumsal kabul sorununun ciddi bir zemin bulmasına yol açmaktadır.

Elbette bu durum kamu kuruluşları ile bazı sivil toplum kuruluşlarının rol ve işlevlerini, olayın merkezinde üstelendikleri sorumlulukları ve duyarlılıklarını görmezden gelen bir belirleme değildir. Bilakis bu boyutta son derece önemli işler yapılmaktadır. Kızılay'ın, Çocuk Esirgeme Kurumu'nun, UNICEF'in, dini vakıf ve derneklerin sığınmacı ailelere, çocuk ve gençlere gözle görülür destek ve yardımlarından söz etmek mümkündür. Ama bunların günlük ve dönemsel ihtiyaçların giderilmesi anlamında destekler olduğu göz önüne alındığında toplumsal kabulün entegrasyon konusundaki tereddütlerini gidermek için yeterli olmadığını kabul etmek gerekir. Çünkü bu sınırlı ve bir ölçüde birbirinden kopuk katkılar kümülatif bir projenin bağlamını oluşturmazlar. Bu bağlam sivil toplumdur ve Türkiye'de sivil toplum bu örneklerde öne çıkan girişim ve eylemler karşısında sığınmacı konusunun aktif tarafında yer almamaktadır; olay tamamen devletin ve birkaç kamu kuruluşun işi olarak görülmektedir.

Uluslararası Bazı tecrübeler
Şurası açıktır ki yeni dünya gerçeklerinde göç ve iltica küresel sorun olarak ortaya çıkmaktadır. Küresel ısınma bazı coğrafyaları giderek daha hızlı biçimde yaşanılır olmaktan çıkarmakta, buna bağlı olarak gelişen siyasal ve toplumsal sorunlar da ülkelerde iç çatışmalara, bölgesel krizlere yol açmaktadır. O nedenle Dünya genelinde yoksulluk, terör, savaş gibi felaketlerden kaçarak, güvenlik, barış ve yeni bir yaşam arayışında olan insanların yoğun hareketliliğine tanık olunmaktadır. Bu çerçevede yaşadıkları yer ve ülkelerden kaçarak hareketlilik yapanların sayısı daha önce görülmemiş düzeye çıkarak 60 milyona ulaşmıştır. Bu rakamın 38,2 milyonu dâhili mülteciler, yani kendi ülkeleri içinden kaçanlar ikinci grupta ise 19,5 milyon mülteci ile sığınma taleplerinin karara bağlanmasını bekleyen 1,8 milyon mülteci bulunmaktadır (Deutschland 14/2015: 26).

Dolayısıyla göç ve sığınmacı sirkülasyonu pek çok ülkenin ve özellikle Batılı ülkelerin aktüel tecrübe alanları arasında yer almaktadır. Almanya 1,5 milyon mülteci ile Avrupa'nın Türkiye'den sonra en çok mülteci kabul eden ülkesidir. Almanya tecrübesi toplumsal kabul konusunu bu konudaki politikasının ekseni olarak ele almaktadır. Almanya mültecilerin entegrasyonunu devlet, iş piyasası ve sivil toplumun birlikte hareket ettiği ortaklaşa bir süreç olarak düşünmektedir. O nedenle mülteciler Alman toplumunun geleceğinde yer alan yeni Almanlardır. Onların entegrasyon ve uyumu için yapılan her çalışma geleceğe yatırımdır. Berlin'deki Alman Ekonomi

Araştırmaları Enstitüsü başkanı *Marcel Fratzsher* bu konudaki açıklaması söz konusu politikanın temel felsefesine vurgu yapar;

> *"Başarılı bir entegrasyon ilk aşamada bizim bu insanlara bir fırsat tanımak için ne kadar çaba göstereceğimize bağlıdır. Almanya'da kalacak mülteciler için yapılan harcamaları bir yatırım gibi algılamalıyız; tıpkı anaokulu ve okulların, kendi çocuklarımız için yıllar sonra karşılığımı verecek birer yatırım olması gibi"*
> *(Deutschland 4/2015; 47)*

Almanya sınırlarındaki risk dalgasını toplumsal bir fırsata dönüştürmeyi politik hedeflerinin merkezine almış görünmektedir. Almanya için mültecilerin kabulü, bakımı, nihayetinde entegrasyonu Almanya'nın önümüzdeki on yıllardaki siyasi ve ekonomik istikrarını güvence altına alınmasını sağlayacak ve yeniden canlandırma projesine dönüşme potansiyeline sahiptir. Dolayısıyla 1.5 milyon insanın Alman toplumuna entegre edilmesi yalnızca devletin mercileri tarafından alınan önlem ya da idari bir uygulamayla sınırlı kalmaz. Burada olması gereken şey devletin, iş piyasasının ve sivil toplumun birlikte hareket ettiği uzun soluklu bir süreç olarak algılanmaktadır (Münkler 2016: 51).

Aksi halde kendilerine yatırım yapılmayan ve neticede burada kalanlar, onlara kararlı şekilde yetkinlik kazandırmak için çalışılması seçeneğinin getireceği maliyete kıyasla Alman toplumuna çok daha pahalıya mal olacaktır. Almanya'ya sığınan insanlardan yeni Almanlar yaratma projesi, bu zorlu görevin üstesinden gelinmesiyle hem mültecilerin hem de Alman toplumunun kârlı ve kazançlı çıkacağı bir kazan-kazan durumu yaratma gereği içeriyor. Buna karşılık olayı tümüyle reddetme ve nefret anlayışı da tam önlemeye çalıştığı şeyin gerçekleşmesine neden olmaya, insanların ortak görev ve sorumluluklarını yerine getirmekte başarısız kalan bunun sonucu olarak da çözülen bir topluma yal açmaya mahkûmdur. (Münkler: 51)

Entegrasyonun bir başka önemi de toplumsal piramidin altında yer alanlarla orta sınıf arasındaki mesafenin açılmasını önlemedeki etkisiyle açıklanabilir. Bu bakımdan mültecilere entegrasyon konusunda yapılacak yatırım topluma sonradan dahil olanların kalıcı olarak kökenleri, isimleri, ten renkleri, ya da cinsiyetleri yüzünden toplumun en alt kesimine saplanıp kalmasıyla göçün toplumda alt sınıf yaratmaya hizmet eder hale gelmesinin önüne geçmek için de önemlidir. Sosyal sınıf atlama ancak ikinci kuşakta gerçekleşebilse bile bu koşul yerine getirilmiş olur (Münkler:50).

Mülteciler konusundaki Alman tecrübesinin çıkış noktasını Eğitimi Bakanı Johanna Wanka'nın şu sözleri çok iyi özetler: "Ülkemize gelen mültecilerin yarıdan fazlasının 25 yaşın altında olduğunu biliyoruz, bu nedenle pek çoğunun Almanya'da kalma şansı yüksektir" Bu belirleme olaya bakışı ve sürecin nereye evrildiğini görebilme vizyonudur. Bakan'a göre ortaya çıkan bu hedeflerin gerçekleşmesi başarılı bir entegrasyona; entegrasyonun başarısı ise mültecilerin eğitim fırsatlarına erişimi konusunda güçlü bir desteğe ihtiyaç gösterir (2016: 62).

Bu belirlemede olduğu gibi konunun gündeme geldiği tüm söylemlerde Alman tecrübesinde ülkenin toplumsal ve eğitimsel gerçeklerinin büyük ölçüde öne çıkarıldığı görülür. Buna göre mülteciler önemli bir genç nüfusa sahiptir ama bu nüfus mesleksiz ve eğitimsizdir. Buna karşılık Alman gençleri mesleki eğitime pek fazla istek ve eğilim içinde değildir. Almanya bu aşamada sektörün ve mesleklerin ihtiyaç duyduğu yetişmiş insan gücünü bu kitleden sağlayacağını düşünerek mültecileri mesleki eğitime yönlendirmeyi öncelikli bir tercihe dönüştürmüştür. O nedenle eğitim entegrasyon için vazgeçilmez bir yapı taşı olarak ele alan bu politik proje, mesleki eğitimi de projenin başarısında en başa koymaktadır. Federal Alman Hükümeti bu amaçla eğitim alanındaki arz ve talebi daha iyi koordine edebilmek için Şubat 2016'da "Mülteciler için Mesleki Eğitime Erişim" programını hayata geçirmiştir (2016:62).

Alman tecrübesinin mülteciler konusundaki ikinci önemli ayağı ise sivil toplumunun olayı algılama ve içselleştirme konusunda ortaya koyduğu tecrübedir. Gerçekten işin bu yanı hem sivil toplumun devletin bu önemli konudaki sorumluluğuna ortak olma hem de ana kültürel olgunun olaya ilişkin önyargılarını kırma ve süreci toplumsal bir sorumluluğa dönüştürme anlamında dikkate değer bir harekettir. Almanya'da sivil toplum kuruluşlarının güçlü bir örneklem üzerinden mülteci sorununu sahiplendiği görülür.

Sivil toplumun da olaya müdahil olmasının Alman mülteci politikasında hâkim olan görüşün etkisi olduğu muhakkaktır. Almanlar çoğunun genç olması gerçeği üzerinden mültecilerin Almanya'da kalma şanslarını yüksek bulmaktadır. O nedenle de olay sadece siyasal ve bürokratik kuruluşların işi olarak değil tüm ülkenin sorunu olarak görülmektedir. Almanya'nın her yerinde gönüllüler, gelen mültecilere yardımcı oluyorlar (4/2015:30).

Bir örnek olmak üzere sivil toplum kuruluşlarının Almanya'da mülteciler konusunda üstlendikleri ve farklı sektör ve alanlarda çeşitlenen girişim ve eylemleri şöyle özetlenebilir (4/2015:31):

Çalışma: "Hoş geldiniz Rehberleri", Fırıncılar, marangozlar, nalbantlar: Kimi mülteciler mesleki açıdan son derece nitelikli. Peki, şirketler ve mülteciler nasıl buluşabilir? Federal Ekonomi Bakanlığı'nın hayat geçirdiği "Hoş Geldiniz Rehberleri" programı, mültecilerle KOBİLERİ bir araya getiriyor.

- **Bir Banka**/ Yatırım Bankası (KfW), "Yeni Gelenler programı ile mültecilerin iş piyasasına entegrasyonunu için çalışıyor.

- **Okul**: "Hoş Geldiniz Sınıfları" Almanya'da okula gitme zorunluluğu mülteci çocukları için de geçerli. Berlin'de çocuklar öncelikle "Hoş geldiniz sınıflarında" Almanca öğreniyor. Dile hâkim olur olmaz da normal sınıflara geçiş yapıyorlar.

- **Start bursları**: Pek çok mülteci diploma almak istiyor. Hertie Vakfı'nını verdiği start bursları onlara bu konuda destek oluyor. Örneğin mülteciler bu burs sayesinde çeşitli eğitim olanaklarından yararlanabiliyorlar...

- Yükseköğrenim hakkında bilgilendirme...

- **"Akademik experience wordwide"** programı öğrenci ve akademisyeniler bir araya getiriyor... Goethe Üniversitesi'nin hayata geçirdiği bu program öğrenciler ile sığınmacılar arasında bir tandem işlevi görüyor. Hedef iltica eden akademisyenleri üniversite dünyasına kazandırmak

- **Seyreltilmiş barınma**, Ruhr bölgesindeki Mülheim'da mülteciler ve kent sakinleri kapı komşusu. Buradaki mülteciler olabildiğince kentin geneline yayılacak şekilde konutlara yerleştiriliyor. Ortak yaşam açısından da önemli bir adım...

- **Mülteciler hoş geldiniz;** "Mülteciler hoş geldiniz" platformu ortak evlerde sığınmacılar için yer arıyor.... Bu uygulama Mülteciler otel müşterileriyle birlikte konaklıyor. Otel odalarının yanı sıra sanatçı atölyeleri ve bir de kafe var. Amaç mültecilerin iyi entegre olmalarını sağlamak.

- **Goethe Enstitüsü inisiyatifleri,** müzik okulu ve tiyatro faaliyetleri, kukla vs. ile hedef mülteci çocukların korkularının üstesinde gelmesi için daha iyi koşullar sunmak.

- Pratik konuşma rehberi

- **Dil elçileri,** öğrencilerden öğrenmeyi amaçlayan bir uygulama. Bu yüzden bazı okullarda dil elçileri bulunduruluyor. Bu elçiler boş zamanlarda büyük çoğunluğun oluşturduğu sınıflarda geçirerek buradaki çocukların Almanca öğrenmesine yardımcı oluyor...

- **Gönüllü öğretmenler,** Gönüllü Almanca dersleri veren öğrenciler var

- Mültecilerden haberler hazırlayan süreli yayınlar

- Tıp öğrencilerinin mültecilere sunduğu sağlık hizmetleri

- Travma terapi seansları

- **Kadınlar için entegrasyon kursları,** toplam 960 saate varabilen bu kurslarda kadın mülteciler ve göçmenler Almanca öğreniyor. Ders programlarında gündelik yaşama ilişkin bilgiler ve hukuk düzeni, kültür ve Alman tarihine ilişkin genel bilgilere yer veriliyor...

- **"Aachenlı Eller",** Genç mültecilere önemli bir destek sunuyor. Bu inisiyatifteki gönüllüler reşit olmayan ve tek başlarına iltica etmiş mültecilere vâsilik yapıyor. Onlara gündelik yaşamda eşlik ediyor, eğitimlerinde yardımcı oluyor ve bu yabancı kültürde rehberlik ediyorlar...

- **"Do it!"** adlı proje bir adım daha ileri gidiyor: Gönüllüler reşit olmayan yalnız mültecilere koruyucu aile oluyor ve çocukların okula devamı, uygun koşullarda barınmaları, sağlıklıları ve yasal süreçler gibi görevleri üstleniyorlar...

- Sınırları aşan yemekler... yemekler öğretiyorlar; sofra adabı ve hazırlanışı...

- Sinema ya da çocuk festivallerine gitmek...

- Müzikal yolla Almanca öğretmek...

- Küçük mültecilerin yaşadıkları travmaları işleyerek kendileri ve yaşadıklarıyla yüzleştikleri drama kurs ve seminerleri düzenleniyor...

- Hukuk klinikleri... Sayıları Almanya'da yaklaşık 20 bin hukuk kliniği mevcut... Hukuk öğrencilerinden oluşan bu kliniklerde öğrenciler mültecilere hukuki danışmanlık yapıyor...

Sivil toplum kuruluşlarının Almanya'nın mülteci politikası ve uygulamalarında yer almasının elbette öncelikli olarak Federal Devletin yüksek yararı (âli menfaatleri) lehine işlediği ve Alman toplumunun uzun erimli geleceğinin esas alındığı gerçekleri göz ardı edilemez. Ama bu politikanın bir yerinde öne çıkarılan felsefede olduğu gibi konuya yapılan yatırımın "kazan-kazan" dengesinde ülke sosyolojisinin yeni renkleri olarak mültecilerin de kazanç ve yararı elbette yok sayılamaz. Ne var ki her iki tarafın da kazanması için topluma yeni katılanların vasıf dokuları dâhil olmak üzere ülkenin toplumsal hayatına katılmaları ve bundan kendileri lehine bir yarar üretebilmeleri için yani toplumsal refahtan pay alabilmeleri için ana kültürel olgu ile var olan mesafelerini en aza indirilmesi gereği son derece açıktır.

Biz ne yaptık, ne yapıyoruz?
En çok Suriyeli sığınmacı kabul eden ülke olarak Türkiye'nin 2011 yılından beri yaptığı çalışmalar son derece önemlidir. Ancak esasen göç alan ve göç veren bir ülke olmasına karşın toplumsal tarihin yaşanan tümü göç olaylarında olduğu gibi Suriyeli sığınmacılar konusu da reaksiyoner bir icraata konu olmuştur. Buna bağlı olarak göç olayı gerek siyasal aygıt gerekse bürokrasi tarafından her zaman aktüel etki ve sonuçları üzerinden odaklanılan bir konu olmuş; işin temposu ve aktüalitesi sıcaklığını kaybettiğinde ise gündem dışına itilmiştir. Bu da nereye evrileceği belli olmayan bu son harekette olduğu gibi kendi toplumsal ve tarihsel tecrübesini de içine alacak ayrıntılı ve etkin bir projenin hayata geçmesini engellemiştir. Elbette ilk plandaki şaşkınlığın anlaşılır bir yanı her zaman vardır. Ancak Suriye'den kaçan bu insanların artçı hareketlerle Türkiye'ye göçü sürmekte ve ne zaman biteceğine dair bir emmâre de bulunmamaktadır. Buna rağmen Suriyelilerin bir gün ülkelerine dönecekleri varsayımı güçlü bir çıkış noktası olarak kabul edilmektedir. Türkiye'de başta eğitim olmak üzere ekonomik ve kültürel tüm girişim ve uygulamalar bu açıdan hayata geçirilmektedir.

Suriyeliler Türkiye'de hukuki açıdan mülteci değillerdir. Yabancılar ve Uluslararası Koruma Kanunu (YUKK)'nun 61. Maddesinin sonuna eklenen "üçüncü ülkeye yerleştirilinceye kadar 'şartlı mülteci'nin Türkiye'de kalmasına verilir" hükmü gereğince "şartlı mülteci" konumundadırlar. Siyasal ve bürokratik söylem dilinde ise onlar Türkiye'nin misafirleridir. Ama görünen o ki, bu misafirlik uzamakta ve giderek birçoğu için Türkiye kalıcı bir iskân yurduna dönüşmektedir. Sadece bu eğilim bile Suriyeliler olayının uzun erimli projelerin konusu olmasını gerektiren bir durumdur. Ne var ki, henüz başta resmi söylem olmak üzere ana kültürel olgunun yaklaşımlarında onlar "misafirlerimiz" algısı sürdürülmektedir.

Bu söylemin en karakteristik örneği bir MEB bürokratının (Müsteşar yardımcısı) konuyla ilgili beyanatında görmek mümkündür:

Müsteşar Yardımcısı *Ercan Demirci*, Suriyeli çocukların eğitim farkındalıklarını ve konsantrasyonlarının ayakta tutulması, savaş bittikten sonra ülkelerine döndüklerinde kaldıkları yerden eğitimlerine devam etmeleri hususunda altyapı oluşturulduğunu hatırlatan, zaman içerisinde geçici eğitim merkezleri marifetiyle bu faaliyetin biraz daha kurumsallaştığını dile getirdi. "Bu çalışmaları yaparken Suriyeli nüfusun temsilcileri olan Geçici Suriye Hükümeti ve onların eğitimle alakalı yetkilileriyle istişare içerisindeyiz." diye konuştu. Suriyeli çocukların geçici eğitim merkezlerinde kendi müfredatına göre ve normal okullarda Türk müfredatına göre eğitim alabildiklerine değinen Demirci, Türk eğitim sisteminin altyapısını Suriyeli misafirler açısından daha işlevsel hale getirebilmek için çaba gösterildiğini bildirdi (Demirci: meb. gov.tr; 1185/tr: 2.09.2016).

Milli Eğitim Bakanlığının en yetkili sözcüsünün bu beyanatından iki önemli husus öne çıkmaktadır:

- Suriyelilerin Türkiye'deki ömrü savaşla sınırlıdır. Savaş bitince her bir Suriyeli ülkelerine geri dönecektir,

- Buna bağlı olarak da Suriyeliler Türkiye'nin misafirledir.

Olaya böyle bakıldığında mantık şöyle işlemeye başlar: Eğer bunlar bizim misafirlerimiz iseler ve bu misafirler gün birinde gideceklerse bunca masraf niye?

Türkiye'nin Suriyeliler konusundaki politikasını belirleyen temel felsefe budur. Ana kültürel olgunun da bundan çok farklı bir bakışı olmadığı gözlenmektedir. Son dönemde yapılan araştırmalar da bu bakışın yanlışlığına ilişkin farklı bir veri sunmamaktadır.

Bu bildiri nedeniyle ile hazırlanan mülakata yanıt veren lisans öğrencilerimiz de misafirliğe vurgu yapmaktadır. Türkiye'nin iyi bir hâne sahibi olması, mümkün oldukça misafirlerine iyi davranmasını ama buna karşılık günün birinde misafirlerin de kendi evlerine/ülkelerine geri dönmeleri istenmektedir.

Grup odaklı bu görüşmede lisans öğrencilerinin Suriyelilere bakışını oluşturan diğer başlıklar şöyledir:

- Suriyelilere eğitim desteği de dâhil olmak üzere her türlü destek ve yardım onların ülkelerine dönmeleri ile sınırlı olmalıdır.

- Suriyeliler bu ülkenin misafirleridir bu yüzden uzun erimli amaçlara dönük olmak üzere planlanmış proje ve çalışmalara gerek yoktur.

- Sosyal medyada Suriyelilere sınavsız üniversite giriş hakkı verildiğine dair bir haber dolaşmaktadır. Eğer bu haberin aslı varsa bu bizlere yapılan büyük bir haksızlıktır.

- Eğer Suriyelilere yardım bir devlet duyarlılığı olarak hayata geçiyorsa bu duyarlılığın bizim ülkemizdeki yoksul vatandaşlara da aynı ölçüde gösterilmesi ve gerçekleştirilmesi gerekir.

- Suriyelilere karşı belirgin bir ön yargı vardır; bu olmamalıdır.

- Suriyeliler çok gürültülü insanlar.

- Suriyeliler bu ülke için bir risk değildir, uyum sorunu aşıldığında sinerji yaratabilecek bir kitledir.

- Milyonlarca Suriyeliyi Türkiye'ye almak sorun çözmez. Aksine Türkiye için büyük sorunlar yaratır.

- Kadınlar ve çocuklar hariç, genç ve yetişkin Suriyeliler kendi ülkeleri için savaşmalıdır. En azından kâğıt toplamaktan iyi ve değerli bir şeydir.

- Suriyeliler toplumsal bir risktir. Kültür ve hayata bakış açısı farklı çok farklı olduğundan ve genel olarak Ortadoğu zihniyeti taşıdıklarından ülke içinde de bu kadar dağılmaları doğru değildir.

- Sanki biz onların ülkelerinde sığınmacıymışız gibi davranmadıkları sürece sorun yok.

- Empati konusu Türk vatandaşları için olduğu kadar sığınmacılar için de sorgulanmalıdır. Bize sığınan insanlar kendileri ne kadar hoş görülü; kendileri kültürü anlama noktasında ne kadar istekledirler? Bir başka husus da bize sığınan insanlar iş, eğitim, dil vs için elinden geleni yapıyorlar mı? Yoksa her şeyi devletten mi bekliyorlar; bunlar da sorgulanmalıdır.

- Suriyeliler bu ülke için toplumsal bir risktir. Ülkeye renk, enerji ve tecrübe kazandırması için karşımızda eğitim düzeyi yüksek bir topluluk olması gerekir. Suriyeliler her yönden bizden daha geridir.

Üniversite öğrencilerinin bu genel söylem ve yaklaşımı içinde bazı öne çıkan hususlar daha var ki, sayısal veriler üzerinden toplanan verileri üzerinde düşünmeğe değer sonuçlara dönüştürmektedir. Buraya alınan dört örnek satır aralarını aşarak Türkiye'de genç kitlenin Suriyeliler üzerinden bir durum tespiti ile birlikte beklentilerini de dile getirmektedir.

Örnek 1:

"Devletimiz; Suriyeli sığınmacılar konusunda bazı yerlerde bizim halkımızdan daha çok onlara hak tanıyor. Bu durum eşit şartlarda olmalı: Suriyeli sığınmacılara, kendi halkımızdan daha geniş haklar tanındığında haklı olarak Suriyelilere kaşı tepkiler doğmaktadır. Böyle bir durumda halkımız devletine küsebileceğinden devletimizin bu politikalarda daha hassas davranması gerekir."

Örnek 2:

Sokağın ötekileştirici vücut dili:

"Dışarıda olsun, herhangi bir ortamda olsun fark etmiyor; karşı tarafı küçümseme, 'nereden geldiniz, ülkemizi doldurdunuz vs" tarzı yaklaşımlar karşı tarafın aşağılık, fazlalık psikolojisine girmelerine sebep oluyor. Bu bence çok itici bir durum..."

Örnek 3:

"Malatya'nın Hekimhan ilçesi Hacı İbrahim Akyüz Anaokulunda görev yaptım. Bu sınıfta 25 kişilik bir öğrenci grubum Suriyeliydi. Oyun oynarken gözlemlediğim esnada birkaç öğrencimin bir Suriyeli öğrenciye

Sen git Tuğba, sen Suriyelisin, seni istemiyoruz, seninle oynamak istemiyorum" dediklerini işittim ve çok üzüldüm. Bu konuşmayı yapan öğrencimle sohbet ettikten sonda ailelerinin de bu düşüncede olduğunu ve bunu çocuklarına da bu şekilde öğrettiklerini öğrendim. Ben bu gözlemimden şunu çıkardım. Her çiçek toprağında kalmasının, incitilerek koparılmaması taraftarıyım."

Örnek 4:

"Geçen sene çöpten yemek arayan Suriyeli bir kız çocuğu gördüm, bana ülkesini özlediğini söyledi. Markete götürüp bir şeyler aldım. O âna kadar Suriyelilere kızıyordum sonra onları bu hâle getiren sisteme kızdım."

Sonuç ve Öneriler

Sonuç

Toplumsal entegrasyon ve toplumsallaşma, göçmen ve sığınmacıların geldikleri yeni ülkenin hayatına katılma konusunun öncelikli sosyolojik süreçleridir. Göç ve iltica olgusu sığınmacılar ve ana kültürel olgu olmak üzere iki temel taraf ortaya koyar.

Süreçlerin başarıya ulaşması hareketliliğe taraf olan kesimlerin asgari müşterekler ölçütünü daha ileri götürecek dikkat ve duyarlılıkta olmasına bağlıdır. 2011 yılında Türkiye'ye sığınan Suriyelilerin din, inanç ve coğrafya gibi değerler etrafında birbirilerine yabancı olmayan asgari müştereklerin tarafları oldukları söylenebilir. Ancak ortaya koyduğu gerçekler açısından asgari müştereklerin 3 milyona yaklaşan sığınmacı kitlesinin olayın öngörülebilir gelişmeler ile birlikte uzak geleceğine ilişkin yeterli olmadığı, sürecin bazı bazı riskler taşıdığı söylenebilir.

Bu riskleri oluşturan Suriyeli çocuk ve gençlerin sosyalleşme ve entegrasyonlarının önündeki bazı engellerdir. Bu engeller esasen yetişkinler bağlamında kamuoyuna yansıyan Suriyeliler imajı ile başlayan makro toplumsal boyutta ortaya çıkmaktadır. Toplumsal kabul konusu da büyük ölçüde makro toplumsal bakışın etkisinde şekillenmektedir. Buna göre;

- Suriyeli sığınmacılar misafirdirler, biraz daha sıcak ifade ile din kardeşlerimizdir, bu ülkede kalıcı değildirler; günün birinde döneceklerdir bu yüzden mümkün olduğunca iyi muamele görmelidirler.

- Makro toplumsal bakışın söylem dilinde onlar artık olumsuz bir etiket ve imaj üzerinden "Suriyeli sığınmacılar" değil, "Suriyeliler"dir. Yetişkin Suriyeliler için üretilen bu kalıp yargı çocuk ve gençlerin sağlıklı ve başarılı sosyalleşmelerinin önündeki en büyük engeldir. Babalar ve anneler, erkekler ve kadınlar üzerinden üretilen kalıp yargının sokağa ve okula olumsuz etkiler getirdiği gözlenmektedir.

Entegrasyon ve sosyalleşmenin önündeki diğer engel ise siyasal ve bürokratik yaklaşımların uygulamaya getirdiği sorunlarla ilgilidir.

Resmi söylem, istatistik ve uygulamalar Suriyeli sığınmacılar konusunda her türlü fedakârlığın yapıldığını ortaya koymaktadır. Türkiye'nin bu devlet duyarlılığı uluslararası toplum tarafından da takdirle karşılanmaktadır. Ne var ki, mevcut politika, icraat ve söylemler olayı toplumsal kabule dönüştürecek yaygın ve etkin bir proje olarak değerlendirmekten uzaktır. Yerel bazı örnek olaylar dışında olayın geniş kitleler tarafından benimsenmesi; Suriyeli sığınmacıların geleceği konusunda etkin bir toplumsal kabulün ortaya konması açısından yeterli bir detay ortaya koymamaktadır. Bu durum genç insanların entegrasyon ve sosyalleşmelerinin önemli zemini olarak eğitimi yaygın ve örgün boyutlarda olumsuz yönde etkilemektedir. Bir yandan kendi eğitim ve kültür formları içinde kamp programlarında eğitilen öğrenciler; diğer yanda beyana bağlı olarak kabul edilen devlet okullarına devam eden öğrenciler... Bunlara makro bakışın gölgesinde gelişen psikolojilerle dil yetersizlikleri ve kültürel sınırlıkları eklendiğinde öğrencilerin nasıl bir sosyalleşeme sorunu yaşadığı daha iyi anlaşılır.

Öneriler:
Suriyeli sığınmacıların Türkiye'deki öyküsü 7. yılını doldurmaktadır. Bu zaman zarfında 3 milyona yaklaşan sığınmacı kitlenin yakın zamanda geri dönüşüne dair ciddi işaretler de bulunmamaktadır. O nedenle olayın geçiciliği üzerine kurulmuş olan politik ve toplumsal hedeflerde ciddi değişiklikler yapılmalıdır. Görünen o ki, Misafirlik statüsü tarafları rahatsız eder duruma gelmiştir. Yarından fazlası 30 yaşın altında olan bu misafirlerin Türkiye'de kalıcı olacakları ihtimali yüksektir. Bu gerçekler ışığında yapılması gerekenler şöyle sıralanabilir;

- Devlet ve bürokratik kurumların sığınmacılar konusundaki proje ve icraatları onların ülkedeki uzun erimli gelecekleri üzerinden kurgulamalıdır.

- Sivil toplum kuruluşları ülkenin sivil ve iş yaşamı konusunda sığınmacı kitleyi yaş kategorilerine uygun olarak hayata geçirecekleri projelere konu edinmelidir.

- Üniversiteler inisiyatif alarak sosyalleşme ve entegrasyonun gerektirdiği özel programlar düzenlemelidir.

- Dil konusunda son derece muhafazakâr olan kitlenin Türkçe öğrenmelerini teşvik edecek ve özendirecek programlar düzenlenmelidir.

- Toplumsal entegrasyon için medyanın sorumluluk alması teşvik edilmelidir.

- Toplumsal kabul konusunda kamuoyundaki farkındalığı artıracak önlemler alınmalı; konuya ilişkin olarak -bu bildiride atıf yapılan- Alman sığınmacı tecrübesinin kültürümüze uyarlanmaya uygun olan bazı proje ve etkinliklerinden yararlanılmalıdır.

- Adaletsizlik, toplumsal kabulün ana kültürel olgunun ciddi bir bölümünü oluşturan kitlede gözlemlenen bir durumdur. Buna göre yerli halk göçmenlere yapılan devlet yardımları ve desteğinin gerisinde kaldıklarını düşünmekte ve bunu da adaletsizlik olarak nitelemektedir. Bu da sığınmacılara karşı görece bir mesafe ve husumet oluşturmaktadır.

- Okul ve eğitim ortamlarında çocukların entegrasyonu için özel seminer ve etkinlikler düzenlenmelidir.

- Sığınmacı çocukların ülkenin tarih ve kültür açısından zengin bölge ve kentleri için geziler düzenlenmelidir.

Bildirinin başındaki mottoyu hatırlarsak;

"Sorgun'da dedelerimin eski evinde amcamlar Suriyelileri oturttular. Bahçede de dedemin 60-70 yıllık ceviz ağacı var. Kardeşim (9 yaşında) bir gün ceviz almaya gidince Suriyeliler bu bizim ağacımız deyip vermemişler. O kadar benimsemişler ki, artık ev verildi, başımızı sokacak bir yer bulduk diye şükredeceklerine her şeyi sahiplenip, sorun çıkartmaya başladılar. Zaten bir gün, bir sabah baktık ki evi terk edip gitmişler, hiçbir şey söylemeden..."

Türkiye 3 milyona ulaşan misafirleri uzun erimli bir proje konusu olmaktan çıkarır, sürekli geçici koruma statüsünde tutmaya devam ederse korkarım bir gün bu misafirler Yozgatlı ev sahiplerinin yaşadığı düş kırıklığına benzer bir düş kırıklığını Türkiye yaşayacaktır. Bir farkla ki, bunlar kendi kaynaklarımızı açtığımız ve fakat kafaları ve gönülleri ile entegre olamadığımız yabancılar gibi olacaktır. Bu da her halde düş kırıklığından daha farklı bir şey olmalıdır.

Kaynakça
2013 Türkiye Göç Raporu, (Ağustos 2015), Ankara, Göç İdaresi Genel Müdürlüğü.
2015 Türkiye Göç Raporu, (Nisan 2016), Ankara, Göç İdaresi Genel Müdürlüğü.
DEMİRCİ, Ercan, "Suriyeli Öğrenciler Türk Eğitim Sistemine Entegre Edilecek", Meb.gov.tr/1185/tr; 02.09.2016.

DOĞAN, İsmail (2014),"Türkiye'nin Toplumsal Tarihinden Çıkarılması Gereken Göç Dersleri", **I. Uluslararası Eğitim Sosyolojisi Sempozyumu, Bildiri Kitabı**, Ankara Üniversitesi Eğitim Bilimleri Fakültesi Yayınları, s.227-241.

DOĞAN İsmail (2016) "Göç ve Eğitim: Suriyeli Sığınmacılar Örneği", 25. Ulusal Eğitim Bilimleri Kongresi'ne sunulan bildiri; Antalya, Nisan 2016.

ERDOĞAN, M. Murat (2015). **Türkiye'deki Suriyeliler, Toplumsal Kabul ve Uyum**, İstanbul, Bilgi Üniversitesi Yayınları.

ERDOĞAN, M. Murat, (2015). "Avrupa'da Türkiye Kökenli Göçmenler ve 'Euro-Turks-Barometre' Araştırmaları", **Göç Araştırmaları Dergisi**, C.1, S.1, Ocak-Haziran, s. 108-148.

ERİM, Müberra Nur (Şubat 2016), *Türkiye'deki Suriyelilerin Eğitimi, Temel Eğitim Politikaları*, Ankara, Seta Yayınları.

BAUER, Friedrike, "Mülteciler Geleceklerini İnşa Ediyor", **DE, Magazin Deutschland, Politika, Kültür ve Ekonomi**,T4/-2015:30-35.

KRUG, Clara, "Yardım Dalgası-Mültecilere Yardım Eden İnisiyatifler, **DE, Magazin Deutschland, Politika, Kültür ve Ekonomi**,T4/-2015:30-35.

MÜNKLER Herfried / MÜNKLER Marina, "Yeni Almanlar", **DE, Magazin Deutschland, Politika, Kültür ve Ekonomi Forumu**,T2/-2016: 59-63.

PORTES, A. (2010), *"Migration and Social Change:Some Conceptual Reflections"*, **Journal of Ethicsand Migration studies**,1537-1563.

SARIKAYA, Muharrem (2016), "Bize Sığınanlar' Dizi yazılar (7,8,9,10 Mart s. 11.), **Haber Türk Gazetesi.**

Türkiye'deki Suriyeli Sığınmacıların Eğitim Durumları ve Eğitim Sorunları

Adnan Gümüş[1]

Türkiye'deki Suriyeli Sayıları ve Statüleri

Sığınmacı Suriyelilerin Türkiye'deki statüleri ile ilgili çeşitli tanımlamalar bulunmaktadır:

- İkamet Tezkeresi (pasaportlu olarak normal yabancı statüsünde ikamet izni alanlar),

- Geçici Koruma Statüsü (%95'den fazlası bu statüde),

- Mülteci (çok sınırlı sayıda),

- Şartlı Mülteci (çok sınırlı sayıda),

- İkincil Koruma (çok sınırlı sayıda),

- Akraba Topluluk Üyesi (sınırlı sayıda).

Görüldüğü üzere Suriyeli sığınmacıların genel ve yaygın statüsü, "Geçici Koruma" statüsü şeklindedir. Bir uluslararası koruma türü olan Geçici Koruma Statüsü, ülkesinden ayrılmak zorunda kalmış, ayrıldığı ülkeye geri dönemeyen acil ve geçici koruma bulmak amacıyla kitlesel olarak Türkiye'ye girmiş T.C. vatandaşı olmayan yabancı uyruklulara sağlanan korumayı ifade etmektedir ki, ülkesinden ayrılmaya zorlanmış Suriyelilerin büyük kısmı Türkiye'de geçici koruma statüsü altında yaşamaktadırlar. Geçici koruma statüsü, oturum (ikamet) hakkının yanı sıra sağlık, eğitim, sosyal yardım hizmetlerine ve iş piyasasına erişim haklarını ve geri gönderilmemeyi teminat altına almaktadır.

Türkiye'de yaklaşık 3 milyon sığınmacı yaşamakta olup bunların 2 milyon 769 bini "Geçici Koruma Altındaki" Suriyelilerden oluşmaktadır.

Çizelge 1. Sayılarla Geçici Koruma Altındaki Suriyeliler (11 Nisan 2016*)

	Türkiye'de kayıtlı Suriyeli Sayısı	Kamplarda kalan Suriyeli Sayısı	Kamp dışında yaşayan Suriyeli sayısı	Okul çağında Suriyeli çocuk sayısı (5-17 yaş)	Okula kayıtlı Suriyeli çocuk sayısı	
Kasım 2016	2.769.991	255.922	2.514.069	863.989	478.000	55,32

Kaynak: AFAD, 9 Kasım 2016.

Geçici Koruma Statüsündekiler de pratikte (bu hizmetlerden yararlanabilme imkânları açısından) tekrar kendi içinde iki ana kütleye ayrılmaktadır:

- 25 barınma merkezlerinde kalanlar (toplam Suriyelilerin %10'u kadar),

---

[1] Prof, Dr. Adnan Gümüş, Çukurova Üniversitesi, Eğitim Fakültesi, Sosoyal Bilimler ve Türkçe Eğitimi Bölümü, Felsefe Grubu Eğitimi Anabilim Dalı

- Kendi başının çaresine bakanlar (kirada kalanlar, bir kısmı da ırgat vb. olarak tarlalarda, işyerlerinde; yaklaşık %90'ı).

Grafik 1 Yıllara Göre Geçici Koruma Kapsamındaki Suriyeliler

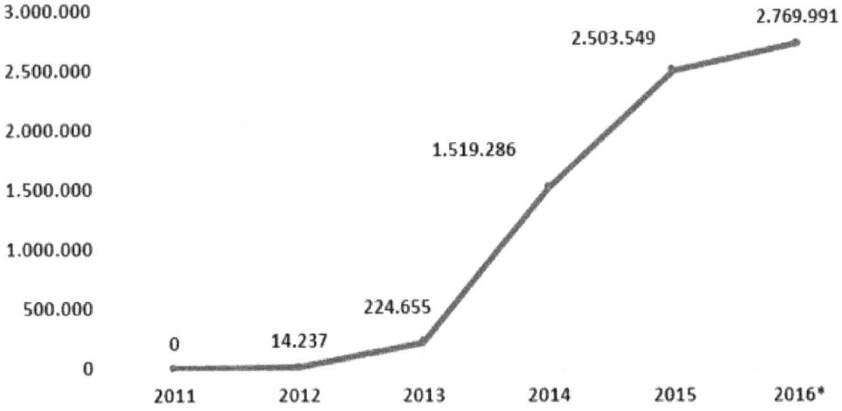

*10.11.2016 tarihi itibariyle

Kaynak: GİGM (10 Kasım 2016). "Geçici Koruma". http://www.goc.gov.tr/ icerik6/gecici-koruma_363_378_4713_icerik

Grafik 2 Yıllara Göre İkamet İzni Türkiye'de Bulunan Yabancı Sayıları

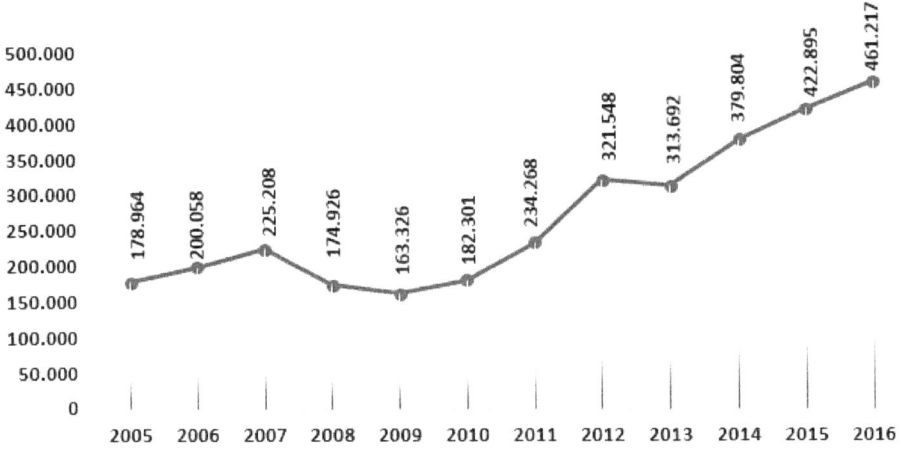

Kaynak: GİGM (22 Ocak 2017). İkamet İzinleri http://www.goc.gov.tr/ icerik6/ikamet-izinleri_363_378_4709_icerik

GİGM (10 Kasım 2016) verilerine göre "Geçici Koruma Statüsündekilerin" en çok yaşadığı ilk on il, İstanbul (413.406), Şanlıurfa (398.551), Hatay (377.733), Gaziantep (318.802), Adana (149.049), Mersin (135.921), Kilis (122.734), Bursa (100.665), İzmir (95.610), Mardin (93.071) illeridir.

Ayrıca "Geçici Koruma Statüsü" dışında 2016'da 461.217 ikamet izni verilmiş olup ilk iki sırada Irak ve Suriye uyruklular yer almaktadır. İkamet izni verilen Suriyeli sayısı 2015'te 32.578 iken 2016'da bu rakam 48.738'e çıkmıştır.

Grafik 3 2016 Yılında İkamet İzni İle Türkiye'de Bulunan Yabancılar (İlk On Ülke)

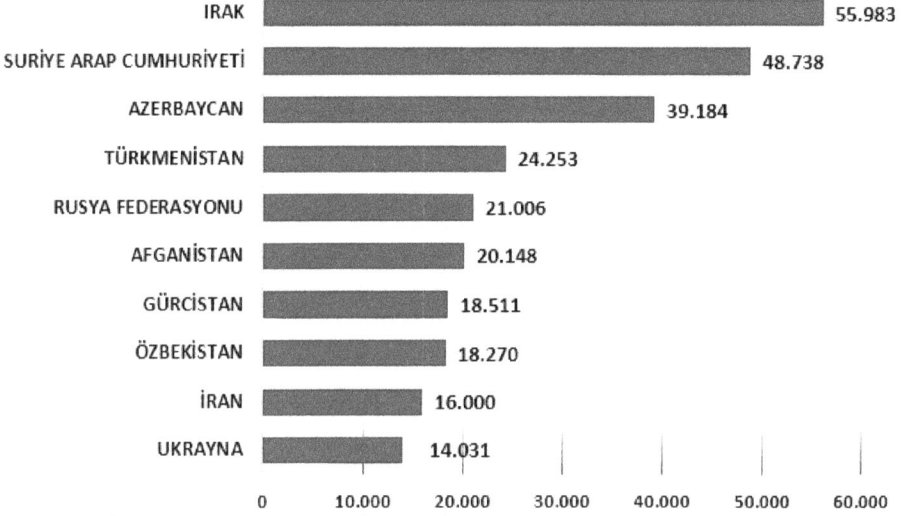

Kaynak: GİGM (22 Ocak 2017). İkamet İzinleri http://www.goc.gov.tr/icerik6/ikamet-izinleri_363_378_4709_icerik

Okul Çağındaki Sığınmacı Çocuk Sayıları ve Okullaşma Durumları

Yaş Dağılımı ve Okul Çağındaki Çocuk Oranları: 24 Yaş veya Altı %61, Zorunlu Eğitim Yaşındakiler (5-17 Yaş) %32,49
Bebek ve çocuk yaştaki nüfus, dolayısıyla okul çağındaki nüfus toplam nüfus içinde daha yüksek bir oranda bulunmaktadır. Örneğin AFAD Kasım 2016 verilerine göre 4 yıl içinde 170 bin çocuk hastanede doğmuş bulunuyor (bu sayı diğer doğumlarla birlikte daha yüksektir).

Çizelge 2. Türkiye geneli sağlık hizmetleri verileri

Poliklinik	Hastaneye sevk	Hastanede yatan	Doğum	Ameliyat
19.621.502	918.694	915.326	170.270	758.972

Kaynak: AFAD (14 Kasım 2016) "Suriye Raporu". https://www.afad.gov.tr/tr/2373/Giris

GİGM Kasım 2016 verilerine göre 2.769.991 Suriyeliden

- 0-14 yaş grubunda 1.068.097 kişi (%38,56),
- 0-18 yaş grubunda 1.312.390 kişi (%47,38),
- 0-24 yaş grubunda 1.708.539 kişi (%61,68),
- 5-17 yaş grubunda 863.989 kişi (%31,19) bulunmaktadır.

Çizelge 3. Biyometrik Verileri Alınarak Kayıt Altına Alınan Suriyelilerin Yaş ve Cinsiyete Göre Dağılımı (10.11.2016)*

Yaş	Erkek	Toplam Erkekler İçinde %	Kadın	Toplam Kadınlar İçinde %	Toplam	%
0-14 yaş	552.978	37,48	515119	39,79	1.068.097	38,56
0-18 yaş	685.798	46,48	626592	48,40	1.312.390	47,38
5-17 yaş					863.989	31,19
5-18 yaş	485.358	32,90	439704	33,96	925.062	33,40
0-24 yaş	906.988	61,47	801551	61,91	1.708.539	61,68
TOPLAM	**1.475.385**	100,00	**1.294.606**	100,00	**2.769.991**	13,98
0-4	200.440	13,59	186.888	14,44	387.328	14,07
5-9	200.357	13,58	189.288	14,62	389.645	10,51
10-14	152.181	10,31	138.943	10,73	291.124	8,82
15-18	132.820	9,00	111.473	8,61	244.293	14,30
19-24	221.190	14,99	174.959	13,51	396.149	9,51
25-29	148.343	10,05	115.215	8,90	263.558	7,84
30-34	120.773	8,19	96.452	7,45	217.225	5,78
35-39	86.508	5,86	73.724	5,69	160.232	4,18
40-44	59.523	4,03	56.167	4,34	115.690	3,33
45-49	48.102	3,26	44.233	3,42	92.335	2,66
50-54	37.482	2,54	36.179	2,79	73.661	1,83
55-59	25.316	1,72	25.365	1,96	50.681	1,29
60-64	17.591	1,19	18.027	1,39	35.618	0,83
65-69	11.325	0,77	11.702	0,90	23.027	0,48
70-74	6.156	0,42	7.106	0,55	13.262	0,30
75-79	3.780	0,26	4.519	0,35	8.299	0,16
80-84	1.983	0,13	2.530	0,20	4.513	0,08
85-89	1.074	0,07	1.249	0,10	2.323	0,04
90+	441	0,03	587	0,05	1.028	13,98

*GİGM (10 Kasım 2016). "Geçici Koruma" verilerinden üretilmiştir.

Adana Seyhan'da yürütülen çalışmaya göre de 24 yaş ve daha küçüklerin oranı %61'i bulmaktadır. Bu tabloya göne Suriyelilerin %35,2'si okul öncesi, ilk ve ortaöğretim çağındadır (4-17 yaş grubunda). Zorunlu eğitim yaşı olan 5-17 yaş grubundakiler %31,2'si bulmaktadır.

Yıllar itibariyle Suriyeli sığınmacı çocukların okullaşma oranlarına bakılacak olursa

- UNICEF'e göre 2014-2015 dönemi 3 Kasım 2015 itibariyle 1.182.261 çocuktan 746.000'inin okul çağında olduğunu ve bu çocukların sadece 195 bininin okula kayıtlı olduğunu,

- 2015-2016 dönemi 11 Nisan 2016 itibariyle 1.490.033 çocuktan tahmini 953.000'inin okul çağında olduğunu ve bu çocukların sadece 325 bininin okula kayıtlı olduğunu[2] belirtmektedir.

---

[2] UNİCEF (2016) "Türkiye'deki Suriyeli Çocuklar" http://unicef.org.tr/files/bilgimerkezi/doc/ T%C3% BCrkiyedeki%20Suriyeli%20%C3%87ocuklar_Bilgi%20Notu%20Kasim%202015.pdf ve

Süleymanov, Sönmez, Ünver, Akbaba (der.)

- MEB'e göre 15 Şubat 2016 itibariyle, kayda alınmış okul çağındaki çocuk sayısı 756.808 kişidir. Milli Eğitim Bakanlığı'na bağlı okullarda yaklaşık 75 bin, geçici eğitim merkezlerinde yaklaşık 250 bin olmak üzere toplam 325 bin Suriyeli çocuğun okullaşması sağlanmış bulunuyor.[3] Bu bilgilere göre okul çağındaki Suriyelilerin %42'si okullarda kayıtlı bulunuyor.

- 2016-2017 dönemi MEB Kasım 2016 verilerine göre "eğitim çağında 833 bin Suriyeli çocuk bulunuyor ve bunların ancak 475 bini okullaştırabilmiş bulunuyor."[4]

Çizelge 4. Adana Seyhan'daki Suriyeli Sığınmacıların Yaş Dağılımları (Seyhan Belediyesi, 2015)

Yaş Grubu	Sayı	%	Birikimli %
0-3 Yaş	232	8,3	8,3
4-5	164	5,8	14,2
6-9	292	10,4	24,6
10-14	316	11,3	35,9
15-17	213	7,6	43,5
18-24	490	17,5	61,0
25-34	455	16,3	77,3
35-44	277	9,9	87,2
45-54	198	7,1	94,2
55-64	111	4,0	98,2
65+	50	1,8	100,0
Total	2798	100,0	

Kaynak: Seyhan Belediyesi (2015). Adana Seyhan'daki Sığınmacılar: Durum Tespiti ve Acil Çözüm Önerileri Raporu (2015).

Güncel olarak Türkiye'de 2 milyon 769 bin Suriyeli bulunduğu, %32,5'inin 5-17 yaş grubunda olduğu kabul edilirse okul çağında 900 bin Suriyeli çocuk olduğu kestirilebilir. MEB'e göre Geçici Eğitim Merkezlerinde (Suriye okullarında) veya mevcut Türk okullarında 475 bini kayıtlı öğrenci bulunmaktadır yani okul çağındaki Suriyeli sığınmacı çocukların ancak %53'ü okullaştırılabilmiştir. Çocukların okullaşma durumlarının ayrıntıları, özellikle de okula kazandırma sürecinde yaşanan güçlükler önemli olup aşağıda tartışılmaktadır.

SIĞINMACILARIN (MÜLTECİLERİN, GEÇİCİ KORUMA STATÜSÜNDEKİLERİN) OKULLAŞMA SÜREÇLERİNDE YAŞANAN SORUNLAR

Suriyelilerin Okullaşma Oranları Ülkelerine Kıyasla Çok Düşük: %90'lardan %53'lere Gerileme
HRW-Human Rights Watch'ın raporuna göre; çatışmalardan önce Suriye'de ilkokula gidenlerin oranı %99, ortaokula gidenlerin oranı ise %82'ydi. Birleşmiş Milletlere

https://www.unicefturk.org/suriye/Suriyeli_Cocuklar_Bilgi_Notu_Nisan%202016_1.pdf (çocuk sayısı toplam Suriyeli sığınmacıların %54'ü kabul ediliyor).
[3] Bakan Avcı: Okul çağındaki Suriyeli çocuk sayısı 756 bin 808. http://www.hurriyet.com.tr/bakan-avci-okul-cagindaki-suriyeli-cocuk-sayisi-756-bin-808-40095389 (Erişim 27 Nisan 2016).
[4] MEB Kasım 2016 "Suriyeli öğrenciler için 4 bin 200 öğretmen alımı yapılacak" http://www. meb. gov.tr/suriyeli-ogrenciler-icin-4-bin-200-ogretmen-alimi-yapilacak/haber/12204/tr

göre Suriye'de yetişkin nüfusun okuma yazma oranı 2005 yılında %80,8, genç nüfusun okuma yazma oranı 2004 yılında %92,5'tir (Tükel ve Gümüş, 2016).

Türkiye'deki Suriyeli sığınmacıların okula kayıtlı olma durumları, yukarıda da ifade edildiği üzere %53'ler düzeyinde bulunmaktadır.

Geçici Suriye veya devlet okullarındaki çocukların bir kısmı da Suriyeli değil, Irak ve diğer ülkelerden gelen çocuklardan oluşmaktadır[5].

Kademe (Yaş) Arttıkça Okullaşma Oranları Düşüyor: Lise Düzeyinde %10'lar Civarında

Suriyeli sığınmacıların toplam okullaşma düzeyleri düşük olduğu gibi özellikle de kademe (yaş) ilerledikçe oranlar daha da düşmektedir. Tahmini olarak söylenirse ortaöğretim düzeyindekilerin okullaşma oranları %10'lar düzeyinde bulunmaktadır.

Çizelge 5. Barınma Merkezlerindeki Eğitim Hizmeti (AFAD, 2016)

Öğrenci sayısı					Barınma Merkezlerinde Yaşayan Suriyeli Sığınmacı Sayısı
Okul öncesi	İlkokul	Ortaokul	Lise	Toplam Öğrenci Sayısı	
6.857	42.491	20.051	9.308	78.707	**253.487**

Kaynak: AFAD (2016) "Suriye Raporu". https://www.afad.gov.tr/tr/2373/Giris

Çizelge 7. Yaş Dağılımı ve Öğrenci Sayıları (Haziran 2016)

	Yaş	Tahmini Nüfus*	Öğrenci**	%
Okul öncesi	5	82.160	20.540	25,00
1.sınıf	6	74.592	73.846	99,00
2.sınıf	7	74.577	55.187	74,00
3.sınıf	8	76.858	38.429	50,00
4.sınıf	9	69.875	27.950	40,00
5.sınıf	10	60.297	21.104	35,00
6.sınıf	11	57.291	18.333	32,00
7.sınıf	12	57.584	14.396	25,00
8.sınıf	13	54.624	11.471	21,00
9.sınıf	14	59.024	10.034	17,00
10.sınıf	15	54.477	7.082	13,00
11.sınıf	16	67.029	4.692	7,00
12.sınıf	17	63.038	8.195	13,00
Toplam	5-17 Yaş	841.241	311.259	37,00

*Suriyeli okul çağındaki çocuk sayıları GİGM verilerinden kestirilmiştir. AFAD 14 Kasım 2016 itibariyle 311.259 öğrenci olduğunu belirtmektedir.
** SETA (2016) "Türkiye'deki Suriyelilerin Eğitiminde Yol Haritası Fırsatlar ve Zorluklar" http://file.setav.org.

---

[5] MEB Hayat Boyu Öğrenme Genel Müdürü Ali Rıza Altunel, Suriyeli öğrencileri Türk eğitim sistemine kademeli dahil ettiklerini, Türkiye'de eğitimini sürdüren 151 bin yabancı öğrencinin yüzde 99'unun Suriyeli olduğunu belirtti. http://www.meb.gov.tr/suriyeli-ogrenciler-icin-4-bin-200-ogretmen-alimi-yapilacak/haber/12204/tr

Barınma Merkezlerindeki öğrenci sayılarını oradaki toplam nüfusa (280 bin kişi) oranlarsak %15,18'i ilkokulda iken ortaokula kayıtlı olanların oranı %7,16 ve liselerde kayıtlı olanların oranı %3,32'ye düşmektedir. MEB'in ortaöğretimle ilgili planlaması da daha çok dini ağırlıklıdır. 2015-2016 yılında 7 İmam Hatip Lisesi açılacağı belirtilmektedir.

Barınma Şekli ve Okullaşma Düzeyleri: GEM Dışındakilerin Okullaşma Oranları Düşük

Suriyeli sığınmacı çocukların okullaşma oranları ve sebepleri ile ilgili ilk önemli farklılaşma "Geçici Barınma Merkezi" ile mevcut yerleşimlerde ikamet edenler arasında bulunuyor.

İlgili bakanlık, kamu kurum ve kuruluşları ile Türk Kızılayı'nca çadır kentlerde ve konteyner kentlerde **barınma, yiyecek, sağlık, güvenlik, sosyal aktivite, eğitim, ibadet, tercümanlık, haberleşme, bankacılık** ve diğer hizmetler verilmektedir.

Çizelge 8. Barınma Merkezlerindeki Eğitim Hizmeti (AFAD, 2016)

Derslik	Öğrenci sayısı					Barınma Merkezlerinde Yaşayan Suriyeli Sığınmacı Sayısı	Toplam Suriyeli Sığınmacı Nüfusu (Tahmini)
	Okul öncesi	İlkokul	Ortaokul	Lise	Toplam Öğrenci Sayısı		
1.211	6.857	42.491	20.051	9.308	78.707	**253.487**	2.750.000

Kaynak: AFAD (2016) "Suriye Raporu". https://www.afad.gov.tr/tr/2373/Giris

2016-2017 eğitim-öğretim yılı itibariyle Geçici Barınma Merkezlerindeki toplam nüfusa (253 bin kişi) zorunlu okul çağındakilerin (5-17 yaş) oranı %31,2 üzerinden hesaplanırsa 79.087 çocuk olduğu, bunların hemen tamamının okullaştığı söylenebilir.

Ancak "Geçici Koruma Statüsündekilerin" %90'ı "GEM" dışında kendi olanaklarıyla barınma ihtiyaçlarını karşılamaya çalışmakta olup, bunların okullaşma düzeyleri 2014-2015 ve 2015-2016 eğitim öğretim yıllarında %20-30 civarında bulunmakta idi.

Adana Seyhan Belediyesi (2015) araştırmasına göre 2014-2015 döneminde ilçede yaşayan Suriyeli 5-17 yaş çocukların ancak %20'si okullara kayıtlı bulunuyordu.

Çizelge 9. 2014-2015 Eğitim Öğretim Yılında Adana-Seyhan'daki 5-17 Yaş Grubu Suriyeli Sığınmacıların Cinsiyet Gruplarına Göre Okullaşma Oranları

	5-17 Yaş Çocuk Sayısı	Okula Devam Eden Sayısı	Okula Devam Edenlerin Oranı (%)
Erkek	461	85	18,44
Kız	419	88	21,00
Toplam	880	173	19,66*

*Kamplarda kalanların %90'ının okul kayıtlı olduğu kabul edilirse, bu oranlar en fazla %25'lere kadar çıkabilmektedir.

2015-2016 için okullaşma oranları ile ilgili UNICEF tahminleri %30-35 düzeyinde olduğu yönündedir (Soyalp, 2016).

MEB'e göre 2016-2017 yılı için "Geçici Eğitim Merkezlerinde" (Suriye okullarında) veya mevcut Türk okullarında 475 bin kayıtlı öğrenci bulunmakta olup toplamda %53'ü okullaştırılabildiğine göre GEM (kamp) dışındakilerin yaklaşık %50 oranında okullaştığı söylenebilir.

Okul Türü ve Suriyeli Öğrenci Sayıları: Çoğu "Geçici Eğitim Merkezinde"

Suriyeli çocukların eğitimine yönelik ikisi kayıtlı biri kayıt dışı olmak üzere üç tip okul (eğitim öğretim merkezi) bulunmaktadır. Türk Okulları, GEM-Geçici Eğitim Merkezleri, kaçak veya izinli Yaygın Eğitim Merkezleri.

a) Resmi Türk (Devlet) Okulları: 478 Bin Yabancı Öğrencinin 151 Bini Türk Okullarında

Türkiye'de geçici koruma statüsünde olan ve kayıt altına alınmış tüm Suriyelilerin ilk ve ortaokullara kayıt olma hakkı vardır. Bu eğitim ücretsizdir. 2014-2015 eğitim yılında toplam 36,655 Suriyeli öğrenci devlet okullarına kayıt yaptırmıştır. Bu rakamlar Nisan 2016 itibariyle 75 bindir (toplam 325 bin öğrencinin 75 bini mevcut Türk okullarına kayıtlı bulunmaktadır).

Kasım 2016 itibariyle "Suriyeli öğrencileri Türk eğitim sistemine kademeli dahil ettiklerini aktaran Hayat Boyu Öğrenme Genel Müdürü Ali Rıza Altunel, Türkiye'de eğitimini sürdüren 478 bin yabancı öğrencinin 151 bini Tük okullarında olup bunların yüzde 99'unu Suriyeliler oluşturmaktadır.[6]

MEB'e bağlı okullarda Suriyeli öğrencilere Türk akranları ile birlikte mevcut MEB öğretmenlerince eğitim verilmektedir.

b) "GEM-Geçici Eğitim Merkezleri" (Suriye Okulları): 400'ten Fazla GEM'de 327 Bin Öğrenci

Milli Eğitim Bakanlığına bağlı resmi okul binalarında Türk öğrencilere yönelik eğitim öğretim faaliyetinin bitmesinin ardından öğleden sonra geçici eğitim merkezlerinde Suriyeli öğretmenler tarafından sadece Suriyeli öğrencilere yönelik eğitim öğretim faaliyetleri yürütülebilmektedir.[7]

2014'te MEB tarafından akredite edilen Geçici Eğitim Merkezleri kampların hem içinde hem de dışında faaliyet gösteren Suriye ve Libya müfredatına bağlı kalarak (2015 yılından itibaren hepsi Suriye müfredatına geçiş yapmıştır) Arapça eğitim veren ilk ve orta dereceli eğitim merkezleridir.

81 ilin 17'sinde bir veya daha fazla Geçici Eğitim Merkezi vardır. Geçici Eğitim Merkezi sayısı 2014-2015 eğitim yılında kamplarda 34, kamp dışında 232 iken 2015-2016 eğitim yılında 32'si kamplarda olmak üzere toplam 375'e ulaşmıştır. Bunların 58'i İstanbul'dadır. 2014-2015 yılında kamplarda 74,097, kamp dışında ise 101,257 öğrenci (toplam 175 bin) GEM'lere kayıt yaptırmış iken 2016 Nisan'ında toplam rakam 250 bine çıkmıştır.

14 Kasım 2016 İtibariyle 10 ilde 26 Geçici Barınma Merkezinde Suriyeli sayısı 256.294'tür (AFAD, Kasım 2016).

---

[6] MEB Kasım 2016 "Suriyeli öğrenciler için 4 bin 200 öğretmen alımı yapılacak" http://www.meb. gov.tr/suriyeli-ogrenciler-icin-4-bin-200-ogretmen-alimi-yapilacak/haber/12204/tr

[7] Bakan Avcı: Okul çağındaki Suriyeli çocuk sayısı 756 bin 808. http://www.hurriyet.com.tr/bakan-avci-okul-cagindaki-suriyeli-cocuk-sayisi-756-bin-808-40095389 (Erişim 27 Nisan 2016).

Çizelge 10. Suriyelilere Yönelik Eğitim Hizmetleri

Öğrenci sayısı				Öğretmen sayısı			Yetişkin eğitimleri	
GBM* (Bar.M.)	Devlet okulları	Geçici eğitim merkezleri	Toplam	Türk	Suriyeli	Toplam	Mesleki eğitim	Genel eğitim
82.503	62.357	166.399	311.259	1.024	11.735	12.759	18.615	97.563

Kaynak: AFAD (14 Kasım 2016) "Suriye Raporu". https://www.afad.gov. tr/tr/ 2373/Giris

Milli Eğitim Bakanlığı'nın, Suriye krizinden en çok etkilenen illerde (Adana, Adıyaman, Batman, Diyarbakır, Gaziantep, Hatay, İstanbul, Kahramanmaraş, Kayseri, Kilis, Konya, Malatya, Mardin, Osmaniye, Siirt, Şırnak, Şanlıurfa) oluşturduğu geçici eğitim merkezi sayısı 15 Şubat 2016 tarihi itibariyle 375'e ulaşmış bulunuyor. Bu merkezlerden 32'si AFAD tarafından oluşturulan geçici barınma merkezlerinde, diğerleri ise şehir merkezlerinde yer alıyor. Iraklılar için oluşturulan kamplarda da geçici eğitim merkezleri bulunuyor. Açılan geçici eğitim merkezleri il ve ilçe milli eğitim müdürlüklerine bağlı faaliyet yürütmekte olup Bakanlığımız personeli idaresinde, görevlendirilen Türk öğretmenler ve gönüllü Suriyeli öğretmenler tarafından eğitim öğretim faaliyeti yapılıyor.[8]

Kamp içinde ve dışında toplam 425 GEM bulunmaktadır. Kamplarda bulunan 36 GEM'de toplam 82.503 öğrenci eğitim görmekteyken, kamp dışındaki 389 GEM'de 166.399 öğrenci vardır (SETA, 2016). Kasım 2016 itibariyle MEB verilerine göre Geçici Eğitim Merkezlerinde 327 bin yabancı öğrenci bulunmaktadır.

Mersin'de 20 bin Suriyeli Çocuk Okula Kazandırıldı (Nisan 2016)
Yaklaşık 5 bin Suriyeli öğrencinin sınıf seviyeleri belirlenerek Bakanlığımıza bağlı okullarımıza yerleştirildiğini, yaklaşık 15 bin öğrencinin de Geçici Eğitim Merkezlerine kayıt edildiğini söyleyen Yabancılara Yönelik Eğitim Hizmetleri sorumlusu Şube Müdürü Murat Bağış toplam 20 bin Suriyeli çocuğu okula kazandırdıklarını sözlerine ekledi.
Son açılacak olan Geçici Eğitim Merkezi ile birlikte Mezitli'de 6, Akdeniz'de 5, Yenişehir'de 3, Toroslar'da 2, Erdemli'de 1, Silifke'de 1 ve Tarsus'ta 1 olmak üzere Mersin genelinde toplam 19 adet Geçici Eğitim Merkezi açılmış oldu.
http://mersin.meb.gov.tr/www/mersinde-20-bin-suriyeli-cocuk-okula-kazandirildi/icerik/1053 (Erişim 4 Ağustos 2016)

"Geçici koruma" değil de sadece "yabancı tanıtım belgesi" olanlara 440-650 TL arası yıllık eğitim ücreti ve 60-120 TL arası aylık servis ücreti alınmaktadır ki, bu okullaşma oranlarını zorlaştırmaktadır.

c) Özel veya Kaçak veya Yaygın Eğitim Merkezleri
Suriyelilere yönelik üçüncü tip bir eğitim öğretimden daha söz edilebilir ki bunlar kaçak veya yaygın eğitim kurumları niteliğindedir. MEB'in kontrolü dışında ve kayıt

---

[8] Bakan Avcı: Okul çağındaki Suriyeli çocuk sayısı 756 bin 808. http://www.hurriyet.com.tr/bakan-avci-okul-cagindaki-suriyeli-cocuk-sayisi-756-bin-808-40095389 (Erişim 27 Nisan 2016).

dışında; genelde camilerde, Kur'an merkezli bir eğitimi ücretsiz veren ve hükümet dışı kuruluşlar tarafından yönetilen merkezlerdir (Tükel, Gümüş 2016).

(Al Awael Suriye Geçici Eğitim Merkezi, Fatih) Foto: Tükel ve Gümüş, 2016

Henüz statüsü çok net olmayan ve çoğu kaçak konumda Mersin ve İstanbul gibi illerde "Özel Okullar" da (ücretli, paralı) Suriye okulları da bulunmaktadır.

Okul Açılması ve Derslik Sorunları
En büyük sorunlardan biri okul ve derslik bulma sorunudur. Öğrencilerin %23'ü kadarı Türk okullarındadır (325 binden 75 bini). Geriye kalan 375 GEM-Geçici Eğitim Merkezi mevcut öğrenciler okuldan ayrıldıktan sonra (öğleden sonra) Suriyeli çocuklar için tahsis edilmiş, adından anlaşılacağı üzere "geçici" eğitim merkezleridir.

Cami veya mescitler de "Geçici Eğitim Merkezi" olarak kullanılabilmektedir.

Farklı Semtlerdeki Okullara Taşıma (Servis) Sorunları
Suriyeli çocuklara yönelik Geçici Eğitim Merkezi sayısı 375 adettir. Bunun anlamı, aileler çocuklarını göndermek istese dahil aynı veya yakın bir semtte Suriye okulu bulunmasında büyük bir kısıtlamanın yaşandığıdır.

Bu sıkıntı, büyük kentlerde taşımalı olarak karşılanmak durumunda olup hem yeterli bütçe hem de ulaşım güvenliğinin (ve ailenin güven duygusunun) sağlanmasında zorluklar yaşanmaktadır.

Sadece yabancı tanıtım belgesi olanlardan aylık 60-120 TL servis ücreti istenmektedir.

Belgelendirme, Denklik ve Kayıt Sorunları

Geçici Koruma Statüsündeki Suriyelilerin Türkiye'de ücretsiz eğitim hizmetlerinden yaralanabilmek için devlet okullarına ve Geçici Eğitim Merkezlerine kaydolma hakkı vardır. Refakatsız çocuklar da zorunlu eğitim çağında olanların kayıtları yapılmaktadır. Henüz kimlik edinilmemiş ise öğrenci "misafir öğrenci" olarak kaydedilmektedir.

Sadece "yabancı tanıtım belgesi" olanlara ücretli kayıt hakkı tanınmaktadır (yıllık 440-650 TL arası).

Kayıt için çocuğun vesikalık fotoğrafı, ebeveynlerin ve çocuğun geçici koruma kimlik belgesi, muhtardan alınan ikametgah belgesi ile İl Milli Eğitim Müdürlüğü'ne başvurulması gerekmektedir.

Eğer geçmişe ait okul karnesi yoksa, ara sınıftan öğrenime devam edecek çocukların hangi sınıfa kaydedileceği ebeveyn ile görüşülerek, gerekirse çocuk ile sözlü/yazılı mülakat yapılarak İl Milli Eğitim Müdürlüğü'ndeki İl Eğitim Komisyonu tarafından belirlenmektedir.

Diğer yaş gruplarındaki çocuklar da imkânlar ölçüsünde İl Milli Eğitim Müdürlüğü ile koordine sağlanarak yaygın ve mesleki eğitim olanaklarından yararlandırılır. Bunun için İl Göç İdaresi Müdürlüğü'ne başvuru yapmaları gerekmektedir.

Bakalorya, Yükseköğrenime Geçiş

Suriyeli bir sığınmacı, eğitimini Suriye'de ya da Türkiye'deki geçici eğitim merkezlerinde tamamladıysa lise denklik belgesi alabilmesi için Yabancı Öğrenciler Lise Yeterlilik ve Denklik Sınavı'na (YÖLDS) girmesi gerekmektedir.

Ancak denklik sınavları da sorunlu bulunmaktadır. Suriyeli bir öğretmen şu eleştirilerde bulunmaktadır: "MEB, Libya'daki siyasi durumu gerekçe göstererek 'Ben sınav yapacağım' dedi; ancak 27 Haziran 2015'te yapılan sınav Suriye müfredatına göre yapıldığı için öğrencilerin büyük bölümü başarısız oldu. Suriye müfredatı, Libya müfredatına göre çok zor. MEB sorunu çözeceğini belirtmesine rağmen henüz somut adım atılmadı ve bugün (22 Aralık 2015) itibariyle Libya ile yapılan protokol bitti. Şu an büyük bir belirsizlik var. Okullar Suriye müfredatına geçti; ancak sınavın ne olacağını bilmiyoruz." (Tükel ve Gümüş, 2016)

Kadro, Öğretmen, Personel Sorunları: Suriye Okullarında Kadro ve Maaş Sorunu Var

En temel sorunlardan biri Suriyeli öğretmenlerin sisteme dahil edilmesindeki güçlüklerdir. Suriyeli öğretmenlere maaş ödenmesinde veya çalıştırılmasında bazı güçlükler devam etmektedir.

AFAD tarafından 2016 raporlarında kamp içi ve dışı 9.504 gönüllü öğretmen olduğu belirtilmektedir.

Suriyeli gönüllü öğretmen alımı MEB ve Türkiye Diyanet Vakfı (TDV) arasındaki bir protokolle yürütülmektedir ki TDV 13.987 öğrenciye burs, 457 öğretmen, 18 müdür, 57 hizmetli, 15 güvenlik personelini desteklemektedir (SETAV 2016 "Türkiye'deki Çocukların Eğitimi Temel Eğitim Politikaları").

Kasım 2016'da Milli Eğitim Bakanlığı ile Avrupa Birliği arasında imzalanan "Suriyeli Öğrencilerin Türk Eğitim Sistemine Entegrasyonu" projesi kapsamında, Geçici Eğitim

---

Merkezlerinde ve Suriyeli öğrencilerin yoğun olduğu MEB'e bağlı okullarda çalışmak üzere birinci etapta 4 bin 200 öğretmen bir yıllığına istihdam edileceği duyurulmuştur (MEB Kasım 2016).

a) GBM-Geçici Barınma Merkezlerinde (Kamplarda)
AFAD tarafından 2016 raporlarında kamp içi ve dışı 9.504 gönüllü öğretmen olduğu, bunlara kamp içinde 150 dolar, kamp dışında 250 dolar ödeme yapıldığı belirtilmektedir.

b) Türk Okullarında
Türk okulları mevcut kadro ve özlüklerle sürdürülmekle birlikte bu okullarda Suriyeli çocuklara yönelik hiçbir oryantasyon yapılmamakta, özel bir öğretim kadrosu bulunmamaktadır.

c) GEM-Geçici Eğitim Merkezlerinde (Suriye Okullarında)
Açılan geçici eğitim merkezleri il ve ilçe milli eğitim müdürlüklerine bağlı faaliyet yürütmekte olup MEB'e bağlı personeli idaresinde görevlendirilen Türk öğretmenler ve gönüllü Suriyeli öğretmenler tarafından eğitim öğretim faaliyeti yapılıyor.[9]

Geçici Suriyeli Okulu (2015-2016, Kilis)
2012'nin Şubat ayında Halep'te bulunan fabrikasının yıkılmasından sonra ailesiyle birlikte kendilerine en yakın Türk şehrine kaçan Abdel Hamid, öncelikli olarak Kilis'te kalan mülteciler tarafından dokuz ay önce kurulan okulda öğretmenlik yapan 87 Suriyeli mülteciden biri.

Belediye sınıf olarak kullanılmak üzere kendilerine üç farklı bina tahsis etti. Diğer Türk organizasyonları da öğretmenlere yardım ettiler ve çocuklar için okul materyalleri sağladılar. Bunun yanında Uluslararası Tıp Heyeti'nin korkunç deneyimler yaşayan çocuklara travma konusunda danışmanlık yapması için de gereken izin alındı.

Çocukları farklı bir dil ve farklı bir müfredat nedeniyle Türk okullarına kaydolmada büyük sıkıntı çekerken, Kilis'teki mülteciler Suriye müfredatıyla Arapça dilde eğitim veren bir okul kurmak için güçlerini birleştirdi. Bugün söz konusu bu okul, 2500 Suriyeli mülteciye ilkokul eğitimi vermektedir.

Abdel Hamid bu durumun uzun süre devam etmeyeceğini düşünüyor. Öğretmenlik yapmasından ötürü maaş almıyor, 23 yaşındaki oğlu veterinerlik diplomasına sahip olmasına rağmen iş bulamıyor. Kendisi, eşi ve dört çocuğu Suriye'de biriktirmiş oldukları az miktardaki para ile geçiniyorlar.

"Rakamlar büyürken Suriyeli mülteciler birbirine destek oluyor" (KİLİS, Türkiye, 20 Haziran (UNHCR)) http://www.unhcr.org/turkey/home.php?content=484

Müfredat Sorunları

a) Türk Okullarında Müfredat Sorunları
Mevcut kanunlar ve düzenlemelere bağlı olarak Suriyeli çocuklara yönelik özgül hiçbir uygulamada bulunmadan mevcut program sürdürülmektedir.

---

[9] Bakan Avcı: Okul çağındaki Suriyeli çocuk sayısı 756 bin 808. http://www.hurriyet.com.tr/bakan-avci-okul-cagindaki-suriyeli-cocuk-sayisi-756-bin-808-40095389 (Erişim 27 Nisan 2016).

b) Geçici Suriye Okullarında Müfredat Sorunları

2014'te MEB tarafından akredite edilen Geçici Eğitim Merkezleri Suriye ve Libya müfredatına bağlı düzenlenmiş olup 2015 yılından itibaren hepsi Suriye müfredatına geçiş yapmıştır (Tükel ve Gümüş, 2016).

"Suriye müfredatından" neyin kastedildiği de sorunlu bulunmaktadır. Müfredatın Suriye resmi müfredatı olmayıp Gaziantep'te kurulu "geçici hükümet" sayılan bir birimle ortak düzenlendiği söylenmektedir.

Geçici Eğitim Merkezlerinde (Suriye okullarında) 10 saat Türkçe de verilmektedir.

Eğitim Dili

Halk eğitim ve TÖMER çatısında çocuk ve gençlere yönelik bazı Türkçe hazırlık kursları olsa da bu çok sınırlı düzeydedir. Yükseköğretime kayıtta yeterli Türkçe bilgisinin de belgelendirilmesi gerekmektedir ki kurslar ücretli olup belli bir zaman ve başarı şartı da aranmaktadır.

a)Türk Okullarına Kayıtlı Suriyeli Öğrenciler İçin Türkçe

Türk Okullarına kayıtlı her tür öğrenci mevcut eğitim diline tabi olup aynı müfredatı takip etmektedir. Yani eğitim dili tümden Türkçedir.

b) GBM-Geçici Barınma Merkezi, GEM-Geçici Eğitim Merkezleri ve Özel Suriye Okullarında Arapça

GEM-Geçici Eğitim Merkezleri veya Suriye okulları Arapça eğitim veren ilk ve orta dereceli eğitim merkezleridir. Haftada 10 saat Türkçe takviyesi yapılmaktadır.[10]

Yükseköğretime Geçiş, Bakalorya ve Kayıt

Suriye'den ülkemize yönelik nüfus hareketleri sonucu ülkemize giriş yapan pasaportsuz Suriyelilerin (üniversite çağındaki) üniversite sıkıntıları giderilmiş ve pasaportsuz Suriyelilerin de ülkemiz üniversitelerinden yararlanabilmeleri sağlanmıştır. AFAD koordinasyonunda, Milli Eğitim Bakanlığı'nca geçici barınma merkezleri ve dışında kalan Suriyeli öğrenciler için, Suriye'deki öğrencilerle eş zamanlı olarak 18-25 Ağustos 2013 tarihleri arasında Bakalorya sınavı düzenlenmiştir. 2014 yılında ise Bakalorya sınavı 1-12 Haziran 2014 tarihleri arasında yapılmıştır. (AFAD (2016) "Suriye Raporu". https://www.afad.gov.tr/tr/2373/Giris)

Geçici koruma statüsündeki Suriyeli öğrencilere Türkiye'de yükseköğrenimlerini tamamlamaları için Türk üniversitelerine kayıt hakkı tanınmıştır. Adayların, üniversitelerin kendi bünyesinde gerçekleştirdikleri Yabancı Öğrenciler Sınavı'na (YÖS) girmeleri gerekmektedir. Bu sınavlara başvurular, üniversitelere bağımsız olarak yapılır. Başvurmak istenilen üniversitenin internet sitesinden başvuru tarih ve koşulları takip edilmelidir.

Eğitiminizi Suriye'de ya da Türkiye'deki geçici eğitim merkezlerinde tamamladıysanız lise denklik belgesi alabilmeniz için Yabancı Öğrenciler Lise Yeterlilik ve Denklik Sınavı'na (YÖLDS) girmeniz gerekmektedir.

---

[10] Çukurova Üniversitesi KADAUM Suriyeli Çocuk ve Kadınlar Çayıştayı, Mart 2016.

Üniversite kaydı için başvuru formu, lise diploması, (lise diploması olmayanlar için YÖLDS'den alınacak denklik sınav belgesi), iki adet vesikalık fotoğraf, pasaport veya geçici koruma kimliğinin fotokopisi, gerekmektedir.

Eğitim Kalitesi

UNİCEF'in hedeflerinden biri "Örgün, örgün dışı ve yaygın eğitim aracılığıyla her kademede kaliteli eğitim fırsatlarına erişimin artırılması" olmakla birlikte fiziki şartların ve yeterli dersliğin bile sağlanamadığı bir ortamda Geçici Suriye Okulları veya Mevcut Türk Okullarındaki eğitimin kalitesinden söz etmek şimdilik biraz "lüks" kalıyor.

Diplomanın İşe Yararlılığı, Diplomanın Tanınırlığı

Suriyeli çocuklar ve aileleri, eğitime yaptıkları yatırımların işe yarayıp yaramayacağı ve aldıkları eğitimin gelecekte tanınıp tanınmayacağı konusunda da şüphe içindedirler (Soyalp, 2016).

Yaygın Eğitim, Yetişkin Eğitimi, Kişisel Gelişim İmkânları

MEB denetimindeki kuralarda 130 bin kişiye eğitim verildiği ifade edilmektedir: "Bakanlığımız halk eğitim merkezleri aracılığı ile her yaş grubundan Suriyeli misafirimize başta Türkçe öğretimi olmak üzere onlarca alanda kurslar açıyor. Söz konusu faaliyetlere katılan Suriyeli sayısı 130 binin üzerine çıktı.[11]

AFAD da Geçici Barınma Merkezlerinde toplam 61 bin kişiye kurs verildiğini belirtiyor.

Çizelge 11. Suriyelilere Yönelik Düzenlenen Kurslar

Yetişkin kursları			
Devam eden		Tamamlanan	
Kurs	Kursiyer	Kurs	Kursiyer
298	13.936	2.036	61.749

Kaynak: AFAD (2016) "Suriye Raporu". https://www.afad.gov.tr/tr/2373/Giris
AFAD Kasım 2016 verilerine göre yetişkin kurslarında

- Mesleki eğitim 18.615,

- Genel Eğitim 97.563'tür.

Ancak kamp dışındakilere yönelik kurs ve yetişkin eğitim programları hakkında derli toplu bir bilgi veya veri henüz sağlıklı olarak bulunmamaktadır. Pek çok kuruluş ve özellikle dini ağırlıklı STK'lar pek çok etkinlik düzenlemekte, Kalkınma Ajansları da dahil bazı projeler geliştirilmektedir.

Suriyeli Çocukların Okula Gitmeme, Devamsızlık Sorunları veya Okulu Terk Nedenleri

Kayıtlı öğrencilerin devamlarında da sorunlar yaşanmaktadır. Devamsızlık ile ilgili mevcut resmi bir veri olmamakla birlikte oranların yüksek olduğu kestirilebilmektedir.

---

[11] Bakan Avcı: Okul çağındaki Suriyeli çocuk sayısı 756 bin 808. http://www.hurriyet.com.tr/bakan-avci-okul-cagindaki-suriyeli-cocuk-sayisi-756-bin-808-40095389 (Erişim 27 Nisan 2016).

Süleymanov, Sönmez, Ünver, Akbaba (der.)

Okula kaydolmama veya devamsızlıkta;

- Yakın bir semtte Suriyelilere (Arapça) yönelik bir okul bulamama,

- Dil sorunu, anlamama, Türkçenin zayıf olmasından dolayı derslere uyarlanamama, giderek okuldan soğuma,

- Geçim şartlarının, ekonomik durumun yetersiz olması, okul ihtiyaçlarının karşılanamaması, çocuğun yoksulluk duygusundan dolayı uyarlanamaması,

- Arkadaş gruplarına dahil olamama, dışlanma (Türk okullarına giden Suriyeli çocuklar için),

- Yerleşim yeri değişiklikleri,

- Okul ve öğretmenlerin benimsememesi, sorunlu görmesi.

a) Uygun Okul Bulunmaması
Suriyeli ailelerin çocuklarını okula gönderme sebebi olarak ilk sırada maddi güçlükleri belirtmektedirler. Bununla beraber Adana Seyhan Çalışmasının (2015) bulgularına göre bulunduğu mahallede Geçici Suriye Okulu varsa, okullaşma oranları çok yükselmektedir.

Okullaşma oranlarındaki düşüklüğün önemli bir sebebi Suriyelilere uygun Geçici Eğitim Merkezi veya Türk Okulu olmaması veya bilgi eksikliğidir.

Çizelge 12. Okul Çağında Çocuğu Olanların Çocuklarını Okula Göndermeme Nedenleri

	Sayı	%
Yakın çevremde göndereceğim bir okul yok	80	36,7
Dışlanıyor, dövdüler	3	1,4
Suriye okulu yok, dil yok	12	5,5
Kimlik yok, kabul etmiyorlar	3	1,4
Okul var ama maddi durumumuz müsait değil	86	39,4
Paramız yetmediği için çalışmak zorunda	34	15,7
Toplam	218	100,0

Kaynak: Seyhan Belediyesi (2015). Adana Seyhan'daki Sığınmacılar: Durum Tespiti ve Acil Çözüm Önerileri Raporu (2015).

b) Geçim Şartları
Suriyeli aileler, özellikle de kamp dışındakiler, çok ağır şartlarda hayatlarını sürdürmeye çalışmakta olup ancak çalışarak hayatta kalabilmektedirler. Hanede kişi başına düşen ortalama günlük ücret veya kazanç 7,42 TL'dir. Bu şartlarda çocuklarının okul ihtiyaçlarını karşılamaları güç gözükmektedir.

Çizelge 12'de görüldüğü üzere Adana Seyhan Çalışmasında da (2015) ailelerin %55'i çocuğunu okula gönderememe sebebi olarak geçim-maddi güçlüklerini saymaktadır.

- Okul var ama maddi durumumuz müsait değil (%39,4),

- Paramız yetmediği için çalışmak zorunda (%15,7).

c) Çocuk İşçiliği %13'ü Geçiyor

Adana'daki araştırmalara göre 12-17 yaş grubunda erkek çocuk işçiliği %20'leri geçmektedir (Gümüş ve Durgun, 2015; Seyhan Belediyesi, 2015). Hemen her tamirci veya berber yanında, lastikçi ve benzeri yerlerde Suriyeli çocuk işçilerle karşılaşılmaktadır.

Ayrıca her kavşakta 4-5 yaşına kadar Suriyeli çocuklar dilendirilmektedir. Bu durum çocuk istismarının her türüne açık bulunmaktadır.

Çizelge 13. Suriyeli Sığınmacı Ailelerin Gelir ve Geçim Durumları

	Ayda 20 Gün Çalışma İle Konuta Giren Günlük Ücret	Kişi Başına Düşen Otalama Günlük Ücret Geliri	TÜİK Açlık Sınırı (1 Dolar 1,5 Tl) Günlük **3,225 TL'den** Az Gelirli Kişi Oranı	TÜİK Yoksulluk Sınırı (1 Dolar 1,5 Tl) Günlük **6,450 TL'den** Az Gelirli Kişi Oranı)
Toplam	39,52	7,42	30,66	56,91

Kaynak: Seyhan Belediyesi (2015). Adana Seyhan'daki Sığınmacılar: Durum Tespiti ve Acil Çözüm Önerileri Raporu (2015).

Çizelge 13. 12-17 Yaş Çocukların Çalıştırılma Durumu

	Erkek		Kadın		Toplam	
	Sayı	%	Sayı	%	Sayı	%
Çalışmadı	173	79,36	175	96,15	348	87,00
Bir kez veya daha fazla çalıştı	45	20,64	7	3,85	52	13,00
Toplam	218	100,0	182	100,0	400	100,0

Kaynak: Seyhan Belediyesi (2015). Adana Seyhan'daki Sığınmacılar: Durum Tespiti ve Acil Çözüm Önerileri Raporu (2015).

d) Çocuk Gelinler %16'yı, Çocuk Hamileler %6,41'i Geçiyor

Kalkınma Ajansı Desteği ile yürütülen Seyhan Belediyesi'nin yaptığı araştırmalara göre 12-17 yaş grubunda çocuk gelinler %16'yı bulmaktadır.

Çizelge 14. 12-17 Yaş Kadınların Medeni Durumu

	Sayı	%
Bekar	131	84,0
Evli	25	16,0
Toplam	156	100,0

Kaynak: Seyhan Belediyesi (2015). Adana Seyhan'daki Sığınmacılar: Durum Tespiti ve Acil Çözüm Önerileri Raporu (2015).

12-17 yaş grubundaki toplam kadın nüfusun %6,41'i hamile bulunmaktadır (bu yaş grubunda evli olanların %40'ı hamiledir).

Çizelge 15. 12-17 Yaş Kadınların Hamilelik Durumu

	Sayı	%
Hamile değil	146	93,59
Hamile	10	6,41
Toplam	156	100,0

Kaynak: Seyhan Belediyesi (2015). Adana Seyhan'daki Sığınmacılar: Durum Tespiti ve Acil Çözüm Önerileri Raporu (2015).

e) Dil Sorunu, Okul İçindeki İletişim ve Uyum Sorunları

Suriyeli ailelerin Türk okulları ile ilgili en önemli sıkıntıları çocukların yeterli düzeyde Türkçe bilmemeleridir. Bu sorun Suriyeli sığınmacıların sorunu olmaktan daha çok aslında Türkiye'de bu soruna yönelik çok dilli bir model geliştirilememesinden kaynaklanmaktadır.

Çizelge 16. Öğrenci Velilerine Göre (Okula Giden Çocuğu Varsa) Okulda Çocuklarınızın Yaşadığı Zorluklar

	Sayı	%
Türkçesinin zayıf olması, dersleri anlayamama	23	59,0
Arkadaş bulamama, yalnız kalma	3	7,7
Dışlanma, Suriyeli olduğu için farklı davranılması	5	12,8
Kötü söz veya küfürle karşılaşma	1	2,6
Birden fazla sebep	7	18,0
Toplam	39	100,0

Kaynak: Seyhan Belediyesi (2015). Adana Seyhan'daki Sığınmacılar: Durum Tespiti ve Acil Çözüm Önerileri Raporu (2015).

Türkçenin yanı sıra farklı dışlanma sebeplerinin belirtilme oranı da %40'ları bulmaktadır.

Sağlıklı Kayıt, İzleme ve Okulların Denetimi Sorunları

Okulların açılması, kayıt, izleme ve denetlemeden MEB sorumlu olmakla birlikte Suriyeli çocukların devamsızlıklarının sağlıklı tutulması, rehberlik ve özellikle de GEM-Geçici Eğitim Merkezleri (Suriye okulları) izleme ve denetimi çok sağlıklı yapılamamaktadır. Adres ve yerleşim yeri değişikliklerini izlemek için de güçlü bir model bulunmamaktadır.

Türk Milli Eğitim Sisteminin Aşırı Merkezi ve Milliyetçi Dinci Yapılanması

Türkiye'de okullar örgütlenme şeması açısından çok merkeziyetçi bir yapıda olup ideolojik olarak da Türk-İslâm sentezi, hatta giderek dinci bir eğitim anlayışı da problemli bulunmaktadır. Özellikle de Sünni kökenli olmayan kişi ve grupların görece daha büyük sıkıntılar yaşadığı söylenebilir ki, MEB de ortaöğretime yönelik okul modeli olarak İmam Hatip Liselerini öne çıkarmaktadır.

Öneriler

Yukarıda sorunlar aktarılırken belli çözüm önerileri de ifade edilmiştir. Burada toparlayıcı olarak bazı önerilerin altının çizilmesinde yarar bulunmaktadır. Bunlar şu şekilde sayılabilir:

• Tüm göçmen ve sığınmacılara yönelik tam kayıt ve takip sistemi oluşturulması

- Erişilebilirlik sorunu, acilen herkese uygun ve nitelikli okul açılması ve derslik sağlanması
- Aile ve çocukların geçim şartlarının düzeltilmesi ve ailelerin desteklenmesi
- Dil desteği sağlanması
- Seviye belirleme ve bakaloryanın sağlıklı yapılması
- Taşımalı eğitim için yeterli servis ve güvenlik sağlanması
- Bilgilendirme yapılması, okul ve kayıt yolları ile gerekli tüm bilgilerin tüm sığınmacılara ulaştırılması
- Müfredatların çok kültürlü ve entegrasyona yönelik oluşturulması
- Kadroların oluşturulması (Arapça ve Türkçeye hâkim çift dilli, çok dilli öğretmenlerin yetiştirilmesi)
- Suriye kökenli öğretmenlerin sisteme dahil edilmesi
- Eğitimin niteliğinin yükseltilmesi
- Mesleki gelişim ve yetişkin eğitimin yaygınlaştırılması (15 yaş ve üstündekilerin mesleki eğitim ve kişisel gelişimlerine uygun programlar oluşturulması)
- Engelli ve çalıştırılan çocuklara yönelik özel programlar geliştirilmesi
- Irgat (tarımda/mevsimlik işlerde çalışan) aile çocuklarına yönelik programlar geliştirilmesi
- Çocuk gelinliği önleyecek ve bunları okula ve mesleğe yönlendirecek programlar geliştirilmesi
- Sosyal, ekonomik ve siyasal entegrasyona yönelik programlar geliştirilmesi.

Tüm bunların pek çok inceliği olup tüm bu süreçlerin resmi birimler, yerel idare, STK, halk ve Suriyeli sığınmacılarla birlikte kararlaştırılması ve uygulamaya geçirilmesi uygun olacaktır.

Şu anda Belediyelerin yasal konumu da tanımlanmamış olup pratikte bütün yük belediyelerde bulunmaktadır. Dolayısıyla örgün ve yaygın eğitimdeki rolleri de dâhil belediyelerin merkezi konuma taşınması ve gerekli kaynakların sağlanması da çok önemli bir konuyu oluşturmaktadır.

Kaynakça
Adana Kent Konseyi (2016). Göçle Gelenler Çalıştayı. Rapor. Adana: Kent Konseyi.
AFAD (2016). "Afet Raporu- Suriye". https://www.afad.gov.tr/tr/2373/Giris")
BMMYK The UN Refugee Agency (2015) Türkiye'deki Suriyeli Mülteciler: Sıkça sorulan sorular, BMMYK Türkiye, Ocak 2015
Gaziantep Valiliği (2014). "Gaziantep'te Barınma Merkezlerinde ve Merkezler Dışında Geçici Koruma Altına Alınmış Suriyeliler" Raporu (22 Haziran 2014 Gaziantep).
GİGM (10 Kasım 2016). "Geçici Koruma". http://www.goc.gov.tr/icerik6/gecici-koruma_363_378_4713_icerik
Gümüş, A. (2016). "Kayıp Kuşaklar: Adana'daki Sığınmacı Çocukların Durumu", Türkiye'de Çocuk İşçiliği Sorunu Suriye'den Gelenler Sonrası Mevcut Durum ve Çözüm Önerileri Raporu, İstanbul: Bilgi Üniversitesi, s. 35-42.

Gümüş, A.; Durgun, M. S. (2015). "Suriyelilerin Adana'daki Durumu: Kapalı Hesap Açık Kapı Politikasının Sonuçları". Adana Kent Sorunları Sempozyumu 3- 22-23 Mayıs 2015. Bildiriler Kitabı. Ankara: TMMOB. s.1-59.

Gümüş, A. ve Felsefe Grubu Öğrencileri (2014). Halkın Suriye'den Gelenlere Yönelik Algı ve Bakışı: "Geri Dönsünler" (Araştırma Ön Raporu)

Hacettepe Üniversitesi Göç ve Siyaset Araştırmaları Merkezi (HUGO) (2014). "Türkiye'deki Suriyeliler: Toplumsal Kabul ve Uyum Araştırması". Doç. Dr. M. Murat ERDOĞAN Kasım 2014.

Human Rigths Watch (2015). "Geleceğimi Hayal Etmeye Çalıştığımda Hiçbir Şey Göremiyorum" Türkiye'deki Suriyeli Mülteci Çocukların Eğitime Erişiminin Önündeki Engeller –Kayıp Nesil Olmalarını Önlemek, Kasım 2015

İnsan Hakları ve Mazlumlar İçin Dayanışma Derneği (MAZLUMDER) (2014). "Kamp Dışında Yaşayan Suriyeli Kadın Sığınmacılar Raporu", Mayıs 2014.

İstanbul Fikir Enstitüsü (2014). Suriyeli Sığınmacılar Raporu İstanbul Örneği, Kasım 2014.

KADAUM-Ç.Ü. (2016). Suriyeli Kadın ve Çocukların Durumu Çalıştayı. Mart 2016.

KAMER (2016). Dışarıda Kalan Kadın ve Kız çocukları İçin Güvenli Mekanlar Projesi. Final Sunum Raporu.

MEB (2016). "Suriyeli öğrenciler için 4 bin 200 öğretmen alımı yapılacak". http://www.meb.gov.tr/suriyeli-ogrenciler-icin-4-bin-200-ogretmen-alimi-yapilacak/haber/12204/tr 04.11.2016 12:29

Özkan, Y. (2013). Türkiye Kamplarında Suriyeli Sığınmacılar: Sorunlar, Beklentiler Türkiye ve Gelecek Algısı, Sosyoloji Derneği, *Türkiye Sosyoloji Araştırmaları Dergisi* Cilt: 16 Sayı: 1, Bahar 2013

Sercan, R. *Hayatın Yok Yerindekiler: Mülteciler ve Sığınmacılar*, Marmara Üniversitesi

SETA (2016). "Türkiye'deki Çocukların Eğitimi Temel Eğitim Politikaları". http://file.setav.org/Files/Pdf/20160309195808_turkiyedeki-suriyeli-cocuklarin-egitimi-pdf.pdf

SETA (2016). "Türkiye'deki Suriyelilerin Eğitiminde Yol Haritası Fırsatlar ve Zorluklar" http://file.setav.org

Seydi, A. R. (2013). Türkiye'deki Suriyeli Akademisyen ve Eğitimcilerin Görüşlerine Göre Suriye'deki Çatışmaların Suriyelilerin Eğitim Sürecine Yansımaları, SDÜ Fen Edebiyat Fakültesi, Sosyal Bilimler Dergisi, Aralık 2013, Sayı: 30, ss..217-241

Seyhan Belediyesi (2015). Adana Seyhan'daki Sığınmacılar: Durum Tespiti ve Acil Çözüm Önerileri Raporu (2015). Haz. Gümüş, Adnan; Durgun, M. Sezai; Aslan, Cahit; Boğa, Güven; Özyaşar, Ferhan; Dağeri, Mesut; Tiyekli, Erkan; Bulca, İsmail; Evren, Özkan; Özgentürk, Zafer; Akdağ, Merve. Adana: Seyhan Belediyesi.

Soyalp, I.Ö. (2016). "UNICEF Suriye'den Gelen Göç ve Çocukların Mevcut Durumu." Türkiye'de Çocuk İşçiliği Sorunu Suriye'den Gelenler Sonrası Mevcut Durum ve Çözüm Önerileri Raporu, İstanbul: Bilgi Üniversitesi, s. 11-14.

Tükel, H., Gümüş, O. B. (2016). Kayıp Neslin Kıyısında: Suriyeli Çocukların Eğitimi. (Galatasaray Üniversitesinde Poster).

TBMM İnsan Haklarını İnceleme Komisyonu. "Mültecilerin Hukuki Durumuna Dair Sözleşme". http://www.ombudsman.gov.tr/contents/files/45516--Multecilerin-Hukuki-Durumuna-Dair-Sozlesme.pdf (Al. 10 Aralık 2015).

TTB (2014). "Suriyeli Sığınmacılar ve Sağlık Hizmetleri Raporu" http://www.ttb.org.tr/index.php/Haberler/hizmet-4315.html (Erişim 1 Mart 2015)

TÜİK Çocuk İşgücü İstatistikleri

UNICEF (2015). Türkiye'deki Suriyeli Çocuklar, Kasım 2015, http://unicef.org.tr/files/bilgimerkezi/doc/T%C3%BCrkiyedeki%20Suriyeli%20%C3%87ocuklar_Bilgi%20Notu%20Kasım%202015.pdf

UNICEF (2016). "Türkiye'deki Suriyeli Çocuklar", Nisan 2016, http://unicef.org.tr/files/bilgimerkezi/doc/T%C3%BCrkiyedeki%20Suriyeli%20%C3%87ocuklar_Bilgi%20Notu%20Kasım%202015.pdf

UNICEF (2016). "Genç göçmenler, mülteciler ve sığınmacılar", http://www.unicef.org.tr/sayfa.aspx?id=59

Yılmaz, H. (2014), "Türkiye'de Suriyeli Mülteciler - İstanbul Örneği: Tespitler, İhtiyaçlar ve Öneriler", MAZLUMDER İstanbul Şubesi

Suriyeli Çocukların Sosyo-Kültürel ve Sosyo-Psikolojik Sorunları: İstanbul Sultanbeyli Örneği

Abulfez Süleymanov[1] ve Pelin Sönmez[2]

Giriş

Zorunlu göçler kapsamında değerlendirilen göçlerin en trajik olanı sığınmacı göçleridir. Zira bu göçlerin ekonomik ve sosyo-kültürel sonuçları çok yönlüdür. Bunun yanı sıra "sığınmacılar", üzerinde hassasiyetle durulması gereken en önemli göçmen grupları arasında yer almaktadır (Deniz, 2009: 189). Bunlar, artık kaybedecek hiçbir şeyi olmayan ve çoğunlukla ülkelerine tekrar dönme imkânı bulunmayan insanlardan oluşmaktadır. Başta barınak ve yiyecek gibi temel ihtiyaçların yanı sıra pek çok ciddi sorunla yüz yüze kalan bu insanlar, psikolojik açıdan da göç sürecinden derin bir şekilde etkilenmektedirler. Zira bu kişilerin ülkelerini terk edip belli ilişkisel ağlarla örülmüş bir topluluğun mensubu olmaktan uzaklaşarak yeni bir topluluk içinde yaşamaya başlaması, yerleştikleri bu yeni ortamda gerek dini gerek sosyal gerekse kültürel açıdan bazı sorunlarla karşı karşıya kalmalarına neden olmaktadır. Bu sorunların derecesi ve mücadele biçimleri, göç edilen yerin fiziksel, sosyo-ekonomik ve kültürel özellikleriyle, ortaya çıkan sorunlarla baş etmeye ve uyum sağlamaya dönük olarak sahip olduğu mekanizmalarla ilişkili olarak değişmektedir.

Bu bağlamda Türkiye'de bulunan Suriyeli sığınmacılarla ilgili üzerinde durulması gereken konular yasal statüyle birlikte barınma, Türkçeyi öğrenme, uygun bir işinin olması, sağlık imkanlarından faydalanma, kentsel yaşama uyum, bilhassa çocukların eğitim fırsatından faydalanması, temel kültürel ihtiyaçlar ile görüş ve sorunlarını ilgili mercilere iletememe gibi sorunlar bulunmaktadır (Deniz, 2009:480). Ayrıca, sığınmacıların göç ettikleri yerlere uyum sağlayabilmesinde, yerel halkın kendilerine karşı tutumu da son derece önemlidir.

Özellikle savaşın en derin izleri çocuklar üzerinde gözlenmektedir. Türkiye'de bulunan Suriyeli sığınmacıların yarısından fazlasını 18 yaşının altındaki çocuklar oluşturmaktadır. Zorunlu göç durumunun kendisinin pek çok zorluğu beraberinde getirdiği düşünüldüğünde, özellikle çocukların çok boyutlu sorunlarla karşı karşıya kaldığı ortadadır. Bu bağlamda çocukların eğitim ve sağlık hizmetlerine erişim durumunun sınırlı olması, yeni çevreye uyum sağlayamama, kültür farklılıkları nedeniyle kültür çatışması, arkadaşlarınca benimsenememe, yabancılık hissetme, içine kapanarak yalnızlaşma, okul kurallarına uyamama ve okulda başarısızlık önemli sorunlar arasındadır. Çocuk olmak ile göçmen olmanın dezavantajının birleşmesi dolayısıyla çifte dezavantajlı olan göçmen çocuk grubu birincil öncelikler arasında olmak durumundadır. Bu noktada çocukların durumu, üzerinde hassasiyetle durulması gereken önemli bir sorundur.

İşte bu kaygılardan hareketle, İstanbul'un Sultanbeyli ilçesine zorunlu göç eden Suriyeli sığınmacılarla "Suriyeli Çocuklarla El Ele: Suriyelilerin Yaşam Deneyimleri" başlıklı kapsamlı bir çalışma yürütülmüş, sığınmacıların göç öncesi ve sonrası

[1] Doç. Dr. Abulfez Süleymanov, Üsküdar Üniversitesi, İstanbul.
[2] Yrd. Doç. Dr. Pelin Sönmez, Nişantaşı Üniversitesi, İstanbul.

deneyimlerini analiz eden sorunlarının tespitine ve bunların çözümüne yönelik stratejilerin geliştirilebilmesi hedeflenmiştir. Bu araştırma, Avrupa Birliği ve Türkiye Cumhuriyeti tarafından ortaklaşa finanse edilen dördüncü dönemi Sivil Toplum Diyaloğu Hibe Programı`nın, Üsküdar Üniversitesi, Hacı Habibullah Geredevi Vakfı (HAGEV) ve CEIPES (İtalya) ortaklığında yürütülen 'Suriyeli Mülteci Çocuklarla El Ele' isimli, TR2011/0135.15-04/008 numaralı projeden üretilmiştir. Adı geçen bu araştırmada sığınmacıların göç etme nedenlerinin, göç sürecindeki olumlu ve olumsuz deneyimlerinin, yeni yaşam alanlarında karşılaştıkları sorunların, çocukların eğitim ve psiko-sosyal sorunlarının ve sığınmacıların gelecek planlarının anlaşılmasına odaklanan bir alan araştırması niteliği taşıyor.

Bu çalışma ile, yukarıda adı geçen araştırmanın içinde bir bölüm olarak yer alan ve göçten en fazla etkilenen kesim olan sığınmacı çocukların ebeveyn görüşlerine dayalı sosyo-ekonomik, sosyo-kültürel ve sosyo-psikolojik sorunlarının ortaya çıkarılması hedeflenmiştir. Bu hedefler doğrultusunda göç olgusunun Suriyeli çocukların eğitimi üzerindeki etkilerinin belirlenmesi, çocukların karşılaştıkları psiko-sosyal sorunlarının irdelenmesi amaçlanmıştır.

Kuramsal Çerçeve

Göç; toplumu sosyal, ekonomik, politik, kültürel, sağlık gibi tüm bileşenleriyle etkileyen; kişileri yeni bir topluluğa götüren, tabii, iktisadi, siyasi ve benzeri mecburiyetler ile yaşadığı yeri terk etmesi; dolayısıyla kişiyi yeniden uyum sağlama sorunlarıyla karşı karşıya bırakan bir "yer değiştirme" hareketidir (Arafat, 2000: 33-43). Genel itibariyle göç, kişilerin ekonomik, dini, siyasi ve sosyal sebeplerden dolayı yerleşmek amacıyla bir yerden başka bir yere gitmeleri hareketine verilen addır. Bu hareket, ülke içinde olursa 'iç göç', ülkeler arasında olursa 'dış göç' veya 'uluslararası göç' olarak adlandırılır. (Çakır, 2011: 210).

Göçlerin oluşum nedenleri dört grupta toplanır: Doğal nedenler, siyasal ve dinsel nedenler; sosyal ve kültürel nedenler ve ekonomik nedenler.

Özellikle 80'li yıllardan itibaren yaşanan insani krizlerle birlikte dünya genelinde başka bir ülkeye sığınma talebinde bulunan göçmenlerin sayısında büyük oranda artış meydana gelmiş, ülkelerde yaşanan politik istikrarsızlıklar ise zorunlu göç hareketi olan kitlesel sığınmacı akımlarını (Castles ve Miller, 2008: 11) beraberinde getirmiştir.

Göç alan ülkenin yaşadığı sıkıntıların yanı sıra, göç eden topluluk da, çalışmak istemedikleri ağır iş alanları ve sektörlerinde istihdam edilmeleri, geldikleri ülkelerden daha düşük ücretlerle çalışmak zorunda olmaları, niteliklerine uygun işlerde çalıştırılmamaları vs. göçün dezavantajlarını oluşturmakta ve uyum sürecini zorlaştırmaktadır (Bayraklı, 2007: 118-121).

Uğuz ve diğerlerine göre (2004: 383-391) kaybolma duygusu; aileden, memleket toprağından, statü ve servetten yoksunluk; bir tarafa atılmış olma duygusu; kimliğe, değerlere, rollere bakışta karmaşa göçmenlerin uyum sürecini etkileyen diğer faktörlerdendir. Özdemir'e göre (2012:1-15), göç kararı maddi ve manevi bazı sorunları da beraberinde getirmektedir. Göç hareketlerinin tamamen güvensizlik algısı ve çatışmalarla belirlendiğini ve dinamik bir süreç olduğu da ileri sürülmektedir (Sirkeci ve Cohen, 2011; Cohen ve Sirkeci, 2016).

Göçmenlerin göç ettikleri ülkede çok çeşitli beklenti ve ihtiyaçları ortaya çıkmaktadır. Buna göre, yiyecek ve barınma gibi temel biyolojik ihtiyaçlardan başlayarak ekonomik, hukuki (yasal statü sorunları), psikolojik ve sosyal (dil, okul, kültürel uyum v.b) ihtiyaçlara kadar uzanan geniş bir ihtiyaçlar listesi yapmak mümkündür (Zulal, 2002: 60-64). Stanley'e (1977: 620) göre mültecilerin, göç alan ülkeye yerleşebilmelerindeki ve uyumlarındaki başarı ya da başarısızlıkları o ülkedeki hükümetlerin ve toplumların tutumlarına, göç politikalarına, göçmen-mültecilere yönelik yerleşme ve destek programlarına ve son olarak göçmen-mültecilerin fizik ve ruh sağlıklarına yönelik kolaylaştırıcılıklarına bağlı olmaktadır.

Genel olarak kuram ve görüşler, yeni bir topluma yerleşme sürecinin stres yaratıcı olduğunu ve memnuniyet sağlama çabalarının yarattığı gerginliğin, göçmen bireylerin yabancı topluma ayak bastığı andan itibaren başladığını ve çok uzun yıllar sürdüğünü kabul etmektedirler (Yalçın, 2004: 22-56; Bilecen, 2005: 78-85).

Bir grup sosyal bilimci, göç hareketlerini değerlendirirken zincir göç konusuna vurgu yaparlar (Mac Donald, 1964; Wegge, 1998; Böcker, 1994; Shah ve Menon, 1999). Mac Donald' a göre (1964:82); zincir göç terimi, "bireysel göçün aile, hısım, akraba ya da topluluk üyelerini de içeren uzunlamasına bir perspektifte ele alınarak, birey ve aile göçünü birleştiren" durumları tarif etmek için kullanılmaktadır. Yani zincir göç, göçmenlerin daha önce hakkında bilgi sahibi oldukları, ilişki kurdukları, arkadaş yada akrabalarından duyarak, dolaylı da olsa bildikleri bölgelere hareket etme sürecidir. (Erdoğan, 2007: 3) Bireyler tek başlarına kendi ülkelerini terk etmeye ve/veya hangi bölgeye gideceklerine karar vermezler. O ülke yada bölgelere daha önce giderek yerleşmiş olan tanıdıklarından aldıkları enformasyon ve desteğe duydukları güvenle göç ederler.

Türkiye'ye sığınmacı olarak göç eden insanların sayısının artmasıyla birlikte son dönemlerde bu konuda yapılan çalışmaların sayısı da artmış bulunmaktadır. Akademik kuruluşlar, resmi kurumlar ve çeşitli sivil toplum kuruluşları tarafından gerçekleştirilen araştırmalarla konu çok farklı boyutlarıyla ele alınmaktadır. Bu bağlamda Türkiye genelinde yapılmış en kapsamlı çalışmalardan biri Hacettepe Üniversitesi Göç ve Siyaset Araştırmaları Merkezi tarafından 2014 yılında gerçekleştirmiş "Türkiye'deki Suriyeliler: Toplumsal Kabul ve Uyum Araştırması" başlıklı araştırmadır. M. Murat Erdoğan tarafından yürütülen araştırma kapsamında 72'si Suriyeli, 72'si yerel halktan olmak üzere toplam 144 kişi ile mülakatlar gerçekleştirilmiş ve 18 ilde kamuoyu araştırması yapılmıştır. Çalışmanın ortaya koyduğu en önemli bulgulardan biri Türkiye'de her ne kadar zaman zaman yabancı düşmanlığına ve ırkçılığa varan tepkilerle karşılaşılsa da genel olarak Suriyelilere yönelik toplumsal kabul düzeyinin oldukça yüksek olduğudur (Erdoğan, 2015).

Bu çerçevede yine başka kapsamlı bir çalışma Türkiye'ye sığınan Suriyeli mültecilere insani yardım ve koruma sağlayan Başbakanlık Afet ve Acil Durum Yönetimi Başkanlığı (AFAD) tarafından yapılmıştır. Adana, Adıyaman, Hatay, Gaziantep, Kahramanmaraş, Kilis, Malatya, Mardin, Osmaniye ve Şanlıurfa illerinde Suriyeli sığınmacılar ile yüz yüze görüşme yöntemiyle büyük bir örneklem üzerinde yapılan "Türkiye'deki Suriyeli Sığınmacılar, 2013 Saha Araştırması Sonuçları" başlıklı çalışmanın raporu Suriyeli sığınmacıların demografik özellikleri, sosyo-ekonomik yapı, barınma, güvenlik, sağlık, eğitim, beslenme, su/temizlik ve gelecekle ilgili beklentileri konusunda önemli veriler sunmaktadır (AFAD, 2013)

Araştırmaların bir kısmı göçten en fazla etkilenen dezavantajlı gruplar olarak bilinen kadın ve çocuklar üzerine yapılmıştır. Bu bağlamda AFAD tarafından 2014 yılında yapılmış "Türkiye'de Suriyeli kadınlar raporu" başlıklı çalışma (AFAD, 2014), "Türkiye'deki Suriyeli çocukların eğitimi" (Emin, 2016), "İstanbul Zeytinburnu'nda Yaşayan Suriyeli Sığınmacılar ve Diğer Göçmenlerin Sağlık Düzeyi ve Sağlık Hizmeti Kullanım Durumlarını Tespit Çalışması" (Torun, 2016), "Türkiye'ye Sığınan Kadınların Problemleri: Isparta Örneği" (Yüksel, 2015), bu tür araştırmalara örnek olarak verilebilir.

Araştırmaların önemli bir kısmı da İstanbul'da bulunan Suriyelilerin sorunlarına yöneliktir. Bu araştırmalara örnek olarak Halim Yılmaz'ın 2013 yılında gerçekleştirdiği "Türkiye'de Suriyeli Mülteciler: İstanbul Örneği" başlıklı çalışma, Mehmet Karakuyu ve Büşra Doğan tarafından yapılmış "Suriyeli Göçmenlerin Sosyoekonomik ve Sosyokültürel Özelliklerinin Analizi: İstanbul Beyoğlu örneği" ve diğer araştırmalar gösterilebilir. Bu çalışmada Türkiye'ye sığınan ve İstanbul'da yaşayan Suriyeli mülteciler araştırılmıştır. Çalışmada sığınmacıların yaşam koşulları, yaşadıkları zorluklar ve ihtiyaçları tespit edilmeye çalışılmıştır. Bu doğrultuda yapılan ve bizim de bu çalışmada sıkça başvurduğumuz kapsamlı araştırmalardan biri de Sultanbeyli Belediyesi tarafından gerçekleştirilen ilçede yaşayan Suriyelileri konu alan geniş kapsamlı araştırmadır. Bu araştırmada Suriyeli sığınmacıların sayısı, ihtiyaçları ve demografik profilleri hakkında kapsamlı bilgi sunulmaktadır (Sultanbeyli Belediyesi Suriyeliler, 2015).

Araştırmanın Yöntemi

Çalışma, kullanılan kuramsal çerçeve ve araştırma problemine uygun olarak uygulamalı sosyolojik esaslarda yürütülmüştür. Suriyeli sığınmacıların durumlarının incelenmesi, sosyo-demografik özelliklerinin belirlenmesi, var olan sorunların tespit edilmesi nedeniyle durum saptayıcı bir araştırmadır.

Veri toplama yöntemi olarak "anket" metodu seçilmiştir. Çalışmanın amacına yönelik olarak öncelikle ilçede sığınmacıların en yoğun yaşadığı mekânlar tespit edilmiştir. Yapılan saha çalışmasında hazırlanan araştırma soruları bu kişilere yöneltilmiştir. Anketler yüz yüze görüşülerek Haziran 2016 döneminde Aksoy araştırma şirketi tarafından yapılmıştır.

Anket sorularında Suriyeli sığınmacıların ekonomik ve sosyal durumlarını öğrenebilmek ve demografik özelliklerine göre karşılaştırma yapmak amacıyla hem demografik, hem olgusal hem de tutum sorularına yer verilmiştir. Suriyeli sığınmacıların göçten önceki durumları ile şu andaki durumları arasında da karşılaştırma yapabilmek için göç öncesi durumları ile ilgili de bazı sorulara yer verilmiştir.

Araştırmanın ana kütlesini, Suriye'deki iç savaş nedeniyle İstanbul'un Sultanbeyli ilçesine yerleşen Suriyeliler oluşturmaktadır. Örnek kütle, ana kütleden "Tabakalı Tesadüfi Örnekleme" yöntemi kullanılarak seçilen 200 Suriyeliden oluşmaktadır.

Toplam 45 sorudan oluşan anket sorularından elde edilen veriler, SPSS kullanılarak yüzde dağılımlarından oluşan tablolar hazırlanarak değerlendirilmiş; bağımsız ve bağımlı değişkenler arasındaki ilişki ise "SPSS Crosstab" Yöntemi ile analiz edilmiştir.

Araştırma Bulguları ve Değerlendirilmesi

Araştırmanın temel amacı Suriyeli sığınmacı çocukların sosyo-ekonomik, sosyo-kültürel ve sosyo-psikolojik sorunlarını ortaya koymak ve çocukları korumaya yönelik tavsiyeler getirmektir. Bu bağlamda çocukların eğitim ve sağlık hizmetlerine erişim durumu, yeni çevreye uyum sağlama, kültür farklılıkları nedeniyle kültür çatışması, arkadaşlarınca benimsenememe, yabancılık hissetme, yalnızlaşma, okul kurallarına uyamama ve okulda başarısızlıklarına ilişkin sorunları Sultanbeyli bağlamında ölçmek için araştırmada Suriyeli ebeveynlere bu konular bağlamında bir dizi sorular yöneltilmiştir. Araştırmaya katılan ebeveynlere yöneltilen anket sorularından elde edilen dikkate değer cevaplar aşağıda grafikler yardımıyla özetlenmektedir.

Suriyeli Çocukların Eğitim Düzeyi Hakkında Ebeveynlerin Düşünceleri

Grafik-1'de, ankete katılan Suriyelilerin, "Çocuğunuzun hangi seviyeye kadar eğitim almasını yeterli buluyorsunuz?" sorusuna verdikleri cevaplara ilişkin % dağılımları verilmiştir. Grafikte de görüldüğü gibi, araştıramaya katılan kişilerin verdiği cevaplar; "Okuma/Yazma bilmesi yeterli" (%0,5) , "İlkokul" (%3,9) , "Lise" (%17,4) , "Üniversite" (%39,6), "Yüksekokul" (%38,6) şeklindedir.

Grafik 1. Suriyeli Çocukların Eğitim Düzeyi Hakkında Ebeveynlerin Düşünceleri

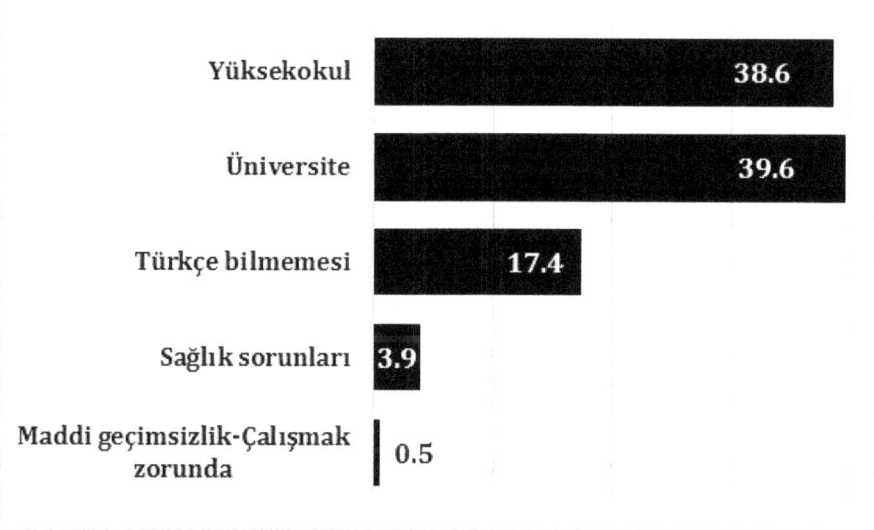

Okula Giden Çocukların Durumu

Grafik-2' de, ankete katılan Suriyelilerin, "Okula giden çocuğunuz var mı?" sorusuna verdikleri cevaplara ilişkin % dağılımları verilmiştir. Grafikte de görüldüğü gibi, araştırmaya katılan kişilerin verdiği cevaplar; "Var" %26,8 ,"Yok" %73,2 şeklindedir.

Okula Giden Çocuklarının Eğitimlerine Devam Durumu

Katılımcıların "Okula giden çocuğunuz var ise çocuğunuz okuldaki eğitimine sürekli devam edebiliyor mu?" sorusuna verdikleri cevaplara bakıldığında %87,5'nin "Evet", %12,5'nin "Hayır "belirttiği görülmektedir (Grafik 3).

Grafik 2. Okula giden çocukların durumu

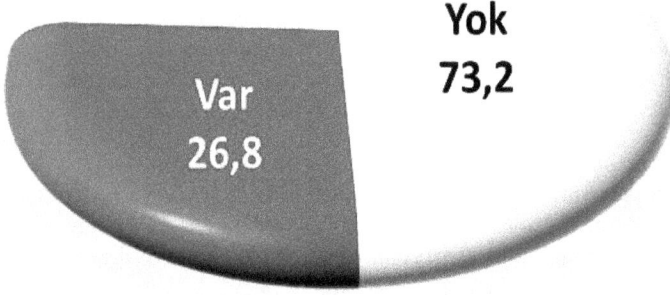

Grafik 3. Suriyelilerin okula giden çocuklarının eğitimlerine devam durumu

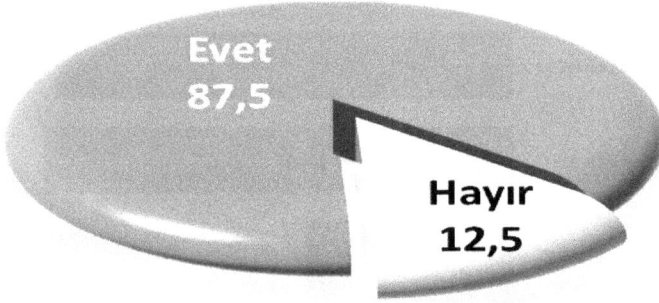

Suriyelilerin Okul Çağındaki Çocuklarının Eğitimlerine Devam Edememe Nedenleri

Çocukları okula devam edemeyen araştırma dahilindeki katılımcılara çocuğunun eğitime sürekli devam edememesinin sebepleri sorulmuştur. Bu soruya karşılık en sık verilen cevabın %60'lık oranla maddi geçimsizlik ve çocuğun çalışmak zorunda olması olduğu görülmektedir. Diğer cevaplar ise sağlık sorunları %20,0 ve çocuğun Türkçe bilmemesi " %20,0 şeklindedir. (Grafik 4)

Sonuçlardan da anlaşıldığı gibi çocukların eğitime devam etmemelerinin en önemli nedeni arasında maddi geçimsizlik ve çocuğun çalışmak zorunda kalması ilk sırada yer almaktadır. Böylece savaşın en büyük mağduru olan Suriyeli çocuklar, ailelerinin yaşam mücadelesine ortak olarak eğitim hakkından mahrum bırakılıyorlar. Kayıtdışılığın en yüksek olduğu sektörlerde çocuk emeği hızla yaygınlaşıyor. Suriyeli çocuk işçiler, trikotaj atölyelerinde, tekstil fabrikalarında, kuru meyve fabrikalarında, ayakkabı imalat atölyelerinde ve araba tamirhanelerinde, tarım işçiliğinde, sokaklarda kâğıt mendil, su satıcılığı gibi işlerde çalıştırılıyor. Diğer yandan yetişkinlerin iş bulamaması çocukları çalışmaya zorluyor. Sayıları yüz binlerle ifade edilen çocukların eğitimsiz büyümesinin gelecek adına büyük bir sorun ve tehlike arz etmektedir. Özellikle İstanbul gibi büyük kentlerde okula gidebilen öğrenci sayısının oldukça az olduğu bu ve diğer araştırma bulgularından da bilinmektedir. Bu durum "Suriyeli bir kayıp kuşak" riskini kendi bünyesinde barınmaktadır.

Grafik 4. Suriyelilerin okul çağındaki çocuklarının eğitimlerine devam edememe nedenleri

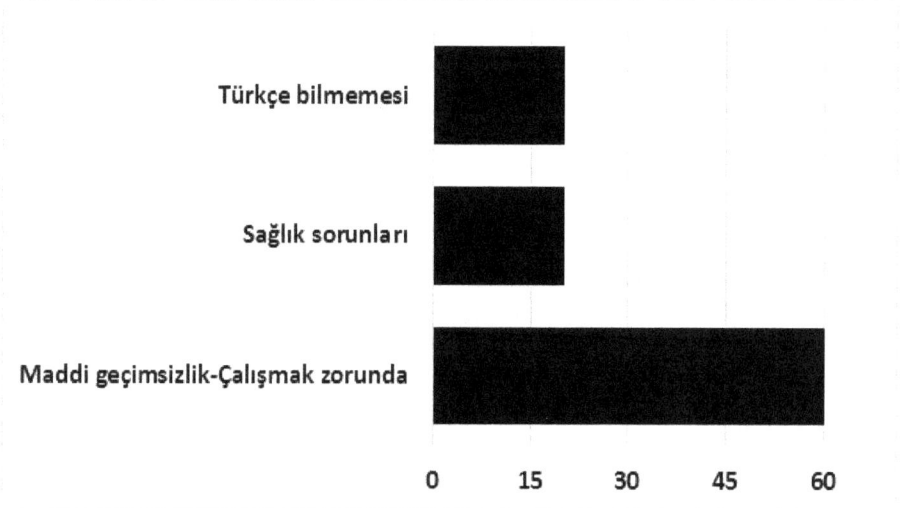

Grafik 5. Suriyeli çocukların okula gidebilmesi için gereken şartlar

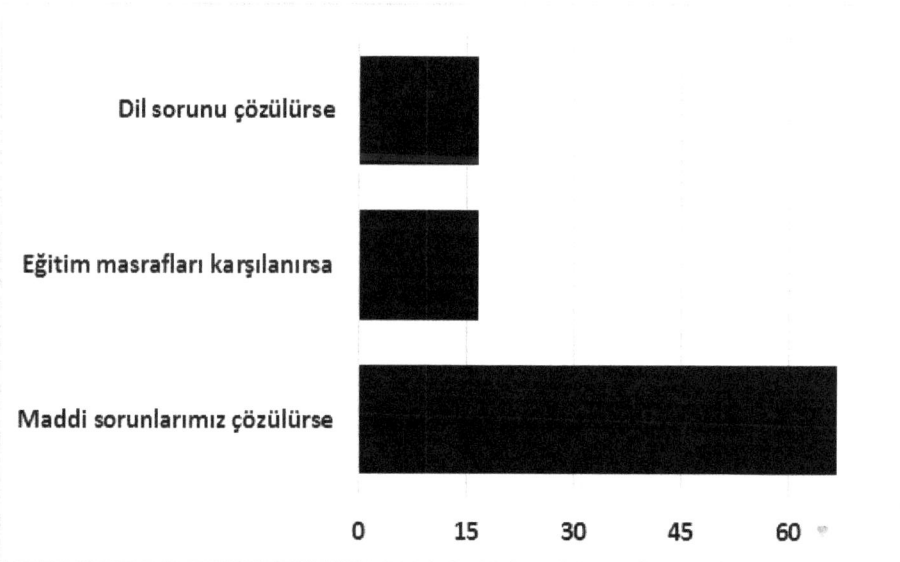

Suriyeli Çocukların Okula Gidebilmesi İçin Gereken Şartlar

Grafik 5'de, araştırma dahilindeki katılımcılara, "Hangi şartlar sağlanırsa çocuğunuzu okula gönderirsiniz?" sorusuna verdikleri cevaplara ilişkin % dağılımları verilmiştir. Grafikte de görüldüğü gibi, araştıramaya katılan kişilerin verdiği cevaplar; "Maddi sorunlarımız çözülürse'' %66,7, "Eğitim masrafları karşılanırsa" %16,7, "Dil sorunu çözülürse" %16,7 şeklindedir.

Çocuğu Eğitime Devam Eden Katılımcıların Çocuğunun Okuduğu Okulla İlgili Düşünceleri

Grafik 6'da, çocuğu eğitime devam eden araştırma dahilindeki katılımcıların çocuğunun okuduğu okulla ilgili düşüncelerine ilişkin yüzdelik dağılımları verilmiştir. Grafikte de görüldüğü gibi, araştıramaya katılan kişilerin verdiği cevaplar; "Türk okulunda'' %28,6 , "Türk okulunda misafir öğrenci olarak" %39,3, "Belediye, STK veya Suriye vatandaşları tarafından oluşturulan eğitim merkezlerinde" %32,1 şeklindedir.

Grafik 6. Eğitimine devam ediyorsa, okuduğu okulla ilgili olarak

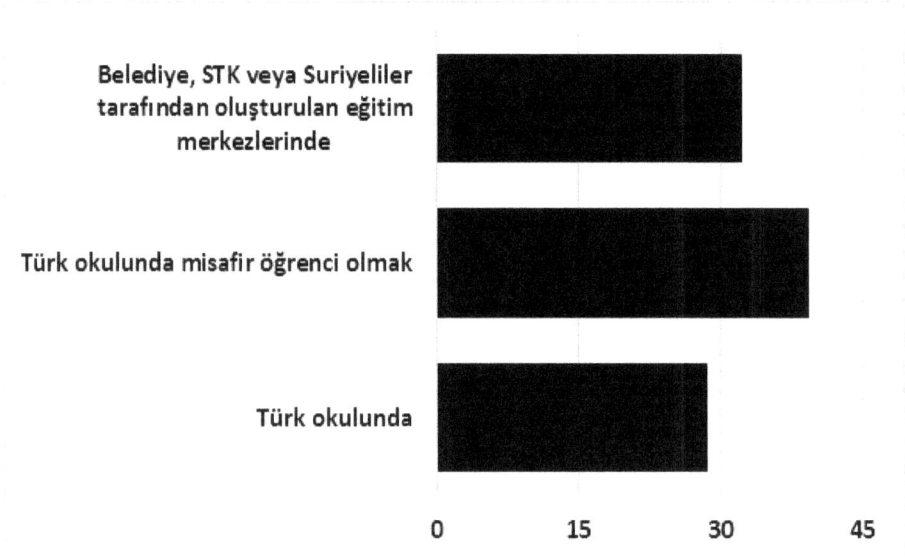

Grafik 7. Suriyeli çocukların okuduğu okulla ilgili iletişim sorunu

Suriyeli Çocukların Okuduğu Okulla İlgili İletişim Sorunu

Grafik 7'de, araştırma dahilindeki katılımcıların, "Okuduğu okulda iletişimle ilgili sorun yaşıyor mu?" sorusuna verdikleri cevaplara ilişkin % dağılımları verilmiştir. Araştırma dahilindeki katılımcıların %91,1'lik gibi önemli bir kısmı çocuklarının okulla ilgili iletişim sorunu yaşamadıklarını belirtmişlerdir. Bu durum çocukların ortama daha kolay adaptasyon sağladıklarının bir göstergesidir. Okulla iletişim sorunu yaşayan çocukların (%8,9) ise dil engelinin yanı sıra öğretmenleri tarafından yeterli destek alamaması bu konudaki engelleyici faktörler arasında gösterilebilir.

Suriyeli Çocukların Okulda Sorun Yaşadığı Kişiler
Araştırma dahilindeki katılımcıların, "Çocuğunuz okulda kimlerle sorunlar yaşıyor?" sorusuna verdikleri cevaplarda araştırmaya katılan kişilerin tamamı (%100) öğretmenleriyle sorun yaşadıklarını belirtmişlerdir. Bunun önüne geçebilmek için öğretmenlerin ve yöneticilerin Suriyelilerin zorlu yaşam koşulları, hakları, faydalanabilecekleri hizmetler ve mekanizmalar hakkında bilgi sahibi olmaları ve Suriyeli çocuklara yönelik hak temelli bir yaklaşım içinde olmaları sağlanması gerekir.

Suriyeli Çocukların Sorunları ile Okul Yönetimi/Öğretmenlerin İlgilenme Durumu
Grafik 8'da katılımcılara çocuğunuzun sorunları ile okul yönetimi/öğretmenleri ne derece ilgilidir sorusuna verdikleri cevapların % dağılımları verilmiştir. Katılımcıların %28,6'sı çok ilgili olduğunu söylerken, %69,6'sı ilgili, %1,8 ilgisiz olduğunu belirtmişlerdir.

Suriyeli Ebeveynlerin Çocuklarının Türkiye'de Aldığı Eğitimden Memnuniyet Durumu
Grafik 9'da, araştırma dahilindeki katılımcılara çocuğunun Türkiye'de aldığı eğitimden memnuniyet sorusuna verdikleri cevaplara ilişkin % dağılımları verilmiştir. Grafikte de görüldüğü gibi, katılımcıların %21,4'ü verilen eğitimden çok memnun, %75'i ise memnun olduğunu belirtmişlerdir. Yalnız %1,8 memnun olmadığını belirtmiştir. Katılımcıların %1,8' i ise kararsız olduğunu belirtmişlerdir. Dolayısıyla katılımcılar Türkiye'de Suriyeli çocuklara verilen eğitimi yeterli bulduklarını ve genelde memnun olduklarını ifade etmişlerdir.

Grafik 8. Suriyeli çocukların sorunları ile okul yönetimi/öğretmenlerin ilgilenme durumu

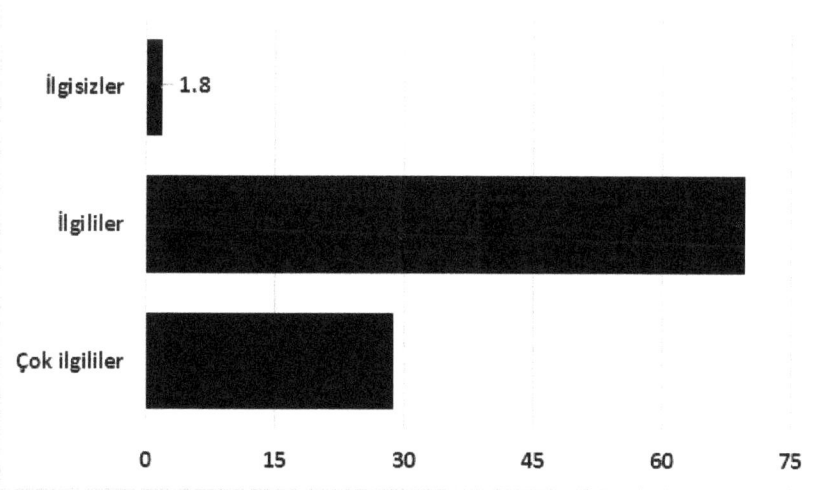

Grafik 9. Suriyeli ebeveynlerin, çocuklarının Türkiye'de aldığı eğitimden memnuniyet durumu

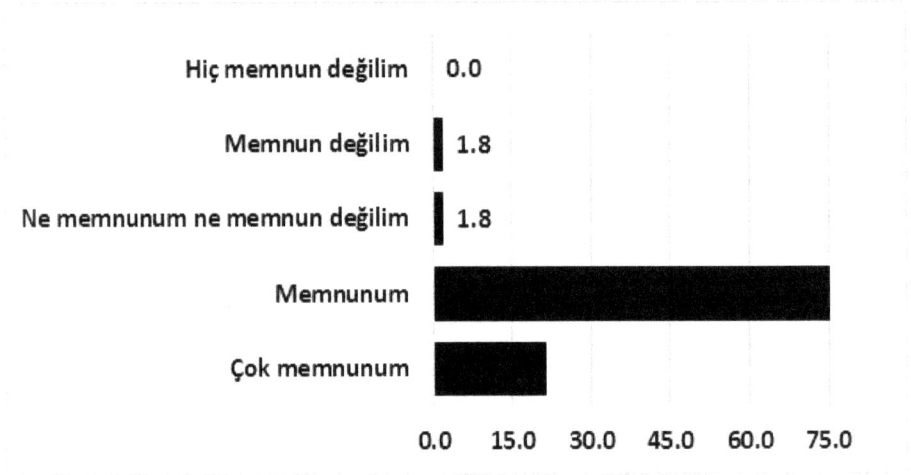

Hiç memnun değilim   0.0

Memnun değilim   1.8

Ne memnunum ne memnun değilim   1.8

Memnunum

Çok memnunum

0.0   15.0   30.0   45.0   60.0   75.0

Suriyeli Çocukların Türkiyeli Yakın Arkadaşa Sahip Olma Durumu

"Çocuğunuzun yakın arkadaşları arasında Türkiyeli arkadaşı var mı?" sorusuna verdikleri cevaplara baktığımızda katılımcıların %72,1'i bu soruya hayır, %27,9'i evet yanıtını vermişlerdir.

Suriyeli Çocuklarda Savaştan Sonra Psikolojik Rahatsızlık Olup/Olmama Durumu

Savaş, çatışma ve takip eden süreçte göçlerin yaşandığı ortamlarda çocuklar üzerinde gerek fiziksel ve gerekse sosyal yönden etkiler meydana gelmektedir. Göçlerin ve /veya şiddetin tüm olumsuz etkilerini gören, yaşayan çocukların yoğun korku ve çaresizlik gibi psikolojik sıkıntılardan da etkilendikleri görülebilmektedir. Öte yandan okullarda yaşanan dışlanma, yabancı olmanın verdiği eziklik gibi yollarla başlayan toplumdan kopma durumları göçmen çocuklarını ve gençlerini kendi içlerine kapatmakta ve kendilerine psikolojik sorunlarla dolu bir hayat sunmaktadır. Eğitim ve dil bilgisi eksikliği gibi nedenlerle arzuladığı iş ve geleceği elde edemeyeceği düşüncesine kapılan bu çocukların, suça daha kolay yönelme olasılığı büyüktür. (Süleymanov, 2013) Bu durumu Sultanbeyli'de ikamet eden Suriyeli çocuklar üzerinde ölçmek amacıyla yapılan çalışmada, araştırma dahilindeki katılımcılara çocuğunun veya çocuklarının psikolojik durumuna dair geniş bilgi sunan bir dizi sorular yöneltilmiştir.

Bu bağlamda katılımcılara sorulan ilk soru savaştan sonra çocuğunda psikolojik rahatsızlık oluşup/oluşmaması hakkında bir soruydu. Bu soruya katılımcıların neredeyse tamamı (%94,7) "Hayır" cevabını vermiştir. Yalnız katılımcıların %3,8'i "Evet var" derken, %1,4'ü bilmediğini ifade etmiştir. Bu soruya verilen cevapları psikolojik rahatsızlığı içeren bulguları ölçmeye yönelik diğer sorulara verilen cevaplarla karşılaştırdığında çelişki olduğu ortaya çıkıyor. Nitekim diğer sorularda çocuğun psikolojik travma yaşadığının bulguları o sorularda baskın bir oranda ortaya çıkmaktadır. Burada soruyu cevaplayan bireyin kendisinin de savaştan geldiğini ve aynı belirtilerin kendisinde de olabileceği için bunları rahatsızlık olarak

154

değerlendirmeyebileceği hususu göz önüne alınmalıdır. Ayrıca ebeveynlerin psikolojik rahatsızlığın ne demek olduğunu bilmemeleri, çocuklarda mevcut sorunların psikolojik olarak değerlendirilmemesi gibi etkenler arasında yer almaktadır. Aynı şekilde psikolojik rahatsızlık konusunda çocuklarının damgalanmalarının istememiş olmaları da ebeveynleri bu tür cevap vermeye iten nedenler arasında gösterilebilir.

Grafik 10. Suriyeli çocuklarda savaştan sonra psikolojik rahatsızlık olup/olmama durumu

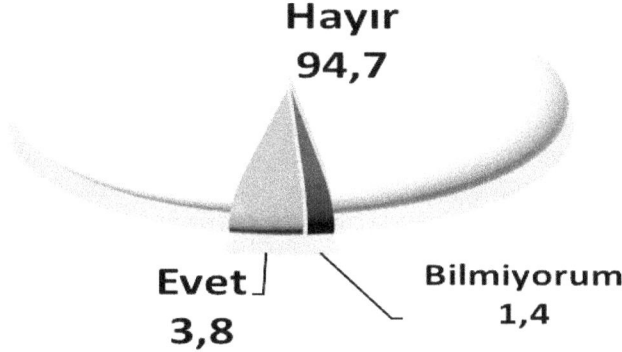

Hayır
94,7

Evet ⌟
3,8

Bilmiyorum
1,4

Sonuç ve Öneriler
Suriye'deki iç savaş neticesinde gerçekleşen zorunlu kitlesel göç hareketi en çok kadınları, çocukları ve gençleri etkilemiştir. Çocukları okula devam edemeyen katılımcılara, neden çocuklarının okula gidemediği sorulmuştur. Araştırma sonuçlarından da anlaşıldığı gibi çocukların eğitime devam etmemelerinin en önemli nedeni arasında maddi yetersizlik (%60) ve çocuğun çalışmak zorunda kalması ilk sırada yer almaktadır. Diğer cevaplar ise sağlık sorunları %20,0 ve çocuğun Türkçe bilmemesi " %20,0 olmuştur. Böylece savaşın en büyük mağduru olan Suriyeli çocuklar, ailelerinin yaşam mücadelesinden etkilenmekte ve gerekli eğitimi alamamaktadırlar. Diğer yandan yetişkinlerin kendileri için bir iş bulamaması çocukları çalışmak zorunda bırakmaktadır. Sayıları yüz binlerle ifade edilen çocukların gerekli eğitimi almadan büyümesinin gelecek adına büyük bir sorun ve tehlike arz etmektedir. Özellikle İstanbul gibi büyük kentlerde okula gidebilen öğrenci sayısının oldukça az olduğu bu ve diğer araştırma bulgularından da bilinmektedir. Bu durum "Suriyeli bir kayıp kuşak" riskini kendi bünyesinde barındırmaktadır.

Savaş, çatışma ve takip eden süreçte göçlerin yaşandığı ortamlarda çocuklar üzerinde gerek fiziksel ve gerekse sosyal yönden etkiler meydana gelmektedir. Göçlerin ve /veya şiddetin tüm olumsuz etkilerini gören, yaşayan çocukların yoğun korku ve çaresizlik gibi psikolojik sıkıntılardan da etkilendikleri görülebilmektedir. Bu durumu Sultanbeyli'de ikamet eden Suriyeli vatandaşlar üzerinde ölçmek amacıyla yapılan çalışmada, araştırma dâhilindeki katılımcılara çocuklarının psikolojik durumuna ilişkin sorular da yöneltilmiştir. Bu cevaplar, çocukların tanık oldukları kötü olaylardan psikolojik olarak olumsuz bir şekilde etkilediğini ve *bir dizi ruhsal ve psikiyatrik sorunun* (korku %71,4, sıkıntılı rüyalar görmesi %66,7, öfke patlaması %42,9) yaşanmasına neden olduğunu ortaya koymaktadır. Ne yazık ki araştırmanın neticesinde ortaya çıkan bulguya göre yaşanan bu travmalar sonrasında çocukların herhangi psikolojik destek almadığı görülmektedir.

Yapılan literatür araştırması ve anket çalışması ışığında şu öneriler çıkarılmıştır: (a) Suriyeli öğrencilerin dil engelini aşabilmeleri için, devlet okulları aracılığıyla hızlandırılmış Türkçe dil programları hayata geçirilmeli; (b) Bilhassa Suriyeli çocuklar için uzun vadede suça sürüklenmelerini engellemek için ahlak ve değerler eğitimi vermek üzere belli programlar düzenlenmeli; (c) Okullara kaydolan Suriyeli öğrencilerin akranları ve öğretmenleriyle iletişimini güçlendirmek amacıyla öğretmenlere, Türkiyeli öğrencilere ve velilerine yönelik güçlendirme programlarının uygulanmalı; (d) Öğretmenlerin ve yöneticilerin Suriyelilerin zorlu yaşam koşulları, hakları, faydalanabilecekleri hizmetler hakkında bilgi sahibi olmaları ve Suriyeli çocuklara karşı hak temelli bir yaklaşım içinde olmaları sağlanmalı; (e) Okullarda Suriyeli ve Türkiyeli öğrencilerin ve ailelerinin bir arada barışçıl bir şekilde yaşamasını kolaylaştıracak, iki toplum arasındaki olası önyargıların kırılmasını sağlayacak etkinlik ve programlar düzenlenmeli; (f) Çocuk ve ergenlerin ruh sağlığını desteklemek ve korumak amacıyla, çocuk/ergenle ilk olarak iletişim kurulmalı ve daha sonra çeşitli müdahale programları uygulanmalı; çocuk ve ergenlerle yapılandırılmış ya da yarı yapılandırılmış klinik görüşmeleri, hem aileleri ile birlikte hem de tek başına yapılmalı; (g) Okulda dil engelinin aşılabilmesi için tercüman görevlendirilmeli ve süreç takip edilmeli.

Kaynakça

AFAD, (2013). "Türkiye'deki Suriyeli Sığınmacılar", 2013 Saha Araştırması Sonuçları" 18. 08. 2016 tarihinde http://docplayer.biz.tr/3036881-Turkiye-deki-suriyeli-siginmacilar-2013-saha-arastirmasi-sonuclari.html adresinden erişilmiştir

AFAD. (2014). "Türkiye'de Suriyeli kadınlar raporu". 20. 02. 2016 tarihinde https://www.afad.gov.tr/Dokuman/ adresinden erişilmiştir

Arafat, Mohammad (2000). "Bulgaristan'daki Türk Azınlığın Türkiye'ye Göçü". *Trakya Üniversitesi Dergisi* 1 (1). ss. 23-42.

Bayraklı, C. (2007). *Dış Göçün Sosyoekonomik Etkileri Görece Göçmen Konutları'nda Yaşayan Bulgaristan Göçmenleri Örneği.* (Basılmamış Yüksek LisansTezi).

Böcker, A. (1994). "Chain Migration Over Legally Closed Borders: Settled Immigrants as Bridge heads and Gatekeepers", *The Netherlands Journal Of SocialSciences,* 30(2):87- 106.

Cohen, J.H. ve Sirkeci, I. (2011). *Cultures of Migration: Global Nature of Contemporar Human Mobility.* Austin, Texas: University of Texas Press.

Deniz, O. (2009). "Mülteci Hareketleri Açısından Van Kentinin Durumu ve Kentteki Mültecilerin Demoğrafik Profili", *Doğu Coğrafya Dergisi,* 14 (22).

Erdoğan, M. (2015). *Türkiye'deki Suriyeliler: Toplumsal Kabul Ve Uyum,* Ankara, Hugo Yayınları.

Emin, N. M. (2016). "Türkiye'deki Suriyeli Çocukların Eğitimi". *SETA.* Ankara. http://file.setav.org/Files/Pdf/20160309195808_turkiyedeki-suriyeli-cocuklarin-egitimi-pdf.pdf (Erişim tarihi: 17.04.2016)

Erdoğan, S. (2007). "İngiltere'de Yaşayan Türk Sığınmacılar, Sığınma Arayanlar İltica Etme Nedenleri ve Karşılaştıkları Güçlükler", *Hacettepe Üniversitesi Sosyolojik Araştırmalar E-Dergisi.* http://www.sdergi.hacettepe.edu.tr/serdogan.pdf (Erişim tarihi: 10.10.2009).

Göç İdaresi Genel Müdürlüğü İstatistikleri http://www.goc.gov.tr/icerik6/gecici-koruma_363_378_4713_icerik

Göç İdaresi Genel Müdürlüğü, "Geçici Korumamız Altındaki Suriyeliler" http://www.goc.gov.tr/icerik3/gecici-korumamiz-altindaki-suriyeliler_409_558_560 (Erişim tarihi: 10.08.2016).

Mac Donald J.S., May Donald L.D. (1964). "Chain Migration, Ethnic Neighbourhood Formation and Social Networks", *Millbank Memorial Fund Quarterly*, 42(1), ss. 82-97.

Oktay, E. Y., M. Es (2015). "Türkiye'ye Sığınan Kadınların Problemleri: Isparta Örneği", *Siyaset, Ekonomi ve Yönetim Araştırmaları Dergisi*, (16. Çalışma Ekonomisi ve Endüstri İlişkileri Kongresi Özel Sayısı), ss.383-402.

Özdemir, H. (2012). "Türkiye'de İç Göçler Üzerine Genel BirDeğerlendirme". *Akademik Bakış Dergisi* (30): 1-15.

Shah, N.M., I. Menon (1999). "Chain Migration throughtheSocial Network: Experience of Labour Migrants in Kuwait", *International Migration*, 37: ss361-80.

Sirkeci, I. ve Cohen, J. H. (2016). Cultures of migration and conflict in contemporary human mobility in Turkey. *European Review*, 24(3): 381-396

Stanley, S. (1977). Community Mental Health Services To Minority groups: Some Optimism, SomePessimism. *AmericanPsychologist*, *32(8)*

Sultanbeyli Belediyesi Suriyeliler (Aile), (2015). Yayınlanmamış Araştırma Raporu.

Sultanbeyli (2016). http://www.istanbul.net.tr/istanbul-rehberi/dosyalar/bolumler/ sultanbeyli/ 7/89 (Erişim Tarihi: 17.04.2016).

Sultanbeyli Belediyesi Suriyeliler (Aile) (2015). Yayınlanmamış Araştırma Raporu.

Sultanbeyli Nüfusu-İstanbul 2015. http://www.nufusu.com/ilce/sultanbeyli_istanbul-nufusu (Erişim Tarihi: 15.08.2016).

Süleymanov, A. (2013). "Zorunlu Göç ve Psikolojik Etkileri", http://www. uskudar. edu.tr/ 176-zorunlu-goc-ve-psikolojik-etkileri.html: 12.04.2013.

Torun, P. (2016). "İstanbul Zeytinburnu'nda Yaşayan Suriyeli Sığınmacılar ve Diğer Göçmenlerin Sağlık Düzeyi ve Sağlık Hizmeti Kullanım Durumlarını Tespit Çalışması", *Bezmialem Vakıf Üniversitesi* İstanbul.

TR/80-20140529154110-turkiye'deki-suriyeli-kadinlar,-2014.pdf adresinden edinilmiştir

T.C. Resmi Gazete, 2013, s. 27-79

Türkiye: 400,000 Suriyeli Çocuk Okula Gitmiyor (2015). https://www.hrw.org/tr/ news/ 2015/11/08/283225(Erişim Tarihi: 17.04.2016).

Uguz, S. vd. (2004). "Göç ve Göçün Ruhsal Sonuçları". *C.U. ArşivKaynak Tarama Dergisi* 13 (3): 383–391.

Wegge, S.A. (1998), "Chain Migration andinformation Networks: EvidecefromNineteenth Century Hesse-Cassel", *TheJournal Of EconomicHistory*, Vol. 58, (4), ss. 957-986.

Yalçın, C. (2004). *Göç Sosyolojisi*. Ankara: Anı Yay.

Effects of the Syrian Civil War on Children: Socio-Psychological Effects

Ali Askerov[1]

Introduction

The war in Syria has many dimensions. It is true that it is a civil war, as well as it is an international war. Yet, it is a war against terror. The citizens of the same country fight against each other, foreign forces participate in the fight to defend their own interests, while certain terrorist and counter-terrorist acts take place in the country. While the UN can't play any effective role in managing the conflict constructively, many external and internal powers, such as Russia, Iran, the US, and Turkey, try to design a new order in the country. At the same time some illegal organizations such as PYD/PYG and ISIS try to obtain a more favorable position and legitimate their status. All the local and international actors, as well as legitimate and illegitimate players want to gain more leverage in Syria. The civilian population of the country has suffered from the very beginning of the civil war gravely. One segment of the civilians that has suffered tremendously is children.

According to the UNICEF, some 14 million children across the region are now suffering from the escalating violent conflict sweeping Syria and much of Iraq. In late 2016, the war in Syria has displaced nearly 12 million people, more than 5 million of them fled their homes across the borders of Syria. Children under the age of 18 constitute about half of the Syrian refugee population, with approximately 40 percent under the age of 12 (Sirin & Rogers-Sirin, 2015). Independent estimates indicate that overwhelming majority of Syrian children have experienced one or more traumatic events and more than half of them reported possible post-traumatic stress disorder (PTSD) symptoms.

Remarking that children in Syria comprise roughly half the total refugee and internally displaced people (IDP) explains to what extent the violent conflict affects their lives. They are not only victims of war and violence but also victims of worry and anxiety for their parents, siblings, and relatives. Likewise, Syrian children create worries for their parents who have worries for their children's health and well-being, as well as their future. In short, war and violence creates an environment of constant stress which leads to developing mental health among children (Karasapan, 2016).

The effects of war and violence on children in Syria are not limited to psychological dimensions as the destruction of the societal and educational structures have also affected children's lives dramatically. Children's inability to attend school for a long while affects both their own lives and the future of their country, since they must rebuild Syria (Cochran, 2014). To illuminate, in mid-2015, enrollment rates among the refugee children were about 20 percent in Lebanon and 30 percent in Turkey (Sirin & Sirin-Rogers, 2015). In late 2015, more than 400,000 Syrian refugee children living in Turkey were not attending school (Human Rights Watch, November 8, 2015). Although the host countries such as Turkey, Lebanon, and Jordan provide the refugee

---

[1] Dr Ali Askerov, University of North Carolina-Greensboro, ABD.

children with access to education, more 1.25 million school-age refugee children in those three countries were not in formal education in 2015 (Human Rights Watch, September 16, 2016). Language barrier and economic hardship are main factors that keep refugee children out of class.

The refugee children are likely to face further challenges, since the problems associated with their basic needs, such as food, shelter, education, and mental health remain mostly unresolved. It is essential to understand their problems both for effective interventions and for ethical reasons. If the psychological, emotional, and physical problems of the refugee children are not addressed today, they may generate other problems in the future both for themselves and for their society. Likewise, the effects of destruction of the societal structures on children should be well understood to mobilize efforts in preventing further harm, impairment, and human crisis.

Violence and Mental Health Problems
The psychosocial effects of exposure to war on children is remarkable. The most notable and immediate impact of the shock of the war in children is seen in their behavioral disorders that appear in many forms that include severe anxiety, fear, insecurity, persistent tension and isolation, as well as bedwetting are some of the symptoms. Usually, children affected by violent conflicts express their feelings in aggressive ways, they deal with their friends toughly, and get angry easily.

Violent conflicts affect mental health of children easily and severely because they are too young to understand the realities of war. Often children are not able to give any meaning to the violence around them and the explanations they receive from the adults are not meaningful to them. The uncertainty of situation makes children more vulnerable to the violent nature of the war, since it increases their feeling of insecurity. Generally, younger children have no or limited means to express their fear and anxiety. Sometimes crying is the most feasible means for them to express themselves.

Studies show that post-traumatic stress disorder is the most common problem faced by children, which is followed by depression and other psychological challenges (Sirin & Rogers-Sirin, 2015). The environment, such as refugee camps, in which majority of the refugees live adds to their stress. In addition to their immediate effects, mental health problems have serious long-term implications since children with mental health problems need more resources and better care in school and at home that usually do not exist (Karasapan, 2016).

The German Federal Chamber of Psychotherapists have estimated that 50 percent of the Syrian refugees in Germany have psychological issues because of the war and violence they endured in Syria (Rubin, 2016). In Turkey, the situation is similar, as according to Turkish authorities, 55 percent of Syrian refugees think that someone in their families need psychological support (Samari, 2015). However, according to the study, only four percent of PTSD sufferers are receiving treatment in Germany (Rubin, 2016). It is estimated that only 5 percent of refugees receive psychotherapy in the main host countries such as Turkey, Lebanon, and Jordan (Samari, 2015). Apart from the very limited access to mental health services available for refugees in all the host countries, inadequate resources are available for the children that faced intellectual and developmental challenges.

The violence that Syrian children have encountered in their everyday life affects their human soul deeply thus negatively impacting their entire life. Apart from the short-term effects of violence on children, the long-term effects of violence are also serious, since they can last for decades and affect future generations. Memories that last long and keep their freshness through storytelling play a key role in the perpetuation of traumas. The role of memory and storytelling here is crucial, since they pass the feelings of suffering, deprivation, and stress from generation to generation thus maintaining the effects of trauma to varying degrees. This helps new generations to form their own perceptions about the past and perpetuate the grief (Volkan, 1998; 2014). Hence, the impact of the Syrian war on of its survivors, especially children, is likely to continue for a long time.

Children in Syria have been subject to both direct and indirect attacks that affect their physical, mental, and psychological health dramatically. In some cases, the children in Syria were victims of aerial barrel bombs in densely populated cities such as Aleppo (Daily Mail, May 5, 2015). Certainly, using chemical bombs against civilians is a crime against humanity and nothing worse can be used against human beings to eradicate them physically. However, ruining the societal structures is equally ruthless and immoral as it deprives children of the opportunities to grow healthily.

Social Effects of the War on Children
The children in Syria have suffered as a result of the systematic breakdown of societal structures. This has gravely affected the process of their socialization. To grow in a healthy way, children need healthy environments and societal structures. The war and violence in Syria have partially damaged or totally destroyed them depending on the region, thus imposing violence on the children indirectly. As wars ruin the social environment/structure necessary for healthy growth of children, over time they lose some of their skills acquired before the war. The lack of well-founded societal structures makes children suffer behavioral and verbal/speaking disorders.

As Thomas (2016) puts, education has an exclusive power to help reconstruct young lives through its power that provides children with safety, a sense of normalcy and the necessary skills they need to recover from hardships. Educating people, especially children, is important for ending the conflict in Syria and reconstructing the country. In this sense, there has been an urgent need to develop new educational opportunities for the refugee children in the hosting countries.

With more than six million Syrian refugees as of January 2017, there is an urgent need to develop both short-term and long-term approaches to providing education for the children of this population. In 2016, UNICEF reported that 2.1 million children in Syria and 700 000 Syrian refugee children in various countries did not have access to education. In Jordan alone, a total of 80,000 children refugees were out-of-school in 2016 (Humanium, 2017). This statistical information tells a lot about the situation Syrian children face due to the war and violence in the country.

Syrian refugee education in the neighboring countries with the largest population of refugees, Turkey, Lebanon, and Jordan, and other host countries need to give special importance to education for the refugee children. Culbertson and Constant (2015) suggest that policy implications for the refugee children must include prioritizing the vital need to increase access to education. As Culbertson and Constant (2015) stress, that transitioning from a short-term humanitarian response to a longer-term development response must be one of the main goals. Therefore, investing in both government capacity to provide education and developing a well-planned strategy about how to integrate or separate Syrian and host-country children in schools to promote social cohesion is important for success. It is also important to eliminate child labor and attract them to education (Culbertson & Constant, 2015). However, this is a long process requiring step-by-step developments that are hard to accomplish in the circumstances of chaos and uncertainties. An urgent and decisive political solution to the crisis in Syria would be the starting point for all positive and constructive projects.

One of the effects of analogous unfavorable conditions is that children lose a desire to play, which means a great deal for a healthy child. War has also deprived children in Syria of the opportunities to play freely and imaginatively. Violence/devastation and play deprivation are positively correlated. Both the children living in most densely populated parts of Syria, such as Aleppo, children having escaped the cruelties of the war have been deprived of the necessary conditions that provide opportunities to play. Studies show that play-deprived people are more prone to violence, or, they are very prone to developing psycho-social problems. Children that are play-deprived are likely to show symptoms of psycho-social problems when they grow up. For healthy psychological and social life, as well as for successful professional and private life in the future, children must play freely and creatively. The war has ruined this opportunity for the Syrian children.

Play is associated with curiosity and exploration and it may be a social activity or simply an imaginative solo play. But in any case, it is a great study tool for all people, especially children. Play helps children develop imagination, overcome fears, experiment, and learn to cope with new situations. It also helps children stretch their minds and bodies as well as practice skills needed for future development. A system of measurement has been developed to identify and categorize children's spontaneous behavior at play (Ness & Farenga, 2007). If children have no opportunity to play with their friends and others, the consequences might be dramatic. Those children would lack confidence in most situations. Moreover, they would not possess the problem-solving skills (Frost, 2010).

Furthermore, absence of play would have undesirable effects for the entire society as well. The children without having enough play time might constitute certain dangers for the society when they grow up. The society itself will later struggle hard to win them back. This, however, is usually a very long, costly, difficult, and not always successful process. If the children have enough play during their childhood, similar problems are not likely to ever happen. Therefore, the effects of the Syrian war are likely to be felt on the societies, Syrian and others, in the future.

The opposite of play is not work rather it is depression. If one plays, it means that he/she is free from stress. The value of play is very high and the consequences of play deprivation are often tragic (Frost, 2010). When play is discharged out of life, the result is usually inhumane. These are strong arguments supported by the scientific studies. Play has an important role in the lives of adults as well. Play therapy with them occupies a special place in today's clinical healing strategies (Schaefer, 2003). The basis of human trust is established through play signals and people are empowered by play. All these arguments, which are based on scientific studies, are a sign of the importance of play for all ages.

War also ruins people's personal peace and leisure. Gini (2003) argues that without true leisure, people are weakened both as individuals and a society. The war and violence in Syria have ruined not only the state structure, they have ruined the societal structures and personal lives as well, the effects of which will persist for a very long time.

Conclusion

Civilian populations are increasingly exposed to contemporary violent conflicts everywhere, but the Syrian case is outstanding. It is children who are affected by war the worst. But the full extent of their suffering is still not understood sufficiently. One of the reasons is that the war in Syria is ongoing and chances to do scientific research to cover all of its distinctive aspects are limited at this point.

However, it is well known that war generally affects children adversely through different ways. Psychological and social dimensions of war and violence on children in Syria are grave. Those who survive the war develop traumas that are likely to have a lasting effect on them through physical disability and mental wounds. The traumas will have consequences for their future health, and social and economic life skills.

The good news is that children's lives also hold great potential for recovery (Fernando & Ferrari, 2013). Therefore, necessary opportunities should be created to support them with their recovery from their mental problems, as well as further healthy physical growth, psychological development, and emotional well-being. However, with the end of the war, the problems won't be over immediately. The post-war reconstruction will take a long time. It should be remembered that this construction won't be about constructing the ruined cities, villages, and buildings alone; it also will be constructing people's lives, health, well-being, happiness, and lasting peace. Building peace will take a longer time, as it is a very slow and detailed process.

Today, the main step that would lead to peacebuilding is stopping the violence and reaching a permanent ceasefire. Then, an all-inclusive political solution must be found to the problem through negotiations. Otherwise, the limits of the crisis in Syria will ever expand.

References:

Cochran, J. (August 20, 2014). The education of Syrian refugee children. Middle East Institute. http://www.mei.edu/content/at/education-syrian-refugee-children (Accessed 01.16.2017)

Culbertson, S., & Constant, L. (2015). *Education of Syrian refugee children: Managing the crisisin Turkey, Lebanon, and Jordan.* Santa Monica, CA: RAND, 2015.

Daily Mail, (May 5, 2015).'I saw children without heads': Syrian factory worker describes 'hell' of Aleppo barrel bomb attack in shocking new report. http://www.dailymail.co.uk/news/article-3068063/Amnesty-slams-crimes-againsthumanity-Syrias-Aleppo.html (Accessed January 19, 2017).

Fernando, C., & Ferrari, M. (2013). *Handbook of resilience in children of war.* New York, NY: Springer.

Frost, J. L. (2010). *A history of children's play and play environments: Toward a contemporary child-saving movement.* New York: Routledge.

Gini, A. (2003). *Importance of being lazy: In praise of play, leisure, and vacations*. New York: Routledge.

Humanium (2017). Children of Syria: Realizing children's rights in Syria. http://www.humanium.org/en/middle-east-north-africa/syria/ (Accessed 01.19.2017)

Human Rights Watch, (November 8, 2015). Turkey: 400,000 Syrian children not in school. https://www.hrw.org/news/2015/11/08/turkey-400000-syrian-children-not-school (Accessed 01.16.2017)

Human Rights Watch, (September 16, 2016). Education for Syrian Refugee Children: What Donors and Host Countries Should Do. https://www.hrw.org/news/2016/09/16/education-syrian-refugee-children-what-donorsand-host-countries-should-do (Accesses 01.16.2017)

Karasapan, O. (Monday, April 25, 2016) Syria's mental health crisis Brookings. https://www.brookings.edu/blog/future-development/2016/04/25/syrias-mental-health crisis/ (Accessed 01.12.2017)

Ness, D., & Farenga, S. J. (2007). *Knowledge under construction: The importance oplay in developing children's spatial and geometric thinking*. Lanham, Md: Rowman & Littlefield.

Rubin, S. (March 9, 2016). Brain drain: the neglected mental health of refugees in Europe: How stigma and a lack of help are leaving trauma untreated. IRIN. https://www.irinnews.org/feature/2016/03/09/brain-drain-neglected-mental-healthrefugees-europe (Accessed 01.17.2017)

Samari, Goleen (2015). "The Response to Syrian Refugee Women's Health Needs in Lebanon, Turkey and Jordan and Recommendations for Improved Practice." Article, "Knowledge & Action", Humanity in Action, 2015. Humanity in Action, Inc.

Schaefer, C. E. (2003). *Play therapy with adults*. Hoboken, N.J: J. Wiley.

Sirin, S. R, & Rogers-Sirin, L. (October, 2015). The Educational and Mental Health Needs of Syrian Refugee Children. Migration Policy Institute. http://www.migrationpolicy.org/research/educational-and-mental-health-needs-syrianrefugee-children (Accessed 01.12.2017)

Thomas, M. (February 6, 2016). Why education is so important for refugees around the world. Global Citizen. https://www.globalcitizen.org/en/content/the-iceberg-that-will-sink-ourkids/ (Accessed 01.16.2017)

Volkan, V. D. (1998). *Bloodlines: From ethnic pride to ethnic terrorism*. Boulder, CO: Westview Press.

Volkan, V. D. (2014). Psychoanalysis, International Relations, and Diplomacy: A Sourcebook on Large-Group Psychology. London: Karnac Books.

Suriyeli Çocukların Erken Yaşta Evlilik Haberlerinin Türk Yazılı Basınında Sunumu

Gülay Acar Yurtman[1]

Giriş

Suriye'deki savaştan kaçıp Türkiye'ye sığınan ve sayıları üç milyonu aşan Suriyeli mültecilerin önemli bir kısmını 18 yaşından küçük çocuklar oluşturmaktadır. Bu çocuklar beslenme, barınma, sağlık, eğitim gibi sorunların yanında cinsel istismara da maruz kalmakta ve erken yaşta evlenmek zorunda bırakılmaktadırlar. Gerek sığınma kamplarında gerekse dışarıda yaşam mücadelesi veren bu çocuklar içerisinde, özellikle kız çocukları "başlık parası" ve "bakım yükünden kurtulma" gibi nedenlerle erken yaşta imam nikâhı kıyılarak eş ya da kuma olmaya zorlanmaktadır. Bu durum çocukluğun erken yaşta yitirilmesine, yüksek riskli gebeliğe, evlilik içi tecavüz vakalarına, çocuğun psikolojik ve bedenen kaldıramayacağı travmalar yaşamasına neden olmaktadır. Ayrıca imam nikâhı ile evlilik adı altında başlık parası ödenerek ailelerinden koparılan bu çocukların, bir kısmı çocuk tacirleri tarafından fuhuş yapmaya zorlanmaktadır.

Suriyeli mültecilerin karşılaştığı önemli toplumsal sorunlardan biri olan çocukların erken yaşta evlilik konusunun medyanın ele alış biçimi kamuoyunun bilgilendirilmesi bakımından büyük önem taşımaktadır. Bu noktada özellikle başta gazeteler olmak üzere yazılı basında yer bulan haber ve yorumlar önemli etkiye sahiptir. Nitekim Holliman'ın (2004: 108) da belirttiği gibi kitle iletişimi toplumu hayatın her alanında bilgilendirmede temel rol oynamaktadır. Ayrıca mülteciler bağlamında medyada yer alan temsiller, ev sahibi toplumda mültecilerle ilgili davranış şekillerini etkilemesi bakımından önem taşımaktadır. Çünkü bu yolla söylem pratikleri eylem pratiklerine dönüşmektedir. (Efe 2015:9)

Bu çalışma Suriyeli çocukların erken yaşta evlenmelerinin gazete haberlerinde nasıl sunulduğuna dikkat çekmek amacıyla yapılmıştır. Suriyeli çocuk gelinlerin gazete haberlerinde hangi bağlamlarda ve nasıl bir haber dili kullanılarak sunulduğu, gazete haberlerinde sunum benzerliklerinin veya farklılıklarının olup olmadığı 01 Ocak 2013–01 Eylül 2016 tarihleri arasında ve Habertürk ve Milliyet gazetelerinde yayınlanan Suriyeli çocukların erken yaşta evlenmeleri haberleri incelenerek belirlenmeye çalışılmıştır. Gazetelerin seçiminde tirajlar etkili olmuştur. Söz konusu bu iki gazete Türkiye'de satış rakamları yüksek olduğu gazeteler arasında yer almaktadır. Gazetelerin internet sayfalarının arama motorlarından "Suriyeli çocukların erken yaşta evlilikleri", "Suriyeli çocuk gelinler" anahtar kavramları kullanılarak elde edilen haberler, "eleştirel söylem analizi"yöntemiyle değerlendirilmiştir.

Söylem analizi, haber metnini bütünlüğü içinde, bağlamından koparmadan incelemeye yönelik bir yaklaşımdır. (İnal, 1996: 96) Söylem çözümlemesi, belli tarihe ve varoluş koşullarına sahip söylemsel ifadelerin nasıl bir bağlama yerleşerek toplumsalın anlamını belirlediği ile ilgilenmektedir. Söylemsel alanın temel birimi, yazılı ya da sözlü ifadelerdir. Söylemsel ifade bir önerme ya da cümle değildir; ifadeleri

[1] Üsküdar Üniversitesi Sosyal Hizmet Bölümü Yüksek Lisans Öğrencisi- gulayacar@yahoo.com

tanımlayan şey gramer yapıları değil, bağlamsal anlamı belirleyen sözceleminyarattığı farktır (Şeker, Toruk, Sine, 2013: 174). Söylemin çözümleme birimi söylemsel ifade ise, ifadelerin bir araya gelmesini belirleyen, söylemsel formasyondur. Söylemsel formasyon, nesneler, ifade biçimleri, kavramlar, temaların seçimi arasındaki korelasyon, konumlanma, işlevsellik ve dönüşümün düzenliğini bize gösterir (Sancar Üşür, 1997: 95-96). Van Dijk'in söylem çözümlemesi ise, haberi makro ve mikro olmak üzere iki düzeyde ele alıp incelemektedir (Van Dijk, 1988: 9).

Çalışmanın ilk bölümünde çocukların erken yaşta evlilik olgusuküresel boyutta incelenmekte, Suriyeli çocukların erken yaştaki evlilikleri çocuk hakları boyutuyla ele alınmaktadır. Çalışmanın bulgular bölümünde ise Suriyeli çocukların erken yaştaki evlilikleri gazete başlıkları ve haber içeriklerinde yer alış biçimlerine göre incelenmektedir.

Küresel Bir Sorun Olarak Çocuk Evlilikleri

Dünyanın birçok yerinde, özellikle de gelişmekte olan ve az gelişmiş ülkelerde, karşılaşılan bir olgudur çocuk evlilikleri. Nitekim istatistik verilere göre bugün dünyada 20-24 yas arası 58 milyon genç kadın evlidir ve bunların 1/3'i kendi istegi dışında evlendirilmis 18 yaşından küçük kız çocuklarıdır (Hervish, Jacobs, 2011). Dünyada her yıl 18 yasının altında 10 milyon kız çocuğu evlenmektedir. Bu da ayda 833,333, haftada 192, 307, günde 27,397, dakikada 19 ya da her 3 saniyede bir kız çocuğunu ifade etmektedir (Yakıt, Coşkun, 2014:5). Çocuk yaşta evlilikler, küresel ölçekte bir sorun olmasına rağmen, bu konu üzerine yapılan çalışmaların temel düzeydeki zaafı, söz konusu sorunu milli ya da bireysel düzeyde ele alıp tartışmalarıdır (Ova, 2014:242).

Çocuk yaşta evliliklerin dünya genelindeki dağılımı farklılıklar göstermektedir. Verilerde Batılı ülkelerde çocuk yaşta evliliklerin sıklığının düşük olduğu görülürken, bu sorunun en yaygın olduğu bölgelerin Güney Asya, Kuzey Afrika, Orta Dogu, Latin Amerika ve Batı Afrika olduğu gözlenmektedir. Nüfus büyüklügü dikkate alındıgında çocuk gelinlerin yaklaşık yarısı, Afganistan, Bangladeş, Hindistan ve Nepal başta olmak üzere Güney Asya bölgesinde olmaktadır. (Yakıt, Coşkun 2014:5)Veriler, ülkeler arasında farklılık gösterdigi gibi aynı ülkedeki bölgeler arasında da değişmektedir.

En temel düzeyde bir insan hakları ihlali olarak tespit edilmesi gereken "erken yaşta zorla evlilik" olgusu tüm dünyada olduğu gibi Türkiye'nin de toplumsal gündeminde önemli bir sorun olarak durmaktadır (Ova, 2014: 238). UNICEF'in verilerine göre; Türkiye'de her yıl 130 bin kız çocuğu evlendirilmekte olup, Türkiye'de "çocuk gelin" yüzdesinin %30 ile %35 arasında seyrettiği görülmektedir.

Türkiye'de ilk evlenme yaşı ile ilgili Başbakanlık Aile ve Sosyal Araştırmalar Genel Müdürlüğü tarafından yapılan Aile Yapısı Araştırması'na (2006) göre on sekiz yaşından önce evlenme oranı kadınlarda %31.7; erkeklerde ise%6.9'dur. Aynı araştırmada çocuk evliliklerinin yaygınlığı bölgelere göre deincelenmiş ve bu evliliklerin Orta Anadolu, Batı Karadeniz, Kuzeydoğu Anadolu, Ortadoğu Anadolu ve Güneydoğu Anadolu Bölgeleri'nde en sık görüldüğü bulunmuştur (Kaynak, 2014:30).

Çocuk yaşta yapılan evliliklerin Suriyeli kadınlar arasında da oldukça yaygın olduğu yapılan araştırmalar sonucu ortaya çıkmaktadır. Nitekim, AFAD tarafından yapılan bir araştırmanın sonuçlarına göre sadece 15-18 yaş grubundaki kadınlar bir arada değerlendirildiğinde Suriyeli kadınlar arasında evli olanların oranının %14 olduğu görülmektedir. Diğer bir deyişle 15-18 yaş grubundaki her 100 Suriyeli kadının yaklaşık 15'i evlidir. (AFAD 2014) Son dönemlerde yapılan bu tür evliliklerin önemli bir kısmı Türkiye'de gerçekleşmiştir (Arıgan 2015). Suriyeliler içerisinde erken yaşta evlilik doğal olarak kabul edilirken

"Gaziantep Emniyet Müdürlüğü Yabancılar Şubesi'nden edinilen bilgilere göre, özellikle kamp dışında yaşayan Suriyeli kadınlar Suriye'ye dönmemek için aileleri tarafından evlendirilmektedir (Barın, 2015:46). Bu durumun en önemli nedenleri arasında göçün getirmiş olduğu zorlu yaşam koşulları yer almaktadır. Zira göç en çok dezavantajlı gruplar ve savunmaya muhtaç gruplar olarak değerlendirilen kadın ve çocukları etkilemektedir. Cinsel, fiziksel ve ekonomik olarak korunmaya muhtaç olan bu gruplar savaştan kaçmış, travma görmüş ve güvenlik arayışındalar. Bu bağlamda ailesi ve yakınları, çocuğunu çok erken yaşta hatta ikinci eş olarak evlendirmesine rıza gösterirken hem çocuğuna belli bir olanak sunduğunu düşünmekte, aynı zamanda kendisi de belli bir sosyal çevreye edinmiş olduğunu varsaymaktadır.

Aynı zamanda bu tür evliliklerde Suriye'de sahip oldukları resmi evraklara ulaşamamalarından dolayı evliliklerde çok büyük sıkıntı yaşanmakta resmi nikâh akdi yerine dini nikah akdi gerçekleştirilmekte ve bu da toplumsal ve hukuki olarak sorunlaraneden olmaktadır. Ancak buradaki asıl problem "kadınların ve küçükyaştaki kız çocuklarının yerel hanelere ikinci, üçüncü eş olarak evlendirilmeleridir" (Kirişçi, 2014: 37).

Erken yaşta evliliklerin bir çok nedeni bulunmaktadır. Kardeş sayısı, yoksulluk, eğitimsizlik, dini inanışlar, örf adet ve gelenekler, sosyo kültürel gerekçeler erken evlilik faktörleri arasındadır. Bunlar; çocuk evlilikler, kadına yönelik şiddet, istismar, üreme sağlığı problemleri, anne çocuk ölümleri, çocuğun eğitim ve çocuğun çocuk olma hakkının elinden alınmasına neden olmaktadır.

Bunun yanı sıra bazı kültürelve sosyal normlar, çocuk yaşta kızların evlendirilmesi için aileye toplumsal baskı oluşturabilmektedir. Kızlarının namusunu korumada ve evlilik öncesi cinsel birliktelik yasamasını önlemede çocuk yaşta evlilik, koruyucu kurum olarak görülmektedir. Ayrıca daha fazla sayıda çocuk sahibi olma imkanı gibi pek çok faktör de çocuk yaşta evlilikleri özendirmektedir. (Hervish, Jacobs 2011)

Erken yaşta evlilikler, yoksul ailelerde daha sık görülmektedir.Dünya Nüfus ve Saglık Arastırmaları'na (DHS=Demographicand Healty Surveys) göre çocuk yasta evlilikler, en fazla yoksulailelerde görülmektedir (UNİCEF, 2014). Evden bir kisinin eksilmesinin, ailenin giderini ve ekonomik yükünü azaltacağı düşünülmektedir.

Çocuk evlilikleri, çocuk hakları ve kadın hakları ihlalini barındıran bir insan hakları ihlalidir. Nitekim UNICEF'de, erken evliliği pek çok hakkın ihlali saymaktadır (UNİCEF, 2014). Çocuk evlilikleri çok büyük oranda kız çocuklarını etkilemekte, onları ailelerinden ve arkadaşlarından ayırmakta, çocukluklarını ellerinden almakta, ev içi şiddete maruz bırakmakta, gelişimlerini, sosyal ve mesleki alanda sahip olacakları fırsatları tehlikeye atmaktadır. Bu haklar arasında kız çocukların sayısal oranda erkeklere oranla daha çok evlendirilmeye zorlanmaları cinsiyetler arası eşitlik hakkının ihlalidir (Derdiyok, 2014). Çocukların kendi iradeleri dışında zorla gerçekleştirilen evlilikleri, evlenme ve aile kurma hakkının ihlali niteliğini taşımaktadır. Evlilik nedeniyle kesintiye uğrayan okul hayatları nedeniyle çocuklar eğitim ve gelişme haklarını kullanamamaktadırlar. Bütün bunlara ek olarak çocuk evliliklerinin çoğunun kayıtdışı gerçekleşiyor olması, kadınları evlilik içinde kanuni korumadan ve mülkiyet hakkı gibi yasal haklardan yoksun bırakmaktadır. Ayrıca kız çocukları erken hamilelikler sonucu gerçekleşen ölümlerle yaşama hakkından mahrum kalmaktadırlar. Nitekim uluslararası belgeler, kız çocuklarının erken yaşta evlendirilmelerini, kız çocuklarına yönelik şiddet olarak kabul etmektedir. (Diren 2014)

Bulgular
Haberlerin sunum biçimi ve haber başlıkları, hem habere verilen önemi göstermesi bakımından hemde haberin etkisi ve anlaşılırlık düzeyini belirlemesi anlamında önem taşımaktadır.ayrıca kullanılan fotoğraflar, grafikler ve diğer görseller hem haberin kapladığıalanı hem de ayrıca habere olan ilgiyi ve haberin anlaşılırlık düzeyini etkilemektedir. (Göker, Eskin 2015: 239)

Örneklem olarak seçilen gazetelerin haberleri sunuş biçimlerine bakıldığında haberlerin büyük oranda metin+görsel şeklinde sunulduğu görülmektedir.

Milliyet ve Habertürk gazetelerinde Suriyeli çocukların erken yaşta evliliklerin ilişkin olarak yer alan bu tarz haberlerden bazılarının başlıkları şöyledir:

"Küçük gelin ve damat sokak ortasında evlendirildi" (Habertürk 24 Ekim 2013), "Suriyeli çocuk gelinler trajedisi" (Habertürk 11 Kasım 2014),

"Suriyeli çocuk gelinler" (Habertürk 28 Haziran 2015),

"Gaziantep'te Suriyeli çocuk gelin Kadınlar Günü'nde canına kıydı!" (Habertürk 08 Mart 2016),

"Suriyeli kadınlara 'erken evlilik' dersi" (Milliyet 02 Şubat 2014)

"Savaştan kaçtılar, kuma oldular!" (Milliyet 30 Temmuz 2014)

"Çocuk gelin dramı!" (Milliyet21 Ağustos 2014)

"Suriyeli ikinci eş yuva yıkıyor" (Milliyet 16 Eylül 2015)

"Dişlerimi yaptıracağı için kumayı kabul ettim" (Milliyet 10.04.2016)

"Yeni göç akını kapıda"(Milliyet 8 Temmuz 2015)

"Dünyanın utanç listesi" Milliyet (11 Ekim 2016)

Habertürk Gazetesinde Yayınlanan Haberlerin Söylem Analizi
24 Ekim 2013 tarihli gazetede "Küçük gelin ve damat sokak ortasında evlendirildi" başlığı verilen haberde 14 yaşındaki kız çocuğuyla, 15 yaşındaki erkek çocuğunun Şanlıurfa' da düğün yapılarak evlendirildikleri aktarılmıştır (Habertürk 2013). Haberin tematik yapı incelemesine göre, ön plana çıkarılan tema, Suriyeliler için erken yaşta evliliğin bir gelenek" olduğuna kültürel azınlığın aydınlar sayesinde daha medeni bir boyuta taşınabileceğidir. Bu bağlamda "Erken yaşta evlilik" probleminin bir "gelenek" olarak işaretleniyor olması bu sorunun bir taraftan "gelenek" adı altında doğallaştırılmasına neden olurken, haberde yer verilen bu ifade ile diğer taraftan da, meselenin "toplumsal gelenek " olduğu mesajı örtük olarak verilmektedir.

Türkiye'de belli aralıklarla haberlere konu olan Suriyeli çocukların erken yaşta evliliklerinin sunuş şekilleri ya bir mağduriyet eksenli olumsuzluk ya da çoğu zaman olduğu gibi bir sorunun kaynağı olarak olumsuzluk içermektedir.

Nitekim, Habertürk Gazetesi 11 Kasım 2014 tarihli sayısının "Suriyeli çocuk gelinler trajedisi" başlıklı haber içeriğinde savaştan kaçmış olan Suriyeli kız çocuklarının "Çocuk gelin" söylemi altında mağduriyetlerini rakamlarla açıklamıştır:

"…Kampta 13-18 yaş arası 610 kız, 539 erkek kalıyor. Bu grupta tespit edilebilen 54 çocuk gelin mevcut."…

Bu haberde yer alan bilgiler yalnızca kampta yaşanan trajedinin oranlarını okuyuculara sunmaktadır. Fakat bunun dışında kamp içerisinde yaşamayan ve ülke içerisine göç etmiş olan çocuk gelinlerinde olabileceği ihtimali göz ardı edilmektedir.

"Araştırmaya göre, ailelerin kız çocuklarını, savaş yüzünden tecavüz mağduru olmaması için akrabaları ya da başkalarıyla evlendirdi." ifadelerini haberin alt metninde kullanan gazete, bu haber aracılığıyla 2011 yılında başlamış olan savaşın 3 sene içerisinde kız çocuklarının gelmiş oldukları trajik tablonun bir kısmını onların haklarını savunmak adına gözler önüne sermiştir (Avcı, 2014).

Habertürk Gazetesi'nin 28 Haziran 2015 tarihli sayısında "Suriyeli çocuk gelinler" başlığı altında Ayşem Kalyoncu tarafından yazılmış olan yazıda Suriyeli kız çocuklarının Türk erkekleriyle evlendirilmesinden duyduğu şikayeti dile getirmekte ve bu durumun altında yatan sebep olarak devletin kızların çocuk yaşta evlenmelerini masumane göstermesinden kaynaklı olduğunu belirtmektedir:

"16 Ocak 2014'de Aile eve Sosyal Güvenlik Bakanı verdiği demeçte; "Acil eylem planından" söz etmişti. Bu demecin üzerinden neredeyse bir buçuk yıl geçmiş olmasına rağmen tablo düzeleceğine gittikçe kötüleşti. Demek ki yaşananlar onlar için o kadar "acil" değilmiş." (Kalyoncu 2015)

Mikro incelemenin ilk özelliği olan sentaktik yapıda en güçlü kavramlardan bir tanesi imadır. Metne dair bilgiler çoğunlukla açıkça ifade edilmemekte, tersine ima edilmektedir. İmalarda verilmek istenen mesaj önemli ideolojik boyutlara sahiptir. (Şeker, Toruk, Sine, 2013:178) Bu bağlamda yukarıda alıntı yapılan haber metninde olayın nedenlerinden bahsedilirken yazar, "Çocuk gelin" kavramı üzerinden devletin "Acil Eylem Planını" yetersizliğine ilişkin düşüncesini ima yoluyla ortaya koymaktadır.

Ailesi tarafından zorla evlendirilmek istenen Suriyeli çocuğun intihar etmesi haberi Habertürk Gazetesi'nin 8 Mart 2016 tarihi sayısında "Gaziantep'te Suriyeli çocuk gelin Kadınlar Günü'nde canına kıydı!" başlığıyla verilmiştir. Nitekim haber içeriğinde "Çocuk gelin" ve "Kadınlar Günü" kelimelerinin aynı başlık altında kullanılmış olması haberi güçlendirmek ve çarpıcı bir biçimde sunmak amacı taşıyor. Alt metinde ise çocuğun o yaşlarda "Çocuk gelin" konumuna getirilmesi yaşam olanaklarına ve ruhsal durumuna dikkat çekilmiştir.(Habertürk 2016)

16 Eylül 2015 tarihli Habertürk'de Türkiye'deki kamplara sığınan Suriyeli kız çocukları bu kamplardan kurtulmak için evlilikler yaptıklarından söz edilmiştir. "Suriyeli ikinci eş yuva yıkıyor" başlığıyla verilen haberde ikinci eş olarak kabul etmelerinin kamp yaşamının zorlu koşullarından kurtulmak için çare olarak gördükleri belirtilmektedir. Manisa'da 50-60 yaşındaki kişilerin 15-16 yaşındaki kız çocuklarıyla

imam nikâhlı yaşamaya başladığı ve bu duruma katlanmak istemeyen kendi eşlerinden boşanmak istedikleri bilgisi yer almıştır. Özellikle haberin başlığı ve burada kullanılan " kuma" ve "yuva yıkma" gibi ifade biçimleri Suriyelilere karşı kışkırtma ve nefret içeren bir söylemdir.

2.2. Milliyet Gazetesinde Yayınlanan Haberlerin Söylem Analizi

2 Şubat 2014 tarihinde yayınlanan Milliyet gazetesinde "Suriyeli kadınlara 'erken evlilik' dersi" başlığı atılan habere göre; Türkiye'de sığınmacı olarak bulunan Suriyelilerin yaşam şartlarından dolayı küçük yaşlarda evliliğe sevk edildiklerini ve yapılan bu evliliklerin sayısının gün geçtikçe arttığı belirtilmiştir. Bu durumun artması üzerine o dönem Aile ve Sosyal Politikalar Bakanı olan Ayşenur İslam' da toplum refahı için Suriyelilere yalnızca barınma, beslenme ve güvenlik alanında değil sosyal sorunlar konusunda da destek olduğunu vurgulamıştır. Bu yüzden özellikle çalışma yapılacak olan kadınların yalnız olma durumları kriter sayılmış olup, erken evliliğe teşviki incelenmiştir. (Milliyet 2014a)

30 Haziran 2014 tarihli gazetede "Savaştan kaçtılar, kuma oldular!" başlıklı haberde öne çıkarılan tematik anlam, "savaştan kaçan" Suriyelilerin can güvenliği sorunlarına ek olarak ekonomik, duygusal ve sosyal açıdan savaş verdikleri yönündedir. Özellikle de kadınları ve kız çocukları için bu durum daha belirgin olarak gözlemlenmiştir. Ekonomik açıdan sıkıntı içerisinde olan mülteciler para karşılığı Türk ailelerine kızlarını kuma olarak satmak zorunda olmaları yalnızca kendi aile yapılarına değil aynı zamanda Türk aile kurumunun da zedelenmesine yol açtığı vurgulanmaktadır. Eğitimli olan kadınların üzerlerine kuma getirilmesine itiraz edip, eğitimsiz kadınların ise mecburen kabullenmesi aynı zamanda toplumdaki Türk kadının içinde bulunduğu konumu da göstermesi açısından önemli bir biigi niteliğindedir.

"...Bilerek severek evlendik. 24 yıldır beraberdik. Daha 13 yaşındayken onu sevdim, babam vermedi, evden kaçtım. Hala seviyorum. Kuma huzurumuzu evliliğimizi bozdu. İkinci eşler olmasın. Aileler dağılmasın. Bizim yaşadıklarımız ortadadır." İfadelerini üzerine kuma getirilen bir Türk kadını vermiştir. Buradan da anlaşılacağı üzere küçük yaşta yapılan evlilikler seneler geçmiş olsa bile sağlam temel üzerine kurulmadığının göstergesidir. Bu oranların genelde Doğu illerinde yaygın olması eğitimsiz ortamda yapılan cahilliğin fazla olduğunun bir göstergesidir. (Milliyet 2014 b)

Milliyet Gazetesinin 21 Ağustos 2014 tarihli sayısında "Çocuk gelin dramı!" başlıklı haberinde Suriyeli çocuk gelinlere ilişkin istatistik veriler aktarılmıştır. Haber metninde savaştan önce Suriye'de çocuk gelin oranı %12 iken, savaş sonrasında oranın %32'lere çıktığı raporlanmıştır. Bu durumun en önemli nedeni olarak ise fakirlik gösterilmiştir. Suriyeli çocuk gelinin annesinin "Suriye'de olsak böyle bir şey aklımın ucundan geçmezdi. Ama her şeyimizi savaşta kaybettik. Alacağımız başlık parası çocuklarımın geleceği için gerekliydi" demesi bunu destekler niteliktedir. Yani Suriye'de aslında bir gelenek olan –küçümsenmeyecek orandan da anlaşılacağı üzere– küçük yaşta evlendirilme durumu savaşla birlikte Suriye toplumunu bir kez daha yıkıma sürüklemiştir. Küçük kızların o yaşlarda belli bir para karşılığı satılması ve onları "satın alacak kişilerin!" hem Türkiye sınırları içinden hem de yurt dışından gelip, beğenip, alması Dünya üzerinde İnsan Hakları adına yeni bir suçun doğduğunun bir ön göstergesidir. Savaş uzadıkça bu durumun artarak ilerlemesi Dünyanın korktuğu konulardan biri haline gelmiş durumda. (Milliyet 2014 c)

8 Temmuz 2015 tarihli gazetede "Yeni göç akını kapıda" başlıklı haberin içeriğinde aslında Türkiye'ye gelecek olan mültecilerin sayıları verilmiş olup, **"Okula gidemiyorlar"** alt başlığında ise çocukların erken yaşta evlendirilmesinin önlenmesine yönelik ilgili çok ciddi çalışmalar yapıldığı bilgisi yer almaktadır. Aynı zamanda haber içeriğinde duruma ilişkin olumsuz bir tablo resmedilmektedir (Milliyet, 2016e).

Gazetenin 16 Eylül 2015 tarihli sayısında "Suriyeli ikinci eş yuva yıkıyor" başlıklı makalede, hayatlarını kurtarmak amacıyla zorla evlendirilmiş olan Suriyeli kadınlar ve kızlar evlendirilmiş oldukları kişilerin "asıl eşleri" tarafından istenmemesi konusu ele alınmaktadır. Genelde Doğu illerinde sıkça rastlanan bu durumun Manisa ilçesinde de arttığı bilgisi haberde yer almaktadır. Böylelikle erkeğin ilk evliliğini gerçekleştirmiş olduğu kadın bu durumu kaldıramayıp boşanma talebinde bulunmaktadır. Her geçen yıl boşanma oranlarının artış gösterdiği ülkemizde Suriyeli çocukların kuma olarak getirilmesi Türk aile yapısını tahrip eden bir unsur olarak değerlendirilmektedir. Bu çocukların gayri-resmi yollarla, mecbur bırakılarak yapmış oldukları evlilikler çocuk istismarının başka bir çeşidini ortaya çıkarmıştır. (Uçtu 2015)

10 Nisan 2016 tarihli Milliyet gazetesinde yayınlanan konuya ilişkin bir başka haberde mevcut durum daha farklı bir olguyla karşılaştırmalı olarak sunulmaktadır. Nitekim kocaları Suriyeli bir kadınla imam nikahı kıydırmış kadınlarla röportaj şeklinde hazırlanan "Dişlerimi yaptıracağı için kumayı kabul ettim" başlıklı haberde, günümüzde artmakta olan Suriyeli çocuk gelinler vakası yakın geçmişten Sovyetler Birliği'nin yıkılmasıyla Karadeniz Bölgesinde beliren "Nataşa Krizi" örneği üzerinden karşılaştırmalı bir biçimde aktarılmaktadır. Bu tür vakaların belirtilen dönemde de ailelerinin çoğunun çözülmesine yol açmasının altı çizilmekte, hem Suriyeli kadınların, hem de yerli kadınların bu durumda madur oldukları hususu vurgulanmaktadır:

"...2-3 bin lira karşılığında satın alınan Suriyeli kumaların yaşları 15 ile 30 arasında değişiyor. Kuma alan adamların yaşı ise 40'tan başlıyor 70'e kadar çıkıyor. Bölgede Kürtçe ve Arapça bilinmesi sebebiyle Suriyeli kadınlarla erkekler arasında sorun yaşanmıyor. Ta ki resmi nikahlı eşler "Kuma istemem" diyene kadar. İşte o zaman dayak mı dersiniz, çocuklarla kapının önüne konmak mı yoksa boşanmayla tehdit edilmek mi? Kızıltepe'de konuştuğum, gerçek isimlerinin bizde gizli kalmasını isteyen, takma isimli beş kadının başından geçen hikayeler ne kadar aynı olsa da hepsi ayrı ayrı yaralıyor insanı. Bir de o isyan eden bakışları! " (Coşkunarda 2016)

"Nereden baksan 15 senedir ağzımda diş yok doğru düzgün yemek yiyemiyorum, "He de dişlerini yaptıracağım senin" dedi. Ben de o zaman kabul ettim." (Coşkunarda 2016)

"Benim kocam üstüme kuma getirmedi ama her kavgada, "Git, bana Suriyeli mi yok!"

Bu ifadelerinden de anlaşılacağı üzere erkekler bu durumdan faydalanırken, hemen yanı başımızda, sınırımızda gerçekleşen bir savaşın korları "aynı zamanda ülkemizin kadınlarının çaresizliğini alevlendirmekte" olması hususu yazar tarafından vurgulanmaktadır. (Coşkunarda 2016)

"Dünyanın utanç listesi!" başlıklı haber aslında yukarıda incelenen haberlerin bir özeti niteliğindedir. Verilen rakamlar bu durumu basit bir konu olmaktan öte literatüre girecek sosyolojik bir araştırma konusu niteliğine getirmiştir. Haber içeriğinde her 7 saniyede bir 15 yaşından küçük çocuk evlendirildiği verilmiştir. Türkiye' de de önemli bir sorun haline geldiğini bildiğimiz bu durumun habere göre Türkiye'nin 55. sırada yer alışı aslında tablonun daha vahim olduğunu göstermektedir. Neredeyse her ülkede bu vakanın oluşu fakat en basit İngiltere'nin 15.sırada yer alarak bir Afrika ülkesi olan Somali'yi geçmiş olması Dünya'nın belli çalışmalar yürütmüş gibi gösterdiğini fakat uygulama açısından bu duruma kayıtsız kaldığının en önemli örneklerinden biridir. (Milliyet 2016 d)

Sonuç ve Değerlendirme

Bu çalışmada, yazılı basında Suriyeli çocukların erken yaşta evliliklerini içeren haber metinleri, metinlerde kullanılan kavram ve tanımlamalar incelenmiş, "Suriyeli Çocuk Gelinlerin"temsillerine ilişkin yazılı basın taraması yapılmıştır. Böylelikle, toplumu haberdar etme ve bilgilendirme misyonu olan yazılı basının Suriyeli çocukların erken evliliğine ilişkin haberleri nasıl yorumladığı tartışılmıştır. Araştırma sonuçlarına göre haber metinlerinde Suriyeli çocukların erken evlilik olgusunu daha ziyade trajik bir olay şeklinde yer almakta ve anlamlandırmaktadır. "Türkiye'deki mülteci çocuk gelinler" başlığı altında verilen bu haberlerde söz konusu evlilikler nedeniyle kız çocukları bir taraftan eğitim hakkından mahrum bırakılmaları, diğer taraftan da erken yaşta anne olmaya zorlandıkları için de sosyal ve siyasal yaşamdan dışlandıkları hususu üzerinde durulmaktadır. Haber metinlerinde ayrıca eşler arası yaş farkının çok yüksek, olduğu, annelik yaş ortalamasının çok düşük olduğu ve erken yaşta hamileliklere rastlandığı ifade edilmektedir. Diğer taraftan bu tür evlilikler ikinci eş durumuna neden olduğu için toplumlar arasında gerginlik etkeni şeklinde değerlendirilmektedir.

Araştırma kapsamında incelenen haber metinlerinde Suriyeli çocukların erken yaşta evlilikleri ne kadar yaygın olduğunun çarpıcı bir göstergesidir. Buna rağmen bu olayların gazetelerde yer alma oranları düşük düzeyde olduğu gözlenmektedir. Suriyeli çocuk gelinler yazılı basında düşük ölçüde temsil edilişinin bir diğer boyutu da konuyla ilgili haberlerin içeriğidir. Araştırmaya dahil edilen haberlerin pek çoğunun nitelikten yoksun olduğu ve haberlerin çoğu zaman birbirinin tekrarından ibaret olduğu görülmüştür.

Öte yandan incelenen gazete haberlerinde haber metninde ve haberin başlığında çocuğu ve istismar olayını merkeze almaktan ziyade olayı sansasyonel kılmaya yönelik bir eğilim olduğu görülmektedir. Bunun yanı sıra haberde istismar olayının detaylarına yer verilirken bu vakaların cinsel istismar olduğu hususuna dair ifade ve yorumların açıkça geçtiği haber sayısı çok azdır. Çocuk istismarının çocuk üzerindeki etkilerine dair bir ayrıntıya rastlanmamıştır.

Gazetelerin haber verme görevlerinin yanında, sosyal sorumluluk açısından oldukça önemli olan bilgilendirme ve bir farkındalık yaratma görevleri vardır. Bu bağlamda söz konusu haberlerde "cinsel istismar" ifadesinin çok düşük bir oranda kullanılması, okuyuculara olayın bildirilmesi, fakat istismarkonusunda bir farkındalık yaratma çabasının olmadığının göstergesidir.

Bu analizler sonucunda yapılan değerlendirmeler Türkiye'de ana akım medyanın Suriyeli çocuk gelinler konusunda yaptıkları haberlerin kamuoyundaki tartışmaları tüm yönleri ile yansıtmakta çok başarılı olmadığını göstermektedir.

Süleymanov, Sönmez, Ünver, Akbaba (der.)

Bu noktada, medyaya büyük bir rol düşmektedir. Medya, erken evliliklere ilişkin haberleri kamuoyuna aktarırken, bu tür evlilikleri özendirmekten kaçınmaları pedofili ya da ikinci eş olarak Suriyeli çocukların tercih edilmesi önüne bir nebze geçecek, toplum adına yaşanan mağduriyetin giderilmesi konusunda önemli katkılar sağlaycaktır. Ayrıca, etik ve yasal kurallara riayet ederek, cinsel suçlar haberleştirilirken, mağdurların kimliklerinin açıklanmaması, erotizmi çağrıştırmayan, ayrıntıya girmeyen, erken evliliklerin toplumsal bir sorun olduğunu ifade eden özenli ve sorumlu bir dil kullanılması önem arz etmektedir.

Kaynakça

AFAD (2014). Türkiye'deki Suriyeli Kadınlar, https://www.afad.gov.tr/ upload/Node/3932/ xfiles/turkiye_deki-suriyeli-kadinlar_-2014.pdf

Arıgan, H. (2015). "Suriyeli sığınmacı çocuklar 'erken evlilik' kurbanı oluyor", Habertürk Gazetesi 07 Nisan,http://www.haberturk.com/yasam/haber/1062820-suriyeli-siginmaci-cocuklar-erken-evlilik-kurbani-oluyor (Erişim Tarihi: 26.11.2016)

Avcı, Ü. (2014). 'Suriyeli çocuk gelinler trajedisi' Habertürk Gazetesi 13 Kasım2014 http://www.haberturk.com/gundem/haber/1008198-suriyeli-cocuk-gelinler-trajedisi(Erişim Tarihi: 20.11.2016)

Barın, H. (2015). Türkiye'deki Suriyeli Kadınların Toplumsal Bağlamda Yaşadıkları Sorunlar ve Çözüm Önerileri. Göç Dergisi Cilt: 1 Sayı: 2 ss. 10-56 http://www.gam.gov.tr/files/d2.pdf

Coşkunarda, G. (2016). *"Dişlerimi yaptıracağı için kumayı kabul ettim"* Milliyet Gazetesi, 10 Nisan http://www.milliyet.com.tr/-dislerimi-yaptiracagi-icin/pazar/haberdetay/ 10.04.2016/2224326/default.htm

Çakmak, D. (2014). *"Türkiye'de Çocuk Gelinler"* http://www.umut.org.tr/ hukukungencleri/ tammetinlersunular/direncakmak.pdf Erişim Tarihi:23 Ekim 2016

Derdiyok, B. (2016). *'Akıllardan Çıkmayan Soru: Çocuktan Gelin Olur mu?* 'http://www.turksam.org/tr/makale-detay/874-akillardan-cikmayan-soru-cocuktan-gelin-olur-mu Erişim Tarihi:23 Ekim 2016

Efe, İ. (2015). Türk Basınında Suriyeli Sığınmacılar. İstanbul: SETAYayınları. http://file.setav.org/Files/Pdf/20151225180911_turk-basininda-suriyelisiginmacilar-pdf.pdf, Erişim: 25.10.2016.

Eflatun (2015). *Suriyeli sığınmacı çocuklar 'erken evlilik' kurbanı oluyor.* http://www.eflatunhaber.com/yasam/suriyeli-siginmaci-cocuklar-erken-evlilik-kurbani-oluyor-h19123.html(Erişim Tarihi : 01.10.2016)

Göker, G., Keskin, S. (2015). Haber Medyası ve Mülteciler: Suriyeli Mültecilerin Türk Yazılı Basınındaki Temsili.*İletişim Kuram ve Araştırma Dergisi* - Sayı 41 / Gazi Üniversitesi İletişim Fakültesi Süreli Elektronik Dergi

Habertürk (2013). Küçük gelin ve damat sokak ortasında evlendirildi, http://www.haberturk.tv/gundem/video/kucuk-gelin-ve-damat-sokak-ortasinda-evlendirildi/102509Erişim Tarihi:20 Ekim 2016

Habertürk (2015). Gaziantep'te Suriyeli çocuk gelin Kadınlar Günü'nde canına kıydı!http://www.haberturk.com/gundem/haber/1206509-gaziantepte-suriyeli-cocuk-gelin-kadinlar-gununde-canina-kiydi Erişim Tarihi 19 Ekim 2016

Hervish A, Feldman-Jacobs H. (2011). Quıparle en monnom? Mettrefinaumarıagedesenfants. Population Reference Bureau (2011). http://www.prb.org/pdf11/ending-child-marriage_fr.pdf (Erişim Tarihi: 01.10.2016)

Holliman, R. (2004). "Media Coverage of Cloning: A Study of Media Content, ProductionandReception", *PublicUnderstanding of Science*, 13, 107-130.

İnal, A. (1996). *Haberi Okumak*. İstanbul: Temuçin Yayınları.

Kalyoncu, A. (2015). 'Suriyeli çocuk gelinler' *Habertürk Gazetesi* http://www.haberturk.com/yazarlar/aysem-kalyoncu/1096215-suriyeli-cocuk-gelinlerErişim Tarihi: 28 Ekim 2016

Kaynak, M. (2014). Türkiye'de 'Çocuk Gelin'Sorunu.*Nesne*,2(3),s.27-38

Kirişçi, K. (2014). Misafirliğin Ötesine Geçerken Türkiye'nin "Suriyeli Sığınmacılar"Sınavı, USAK &Brookings, Ankara.

Milliyet (2014a). "Suriyeli kadınlara 'erken evlilik' dersi" http://www.milliyet.com.tr/suriyeli-kadinlara-erken/gundem/detay/1830745/default.htmErişim Tarihi:20 Ekim 2016

Milliyet (2014 b). "Savaştan kaçtılar, kuma oldular!" http://www.milliyet.com.tr/savastan-kactilar-kuma-oldular--gundem-1918584/Erişim Tarihi:20 Ekim 2016

Milliyet (2014 c). *"Çocuk gelin dramı!"*http://www.milliyet.com.tr/cocuk-gelin-drami-/dunya/detay/1928802/default.htmErişim Tarihi:23 Ekim 2016

Milliyet (2016 d). *"Dünyanın utanç listesi!"* http://www.milliyet.com.tr/dunyanin-utanc-listesi-dunya-2325091/ Erişim Tarihi 11 Ekim 2016

Milliyet (2016 e). *"Yeni göç akını kapıda"* http://ww.milliyet.com.tr/yeni-goc-akini-kapida-gundem-2084665/

Ova, N. (2014). Türkiye'de Yazılı Basında "Çocuk Gelinler"in Temsili, Selçuk İletişim, 8 (2): 238-262

Sancar, Ü. S. (1997). *İdeolojinin Serüveni, "Yanlış Bilinç ve Hegemonyadan Söyleme"* Ankara: İmge Kitabevi.

SAMER. (2015). 7. Uluslararası Risk Altında ve Korunması Gereken Çocuklar Sempozyumu. Aralık 2015, Antalya.

Şeker, M., Toruk İ., Sine R., (2013). *"Töre Cinayetlerinin Türk Medyasında Sunumu: Mardin Katliamı", Global Media Journal*, vol.3, pp.166-195.

United States Agency Internatıonal Development, End ingchild marriage and meeting the needs of married children: the USAID visionforaction. http://reliefweb.int/sites/reliefweb.int/les/resources/PDACU300.pdf (Erişim Tarihi : 01.10.2016)

Uçtu, N. (2015). "Suriyeli ikinci eş yuva yıkıyor",*Milliyet Gazetesi*, 16 Eylülhttp://www.milliyet.com.tr/suriyeli-ikinci-es-yuva-yikiyor-gundem-2118372/ (Son Erişim 16.09.2016)

Uluslararası Stratejik Araştırmalar Kurumu Sosyal Araştırmalar Merkezi (2011). Evlilik mi Evcilik mi? Erken ve Zorla Evlilikler: Çocuk Gelinler. UsakRaporları No: 11-08. 2011 s:6 http://www.usak.org.tr/dosyalar/diger/bgofIciPmdxlmVsAMuEFTi0F1P4JiQ.pdf (Erişim Tarihi: 30.10.2016)

UNICEF (2014). "Çocuk Evlilikleri http://www.unicef.org.tr/tr/content/detail/73 Erişim Tarihi: 23 Ocak 2014

VAN DIJK Teun A (1988). News Analysis: Case Studies of International and National News in the Press, Hillsdale, New Jersey.

Yakıt E, Coşkun, A. (2014). Toplumsal Açıdan Çocuk Yaşta Evlilikler Gerçeği: Hemşire ve Ebenin Sorumluluğu, Hemşirelikte Eğitim Ve Araştırma Dergisi 11 (3): 3-10 http://www.journalagent.com/kuhead/pdfs/KUHEAD_11_3_3_10.pdf (Erişim Tarihi:05.10.2016).

Çocuk Hakları Perspektifinden Suriyeli Göçmen Çocukların Sorunları ve Gelecek Kaygıları

Yusuf Genç[1] Hülya Yıldız[2]

Giriş

Çocuklar dünya nüfusunun yaklaşık olarak beşte birini oluştursa da geleceğin baş aktörleri olacaklardır. Bu yüzden doğru ve donanımlı bir şekilde yetiştirilmeleri birçok yönden önemlidir. Çocukların, bilimsel altyapıları oluşturulmuş, yenilikçi, özgün düşünebilen, çalışkan, ahlaklı, toplumunun ve dünyanın sorunlarına duyarlı bir şekilde yetiştirilmeleri ülkelerin ve dünyanın geleceği için yapılabilecek en akıllıca yatırımdır.

Tarihi süreçte çocuklara yönelik bakış açıları incelendiğinde; geçmiş dönemlerde çocukların yetişkinlerden çok da farklı yorumlanmadıkları görülmektedir. Eski çağlarda çizilen çocuk figürleri, anne babasının kucağında yetişkin kıyafetleri içinde resmediliyordu. Bir çocuktan beklenen görev ve sorumluluklar, büyüklerden beklenenle eşdeğer efor ve enerji gerektiriyordu. Çocuklar çok uygunsuz ve ağır şartlar altında çalışmak zorunda kalıyorlardı. Ebeveynlerin özellikle de babaların çocuklar üzerinde öldürmeye varan sınırsız hak ve yetkileri vardı. Eski Atina'da Aristo, çocukların öldürülmesi geleneğinin sınırlandırılması gerektiğini düşünse de baba ile çocuk arasındaki ilişkiyi düzenleyecek bir haktan bahsedilemeyeceğini söylemektedir. Çünkü çocuk özgür değildir ve babasıyla eşit pozisyonda saygın bir varlık olarak değerlendirilemez (Akyüz, 2015:19-20).

Günümüzde çocuklara tanınan haklar geçmiş dönemlere göre oldukça gelişmiş ve çocuk hakları deklarasyonunda sunulan haklar henüz tamamen uygulanamamaktadır. Birçok bölgede çocuklar kendilerine tanınan haklardan bile habersizdir. Bu hakların kullanılabilir olması epey bir zaman alacak gibi gözükmektedir. Çocukların anne karnından başlayarak erişmeleri beklenen sağlık, dengeli beslenme, barınma ve biyo-psiko-sosyal ihtiyaçlarının giderilmesi gibi haklar bir kısım ülke çocukları için sadece kağıt üzerinde kalan, bir kısmı için ise henüz kağıda bile geçirilemeyen haklardır. Bu çocukların başında oldukça acı ve hırpalayıcı deneyimler geçiren savaşı ve göçü yaşamış Suriyeli çocuklar gelmektedir.

Bu çalışmada Suriye Göçü, Suriyeli çocukların problemleri ve gelecek kaygıları incelenmiş ve savaşın etkilerinden az da olsa kurtulmuş, haklarına ulaşma fırsatı olan, maddi ve manevi varlıkları Türkiye tarafından güvence altına alınan bu çocuklar için yapılması gerekenler üzerinde durulmuştur.

Çocuk ve Çocuk Hakları

Bütün resmi ve uluslararası bildirilerde çocuk, 18 yaşından küçük birey olarak tanımlanmaktadır. Çocukların gelişimi, bakımı, yetiştirilmesi, yaşının ve döneminin gerektirdiği ihtiyaçlarının giderilmesi önemli bir yükümlülüktür. Bu yükümlülüğü sağlıklı bir şekilde yerine getirmesi beklenen birinci basamak ailedir. Aile bu bilinç ve sorumluluğu yetenek ve kabiliyetleri gereği yerine getiremediğinde devlet bu işlevi

---

[1] Doç. Dr. ,Sakarya Üniversitesi, Sosyal Hizmet Bölümü, ygenc@sakarya.edu.tr
[2] Arş. Gör. , Sakarya Üniversitesi, Sosyal Hizmet Bölümü , hulyayildiz@sakarya.edu.tr

üstlenmelidir. Yani çocukların doğdukları andan itibaren sahip oldukları haklarına erişimlerinin sağlanması aileler kadar devletlerin de sorumluluğu altındadır. Ülkelerin gelişmişlik düzeyleri ile çocuklara verdikleri değer arasında doğru bir orantı bulunmaktadır. Çocukların önemsenmediği, ihmal ve istismar edildiği ülkelerin kültürleri gelişmemiş kültürler olarak değerlendirilmektedir   (Karaman Kepenekçi, 2014: 178-179).

Çocuk haklarının tarihi seyrine bakıldığında, 1919 yılında Leh eğitimci Janusz Korczak'ın "How to Love a Child (Bir Çocuğu Nasıl Sevmeli)" isimli kitabında çocuk haklarından bahsettiği görülmektedir. (Yıldırım Doğru, 2014: 2). I. Dünya Savaşı'nda en çok acı çeken grupların başında çocuklar gelmiştir. Bu durumdan çok etkilenen Eglantyne Jebb Cenevre Çocuk Hakları Sözleşmesi'nin taslağını hazırlamıştır. Bu sözleşme 1924 yılında o zamanın Birleşmiş Milletleri olan Milletler Cemiyeti tarafından kabul edilmiştir. Daha sonra bu sözleşme 20 Kasım 1959'da Çocuk Hakları Bildirisi ve 20 Kasım 1989'da Çocuk Haklarına Dair Sözleşme olarak genişletilerek güncellenmiştir. 193 ülke tarafından da onaylanan sözleşme Türkiye'de bazı maddelerine çekince konularak 1995 yılında TBMM'de oylanarak yürürlüğe girmiştir. Hâlbuki uluslararası hukuk gereği Türkiye 1990'da bu sözleşmeyi yürürlüğe koyabilirdi. Bu sözleşmeyle çocukların yaşama hakkı, isim hakkı, vatandaşlık hakkı, güvenlik hakkı, özel yaşamı ve aile bütünlüğü güvence altına alınmıştır. Taraf devletlere doğum öncesi dahil olmak üzere çocukları koruma görevi yüklenmiştir. Ancak Türkiye'de bu hakların düzenli uygulanabildiği söylenemez.

Göç ve Göçmenlerle İlgili Kavramlar

Göç dünya var olduğundan beri insanlık tarihinin tanıdığı ve deneyimlediği acı bir kavramdır. Göç; bir yerleşim biriminden, bir siyasî sınırı olan toprak parçasından başka birine doğru, fert, grup veya kitle hâlinde gerçekleşen bir harekettir. Gerek terk edilen, gerekse tercih edilip gidilen ülkeler için iktisadî, idarî, hukukî, sosyal, psikolojik vs. pek çok yönü ve etkisi olan demografik bir yer değiştirmedir (Genç ve S. 2010). İlkel toplumlar göçebe hayatı yaşam tarzı olarak benimsemiş kavimlerdir. Tarım toplumu ile yerleşik düzene geçen dünya toplumları ilerleyen dönemlerde endüstriyel ve sanayi toplumu süreçlerinde gelir seviyesi ve yatırımların bölgesel olarak dengesiz dağılımı sonucu göç hareketleri hız kazanmıştır. Göç sadece coğrafi olarak yer değiştirmek değildir. Sebepleri ve sonuçları itibarıyla değerlendirildiğinde ülkelerin ve toplumların hayatında ciddi etkileri bulunmaktadır. Göç yüzünden tarih boyunca birçok kez devletlerin coğrafi sınırları, diğer devletlerarasındaki güç seviyeleri hatta varlık durumları değişmiştir. Etkileri bu kadar güçlü olan göç olgusu, insanların baş etmesi gereken çok önemli sorunlar üretmektedir. Az da olsa göçü bereket olarak değerlendiren bilim insanları da bulunmaktadır.

Coğrafi şartların uygun olmaması, ekonomik yetersizlikler, iç çatışmalar, savaşlar, işkence, şiddet, terör, etnik çatışmalar, dini ve siyasi hayatın kısıtlanması, can ve mal güvenliğinin olmaması, insan hakları ihlalleri, medyanın etkisiyle daha iyi hayat standartlarına ulaşma isteği ve bilinçsiz yer değiştirme istekleri göçlerin en önemli gerekçeleridir. Diğer nedenler ise; kültürel hayranlık, macera arzusu, farklı bir hayat kurma isteği, güçlü devletlerin mensubu olma, yurt dışında daha iyi sağlık, konut ve eğitim hizmetleri, ekonomik avantajlar (daha iyi yaşama, iş imkânları bulma, yüksek ücret, işsizlik, açlık ve fakirlikten kurtulma arayışları), ucuz toprak temin etme şeklinde sıralanabilir. Zorunlu göçe sevk eden birçok maddî olmayan faktörler de vardır. Bazen de Yunanistan-Türkiye Mübadelesinde olduğu gibi savaş sonrası iki devletin anlaşması sonucu istekleri göz önünde bulundurulmaksızın insanların yerlerini değiştirmesi gerekmiştir. 1950-1990 yılları arasında Bulgaristan'dan Türkiye 'ye gelen Türkler örneğinde olduğu gibi etnik düşmanlıklar nedeniyle göç etmek zorunda kalan insanlar, birçok acı hatıralarla ve sevdiklerinin kayıplarıyla da baş etmek durumunda kalmışlardır.

Göçle ilgili literatürde var olan kavramlar irdelendiğinde karşımıza birçok tanım çıkmaktadır. Günlük hayatta yanlış kullanımlarına sıkça şahit olduğumuz ve göç kavramı ile yakından ilişkili olan göçmen, sığınmacı ve mülteci kavramları arasında farklılıklar bulunmaktadır. Uluslararası Göç Hukuku Göç Terimleri Sözlüğü'ne göre **göçmen**; zorunluluk olmadan hür iradesiyle göç eden birey, **sığınmacı**; ilgili ulusal ya da uluslararası belgeler çerçevesinde bir ülkeye mülteci olarak kabul edilmek isteyen ve mültecilik statüsüne ilişkin yaptıkları başvurunun sonucunu bekleyen kişi ve **mülteci**; ırkı, dini, tabiiyeti, belli bir sosyal gruba mensubiyeti ve siyasi görüşleri yüzünden haklı bir zulüm korkusu nedeniyle vatandaşı olduğu ülkenin dışında bulunan ve söz konusu korku yüzünden ilgili ülkenin korumasından yararlanmak istemeyen kişi olarak ifade edilir. Mülteciliğin kabulüne de iltica denir. İltica bir koruma türüdür. Mülteci koruması; insan haklarının inkâr edildiği ve bu yüzden insanların yerlerinden kaçmak zorunda kaldıkları bir durumda, insanların haklarını yeniden kazanmasını telafi edici bir yoludur. Devletler vatandaşlarını koruyamamaları veya korumak istememeleri durumunda ve bireyler kişisel haklarının ciddi biçimde ihlali sebebiyle başka bir ülkede güvenlik aramak üzere yurtlarını terk ederek o ülkede mülteci statüsü elde ederler.

Göçmenler, mallarını, yakınlarını, yaşadıkları toprakları terk etmek durumunda oldukları için, sığınmak istedikleri ülkelerin insanlarının, idarecilerinin hoşgörülerine ve müsamahalarına ihtiyaç duydukları gibi, çoğu zaman kamusal sosyal yardıma da muhtaçtırlar. Göçe menşelik (göçün kaynağı olan ülke) eden ülkeler genellikle iç savaş yaşayan ya da gelişmemiş ülkelerdir. Türkiye genelde doğu ile batı, kuzey ile güney arasında transit ülke (menşe ülke ile hedef ülke arasında geçici ülke) pozisyonunda bulunmaktadır. Türkiye'yi hedef ülke olarak seçen göçmen ve sığınmacılar da bulunmaktadır.

Suriye Göçü

Dünya üzerinde savaşlar, çatışmalar, doğal afetler ve baskı rejimlerinin kurbanları olarak yaşadıkları yerleri terk edip ulaşabildikleri ülkelere sığınan sığınmacı durumundaki insanların sayısı her geçen gün artış göstermektedir. Yerlerini, yurtlarını, ailelerini, akrabalarını terk etmek zorunda kalan mülteciler kimi zaman kamyon kasalarında, konteynırlarda, hınca hınç doldurulldukları teknelerde umut yolculuğuna çıkmaktadır. Yolculukları ölüm ve yaşam arasında gidip gelen bir trajediye dönüşmektedir. Varabildikleri noktalarda ise ilerisini göremedikleri bir bekleyiş ve belirsizlikle karşı karşıya kalmaktadırlar (Yıldırım, 2009). Günümüzde bu olumsuz şartlardan en fazla nasibini alan insanlar, Suriye halkıdır.

Arap Bahar'ının son durağı olarak görülen Suriye, yönetim zafiyeti ve toplumsal baskılar sonucu birçok ülkenin üzerinde söz sahibi olduğu bir ülkedir. Yılların baskıcı yönetimine karşı özgürlük arayışları ve batının Ortadoğu'ya hâkim olma isteği sonrası Suriye, 2011 yılı mart ayından beri yaşamakta olduğu iç savaş nedeniyle dünya gündemini oldukça meşgul etmektedir. İç savaştan kaçan ve başta Türkiye olmak üzere dünyanın çeşitli ülkelerine sığınma ihtiyacı duyan vatanından olmuş Suriyelilerin nereye yerleşeceği ve hangi şartlarda yaşayacağı sorun olmaya devam etmektedir. Zorunlu dış göçün etkisinde kalan Suriyelilerin barınma, çalışma, hayata tutunma, eğitim, sağlık ve ileriye dönük hedef belirleme sorunları seçecekleri ülkeler üzerinde etkili olmaktadır. Birçok Suriyelinin seçim yapma fırsatı ve bireysel karar verme imkânı da bulunmamaktadır.

Ülkelerinde değişen şartlar gereği Suriyeli sığınmacılar en çok sınır komşuları olan Türkiye, Ürdün, Irak ve Lübnan'a göç etmek zorunda kalmışlardır. Suriye ile geçmişten olan bağları ve Türkiye'nin komşularına karşı uyguladığı politikalar gereği Suriyeli sığınmacılara kardeşçe yaklaşımı ile ev sahipliği yapan Türkiye, ülkesinde en fazla Suriyeli misafir bulunduran ülkedir. Sayının fazlalığına rağmen Suriyelilere sunulan hizmetler, bu hizmetlerin kısa sürede organize edilebilmesi ve Türk halkının gösterdiği misafirperverlik tüm dünyada ilgi ve takdirle karşılanmaktadır.

29 Nisan 2011 tarihinde Yayladağı İlçesi Güveçci Köyü bölgesinden 250 kişilik ilk grubun giriş yapmasından beri Suriyelilerin Türkiye'ye sığınma süreci devam etmektedir. 2000 yılı nüfus sayımına göre başka ülkelerden Türkiye'ye gelen 234 bin 111 kişinin 1132 tanesi Suriyelidir (TUİK, 2000). 2016 yılına geldiğimizde bu sayı BMMYK (Birleşmiş Milletler Mülteci Yüksek Komiserliği)'nin Ocak-Haziran 2016 Türkiye Güncellemeleri' ne göre 2.476.744 'e ulaşmıştır. İçişleri Bakanlığı Göç İdaresi Genel Müdürlüğü'nün yayınladığı 2015 Türkiye Göç Raporu'na göre geçici koruma altına alınan Suriye vatandaşlarının biyometrik kayıtları 2. 503.409 olarak saptanmıştır. Tespit edilemeyen Suriyeliler de düşünüldüğünde bu sayıların çok daha fazla olduğu tahmin edilmektedir.

1951 Tarihli Mültecilerin Hukuki Statüsüne Dair Cenevre Sözleşmesi' ne taraf olan devletler, sözleşmede belirtilen hükümler uyarınca mültecileri korumakla hukuken yükümlüdür. Türkiye içinde bulunduğu coğrafyayı göz önünde bulundurarak Cenevre Sözleşmesini coğrafi kısıtlama şartıyla kabul etmiştir. Bu doğrultuda kuzeyinden güneyine ve doğusundan batısına doğru gerçekleştirilmek istenen göçerde transit ülke olması ve tarih boyunca aldığı göçler nedeniyle doğusundan ve güneyinden gelen sığınmacılara mültecilik hakkı tanımamaktadır. Yani sadece Avrupa'dan gelen göçmen ve sığınmacıları mülteci olarak kabul etmekte ve üçüncü bir ülkede mülteci olma şartlarına sahip olanları o ülkeye gidinceye kadar makul bir süre Türkiye' de ikametlerine izin vererek geçici koruma statüsüyle barındırmaktadır.

Uluslararası Göç Hukuku Göç Terimleri Sözlüğü' ne göre "Geçici koruma"; "menşe ülkelerine dönemeyen üçüncü ülke kişilerinden kaynaklanan kitlesel bir akının meydana gelmesi ya da derhal meydana gelebilecek olması durumunda, özellikle söz konusu kişilerin ya da koruma gerektiren diğer kişilerin yararına olarak, sığınma sisteminin etkin işleyişi üzerinde olumsuz etki yaratmadan sığınma sisteminin işletilememe riski varsa, bu kişilere acil ve geçici koruma sağlamak amacıyla sağlanan istisnai özellikteki prosedür" olarak ifade edilmektedir. 2011 yılından beri Türkiye'ye gelmekte olan sığınmacılar da geçici koruma statüsünden yararlanmaktadırlar. Türkiye bu sığınmacılara açık kapı politikası uygulamakta ve insani bir bakış açısıyla yaklaşmaya devam etmektedir.

Göçmen Çocuklarla İlgili Uluslararası Mevzuat

Göçmen ve sığınmacı olma durumu birçok zorluğu beraberinde getirmektedir. Bu sürecin en dezavantajlı kesimi şüphesiz çocuklar ve başkasına bağımlı bireylerdir. Savunmasız ve gelişimlerini tamamlama aşamasında olan kişiler olarak çocuklar için bu süreç oldukça zordur. Hayatın olumlu yönleriyle henüz tanışamayan birçok çocuk belki de dünyayı yaşadığı şartlar olarak tanımlamakta ve öyle zannetmektedirler. Savaşlarda işkence gören, işkenceye şahit olan, çocuk asker olarak kullanılan, sevdiklerini kaybeden, ailesi parçalanan ya da refakatiz kalan çocukların başka bir ülkeye iltica ederken ve sonrasında yaşayacakları sıkıntılar, onların küçücük bedenlerinin ve ruhlarının üstesinden gelebileceği türden güçlükler değildir.

BM Mülteciler Yüksek Komiseri António Guterres'in 2015 Dünya Mülteciler Günü'ndeki açıklamasında sarf ettiği "Geçtiğimiz yıl, kayıtlarımızdaki herhangi bir zamanda olduğundan daha fazla insan evlerinden kaçtı. Dünyada, neredeyse 60 milyon insan, çatışma ve zulüm sebebiyle yerlerinden edildi. Bu insanların, yaklaşık 20 milyonu mülteci olup, yarısından fazlasını çocuklar oluşturmaktadır" cümleleri zorunlu göçlerden etkilenen ne kadar çok çocuk olduğunu göz önüne sermektedir.

Birleşmiş Milletler İnsan Hakları Evrensel Bildirisi'nin 14. Maddesi "Herkes zulüm karşısında başka memleketlerden mülteci olarak kabulü talep etmek ve memleketler tarafından mülteci muamelesi görmek hakkını haizdir" şeklindedir. Bu madde, kendi ülkesinde işkenceye uğrayan, dini, ırkı ya da düşünceleri nedeniyle hürriyeti ya da hayatı tehlike altında olan her bireye diğer ülkelerden iltica talep etme hakkı vermektedir.

Çocuk Haklarına Dair Sözleşmenin 22. maddesinde "Taraf Devletler, ister tek başına olsun isterse ana babası veya herhangi bir başka kimse ile birlikte bulunsun, mülteci statüsü kazanmaya çalışan ya da uluslararası veya iç hukuk kural ve usulleri uyarınca mülteci sayılan bir çocuğun, bu sözleşmede ve insan haklarına veya insani konulara ilişkin ve söz konusu devletlerin taraf oldukları diğer uluslararası sözleşmelerde tanınan ve bu duruma uygulanabilir nitelikte bulunan hakları kullanması amacıyla koruma ve insani yardımdan yararlanması için gerekli bütün önlemleri alırlar" denmektedir. Ülkelerin iç hukukları uluslararası antlaşmalarla uyumlu olmak zorundadır (Akyüz, 2015: 42). Yani sığınmacı pozisyonunda bulunan bir çocuk, uluslararası sözleşmelerle kendisine tanınan hakları kullanma hususunda bulunduğu ülkede zorluk çekmemelidir.

1982 Anayasası'nın 10. maddesi "Herkes, dil, ırk, renk, cinsiyet, siyasi düşünce, felsefi inanç, din, mezhep ve benzeri sebeplerle ayırım gözetilmeksizin kanun önünde eşittir" demektedir. 16. Madde "Temel hak ve hürriyetler, yabancılar için, milletlerarası hukuka uygun olarak kanunla sınırlanabilir" şeklindedir. Bu maddeler Türkiye'de bulunan sığınmacıların kanun önünde eşitliğini ve uluslararası mevzuatla tanınan haklarını garantilemektedir. Sadece bazı siyasal, sosyal ve ekonomik haklardan Türk vatandaşlarına göre daha sınırlı yararlanabilmektedirler.

Türk mevzuatında çocukların sığınma ve iltica hakları ayrıca izah edilmemekte ve yetişkinlere uygulanan prosedürden yararlanmaktadırlar. Ailelerinin refakatindeki çocukların statüsü, anne babalarının statüsüne bağlıdır (http://www.unhcr.org, et: 5.11.2016). Ancak 4.4.2013 tarihinde kabul edilen Yabancılar ve Uluslararası Koruma Kanunu'nda refakatsiz çocuklarla ilgili ilgili "tüm işlemlerde çocuğun yüksek yararı esastır" denilmektedir. Ancak bütün bu bahsedilen mevzuatlardaki maddelerinin uygulanmasında birçok aksaklıklar yaşanmakta ve göç deneyimlemiş göçmen ya da sığınmacı çocuklar şiddet, küçük yaşta askerlik, tecavüz, fuhuş ya da organ mafyasının hedefi haline gelme gibi çok ciddi riskler yaşamaktadırlar.

Göçten Etkilenen Çocukların Sorunları

Savaş, iç çatışma, işkence ve birçok kayıp yaşamış Suriyeli çocukların sorunlarının çözümü için dünya ülkelerinde gerekli önlemler ve telafi edici uygulamalara geçilmediği takdirde, onların hayata ve dünyaya olan öfkeleri daha da artacak ve büyüdüklerinde bunun rövanşını alma düşüncesi taşıyabileceklerdir. Bu çocukların bulundukları ülkelerde o ülkenin çocuklarına sağlanan tüm imkânlara ulaşımları sağlanmalı, fiziksel, ruhsal ve sosyal ihtiyaçlarının karşılanmasına yönelik etkin planlar yapılmalı ve hayata geçirilmelidir. Uygulamalar sadece Suriye Göç'ünden etkilenen ülkelerin sorumluluğuna bırakılmamalı, tüm dünya ülkelerinin desteğiyle gerçekleştirilmelidir. Bu çocukların yaşadığı en önemli sorunların başında barınma, sevgi, çocukça yaşama, ekonomik yetersizlikler, dil, sağlık ve eğitim hizmetlerine erişim gelmektedir.

Barınma sorunu kurulan çadır kentler ve konteyner kentlerle çözülmeye çalışılsa da AFAD 7 Kasım 2016 tarihi itibarıyla barınma merkezlerindeki Suriyeli sayısının 255.686 olduğunu bildirmektedir (www.afad.gov.tr, et: 7. 11. 2016). Bu sayı Türkiye'deki tüm Suriyelilerin yaklaşık yüzde onu kadardır. Geriye kalan yüzde doksan için barınma, karşılanması gereken başat problemdir.

Bir diğer sorun sığınılan ülkenin **dilini anlayıp, konuşabilecek yeterliliğe** sahip olamamaktır. Bireylerin kendini ifade edememesi ve çevresinde konuşulanları anlamaması, kendisini güvende hissetmesini ve yeni ülkenin sosyal ortamına entegre olmasını zorlaştırmaktadır. Çocukluk çağı ana dilinin yanında yeni bir dil öğrenme için daha verimli bir dönemdir. Çocuklar doğal şartlar altında ikinci dili pratikte daha kolay kavramaktadırlar. Bu süreci eğitim kurumları desteklediğinde yabancı dil daha da hızlı öğrenilmektedir. Bu sürecin sağlıklı bir şekilde yürütülebilmesi için gerekli alt yapı hizmetlerinin sağlanması da önemlidir. Türkiye'deki sığınmacıların isteğe bağlı olarak dil kurslarından yararlanma hakları mevcuttur. Bu hakkın kullanılması ve sığınmacıların dil bilmeleri aile içinde çocukların eğitimi açısından lojistik destek vermelerine katkı sağlayacaktır.

Türkiye başlangıçta Suriyeli çocukların eğitimi ile ilgili politikalar geliştirirken Suriye Krizi'nin kısa sürede sonuçlanıp Suriyeli misafirlerin ülkelerine döneceklerini varsaymıştır. 2012 yılında Suriyeli çocuklara Türkçe öğretmek yerine Arapça müfredatla eğitim yaparak çocukların geri döndüğünde eğitimlerinde sorun yaşamamaları hedeflenmiştir. Ancak Suriye'deki iç savaşın şiddetlenerek devam etmesi daha kalıcı çözümler üretilmesini gerekli kılmıştır. Bir başka ülkede iltica halinin uzaması ve sığınmacıların bulundukları yere alışmaları, o ülkenin daimi vatandaşı olma ihtimallerini arttırmaktadır.

2014 Geçici Koruma Yönetmeliği ile Suriyeli çocukların anaokulundan üniversiteye kadar isteğe bağlı olarak eğitim alabilmeleri sağlanmıştır. Her yaş grubuna dil eğitimi, meslek edindirme, beceri ve hobi kursları isteğe bağlı olarak düzenlenmiştir. Daha önce aldıkları farklı müfredattaki eğitimleri de denklik esaslarına göre ilgili kurumlar tarafından geçerli sayılmıştır. Bu yönetmelik kapsamında Türkiye'deki yabancılara aldıkları eğitimin içeriğini ve süresini gösterir belge verilmektedir. Ayrıca; 2012 yılında Suriyelilerin üniversite eğitimine, bir yıl geçerli olan, özel öğrencilik statüsü ile geçici bir çözüm getirilirken, 2013 yılında bir yıllık sınırlandırma kaldırılıp belgesi olanlar için yatay geçiş imkânı da sağlanmıştır (Seydi, 2014: 296).

Millî Eğitim Bakanlığı (MEB) Müsteşar Yardımcısı Ercan Demirci' nin açıklamalarına göre eğitim çağında olan 900 bin Suriyeli çocuk bulunmaktadır. Hali hazırda Suriyeli 60 binin üzerinde çocuk MEB'e ait okullarda, 260 bin civarında çocuk ise Arapça eğitim veren geçici eğitim merkezlerinde eğitim almaktadır. Bu çocukların kayıp nesil olmamaları için müfredatları kendi kültür ve tarihleri ile ilgili içeriklerle desteklenmektedir (www.meb.gov.tr, et: 6.11.2016). Türkiye'nin bu politikası Suriye'de hayat normale döndüğünde bu çocukların aileleriyle birlikte ülkelerine geri dönecekleri düşüncesi üzerine kurgulanmıştır. Ancak bu ailelerden birçoğunun geri dönmeyebileceği dikkate alınarak kalıcılıklarına yönelik farklı politikalar da geliştirilmesi gerekmektedir.

UNICEF Türkiye'deki Suriyeli çocuklara yönelik bir takım çalışmalar yapmaktadır. UNICEF, Suriyeli çocukların ve gençlerin ihtiyaçlarının karşılanması, kendi potansiyellerini en yüksek düzeye çıkaracak araçlarla donatılmaları için uzun dönemli yatırımlar yapılmasını savunmaktadır. Bu alanda verilecek eğitimler desteklenerek Milli Eğitim Bakanlığı ve diğer ortaklarla yakın işbirliği içinde çalışmaktadır. Eğitimin temel hedefi Türkiye'deki, gerek Suriyeli gerekse en dezavantajlı Türkiyeli çocuklar için sistemin güçlendirilmesi, kapsayıcı eğitimin kalitesinin ve erişimin artırılmasıdır. Bu çabalara rağmen okula gitmeyen 450 binden fazla okul çağında Suriyeli çocuk bulunmaktadır. Türkiye'deki Suriyeli çocuklar savaşı ve acılarını ilk elden yaşamışlardır; şiddet, psikolojik bozukluklar, çocuk evlilikleri ve silahlı gruplara dâhil edilme gibi risklerle karşı karşıyadırlar (Türkiye'deki Suriyeli Çocuklar, 2015).

Zor şartlar altında gerçekleşen yolculuk ve sonrasında barınılan mekânlarda toplu yaşamanın da etkisiyle Suriyeli sığınmacılar sağlık sorunları yaşamaktadırlar. Türkiye'de geçici korunanlardan temel ve acil sağlık hizmetleri ile bu kapsamdaki tedavi ve ilaçlardan hasta katılım payı alınmamaktadır. Sunulan sağlık hizmetlerinin bedeli AFAD tarafından ödenmektedir. Çocukların aşılanmaları, madde bağımlıları ve psikolojik sorunları olanlarla ilgili gerekli tedbirler Sağlık Bakanlığı tarafından alınmaktadır. Üreme sağlığı ile ilgili bilgilendirme çalışmaları gerçekleştirilmektedir. Sığınmacıların bu hizmetlerden faydalanmaları kimlik belgelerinin olmasını gerektirmektedir. Yani Türkiye' de kimlik tespiti gerçekleştirilmiş, kayıt altına alınmış olmalıdırlar (Geçici Koruma Yönetmeliği, 2014).

Yoksulluk ve ekonomik yetersizlik kendi başına birçok sorunu tetikleyen bir problemken, yabancı bir ülkede bu problemi yaşamak çok daha zorlayıcıdır. Suriyeli sığınmacıların, özellikle de kampların dışında yaşayanlarının sosyal yardımlara ve sosyal hizmetlere erişimleri, onları zorlu yaşam şartlarına karşı güçlendirme adına önem arz etmektedir. Türkiye' deki yabancıların sosyal yardım almaları Sosyal Yardımlaşma ve Dayanışmayı Teşvik Fonu tarafından ve sosyal hizmetlere erişimi de Aile ve Sosyal Politikalar Bakanlığı tarafından belirlenen usul ve esaslara göre gerçekleştirilmektedir (Geçici Koruma Yönetmeliği, 2014).

Suriyeli çocukların akranlarıyla aynı imkan ve fırsatlarla karşı karşıya olmadıkları acı bir gerçektir. Çocuk hakları perspektifinden bakıldığında Türkiye bu çocuklar için birçok hizmet ve hakkı sunmak azminde olmakla birlikte, eksiklik ve yetersizliklerin de oldukça fazla olduğu görülmektedir. Bu göçmen çocukları gelecek adına oldukça önemli sorunlar beklemektedir. Ülkelerine döndüklerinde yaşlarına ve akranlarına uygun bir eğitim ve donanıma sahip olamayacakları aşikardır. Bu çocukların normal hayata dönmeleri ve psiko-sosyal yapılarının düzene girmesi de kolay olmayacaktır. Çocuklar dünyanın neresinde ve hangi şartlar altında olursa olsun, kendi müdahaleleriyle olmayan ve katlanmak zorunda oldukları olumsuz şartları hak etmedikleri ve diğer çocuklar gibi mutlu olmaya ve sağlıklı yaşama hakkına sahip oldukları bilinmelidir. Çocuk hakları bütün çocuklara sunulan haklardır.

Sonuç

2016 yılının sonlarına gelindiğinde yaklaşık altı yıldır yaşanılıyor olan Suriye Krizi'nin oluşturduğu mağdur insanların yaralarını sarmak, bütün dünyanın işbirliği yaparak çözümüne destek vermesi gereken bir problemdir. Suriyeli sığınmacıların tamamının rehabilite edilmeleri, hayatlarını insan onur ve haysiyetine yakışır şartlarda, kaliteli bir şekilde geçirebilmeleri için gerekli mevzuatlar ve uygulamalar büyük önem taşımaktadır. Ancak bu kitle içinde çocukların öncelikli olması gerekmektedir. Çünkü hayata karşı savunmasız ve kendi hayatlarını devam ettirebilmeleri için gerekli yeterliliğe henüz ulaşmamış olan Suriyeli çocukların, sosyal problemleri oluşturan aktörler haline gelmemeleri zamanında yapılacak müdahalelere bağlıdır.

Çocukların sağlıklı yetişmesi için çocuk dostu mekânlar oluşturulmalı ve çocukların duygusal açıdan toparlanması sağlanmalı ve risk altındaki çocuklar belirlenirken Suriyeli çocuklara öncelik tanınmalıdır. Ebeveynlere, kendi sorunlarıyla beraber çocuklarındaki sorunlarla da baş edebilmeleri için destek verilmeli, eğitimler düzenlenmelidir. Durumdan etkilenen ergenlerin ve gençlerin, barış inşa girişimlerinde pozitif roller almaları sağlanmalıdır.

Suriyeli çocukların yaşadığı kamplarda aşılama, beslenme ve hijyen ihtiyaçlarının karşılanması ve sağlık meseleleri konusunda farkındalığın artırılması için çalışmalar yapılmalıdır. Bu çalışmaların kamp dışında yaşayan Suriyeli sığınmacılara da ulaşması sağlanmalıdır.

Bu çocukların örgün, örgün dışı ve yaygın eğitim aracılığıyla her kademede kaliteli eğitim fırsatlarına erişimleri artırılmalı, eğitime dahil olan Suriyeli çocuk sayısı yükseltilmelidir. Suriyeli çocukların eğitimi esnasında daha fazla Suriyeli öğretmen ve akademisyenlerin görev yapması sağlanmalıdır. Suriyeli gençlerin, destek alabilecekleri yerler, kişisel gelişim ve sosyal etkinlikler gibi konularda Suriyeli akranlarını bilgilendirmeleri ve yol göstermeleri desteklenmelidir.

Suriye Göçü' nün ekonomik, idari ve sosyal yükü sadece Suriye'nin sınır komşusu olması nedeniyle daha fazla göç almış olan ülkelere yüklenilmemelidir. Her ülkenin çocuk haklarına ve insan haklarına verdiği değer gereği bu sorunun çözümüne destek vermesi gerekmektedir. Uluslararası çalışmalarla, belli bir koordinasyon içinde gerçekleştirilecek taraflarca makul uygulamalar, Suriyeli sığınmacıların gelecekleri için fevkalade yararlı sonuçlar doğuracaktır.

Kaynakça

Akyüz, E. (2015). "Çocuk Hukuku", Pegem Akademi, s: 19-42, Ankara,

Anonim, (2015). "Türkiye'deki Suriyeli Çocuklar" http://www.unicef.org.tr/ files/bilgimerkezi, Erş. Trh. (12.12.2015)

Çocuk Haklarına Dair Sözleşme (1995). Resmi Gazete: 27 Ocak 1995 -22184

Durmuşoğlu Saltalı, N. (2014). "Yasal Düzenlemeler", Yıldırım Doğru, S.S (Ed). "Çocuk Hakları ve Koruma", Ankara, Eğiten Kitap, s:2

Genç, Y. Seyyar, A. (2010). "Sosyal Hizmetler Terimleri: Ansiklopedik Sosyal Pedagojik Çalışma Sözlüğü", Sakarya, Sakarya Kitabevi

Karaman Kepenekçi, Y. (2014). "İnsan Hakları ve Vatandaşlık", Siyasal Kitabevi, s:178-179, Ankara

Seydi, A.R. (2014). "Türkiye'nin Suriyeli Sığınmacıların Eğitim Sorununun Çözümüne Yönelik İzlediği Politikalar", SDÜ Fen Edebiyat Fakültesi Sosyal Bilimler Dergisi, Sayı:31, s:296

T.C. İçişleri Bakanlığı Göç İdaresi Genel Müdürlüğü 2015 Türkiye Göç Raporu

TBMM Web Sitesi, "Ülkemize Sığınan Suriye Vatandaşlarının Barındıkları Çadırkentler Hakkında İnceleme Raporu -2-", et: 5. 11. 2016

UNHCR (Birleşmiş Milletler Mülteciler Yüksek Komiserliği) Web Sitesi,http://www.unhcr.org,http://www.unhcr.org/turkey/uploads/root/unhcr_turkey_operat ional_update_jan-june_2016.pdf, et: 5. 11. 2016

UNHCR (Birleşmiş Milletler Mülteciler Yüksek Komiserliği) Web Sitesi, http://www.unhcr.org/turkey/home.php?content=641

Yıldırım, F.B. (2009). "Mültecilik: Sorunlar, Tanıklıklar ve Çözüm Önerileri", İnsani Yardım Vakfı, İlmi Toplantılar Serisi: 2, İstanbul.

Türkiye'de Çocuk Hakları ve Göç

Zeynep Ata

Giriş

Son yıllarda hem dünya hem de Türkiye gündemini oldukça meşgul eden Suriyeli göçmenler konusu, yetişkinlerle birlikte çocuk mağduriyetlerinin de olması endişesiyle hükümetleri alarma geçirmiştir. Birçok devlet bir araya gelip bunun son yılların en büyük kitlesel felaketi olduğu konusunda görüş birliği yapmış, eylem planları hazırlamıştır. Geçici koruma statüsü verilse de Suriyeliler Türkiye'de mülteci konumunda yer almaktadırlar.

Çalışmada Türkiye'deki çocuk hakları konusu mevcut verilerle incelenmekte ve göçmenlerin önemli bir kısmını oluşturan Suriyeli çocuklarla ilgili veriler bu haklar doğrultusunda tartışmaya açılmaktadır.

Materyal ve Yöntem

Materyal olarak TUİK, Birleşmiş Milletler, İçişleri Bakanlığı gibi kurumların yayınladığı raporlar kullanılmıştır. Çalışmanın yöntemini, gözlem ve doküman analizi veri toplama teknikleri oluşturmaktadır.

Tanım

Birleşmiş Milletlerin resmi tanımına göre mülteci 'ırkı, dini, milliyeti belli bir sosyal gruba mensubiyeti veya siyasi düşünceleri nedeni ile zulüm göreceği konusunda haklı bir korku taşıyan ve bu yüzden ülkesinden ayrılan, korkusu nedeniyle geri dönmeyen veya dönmek istemeyen kişi' şeklindedir. Mülteci, sığınma talep ettiği ülkeden kabul cevabı almış kişi olarak nitelendirilirken sığınmacı, talebi henüz kabul edilmemiş, bu sürecin değerlendirilme aşamasında olan kişi olarak tanımlanır. ('Mültecilerin Hukuki Statüsüne İlişkin Sözleşme',s.2) Göç kavramı ise mülteci ve sığınmacı kavramlarından farklı olarak zulme uğrayacağından korktuğu için değil ekonomik, sağlık, eğitim veya hayat standartlarını yükseltmek adına, isteğe bağlı gerçekleştirilen yer değiştirme durumudur.

Bulgular

Dünyada göç eden çocuklar meselesi siyasi ve sosyal gündemin önemli kısımlarında yer alır. Özellikle 2000'li yıllardan itibaren acil müdahale edilmesi gereken bir konuma ulaşan göçmen çocuklar sorunu, bu konu irdelenirken çocukların sayısal üstünlüğünden ötürü daha hassas bir önemde tutulmalıdır. Euro stat verilerinde 2015 yılında kayıt altına alınan ebeveynsiz 45.300 çocuk olduğu belirtilmiştir. Almanya, İsveç ve Macaristan'da da sığınma başvurusu yapan Suriyelilerin %70 inin bu kategorideki çocuklardan oluşuyor olması, çocuk göçmen sorunlarının önemini kanıtlar niteliktedir (Özservet ve Sirkeci, 2016 s.1). Türkiye de tarihsel süreci içerisinde göç hareketlerinin aktif olarak yaşandığı bir ülke olmuştur. Son yıllarda da bu durum özellikle coğrafi yakınlık durumundan dolayı Suriye'den gelen göç dalgasına ev sahipliği yapmıştır. 2011 yılında ülkelerinde yaşanan iç karışıklığın yıkıcı etkilerinden kaçmak isteyen Suriyeli sığınmacıların, sınır ülkesi olması sebebiyle, akın etmesi ve son 5 yıl içerisinde sığınmacı sayılarındaki yüksek orandaki artışlar Türkiye'nin bunu bir problem alanı olarak ele almasına neden olmuştur (Erdoğan ve

Ünver, 2015, s.51) Aşağıdaki haritada sığınmacıların ağırlıklı yaşadıkları iller belirtilmektedir.

Human Rights Watch 'Geleceğimi Hayal Etmeye Çalıştığımda Hiçbir Şey Göremiyorum' Türkiye'deki Suriyeli Mülteci Çocukların Eğitime Erişiminin Önündeki Engeller-Kayıp Nesil Olmalarını Önlemek Raporu'nda verilen haritaya göre (2015, s.6) Suriyeli göçmenler genel olarak sınır bölgesinde yer alan illeri tercih etmişlerdir. Buna göre ulaşım kolaylığı bu tercihlerinde önemli bir faktör olarak ortaya çıkar.

Türkiye, uluslararası alanda 193 ülke tarafından ilk kez 1989 yılında onaylanan Birleşmiş Milletler Çocuk Haklarına Dair Sözleşme'yi 1995 yılında yürürlüğe sokmuştur. Buna göre sözleşmeyi onaylayan devletler, kendi yetkileri altında mülteci, sığınmacı ve göçmen çocuklar da dâhil olmak üzere ana-babalarının veya yasal vasilerinin ırk, renk, cinsiyet, dil, etnik ve sosyal köken, sakatlık, doğuş ve diğer statüler sebebiyle ayrım gözetmeksizin tanır ve taahhüt eder. (Özservet ve Sirkeci, 2016, s.2) Bunun çerçevesinde taraf olan devletler, bazı standartlara sahip yükümlülükleri bulunan hakları kabul etmiş sayılırlar. Bu haklar bütün çocukları kapsayan, yaşama hakkı, eksiksiz bir biçimde gelişme hakkı, zararlı etkilerden, istismar ve sömürüden korunma hakkı ve aile, kültür ve sosyal yaşama eksiksiz katılma haklarıdır. (Kaynak: http://www.unicef.org/turkey/crc/_cr23a.html) (Erişim tarihi: 04.11.2016)

Birleşmiş Milletler tarafından 'günümüzdeki en büyük insani kriz' olarak tanımlanan Suriyeli sığınmacılar konusunda Türkiye, 2011-2016 yılları arasındaki sürede 2,5 milyonu aşkın Suriyeliyi ağırlamıştır. (Adıgüzel 2016, s.7) Bunlardan 272.013 ü Mart 2016 itibariyle geçici barınma merkezlerinde kalan sığınmacılara aittir. (Adıgüzel, 2016, s.9) Buna göre kamplarda yaşayan göçmen sayısı kamp dışı yaşayanların yaklaşık % 10 luk bir dilimine tekabül eder ki bu rakam hayli yüksektir. Unıcef'in paylaştığı son verilere göre ise Türkiye'de 1 milyon 420 bin Suriyeli çocuk bulunmaktadır. Bu rakamın 850 binini okul çağındaki çocuklar oluşturmaktadır. Okula gitmeyenlerin sayısı ise 500 bin olarak belirtilmiştir (Adıgüzel, 2016, s.15). Bu çocukların birçoğu savaş mağduru olmadan önce ülkelerinde eğitim görmeyen çocuklar değildi, dolayısıyla onların eğitimi aksayan çocuklar olduğunu bilmek ve eğitim ihtiyaçlarını bu açıdan değerlendirmek gerekir. Suriye'de iç karışıklık yaşanmadan önce, ülkede ilkokula gidenlerin oranı %99 ortaokula gidenlerin oranı %82 olarak belirtilmiştir. Unicef'in tahminlerine göre ülkelerinden göç eden ve etmeyen çocukların yaklaşık 3 milyonu okula gidemiyor (Human Rights Watch, 2015, s.2). Bu rakamlara Türkiye'de doğmuş olan ve yaşları okul çağına yaklaşan Suriyeli çocukları da eklersek, eğitim problemi çözülmeyen, karanlık bir neslin oluşması yüksek ihtimaller içindedir. Ayrıca Birleşmiş Milletler' in Mart 2015'te yayınladığı rapora göre her 5 Suriyeliden 4 ü yoksulluk içinde yaşarken, açlık sınırında olan kesim tüm Suriyelilerin %30 luk kısmını oluşturmaktadır. Raporda Suriye'nin eğitim, sağlık ve sosyal refah sistemlerinin de çökmüş olduğu belirtilmektedir (Kaya ve Kıraç, 2016, s.6). Böylesi bir yıkıntının içinden Türkiye'ye ulaşan sığınmacıların, çocukları için eğitim ihtiyacı maalesef ilk planda yer almamaktadır. Çünkü ülkedeki Suriyelilerin, özellikle kampların dışında yaşayanların yaşam şartlarının oldukça kötü ve elverişsiz koşullarda olması ihtiyaç anlamında eğitimi ikinci plana itmelerine sebep olmaktadır. 2011 yılında Türkiye'ye gelen ilk sığınmacıların tamamı kamplara yerleştirilmişse de bugün kamplarda kalanların sayısı toplam Suriyeli sığınmacı sayısının ancak yüzde 10 unu oluşturmaktadır. (Kaya ve Kıraç, 2016, s.7) Kamp dışı olan Suriyeli çocuklar eğitim hizmetlerinden de yeterince yararlanamamaktadırlar. Türk tabipler birliğinin 2016 yılında yayınladığı rapora göre kamp dışında kalanlar kamptakilere göre daha zor şartlar altında yaşamaktadır. Kampta çadırlarla yaşamanın zorlukları olsa da banyo, sosyal hizmetler, tv odaları, çocuklar için okul, oyun alanları gibi faaliyetler mevcutken kamp dışında yaşayanlar kentlerin, yoksulların yaşadığı kesimlerinde genellikle eşyaları yetersiz, sağlıksız evlerde ve yüksek kiralar ödeyerek yaşamaya çalışmaktadırlar. Hiç geliri olmayanlar da parklarda, inşaat veya dükkânlarda kalmaktadır. (Savaş, Göç ve Sağlık, 2016 s.11)

Suriyeli vatandaşların yaşadıkları bu sorunlar karşısında Türkiye'nin verdiği hizmetler ve yaptığı çalışmalar diğer dünya ülkelerine göre bugüne kadar yapılmış en büyük katkıdır. Hükümetin açıklamalarına göre Türkiye'nin Suriyeli mülteciler için yaptığı harcama 4-5 milyar dolar civarındayken uluslararası bağışçılardan aldığı katkı 200 milyon dolardır. (Erdoğan, 2014, s.5) Avrupa ülkeleri alınacak göçmen sayısını her ülkenin nüfusu, gayri safi yurt içi hasılası ve işsizlik oranlarına göre belirlenmesini öngören bir kota dâhilinde paylaşmaktadırlar. (Kaynak: http://www.bbc.com/turkce/ haberler/2015/06/150615_suriye_multeci_avrupa) (Erişim tarihi: 03.11.2016) İngiltere, Fransa, Macaristan, Slovakya ve İrlanda'nın bu öneriye karşı çıktığı belirtiliyor. İngiltere'nin 2015 yılına kadar sadece 140 Suriyeli mülteci kabul ettiği belirtilmiş. En fazla Suriyeli mülteci barındıran Avrupa ülkesinin 427,227 ile Almanya olduğu belirtilmiştir (Kaynak: http://www.bbc.com/turkce/ haberler/2015/06/150615_suriye_multeci_avrupa) (Erişim tarihi: 03.11.2016) Suudi Arabistan gibi Türkiye'nin yaklaşık iki katı gayri safi yurt içi hâsılası olan bir Müslüman ülke siyasi gerekçelerle hiç mülteci kabul etmemektedir. (Kaynak: https://tr.wikipedia.org) (Erişim tarihi: 06.11.2016)

Türkiye de bu sorun çerçevesinde Suriyeli çocukların sadece eğitim değil, sağlık ve sosyal hizmetler konusundaki haklara erişim kolaylığı sağlamaları için Nisan 2013'te yabancılar ve uluslararası koruma kanununu yürürlüğe koymuştur. (Kaynak: http://www.goc.gov.tr/icerik6/6458-sayili-yabancilar-ve-uluslararasi-koruma-kanunu-yururluge-girdi_350_361_607_icerik) (Erişim tarihi: 03.11.2016) Bu yasada ülkeye gelen yabancı uyruklu vatandaşlarla ilgili düzenlemeler mevcutken aynı zamanda uzun süreli ikamet edeceklerin de Türk vatandaşlarına tanınan haklardan yararlanacağı belirtilmiştir. Böylece kampların dışında yaşamalarına da izin verilmiştir. (Erdoğan ve Ünver, 2015, s.5)

Türkiye' de Suriyeliler için verilen bir başka hak ise MEB tarafından Nisan 2014 yılında çıkarılan bir genelge oldu. Bu genelgeyle geçici koruma statüsünde bulunan Suriyeli çocuklar geçici eğitim merkezlerinin yanında Türk devlet okullarında da okuma imkânı elde ettiler. (Human Rights Watch, 2015, s.2) Geçici eğitim merkezleri, kentsel alanlar ve kamp bölgelerinde Suriyeli mülteciler için kurulmuş, değiştirilmiş Suriye müfredatı kullanarak Arapça eğitim veren kurumlardır. (Kaynak: http://aa.com.tr/tr/turkiye/suriyeli-cocuklarin-egitimi-kayip-nesil-felaketini-onleyecek/551554) (Erişim tarihi: 05.11.2016) Bu sayede Türkiye'deki Suriyeli çocukların örgün eğitim görme konusundaki hukuki engelleri kalkmış oldu. Ancak bu uygulama kamp dışında yaşayan Suriyeli çocuklardan yalnızca %25 inin okumasını sağlamıştır. Yani yaklaşık 485.000 çocuğun eğitim olanağı hala yok (Adıgüzel, 2016, s.15). Bu da göstermektedir ki Suriyeli çocukların eğitim problemi büyük oranda çözülememiş, sorun olarak kalmıştır.

Ekim 2016 itibariyle AFAD' ın yayınladığı raporda finansmanını AB-Türkiye delegasyonunun üstlendiği, kamp dışında yaşayan Suriyeli sığınmacıların eğitim ve korunma gibi ihtiyaçlarını iyileştirecek bir projeyi UNHCR ile birlikte yürütüyorlar. Bu proje kapsamında mobil klinikler, aşı araçları, ambulanslar, aile hijyen kiti ve çocuklar için kırtasiye malzemeleri kamp dışı yaşayan Suriyelilere ulaştırılması hedefleniyor (Kaynak: https://www.afad.gov.tr/tr/1670/Barinma-Merkezi-Disindaki-Suriyeliler-Temel-Ihtiyaclara-Erisebiliyor) (Erişim tarihi: 04.11.2016) .

Suriyeli çocukların eğitim hakları ve yaşam şartlarını irdelerken öte yandan Türkiye'deki çocukların mevcut sorunlarına da değinmek gerekir. TÜİK' in 2014 yılında açıkladığı verilere göre Türkiye'deki yoksul çocukların yoksul fertler içindeki oranı 2012 yılında %44,3'tür (Tüik, İstatistiklerle çocuk raporu, 2014, s.103). Yine aynı verilerde çocuk istihdamı oranı tüm çocuklar içerisinde tarım sektöründe %44.7, sanayi sektöründe %24.3 ve hizmet sektöründe %31.0 olarak hesaplanmıştır (Tüik, İstatistiklerle çocuk raporu, 2014, s.100). Bu verilerde Suriyeli çocukların olmadığını düşünerek, yukarıda verdiğimiz Suriyeli çocukların istatistiklerini de üzerine eklersek gelecek yıllarda yüksek oranlarda çocuk işçilerimiz olma ihtimalini ortaya çıkarıyor. Bir diğer konu ise çocuk gelin gerçeğidir. TÜİK' ten alınan resmi rakamlar 2012 yılında 18 yaşın altında evlenen kız çocuklarının sayısı 40.428 dir. Yine aynı yılda çocuk annelerin yaptığı doğum sayısını 22.369 olarak vermiştir (Tüik, Çocuk Gelinlere İlişkin Kamuoyu Duyurusu, 2014, s.1). Bu verilerde de Suriyeli göçmenlerin sayısı yoktur. Onların çocuk gelin ve çocuk anne oranlarının da düşük olmadığı tahminini yürütürsek bunun, yakın gelecekte büyük bir sorun olacağı muhtemeldir. BBC de 2014'te yayınlanan bir habere göre, mülteci kampları arasında çocuk yaşta kız çocuklarını evlendirme sayısının arttığını, bunu da maddi sebeplerden ötürü, fakirlikle mücadeleyi kızlarını satmakta gördüklerini açıkladı (Kaynak: http://www.bbc.com/turkce/haberler/2014/08/140820_suriye_cocuk_gelin) (Erişim tarihi: 05.11.2016). Türkiye'deki çocuk istihdam oranı, erken yaşta evlilikler ve çocukların yoksulluk içindeki payı oldukça yüksek orandayken, göçmen çocukların bu konudaki sorunlarının çözümü daha da güç gözükmektedir. Bu bakımdan çözüm, Türkiye'deki yaşayan tüm çocuklar genelinde ele alınmalıdır. Örneğin ülkemizde geçerli sebepler dışında çocuğun okula gönderilmemesi hâlinde velilere sadece idarî para cezası yaptırımı uygulanır (Kaynak: http://mevzuat.meb.gov.tr/html/24.htm) (Erişim tarihi: 05.11.2016). Zorunlu eğitime kazandırılmayan çocukların velilerine sadece bu ceza yerine farklı hukuki yaptırımlar da uygulanmalı ve sosyal hizmetler dâhilinde bilinçlendirmeye yönelik kampanyalar da yürütülmelidir.

Tartışma ve Sonuç
Suriyeli çocukların okula gitmemelerinin eğitim hakkından mahrum kalma dışında da tehlikeleri bulunmaktadır. Eğitimsiz her bir çocuğun erken evlilik yapma, radikalleşip savaşa katılma, ekonomik özgürlüğü olmadığı için illegal faaliyetlerde bulunma riski artmaktadır. Eğitimli nüfus istikrarlı bir ekonomik geleceğe kavuşma fırsatıyla, geleceklerini hayal etme şansına sahip olacaktır. 16 yaşındaki Rasha' ya gelecekten beklentisi sorulduğunda "Geleceğimi hayal etmeye çalıştığımda hiçbir şey göremiyorum." cevabını veriyor. (Human Rights Watch, 2015, s.1) Bizim yapmamız gereken çocuklara gelecekleri ile ilgili hayal kurma fırsatı vermektir.

Kaynakça

Adıgüzel, O. (2016). Türkiye'de Bulunan Suriyeli Mültecilere ve Son Dönem AB-Türkiye İlişkilerinde Mülteciler Alt Başlığı Altında Yaşananlara Dair Durum Tespit Raporu.

Birleşmiş Milletler Mülteciler Yüksek Komiserliği Türkiye Temsilciliği, 'Mültecilerin Hukuki Statüsüne İlişkin Sözleşme' http://www.multeci.org.tr/wp-content/uploads/2016/12/1951-Cenevre-Sozlesmesi-1.pdf Erişim tarihi: 12/12/2016.

Erdoğan, M. (Aralık 2014). HUGO, Hacettepe Üniversitesi Göç ve Siyaset Araştırmaları Merkezi 'Türkiye'deki Suriyeliler: Toplumsal Kabul ve Uyum Araştırması' Yönetici Özeti ve Raporu HUGO Yayınları.

Erdoğan, M., Ünver, C. (Kasım 2015). TİSK, Türk İş Dünyasının Türkiye'deki Suriyeliler Konusundaki Görüş ve Önerileri Raporu.

https://www.afad.gov.tr/tr/1670/Barinma-Merkezi-Disindaki-Suriyeliler-Temel-Ihtiyaclara-Erisebiliyor Erişim Tarihi: 04.11.2016.

http://www.bbc.com/turkce/haberler/2014/08/140820_suriye_cocuk_gelin Erişim Tarihi: 05.11.2016.

http://www.bbc.com/turkce/haberler/2015/06/150615_suriye_multeci_avrupa (Erişim Tarihi: 03.11.2016.

http://www.goc.gov.tr/files/files/multec%C4%B1ler%C4%B1nhukuk%C4%B1statusune%C4%B1l%C4%B1sk%C4%B1nsozlesme.pdf Erişim Tarihi: 04.11.2016.

http://aa.com.tr/tr/turkiye/suriyeli-cocuklarin-egitimi-kayip-nesil-felaketini-onleyecek/551554 Erişim Tarihi: 05.11.2016.

http://www.goc.gov.tr/icerik6/6458-sayili-yabancilar-ve-uluslararasi-koruma-kanunu-yururluge-girdi_350_361_607_icerik Erişim Tarihi: 03.11.2016.

http://www.unicef.org/turkey/crc/_cr23a.html Erişim Tarihi: 04.11.2016.

http://mevzuat.meb.gov.tr/html/24.html Erişim Tarihi: 05.11.2016.

https://tr.wikipedia.org Erişim Tarihi: 06.11.2016.

Human Rights Watch 'Geleceğimi Hayal Etmeye Çalıştığımda Hiçbir şey Göremiyorum' Türkiye'deki Suriyeli Mülteci çocukların Eğitime Erişiminin Önündeki Engeller- Kayıp Nesil Olmalarını Önlemek Raporu (2015).

İçişleri Bakanlığı Göç İdaresi Genel Müdürlüğü, Yabancılar ve Uluslararası Koruma Kanunu (Aralık 2013).

Kaya, A., Kıraç, A. (Nisan 2016). İstanbul'daki Suriyeli Mültecilere İlişkin Zarar Görebilirlik Değerlendirme Raporu.

Özservet, Y. ve Sirkeci, İ. (2016). Çocuklar ve Göç, *Göç Dergisi* cilt: 3 sayı :1.

Türk Tabipler Birliği Yayınları (2016). Savaş, Göç ve Sağlık.

TÜİK (2014). Türkiye İstatistik Kurumu, İstatistiklerle Çocuk Raporu.

Türkiye İstatistik Kurumu (2014). Türkiye İstatistik Kurumu Başkanlığı, Çocuk Gelinlere İlişkin Kamuoyu Duyurusu (http://www.tuik.gov.tr/duyurular/duyuru_1591. pdf?utm_source...utm) Erişim Tarihi: 05.11.2016.

İstanbul'da Göçmen Çocukların Görünürlükleri Ve Dile Getirdikleri

Yasemin Çakırer Özservet ve Semra Boz[1]

Giriş

İlk kez 1989 yılında onaylanan ve günümüzde ikisi hariç BM üyesi diğer tüm ülkeler tarafından imzalanmış olan Birlemiş Milletler Çocuk Haklarına Dair Sözleşme (ÇHS), Çocuk haklarına yönelik bilinen en temel uluslararası metin olma özelliğine sahiptir. Söz konusu sözleşmede çocukların korunma, katılım, yaşama ve gelişim gibi temel haklarına değinilmiştir. Çocukların özel olarak bir sözleşme yöntemiyle korunmasına neden ihtiyaç duyulmaktadır. Çünkü, Dünyada yaklaşık 50 milyon çocuk köklerinden koparılmış durumdadır. Bu çocukların % 8'inin uzman bakımına ihtiyacı vardır. Çocukların, 10.400'ü refakatsiz veya anne-babası ayrılmış, % 52'den fazlası da okul çağında olup okula gidemeyenlerdir (UNICEF, 2016).

ÇHS'nin 2. maddesine göre, taraf devletler, Sözleşmede yazılı olan hakları kendi yetkileri altında bulunan her çocuğa (yani göçmen çocuk da dahil), kendilerinin, ana babalarının veya yasal vasilerinin sahip oldukları, ırk, renk, cinsiyet, dil, siyasal yada başka düşünceler, ulusal, etnik ve sosyal köken, mülkiyet, sakatlık, doğuş ve diğer statüler nedeniyle hiçbir ayrım gözetmeksizin tanır ve taahhüt etmek durumundadırlar. Çocuğun kendisiyle alakalı tüm eylemlerde karar mekanizmasına ve uygulanmasına katılım hakkı kavramı, sözleşmenin 31. Maddesinde çocuğun sosyal yaşama özgürce katılım hakkı olarak savunulmaktadır (Çakırer- Özservet ve Sirkeci, 2016). Türkiye'nin bu sözleşmenin doğurmuş olduğu bağlayıcı hükümleri yerine getirme zorunluluğu vardır (Göçder, 2013). ÇHS her çocuğun temel bir hak olarak eğitim hakkına sahip olduğunu ve bu hakkın devletler tarafından ücretsiz ve zorunlu olarak çocuklara temin edilmesi gerektiğini de ifade etmektedir. Eğitim hakkı çocukların korunmasında etkin ve başarılı bir yöntem olarak da görülmektedir.

Dünya ve ulusal siyasa içerisinde göçmen çocuk konusunun son yıllarda sıkça gündeme gelme nedeni, aslında uzun yıllardır yaşanan sıkıntıların gün yüzüne çıkmasından ve ciddi politikalar oluşturulamadığı için de çocukların suç ve terör odaklarının kucağında olmasından kaynaklıdır. Bugün, artık akademik anlamda da konuyla ilgili ciddi analizlerin yapılması gerekmektedir. Sayıca üstünlüklerinden ve her türlü riske açık, kendilerini savunamamalarından dolayı göçmen çocuk konusu, yetişkin dünyasının sorumluluk alanında olmak durumundadır. Çocuk konusu genel olarak genç bir nüfusa sahip olan Türkiye'de ulusal bir politika konusu olması gerekir. Bu konuda ciddi sayılabilecek tek adım 2013'te hazırlanan ve 2014'te yürürlüğe giren Ulusal Çocuk Hakları Strateji Belgesi ve Eylem Planı'dır. 2013-2017 yıllarını kapsayan Eylem Planı ile çocukların hayat standartlarını geliştirmek ve çocukların sağlıklı büyüyecekleri, iyi eğitim alacakları, güç koşullarda kalmaları durumunda korunacakları, kaliteli hizmetlere erişebilecekleri ve bu amaçla gereken kaynakların ayrıldığı, ülke ölçekli bütünsel bir Çocuk Refahı Sistemi'nin hayata geçirilmesi

---

[1] Marmara Üniversitesi, Siyasal Bilgiler Fakültesi, Yerel Yönetimler Bölümü, Email: yasemincakirer@yahoo.it. Email:smrabz@gmail.com

hedeflenmektedir. Ancak bu eylem planı bugüne değin henüz hiç bir şekilde hayata geçirilmemiştir. Çocuk konusuna henüz yeterince önemli ve stratejik yaklaşılmadığı için, göçmen çocuk konusu da haliyle oldukça geri planda kalmaktadır.

Bugün göçmen çocuk denildiğinde akla son yılların en trajik kitlesel göç akımı olan Suriyeliler konusu gündeme gelmektedir. Suriyede 2011 yılının Mart ayından bu yana yaşanan iç karışıklıkların devam etmesi, Suriye'den Türkiye'ye sığınmacı olarak gelen insan sayısını da artmaktadır. Türkiye Cumhuriyeti, bu karışıklıkların başlangıcından itibaren, iç karışıklıklardan etkilenen Suriyeliler için "açık kapı" politikası izlemiştir. Suriye ile kültürel ve komşuluk bağları olan Türkiye, gerek sınırları içerisindeki geçici barınma merkezlerinde ve çeşitli illerde (özellikle sınır bölgelerinde), gerekse Suriye sınırları içerisindeki geçici barınma merkezlerinde ve çeşitli yerleşim bölgelerinde bu trajediden etkilenen Suriye vatandaşlarına insani yardım sağlamada (AFAD, 2013) özverili davranan başat ülkelerden biridir.

Aralık 2016 BMMYK verilerine göre, dünya genelinde Suriyeli sığınmacıların sayısı sayısı 5 milyona yaklaşmaktadır. Bu rakamın %48'ini çocuklar oluşturmaktadır (UNHCR, 2016a). Bu noktada, dünya genelinde kayıtlı Suriyeli sığınmacı çocuk sayısı 2 milyon 300 binin üzerindedir. Türkiye'deki rakamlara bakıldığında ise, kayıtlı Suriyeli sığınmacılar 3 milyona yakındır. Bu rakamın %45'ini çocukların oluşturduğu yani 1 milyon 250 binin üzerinde Suriyeli sığınmacı çocuğun Türkiye sınırları içerisinde resmi kayıt altında olduğu anlaşılmaktadır (UNHCR, 2016b).

Ayrıca Aralık 2016 itibariyle diğer ülkelerden gelen (Afganistan, İran, Irak, Somali vb.) kayıtlı sığınmacılardan 0-17 yaş çocuk grubunun sayısı 78 binin üzerindedir (UNHCR, 2016b). Ayrıca Türkiye'de yaklaşık 1 milyonun üzerinde kayıt dışı göçmen olduğu varsayılmaktadır. Yine bu rakamın en azından üçte birinin çocuklar olduğu düşünülürse çocuk grubunun özenle ele alınması gerektiği görülmektedir. Türkiye'de 2015 yılına göre ülke nüfusunun üçte birine yakını çocuktur ve sayı 22.834.905'dur. Bu rakama 1 milyon 600 bin civarında göçmen çocuk eklendiğinde, çocuk nüfusun ciddi politikalara ihtiyacı olduğunu görmek mümkündür.

Göçmen çocukların yaşa göre dağılımları incelendiğinde; eğitim çağındaki göçmen çocuklar için şu rakamlara ulaşmak mümkündür. Suriyeli göçmen çocuk grubunda 992 bin ve diğer göçmen grupta 60 bin göçmen çocuğun eğitim çağında olduğu görülmektedir. Diğer grubun içerisinde Afgan çocuk sayısı 36.634'dür. Eğitim çağında olan Afgan çocuk sayısı ise; 27.257 şeklindedir.

Göçmen çocuk ve eğitimi
Türkiye'de okullaşma oranı2 2015-2016 verilerine göre, net okullaşma oranı ilkokul için %94.87, ortaokul için 94.39 iken ortaöğretim için %79.79'dur (Url 2). İstanbul'da ilköğretim, ortaokul ve ortaöğretim seviyelerindeki brüt okullaşma oranları, Türkiye ortalamasının üstündedir. İstanbul'da okul öncesi eğitim seviyesi hariç diğer tüm eğitim seviyelerinde net okullaşma oranı Türkiye ortalamasının üzerindedir.

Göçmen çocuk ve eğitim meselesine gelindiğinde, Suriyeli çocukların ve gençlerin, Türkiye'ye geldikleri ilk andan itibaren yaşadıkları dil sorunu dolayısıyla ciddi bir

---

2 Brüt okullaşma oranı, ilgili eğitim türündeki tüm öğrencilerin, bulundukları öğrenim türündeki teorik yaş grubuna bölünmesi ile hesaplanmaktadır. Net okullaşma oranı ise, ilgili eğitim türündeki tüm öğrencilerin, bulundukları öğrenim türündeki teorik yaş grubunda bulunan toplam nüfusa bölünmesi ile hesaplanmaktadır. Hesaplamada, kamu okullarındaki öğrenci sayıları kullanılmaktadır.

okullaşma sorunu bulunmaktadır. 2014 yılından bugünü kapsayan veriler incelendiğinde, okul çağındaki Suriyeli çocukların okullaşma oranlarının her geçen gün arttığı gözlenmektedir. 2014-2015 Eğitim-Öğretim yılında %30'larda olan okullaşma oranı, 2016-2017 eğitim yılı itibariyle %60'lara yükselmiştir ve 2017-2018 yılı içerisinde bu oranın %65'lere yükselmesi öngörülmektedir. (Url 5). Ağustos 2016 SETA verilerine göre devlet okullarında 62 bin 357 Suriyeli öğrenci eğitim alırken, geçici eğitim merkezlerinde 248 bin 902 öğrencinin eğitildiği söylenilmektedir. (SETA, 2016). Aralık 2016 verilerine göre ise, devlet okullarında 172 bin, geçici eğitim merkezlerinde 326 bin Suriyeli öğrencinin eğitim aldığı belirtilmektedir. MEB'in yaptığı açıklamalara göre ayrıca Suriyeli öğrencilerin açık lise ders ve kredi eksiklerini kapatmaları için çalışmalar yapılmaktadır (Url 1).

Seta'nın yaptığı çalışmaya göre, Suriyelilerin okullaşma oranları her geçen gün artmaktadır. Ancak, sayısal ilerlemenin yanında nitel ne gibi ilerlemelerin olduğu da detaylı araştırılmak durumundadır.

Göçmen çocukların eğitimi konusu, zorunlu göçle birlikte ortaya çıkan ihtiyaçlar içinde, temel ihtiyaçlardan biri olarak sürekli gündemde tutulmalıdır. Çünkü okullar, çocukların yalnızca bilgiye ulaşma noktasında fiziksel destek veren ortamlar olmasından ziyade, sosyalleşme, güvenlik, bütünleşme ve uyum gibi ihtiyaçlarının da karşılandığı yerlerdir. Yaşanan göç krizi dolayısıyla göçmen çocukların eğitim mekânlarına erişebilmesi çok önemli bir aşama olarak değerlendirilmektedir. Bununla beraber, sadece bir okula gidip gelmenin yeterli olmadığı, bahsi geçen asli ihtiyaçlarının okul kültürleri içerisinde karşılanması ve bütünleştirici yöntemlerle kalıcı fayda sağlar hale getirilebilmesinin önemli olduğu öngörülmektedir (Sakız, 2016).

"Eğitim konusu öncelikle göçmen çocuklar olmak üzere tüm göçmenler için önemli bir sorun alanıdır. Eğitime her göçmen çocuğun katılımı esas alınmalıdır. Devlet okullarında göçmen çocukları eğitime katmak üzere projeler geliştirilmelidir. Tüm bu alanlardaki hizmet çocuğa direk yansır ancak çocuğun acilen yerel çocukla ilişkiyi kurması gerekmektedir. Ev sahibi toplumun yabancıları kucaklayabilmesi için en güzel karşılaşma mekânı çocukların arkadaşları ve velileriyle kaynaşma ortamı olan okullardır. Devlet okullarında göçmen çocukların olması önemlidir. Aynı zamanda bu devlet okullarında da öğretmenden öğrencisine göçmene yönelik uyum ve kültür eğitimi de verilmelidir. Ayrıca, yerel yönetimler bünyesinde de göçmen ebeveynlerin bilgi evleri gibi hizmet noktalarında eğitmen oldukları (Yerel dillerini öğretme, başka becerileri öğretme gibi), göçmen çocuklara da kontenjan ayrıldığı bir sistem geliştirilebilir" *(Çakırer-Özservet, 2015).*

Okula giden göçmen çocukların birçok sorunları, eğitimlerinin önünde bir sürü engeller söz konusudur. Çocukların eğitimi bırakma, hiç katılmama sebepleri irdelendiğinde; içsel ve dışsal bir çok farklı sebep ortaya çıkabilmektedir. Toplumsal uyuma dair akran zorbalığından, dil bilmemeye kadar bir çok şey bulunabilmektedir. Yerel çocukla göçmen çocuğun aynı ortamda aynı zaman düzleminde karşılaşamaması, karşılaşmasına yönelik psikolojik hazırlıkların olmaması ve sosyalleşmesini sağlayan faaliyetlerin yetersizliği gibi bir çok etken de okul terklerinde etkilidir.

Gelişimleri sürekli olarak devam eden, korunmaya ve bakım gereksinimine ihtiyaç duyan bu göçmen çocuklar, elbette ki yetişkinlere bağımlıdırlar. Tramva yaşamış yetişkinlerin gözetimindeki çocuklar ciddi uyum zorlukları yaşamaktadırlar. Göçmenlik durumu ek olarak psikolojik bir baskı durumudur ve çocukların bunu tolere edebilmesi için daha çok desteklenmesine ihtiyaç bulunmaktadır. İltica sürecinin çocuklar için oldukça zorlu olduğu da kesindir. Sığınma başvurusu dönemlerinde zaman zaman göç sürecinde aile bireylerini yitiren çocuk, onlardan ayrı düşme riski de içerisindedir. Suriye göç krizi özelinde gözlemlendiğinde, göç esnasında özellikle yanında biri olmayan çocuklar bedensel ve psikolojik sağlıklarını riske atacak, hayati tehlikelerle karşı karşıya kalabilmektedirler. Zira çocuk sığınmacılar, yaşları dolayısıyla kendilerini koruyamamalarından ötürü büyük sorunlarla karşı karşıyadırlar ve bu yüzden olumsuz deneyimler yaşamaktadırlar (Beter, 2006). Göç süresince yaşanan kaçak yollarla Avrupa'ya geçme serüveninde batan mülteci botları, özellikle birçok çocuğun ölümüyle sonlanmaktadır. Geçtiğimiz 2015 yılında Ege denizine batan mülteci botunda hayatını kaybeden ve Ege sahiline vuran bebek Aylan Kurdi'nin görüntüleri dünya gündeminde geniş yankı uyandırmıştır (Url 3).

5395 sayılı Çocuk Koruma Kanunu'nun 45. Maddesine göre yerel yönetimler, çocuğun öncelikle kendi aile ortamında korunmasını sağlamaya yönelik, koruyucu ve destekleyici tedbirlerden danışmanlık ve barınma tedbirlerini almaktan sorumludur. Danışmanlık tedbiri, çocuğun bakımından sorumlu olan kimselere çocuk yetiştirme konusunda; çocuklara da eğitim ve gelişimleri ile ilgili sorunlarının çözümünde yol göstermeye yönelik tedbirlerdir. Barınma tedbiri ise, barınma yeri olmayan çocuklu kimselere veya hayatı tehlikede olan hamile kadınlara uygun barınma yeri sağlamaya, yönelik tedbirlerdir. Yerel yönetimler stratejik planlarında bu sorumluluğun gereği stratejiler yer almalıdır. Ancak İstanbul özelinde denilebilir ki, stratejik planlarında çocuk konusunda dahi yeterince yer vermeyen hatta hiç yer vermeyen belediyeler olduğu gibi, göç konusuna eğilmeyen ve göçmen çocuğa hiç değinmeyen stratejik planlar bulunmaktadır (Çakırer-Özservet, 2016b).

Unesco tarafından açıklanan bir raporda (2011) eğitim hakkından faydalanamayan çocukların istismar ve kötü muameleye uğrama risklerinin arttığını, psikolojik rahatsızlıklara daha fazla sahip olduklarını, fiziksel ve duygusal gelişimlerini gerçekleştiremediklerini ortaya koymaktadır.

Eğitime ulaşma konusunda zorluklar yaşayan mülteci çocuklarla yapılan bir çalışmada, görüşülen öğretmenlere göre mülteci öğrencilerin yaşadıkları problemler çoğunlukla; sınıf arkadaşlarıyla kavga ve geçimsizlik, derse ilgisizlik ve ekonomik sorunlardır. Yaşanan bu tip sorunların çözümü için herhangi bir kurumdan yardım alamayan çocuklar eğitimden giderek uzaklaşmaktadır. Aralarında yüksek performans gösteren öğrenciler olmasına rağmen; anlama, kavrama ve algılama noktasında yaşadıkları en önemli sorunun dil ve ifade becerilerinin zayıflığı söylenebilmektedir. Görüşme gerçekleştirilen öğretmenlerin algısına göre öğrenciler için eğitim ve öğretimde sağlanması gereken olanaklardan en önemlisi; ailelerin geçim kaygılarının olmaması gerektiği ve aynı zamanda da ücretsiz dil kurslarının açılmasının gerekli oluşudur (Akalın, 2016).

Bütünleştirici ve dengeli bir fayda mekanizmasına sahip okul kültürlerinin oluşumunun, sayıları giderek artmakta olan Suriyeli göçmen çocuklarının eğitimi hususunda bir fırsat olduğunu söylemek mümkündür. Göçmen çocuklara karşı okullarda olumlu tavırların ve düşüncelerin gelişmesi ve okullara çeşitli desteklerin verilmesinin, toplumsal kabul düzeyini artırarak uyum sürecine katkıda bulunduğu gözlenmiştir. Bu yüzden okullarda göçmen çocuklara karşı takınılan "muhtaç ve beceriden yoksun bireyler" yaklaşımının tamamen terk edilmesi ve tüm öğrencilerin kurumlar nezdinde eşit şekilde kabul edilmesi bir ön koşuldur. Ancak, savaş mağduru çocuklar hususunda eğitsel beklentilerin olabildiğince yüksek ama aynı zamanda da gerçekçi tutulmalıdır (Sakız, 2016).

Ülkemizde yer alan mültecilerin yarısından fazlasının 20 yaş altında olması ve 15 yaşına kadar olan kesiminin 1 milyondan fazla nüfusa sahip olması nedeniyle çocuklar ve eğitim konularındaki politikalar toplumsal uyum ve geleceğin oluşturulması açısından büyük önem taşımaktadır. Bu hususta devletin ve eğitim kuruluşlarının birlikte planlı bir şekilde hareket etmeleri ve nitelikli eğitim imkanları sunmaları ulusal ve uluslararası mevzuatlar çerçevesinde bir zorunluluktur (Güngördü ve Kurtarır, 2016).

Göçmen Çocuk ve Çocuk İşçiliği

Eğitime katılan ama devam edemeyen ya da hiç eğitime katılamayan geçim sıkıntısı yaşayan çocukların çalışma hayatına katılması söz konusu olmaktadır. Dünya Çalışma Örgütü (ILO) verilerine göre dünyada 168 milyon çocuk, işçi konumundadır. Tarımdan sanayiye, tekstilden inşaata tüm üretim süreçlerinde çalışan ya da çalışmak zorunda bırakılan çocuklardır bunlar (Url 6). Yasalardaki boşluklar ya da yasaların titizlikle uygulanmaması sonucu bir çok çocuk mağdur durumundadır.

Türkiye'de hanehalkı işgücü istatistiklerine göre; 2015 yılında 15-17 yaş grubundaki çocukların durumu bir önceki yıla göre değişmeyerek, işgücüne katılım oranı %21, istihdam oranı %18,1 ve işsizlik oranı %13,9 olarak gerçekleşmiştir (TÜİK, 2015). Bunlar resmi rakamlardır. Ve resmi olmayan rakamların daha büyük olduğu tahmin edilmektedir. Yine kayıt dışı çalışanların genel oranı 2016'da %33,9'dur (TÜİK, 2016). Kayıt dışı istihdamın boyutu da göçmen çocukların ne kadar tehlike altında olduğunu göstermektedir.

Dünya'da her 5 çocuktan biri çalışmak zorunda bırakılmakta ve çocuk işçiliğine karşı ve çocuk istismarının sona erdirilebilmesi için dünyanın birçok yerinde çeşitli projeler sürdürülmektedir. ILO'nun hazırlamış olduğu "Asgari Yaş Sözleşmesi ve Çocuk İşçiliğin En Kötü Biçimlerinin Bitirilmesi"ne yönelik sözleşmeler de bu alanda yapılan çeşitli çalışmalardan bazılarıdır. Türkiye'de ise 1999-2006 yılları arasındaki çocuk işçi sayısı 2 milyon 270 binden, 890 bin düzeyine düşmüştür ancak 2006-2012 yılları arasında ise çocuk işçiliğindeki azalma eğiliminin durduğu, hatta tarım sektöründeki artış ile birlikte çocuk işçi sayısının yeniden yükseldiği bir dönem olmuştur. 2012 yılındaki çocuk işçi sayısı ise 893 bine ulaşmıştır. Aynı zamanda ücretli ya da yevmiyeli olarak çalışan çocuk işçilerin karşı karşıya kaldıkları riskler ve tehlikeler irdelendiğinde; % 89'unun yıllık ücretli izninin olmadığı, % 36'sının haftalık izin kullanamadığı, % 34'ü aşırı yorgunluk problemi yaşadığı, 3'te birine işyerinde yemek dahi verilmediği ve % 3,4'ünün sakatlanmalar ya da yaralanmalar yaşadığı gözlemlenmiştir. TÜİK'in verilerinde, çocukların kötü çalışma koşulları altında, çok düşük ücretlerle çalıştırıldığı gözlemlenmektedir. Türkiye Devrimci İşçi Sendikaları Konfederasyonu Araştırma Enstitüsü DİSK-AR'ın 2015'te yaptığı araştırmada, okula gitmeyen çocukların haftada 54 saat çalıştığı ve bunların yarısından çoğunun 400 TL altında bir ücret aldığı ortaya konmuştur (Url 7). İstatistikler özelinde çocuk işçisi bugün Türkiye'de çocuk nüfusunun %5.9 unu oluşturmaktadır.

Mevcut çocuk işçilerin yanı sıra, göçmen çocukların okullaşma oranları incelendiğinde, eğitime katılmayan ve katılsa da geri kalan zamanda çalışan çocuklar eklendiğinde zaten var olan çocuk işçi sayısına, 600 bin civarı Suriyeli ve 200 bin civarı kayıtlı/kayıtsız diğer göçmen çocuklar eklendiğinde 1.5 milyonu aşan çocuk işçi grubundan söz edilebilir. Bu da dehşet verici bir rakamdır. Çalışmak zorunda kalan çocuk işçilerin genelinin hangi sektörde çalıştığı incelendiğinde; İmalat, hizmet, tarım, tekstil gibi enformel atölyelerin yoğunlaşabildiği sektörler başı çekmektedir.

Çocuk işçiliğinin önlenmesi konusunun da Çocuk Haklarına Dair Sözleşme kapsamında özellikle ele alınması gereklidir. Çocuk işçiliği, bugün yalnızca yoksul kesimi tehdit eden bir sorun değil, artık göçmen çocukları içerisine alan bir girdap olarak gözler önündedir. Çalışan çocuklar, kötü beslenme, sağlıksız koşullar, çeşitli iş kazaları, şiddet yönelimi, sokak yaşamına veya suça karışmaya kadar uzanan çeşitli tehlikelerle karşı karşıya kalabilmektedirler. Bu sebeple çalışan çocukların sosyal, kültürel ve sportif açıdan kendilerini geliştirmelerine fırsat verilmeli, bu eşitsizliğin giderilmesine katkı sağlayacak olan düzenlemeler gündeme getirilmelidir (Çakırer-Özservet ve Sirkeci, 2016).

Tüm dünyada olduğu gibi Türkiye'de de çocukların çalışması psiko-sosyal açıdan eğitim, sosyal güvenlik, sağlık gibi hem çok taraflı hem de önemli bir sorun olarak değerlendirilmektedir. Suriyeli sığınmacıların Türkiye'de ikamet sürelerinin uzaması ve ekonomik sıkıntıların devam etmesi durumunda, çocukların bir çoğunun küçük yaşlardan itibaren çocuk işgücü olarak iş piyasasına girmesi (Harunoğulları, 2016) halihazırda çalışanların da uzun süreli istismar edilecek düzeyde enformel sektörlerde yer edinmesi kaçınılmaz olacaktır.

Suriye krizi sonrası Kilis şehrine gelerek çeşitli mahallelere yerleşen Suriyeli göçmenler üzerine yapılan bir çalışmada, çocuklar hayatlarını idame ettirebilmek için buldukları tüm iş fırsatlarını değerlendirmiş, düşük ücret karşılığında kayıt dışı olarak çalışmaya başlamışlardır. Büyük ölçüde inşaatlarda çalışan ucuz işgücünü Suriyeli göçmen çocuklar oluşturmaktadır (Harunoğulları, 2016).

Bu durum İstanbul özelinde incelendiğinde sektörel dağılımın tekstil ve imalat sanayiinde yoğunlaştığı gözlemlenmektedir. Aile ekonomisine katkı sağlamak isteyen ya da katkı sağlamak mecburiyetinde olan çocuklar buldukları çeşitli işlerde, düşük ücret karşılığında çalışmaktadırlar. İş bulamayan çocukların bir kısmının su, mendil veya kalem satmak gibi işlere yoğunlaştığı bir kısmının ise dilencilik yaptığı, görülmektedir. Savaştan kaçan sığınmacı çocukların yeni bir yaşam alanı bulmanın rahatlığını yaşamaktan ziyade farklı sıkıntılarla karşılaştığı yeni bir hayata devam etmek zorunda kaldıkları, hatta bu süre zarfında yaşanılan olumsuz durumlar yüzünden zaman zaman çeşitli suçlara karışabildikleri dikkat çekmektedir. Sokaklarda çalışarak ve bir araya gelerek bir şekilde kendi yaşam alanlarını oluşturma çabası içindedirler. Yaz mevsiminde sektörel anlamda daha çok iş bulma fırsatı yakalayan göçmen çocukların, özellikle kış mevsiminde sokakta çalışamayacakları için farklı alanlara yöneldiği görülmüştür

Çocuğun göç sürecindeki rolü kendisi tarafından değil ebeveynleri tarafından belirlenmektedir. Göç konusuna iktisadi olarak yaklaşan çalışmalarda çocuklar çoğu zaman dikkate alınmazken, dikkate alındıkları zaman da en alt derecede aile bütçesine katkı yapan öge olarak değerlendirilmişlerdir (Bushin, 2008). Oysa bugün göç eden ailelerde temel geçim kaynağı çocuğun çalışması şekline dönmüş durumdadır. Web taramasında buna yönelik medyaya yansımış bir çok haber görülebilir (Url 8,9,10 gibi).

Çocuğa yönelen şiddet

Avrupa Polis Örgütü EUROPOL, son 2 yılda 10 binin üzerinde göçmen çocuğun gittikleri ülkede kayıtlarını yaptırdıktan sonra kaybolduğunu, bu çocukların çeteler tarafından seks işçiliğine ve köleliğe zorlanabileceği uyarısında bulundu. Dünya üzerindeki insan ticaretinin yüzde 50'sini çocuklar oluşturmaktadır. Birleşmiş Milletler istatistiklerine göre, insan ticaretinde en uygun olarak görülen yaş 18 altıdır. İnsan ticaretinde kullanmak için kaçırılmış olabilirler.

Çocuğa yönelen şiddet ve istismar dünyanın karnesinin en kötü olduğu konulardan biri maalesef. Çocukluğun yanına göçmen olma ve mecburi olarak yerinden edilme durumu eklenince bu çocukların ciddi bir mağduriyet ve köklerinden koparılma, ayrılma yaşadığını görmemek mümkün değildir. Köklerinden kopma sosyal anlamda güvence altında olmama, savunmasız kalma ve her türlü istismara, şiddete açık hale gelme demektir.

İstanbul'un Göçmen Çocukları: Suriyeli ve Afganlı Çocuklar

İstanbul'da Kasım 2016 itibariyle 414.379 Suriyeli kayıtlı göçmen bulunmaktadır. Bunun 195.881'i çocuk nüfustur. Oran olarak Türkiye oranının üzerinde ve %47'e denk gelmektedir. çocuk grubun içerisinden eğitim çağında olmayan 0-4 yaş grubunu çıkardığımızda, 141.953 sayısına ulaşılmaktadır. Bu rakamdan %65 okula erişemeyen çocuğu bulmaya çalıştığımızda, 92.270 civarı çocuğun çocuk işçiliği ve her türlü suça yönelik risklerle karşı karşıya olduğunu söylemek mümkündür. İstanbul'daki Suriyeli olmayan diğer göçmen gruplardaki çocuk sayısına ise resmi olarak ulaşmak mümkün olamamıştır. Yine de diğer grupları da eklediğimizde 100 binin üzerinde bir risk altındaki gruptan söz edebiliriz.

Eğitim noktasında sorun yaşayan bu çocuklar, MEB'e bağlı devlet okullarında ve kendi imkanlarıyla ya da kimi bölgelerde belediye desteğiyle kurulan geçici eğitim merkezleri olan 'Suriye Okulları' aracılığıyla eğitime entegre olmaya çalışmaktadırlar. Eğitime katıldığı varsayılan ve istatistiklerde böyle görülen çocukların da çok ciddi sıkıntıları bulunmaktadır. Eğitime dil bariyerinden dolayı adapte olamamış, devam sıkıntısı had safhada olan ve hem okuyup hem çalışan bir çok çocuk bulunduğu bilinmektedir.

Belediyelerin ve STK'ların, çeşitli platformlarda düzenlemeye çalıştıkları psikolojik ve sosyal yardımlar kanalıyla toplumsal uyumu sağlamaya çalıştıkları görülse de, risk altındaki çocuklara bütüncül dokunamadıkları gözlemlenmektedir.

Türkiye'de ve İstanbul özelinde okullaşma oranları incelendiğinde, kamp dışında olan göçmen çocukların kamplarda yaşayanlara oranla eğitim sürecine daha geç ve daha zor katıldığı sonucuna ulaşılmaktadır.

Bu çalışma, 2015- 2016 yılları arasında 2 yıl boyunca İstanbul'da göçmenlere yönelik yapılan çalışmaların çocuğa odaklanılan kısımlarından derlenmiştir. Çalışmada, İstanbul sokaklarında görünür, büyük kısmı çocuk işçisi olan ve bir kısmı eğitime devam edebilen göçmen çocuklarla yapılandırılmamış görüşmelerin değerlendirilmesi yer almaktadır. Çalışmada, Fatih'te 10, Esenler'de 6, Sultanbeyli'de 9, Üsküdar'da 6 (4'ü Afganistanlı), toplamda 31 sığınmacı çocuk (27 Suriyeli, 4 Afgan) yapılan görüşmeler değerlendirilmiştir.

Çocukların yanı sıra toplam 42 Suriyeli aile ile de görüşülmüştür, 42 ailenin 4'ü Türkmen, diğerleri ise Arap asıllıdır. Bu ailelerle yapılan görüşmelerde de çocukları ilgilendiren kısımlara zaman zaman değinilmektedir. Balat'ta yapılan görüşmelerde, ailelerin verdiği bilgiler ışığında; toplamda 9 aile içerisinde 77 çocuğun olduğu (ki iç içe geçmiş büyük aileler bunlar; Yani gelin, kaynana, elti torun hepsi bir arada), bu çocuklardan ise 13 çocuğun çalıştığı bilgisine erişilmiştir. (Ancak bu 77 çocuk kavramından hangilerinin 0-18 yaş çocuk grubu olup olmadığı bilinememektedir, veriler bu noktada şeffaf değildir. Sadece sorulan sorulardan alınan yanıtlar ışığında bu bilgilere ulaşılmıştır).

Toplamda 4 bölgede yaşayan, 31 çocukla birebir gerçekleşen görüşmelerde, çocukların çoğu yaşadıkları bölgelerde ne tür çalışma imkânı varsa ona yönelik çeşitli işlerde çalıştıkları gözlenmiştir. Fatih-Balat bölgesinde yaşayanlar çoğunlukla camii önlerinde ya da yollarda mendil/su satmayı tercih etse de (çünkü diğer işlere göre gelirinin daha fazla olduğunu söylemekteler) çoğunluğun konfeksiyon işinde çalıştığı gözlenmektedir. Ayrıca garson olarak çalışan çocuklar da vardır. Geneli eğitim hayatını Suriye'den geldikten sonra bitirmiş, burada herhangi bir okula gitmemektedir. Aileleriyle ya da kardeşleriyle birlikte aynı işi yapan (mendil, çorap, su satma ya da garsonluk vb) çocuklara rastlanılmıştır. Üsküdar ve Esenler' de ise karşılaşılan çocuklar daha çok konfeksiyonlarda çalışmaktadır. Sultanbeyli'de Mülteci-der'de karşılaşılan çocuklar ise hem çalışıp hem okuyan karma yapı göstermektedir.

İstanbul'da Göçmen Çocukların Görünürlüğü
Alan Çalışması Yapılan İlçeler, 2015-2016

Alan çalışması yapılan yerde Fatih İlçesi'nden bir çocuk tehlikelerle ilgili şunları söylemektedir.

"Ama bir turist geldi, çok iri yarı. Bana dedi ki: benimle otele gel sana 500 euro veririm. Ben de gittim hemen Taksim'deki polislere şikayet ettim o adamı. Adamı aldılar karakola, sonra da sınır dışı ettiler 2 saat sonra. Turist adam bana geldi: Sana 200 tl. vereyim, beni şikayet etme dedi. Ben de, Al 200 liranı gözüne sok dedim. Polisler geldi, bana sordu: Ne dedi sana? diye. Ben de anlatınca, alma sakın parasını onun dediler. Turist de yere bıraktı parayı, o gidince aldım ben de parayı yerden… (FE2,13)

Yoldan birkaç genç yürüyordu, o sırada bir tane de köpeği vardı. Onlardan bir tanesine seslendim: abi, yardım et bunlar beni kaçıracak! dedim. Hemen aldılar beni kurtardılar, arabadakiler de kaçtılar arabalarıyla. Eğer onlar beni kurtarmasalardı, arabadakilerin beni nereye götürüp ne yapacakları belirsiz." (FE1, 12)

Mendil satan çocukları sokaklarda çeşitli tehlikeler de beklemektedir.

"3 senedir Fatih Camii'nin avlusunda, Taksim'de, Aksaray'da ve başka yerlerde de çalışıyorum, mendil satıyorum. Biz Cuma günleri Cuma namazında Fatih Camii'ne geliriz sonra 4'e kadar Taksim'e gideriz. 4'ten sonra Atatürk Havalimanı'na gideriz ondan sonra tekrar Taksim, sonra eve gideriz. Ben ilk önce bir çiğ köftecide çalıştım. Sonra oradan çıktım. 2 ay kadar da bir kebapçıda çalıştım. Temizlik yaptım, başka birçok iş daha yaptım orada. Sonra oradan da çıktım, mendil satmaya başladım. Biz sadece Cuma günleri Fatih Camii'ne geliyoruz, onun dışında Taksim'e gidiyoruz genelde. Cuma günleri kalabalık oluyor burası, o yüzden geliyoruz." (FE2, 13)

Suriye'de 5. ya da 6. sınıfta okumakta iken, çocuklar savaş dolayısıyla Türkiye'ye sığınan ve geldikten sonra birden 'dil bilmeyen/1.sınıfa yeniden başlamak zarureti olan / kendi tabirleriyle cahile' dönüşmüşlerdir. Geldiklerinde yerleştikleri Suriye okulu veya devlet okullarında öğretmenlerle yaşadıkları çeşitli sorunlar dolayısıyla okuldan uzaklaştığını belirtenler de vardır;

"12 yaşındayım, Suriye'de 4.sınıfa gidiyordum… Ben istedim okulu bırakmayı, Okumak istiyorum ama bu okulda okumak istemiyorum." (FE1,12)

Biz okula yayan geliyorduk, yayan gelince de okula gecikiyorduk. Öğretmen biz gecikince çok sinirleniyordu, biz de terk ettik… Babam diyor ki: Okul hayatın bitti, çalışacaksın. Babam istemiyor okumamı çünkü ihtiyacımız var. Babam daha iş bulamadı. Okula gitmek istiyorum ama gidemem şu anda…" (FE1, 12)

Aynı çocuk dışarıda uyuşturucu madde bağımlısı tehlikesi ile içiçe olan arkadaşının durumundan ise şöyle bahsetmektedir:

"Benim bir arkadaşım var Taksim'de dileniyor, parkta yatıp kalkıyorlar. Suriye'de savaşta annesini, babasını herkesi kaybettiler. 3 kardeş kaldılar, burada parkta yatıyorlar. Birkaç tanesi bir günlük para çıkarıp, bira alır içerler ve bali çekerler. Balici oldular, kokluyorlar. 14-15 yaşlarındalar. Bırak diyoruz ama bırakmadılar. Gördüm, kolunun içine sokuyor ve onu soluyorlar. Ataköy- Şirinevler'de oturuyor bir arkadaşımız, babası bilmiyor bali çektiğini. Baliyi çekip öyle eve gidiyor, haberleri yok evdekilerin. Bir de bize: Hadi gelin, siz de çekin, çok güzel diyor. Baliyi çektikten sonra kafaları gidiyor, biz de gidiyoruz yanlarına: ne kadar para kazandınız, hadi hepsini bize verin diyoruz. Onlar da hepsini çıkarıp bize veriyorlar, biz de alıyoruz." (FE2, 13)

Görüşme gerçekleştirilen çocuklar, çalıştıkları zamanlarda özellikle zabıtalardan, akran Türk, Kürt çocuklardan ve yerel halktan şiddet gördüklerini de söylemektedirler;

"Bir kişi geldi, sivil kıyafetle bana sordu: Ne satıyorsun? dedi, Mendil satıyorum dedim. Hadi bana sat dedi. Ben de sattım. O anda bizi aldıkları gibi arabalarına attılar. Bize vurdular, vurdular. Mendillerimizi aldılar, paralarımızı aldılar. Dövüyorlar bizi, alıp bizi çok uzak bir yere attılar, orada bıraktılar. Burada kale var, oraya götürdüler. Oranın içine bizi tıktılar. Bize vurdular, vurdular. Hadi söyle nerede oturuyorsun? Sizi sınır dışı yapacağız dediler. Biz de söylemediğimiz için, öldürene kadar bana vurdular... (FE1, 12)

Bizi kale içine birlikte tıktılar Ali'yle. Bizi arabada tutmadılar çünkü yolda bir polis bizi görürse onlara bağırırım diye düşünüyorlar ve korkuyorlardı. Polis, belediyecilere kızıyor çünkü. Bizi kale içine tıkıyorlar belediyeciler. Parayı çorabın içine bile saklasan, ayakkabıyı çorabı soydular, aldılar paramızı. (FE2,13)

Türk çocuklar bizi çok aşağılıyorlar. Ben babamdan haftalık alıyorum, her gün almam. 10-15 tl. param oluyor cebimde, bir keresinde çocuklar beni durdurdular ve tüm paramı aldılar. Benim yaşımda olan da vardı, benden büyük olan da vardı aralarında. Okul çıkışımızda oldu, ellerinde bıçak vardı ben de arkadaşımlaydım, ikimize birden saldırdılar. Okuldan çıkmıştık, bizi takip ettiler, kimse görmedi yardım etmedi." (FE1, 12)

Göçmen uyumuna yönelik politikalarda; yabancı düşmanlığı, akran zorbalığının göçmen çocuklar söz konusu olunca şiddet boyutunun artması gibi tehlikelere ve nefret suçlarına karşı dikkatli olunmalıdır. Bu çocukların yaşam hikayelerinden anlattıkları bu küçük parçalar dikkatlice süzülüp yerel politikalar için önemli altlıklar oluşturmalıdır.

"Bugün bize yaklaştığınızda çok korktum, bana birşey yapacaksınız sandım. Çünkü bundan önce bir kadın geldi, bize dedi ki: gelin size döner alayım. Biz de sevindik, bize döner yedirecek diye. Aldı götürdü bizi döner dükkanının önüne, hemen Belediye'yi aramış: Gelin burada Suriyeli çocuklar var, bunları alın diye. Sonra belediye aldı bizi götürdü, yine dövdü bizi. Onun için sizi görünce çok korktum." (FE2, 13)

Bir de bizim mahallede Kürt çocuklar var, onlar bize çok rahatsızlık veriyorlar. Ben ve kardeşim parka gitmek istiyoruz ama bizi parka koymuyorlar o çocuklar. Onlarda yüze sıkılan yakan sprey var (biber gazını kast ediyor), ondan sıkıyorlar ve bizi kaçırıyorlar. Bazen bizi sopayla döverler... (FE8, 13)

Elinden parası alındığı için üzülen bir çocuğun ifadesi de şu şekildedir:

Babam Suriye'deyken başka kadına gitti bizi bırakıp. Babam bize dedi ki bana gelin, biz de dedik, biz annemi asla bırakmayız. Geçen gün ben birine doğru bakıyordum, bir çocuğa. O da geldi beni dövdü. İki Türk, bir Suriyeli beni durdurdu, bütün paramı aldı geçen gün. Ama ben çalışmak zorundayım." (FE5, 12)

Sınırdışı edilmek üzere dışarıda satış yapan çocukları toplayan belediye ekiplerinden de oldukça rahatsızlar ve şiddet gördüklerini ifade etmektedirler.

"Belediye bize çok vuruyor. 2 sene önce trafik kazası geçirmiştim ayağım kırıktı. Belediye de geldi, kaza geçirdiğim yere vurdu, epey kötü olmuştum. Baya zorlandım. Burada bir parkta oturuyorduk, Hırka-i Şerif'in oradaydık. Suriye'ye ziyarete gidecektik, dürüm yiyorduk o ara. Ben, kardeşim, kız kardeşim ve babam gidecektik Suriye'ye. Çantalarımız burada bizimle beraberdi. Belediye geldi, bizi dilenci zannetti, bizi arabaya doldurdu ve Anadolu yakasına götürdü hepimizi. Önce polisten kaçtım, yaklaşık 4 metre yükseklikten düştüm kaçarken. Ondan sonra polis beni yakaladı ve hapse koydular bizi, kardeşimle. Oradan bizi kampa götüreceklerdi. Babam da kaçtı." (FE7, 11)

"Bizi alıp Suriye'ye göndermeye çalıştılar. Sınır dışı etmek istediler. Çok dövdüler beni burada. Bazen bazı abileri rahatsız ediyorum, mendil al, mendil al diye ısrar ediyorum. Bazen o yüzden dövüyorlar beni." (FE7, 11)

Göçmen çocukların eğitimi konusu elbette ki MEB için ciddi bir kapasite artırım sorunu demektir. Türkiye'nin bu popülasyonun eğitimi ve hayata atılımı noktasında kapasite sorunu yaşaması normaldir. Türkiye'de sınıf başına 15, öğretmen için 16 öğrenci düştüğü söylense de, İstanbul ölçeğinde ilçe ilçe kapasite sorunları değişmektedir. Bazı ilçeler iç göç akınına uğrayan ve ciddi kapasite aşımı yaşayan ilçelerdir. Aynı ilçeler bugün Suriyeli göçmen çocuk nüfusu açısından da ciddi baskı yaşamaktadır. Çok ciddi merkezin öncülüğünde ama kesinlikle yerelden araştırma ve adımlara ihtiyaç duyulmaktadır.

Özellikle Üsküdar'a bağlı Bahçelievler/Sultanmurat bölgesinde yaşayan 4 Afganistanlı çocukla gerçekleştirilen derinlemesine görüşmelerde göçün ve akabinde yaşanılan olumsuzlukların çocuklar üzerindeki etkileri açıkça görülmektedir. Görüşme yaptığımız 6-13 yaş grubundaki 4 çocuktan bazı ifadeler şu şekildedir.

"Buraya yürüyerek geldik, 3 sene oldu biz geleli. Okulu bırakmak zorunda kaldım, buraya gelince Küçüksu'da çalışmaya başladım ama patron kötüydü. Yürüyerek gidip geliyordum evden işe, 1 saat sürüyordu yürümem, patron param vermiyordu. Kızıyordu bazen tartaklıyordu beni, sonra babam iyi oldu işe başladı bende okula başladım. Ama halen annemle çalışıyorum." (ÜE1, 13)

"İlk geldiğimiz zaman ben 8 yaşındaydım, çocuklar mahallede oynamıyorlardı bizle, anlamıyordum onları. Şimdi de anlamıyorum bazen ama daha artık daha iyi." (ÜE2, 11)

Ayrıca yine çocuklardan gelen geri dönüşler incelendiğinde, maddi yetersizlikler dolayısıyla çalışmak zorunda kalmaları ve özellikle çevrelerinden aldıkları olumsuz tepkiler yüzünden insanlara karşı korku ve tedirginlikle yaklaştıkları sonucuna ulaşılmaktadır.

"Komşular iyiydi anneme, ama bazılarının çocukları bizi dövüp paramızı alıyordu. Oyun oynamıyorlardı, biz gelince onlar gidiyordu." (ÜE2, 11)

Mekansal anlamda bilişlerini artıran kentte gün içinde çok hareketli olma durumları da söz konusudur. Bu aslında bir nevi çocuğa özgüven de verebilmektedir. Ancak, bilinmedik tehlikeler her zaman söz konusudur.

"Biz 10 kardeşiz, 2 küçük kız kardeşim daha var, onlar da mendil satıyorlar. 1 sene 3 aydır çalışıyorum, mendil satıyorum. Yağmur olursa şemsiye satıyorum. Biz sadece Cuma günleri Fatih Camii'ne geliyoruz, onun dışında Taksim'e gidiyoruz genelde. Cuma günleri kalabalık oluyor burası, o yüzden geliyoruz. Belediye geliyor ve bizi kovuyor buradan. Genelde Atatürk Havalimanı'na gideriz veya Taksim'e, Beşiktaş'a. Biz de buradan havalimanına gideceğiz oradan da Taksim'e. Yani belediye olmayan yerlere gidiyoruz daha çok. Burada normalde mendil satmamız yasak, belediye kovuyor." (FE2, 13)

"Biz Cuma günleri Cuma namazında Fatih Camii'ne geliriz sonra 4'e kadar Taksim'e gideriz. 4'ten sonra Atatürk Havalimanı'na gideriz ondan sonra tekrar Taksim, sonra eve gideriz." (FE2,13)

Ailesinin onu zorla çalıştırmadığını ifade eden bir çocuk, biri babasının talebiyle çalıştığını ifade eden bir çocuk genel olarak aileyi geçindirmenin sorumluluğunu üstlenmektedirler.

"Belediye çok Eminönü'nde falan, bir de oralardan korkuyoruz bizi kaçıran falan olur diye. Bir de evimiz çok yakın buraya, onun için buraya geliyoruz. Kimse bize çalışın demiyor ama ev kiramız var, elektrik, su faturalarımız var. O yüzden mecburuz, biz biliyoruz evimizin ihtiyacı var, onun için çalışıyoruz." (FE3, 9)

"Babam... Babam, çalışmamı istiyor. Bana dedi ki: "çalışacaksın, su sat, mendil sat, ne satarsan sat yeter ki çalış. Halep'e çok büyük bir füze düşmüştü biz oradayken, babam o füzeyle yaralandı. Yürüyebiliyor ama çok zor yürüyor, çok çabuk yoruluyor, iş yapamaz yani. Annelerimiz zaten çalışmaz." (FE2, 13)

"E biz 10 çocuğuz, annem, babam bir de anneannem ve teyzem de geldi. Mecbur çalışacağız, mecbur onlara bakacağız. Annem dedi ki : "git mendil sat, para getir. Benim babam Suriye'deyken bekçiydi. Burada küçük bir bisikleti var pazarda insanların meyve sebzelerini taşıyor, onlar da 1 tl. 2 tl. veriyorlar." (FE1, 12)

Çocuklar evdeki kalabalık nüfuslarını ya çalışmak zorunda oluşlarını ifade için ya da genel olarak sürekli vurgulamaktadırlar.

"Benim babam iki tane evli. Bir hanımı varmış babamın, o kadından çocuğu olmamış. Hanımı demiş ki, git evlen, çocuğun olsun. Annemi almış babam da, benle beraber 7 tane çocuk yaptı annem. 3 kız, 3 erkek, 1 tane de yeni doğum yaptı, şimdi kardeşim de hastanede. 2 anne 1 baba, 7 çocuk." (FE1, 12)

"Benim babam da çok yaşlı olduğu için çalışamıyor. Yaşlıları zaten işe almıyorlar. Benim büyük abim, savaşta bomba geldi ve parça parça oldu. Kafasına gelmişti,

kafası parça parça oldu, ağzı burnu, iç organları her şeyi parça parça olmuştu. Gözümüzle görmüştük. Annem yaşıyor, ev hanımı, evde oturuyor. 6 kız 6 oğlanız. Babam, annem 12 çocuk aynı evde yaşıyoruz. 1 sene oldu biz İstanbul'a geleli." (FE4, 11)

Hem okula giden hem de okuyan bir çocuğun günlük yoğun programını ifade edişi de şu şekildedir:

"12 yaşındayım. Suriye'de 6. sınıfa kadar okudum. 3 kardeşiz biz, ben ve iki küçük kız kardeşim. Haliç'e inerken orada bir küçük camii var orada oturuyoruz. 12'ye kadar okula gidiyorum. 12'de okuldan gelirim, 1'de burada olurum. Yatsı ezanı okundumu eve dönerim. Böyle güneşli günde su satarım ama güneş olmazsa o zaman da mendil satarım. Beni kimse zorla çalıştırmıyor, ben kendim çalışmak istiyorum. Babam Suriye'deyken su giderlerini yapardı.Şimdi iş olursa çalışıyor, iş olmazsa evde oturuyor. Ben çalışıyorum bir de işte. Okulum, Akdeniz caddesinde, Nur okulu var , o benim okulum. Nur derneğine bağlı, bedava bir okul. İstanbul'a geldiğimiz ilk zamanlarda tekstil atölyesinde çalıştım, ortacıydım. Bana haftalık 75 tl. veriyorlardı. Çok azdı ücreti, ben de bıraktım su satıyorum, daha iyi kazanıyorum." (FE5, 12)

Çocukların birbirlerini görerek çalışmaya başladıkları da görülmüştür.

"Mendil satmaya hemen başlamadık, 5-6 ay boş gezdim. Sonra baktım, bütün çocuklar mendil satıyor biz de satmaya başladık. Yaklaşık 1 senedir mendil satıyorum. 12 yaşında bir kardeşim ve ben çalışıyoruz. 12 yaşında olan kardeşim, haftalık 100 tl., ayda 400 tl. kazanıyor. Tekstilde, bir konfeksiyonda çay yapar, oraları falan süpürür. O okul okumuyor, sabah 7'de işe gidiyor çünkü." (FE3, 9)

Eski hayatına öykünen bir çocuğun ifadesi de şu şekildedir:

"Babamın Suriye'deyken bir atölyesi vardı. Ben sabah erkenden okuluma giderdim, ondan sonra eve gelip biraz dinlenirdim, rahat ederdim. Sonra da babamın dükkanına giderdim. Hem babama yardımcı olurdum, hem de kendim oyalanırdım. Orada hayat çok rahattı. Ben orada okulda en çalışkan öğrenciydim. Takdir alırdım hep. "(FE2, 13)

Kentin merkezini iş mekanı olarak gören bu çocuklar, zamanla değişen güvenlik durumlarını da çabuk kavrayarak savunmasız hallerinin farkında olduklarından hemen bir strateji geliştirebilmektedirler.

"Olaylar olunca ben artık Taksim'de akşam 8'e kadar kalıyorum, sonra eve gidiyorum. Geç vakte kadar kalmam Taksim'de ben artık. Ben 8-9 gibi evde oluyorum. Benim küçük 2 kız kardeşim mendil satıyorlar Taksim'de şimdi, gündüz hiçbir şey yok. Ama gece olunca tehlike başlıyor. H gidiyor Taksim'e geceleri ama ben gidemiyorum korkuyorum artık. O akşam az kalsın başımıza neler gelecekti, H de gördü ama yine de gidiyor. Hatta "kal benimle" diyor, "hadi gel Taksim'e gidelim" diyor. Ama ben gitmiyorum da, kalmıyorum da." (FE1, 12)

Sultanbeyli'de yaşayan göçmen çocuklarla gerçekleştirilen görüşmelerde de çeşitli dönüşler alınmıştır. Sultanbeyli ilçesinde 1000, Aydos semtinde 200, diğer mahallelerde 400 çocuk Suriye okuluna gitmektedir. Ancak bir bu kadar çocuk eğitim ihtiyacından mahrum kalmış durumdadır. Aydos semtinde yer alan okuldaki Suriyeli göçmen çocuklarla yapılan görüşmelerde çocukların yeni bir düzene adapte olmaya başladıkları gözlenmiştir. Okul ve arkadaş çevresi ile alakalı yöneltilen sorulara karşın;

"Suriye okulları çok kalabalık olduğu için bazı akrabalarım okula gidemiyor, ailesi de Türk okuluna yollamıyorlar, bende bu okulu seviyorum ama Suriye'de okula gitmeyi daha çok isterdim." (SK4, 15)

Ailelerin çocuklarını özellikle Suriye okuluna göndermek istemesi arzusu, asimile endişesinden dolayı çekincelerinin olduğu şeklinde yorumlanabilir. Ayrıca yine Sultanbeyli ilçesindeki Suriye okullarının geneli incelendiğinde, yoğunlukla ilköğretim seviyesindeki çocuklara yönelik eğitim ihtiyacını karşılamaktadır. Lise çağında olan çocuklar için eğitim talebi yok denilecek kadar azdır. Bunun sebebi ise Suriyeliler arasında lise çağındaki çocuğun yaşının çalışan yaş olarak kabul edilmesidir. Sayıları 20 bin kişi içinde 20-30 kişi civarındadır. Aydos Suriye Okulu'nda gerçekleştirilen görüşmelerde;

"Gelecek yıl liseye başlamak istiyorum ama burada Suriyeliler için bir lise yok, Türk okuluna gitmem gerekiyor ama ailem göndermeyecek. Zaten sabahları okuldayım, öğleden sonra konfeksiyon, ailem evlilik yaşımın da geldiğini düşünüyorlar ama ben okumak istiyorum, ne yapacağımı bilmiyorum." (SK3, 17) şeklinde bir geri dönüş alınmıştır.

Milli Eğitim Bakanlığı yada YÖK herhangi bir yabancı öğrenciden ne istiyorsa Suriyeli öğrenciden de aynı evrakları istemektedir. Ortaöğretim ya da yükseköğretime devam etmek isteyen göçmen çocuklar için durumun zorluğu da bu noktada meydana gelmektedir. Bu kişiler Suriye'den gezme veya okuma amaçlı gelmediklerinden dolayı belgelerini yanlarında alıp gelmemiş durumdadırlar. Bu bağlamda görüşmecilerden biri;

"Biz buraya gelmek için evden çıktık ve hemen ardından evimiz bombalandı, benim size bırakın istediğiniz evrakları eksiksiz getirmek, herhangi bir evrak getirmem bile mümkün değil." (SK2, 16)

"Bir arkadaşım Türkmen kökenliydi, okulda da çok dil sorunu yaşamadı hem tüm belgeleri de yanında olduğu için Türkçe yeterlilik sınavına girdi ve ardından da yabancılar için uygulanan sınava da girip üniversiteye yerleşti. Ama benim böyle bir imkânım yok, zaten evraklar eksik olduğu için hükümet bizi sınırdaki belli olan 7 üniversiteye yönlendirecekmiş. Ailem buna kesinlikle izin vermeyecek biliyorum." (SK3, 17)

Sonuç ve Değerlendirme
Bugün, ülke nüfusunun (77 695 904 kişi) %93,3'ü belediye sınırlarında ikamet etmektedir. Bu oran, kentlerde yerel yönetim politikalarının nasıl ciddiyetle ele alınması gerektiğini de net olarak ortaya koymaktadır. Yerel yönetimler, sınırları dahilinde yaşayan halkın ortak ihtiyaçlarını karşılamak ve onların karşılaştıkları sorunları yönetimin kapasitesi ölçüsünde çözmek üzere kurulmuşlardır; bu nedenle de

topluma karşı birçok sorumlulukları bulunmaktadır (Çakırer-Özservet, 2016a). Bugün yerel yönetimlerin karşılaştıkları problem alanlardan ekonomiden, sosyal boyuta bir çok boyutu olan göç konusuna gerekli önemi vermeleri ve yerel politikalarını göçmenlerle uyum konusunda geliştirmeleri gerekmektedir.

Alan çalışmasının yapıldığı zamanda, eğitime katılan Suriyeli göçmen çocukların oranı oldukça düşültü. Bugün çeşitli çalışmalar neticesinde bu oran çocuklar lehine artmıştır. Ancak yine de eğitime katılan çocuklarla ilgili izleme birimlerinin olması gerekmektedir. Bu bağlamda göçmen çocukların özellikle eğitim noktasında adaptasyonunun hızlandırılması gerekmektedir. Çocuğun hem örgün hem yaygın eğitim olanaklarından faydalanması için çaba göstermek gerekmektedir.

Çocuğun eğitim hakkını elde edebilmesinin önündeki en önemli engellerden biri de ailenin geçim derdini zayıf omuzlarına yüklenmiş olmasıdır. Çocuğun çalışma hayatına oldukça erken başlamış olması ve enformel sektörlerde kayıtdışı, sağlıksız şekilde gücünün ötesinde çalıştırılması önlenmesi acil olan bir problemdir. Çocuk işçiliği konusu yasaların uygulanmasının denetlenmesiyle kısmen önlenebilir. Ancak, asıl yetkili kurumların yerel yönetimler olması gerektiği de göz önünde bulundurulmalıdır. Enformel atölyeleri, ağları ve çocukların çalışma hayatının zorluklarını farkeden en yakın kurumlar yerel yönetimlerdir.

Çocuk Haklarına Dair Sözleşmede de özellikle vurgulanan oyun oynama hakkı kavramı ele alınması gereken önemli bir konudur. Göçmen çocukların, mevcut oyun alanlarını yeterince kullanmadıkları, büyük çoğunluğunun ise çalışmakta olduğu ve ziyadesiyle zor şartlar altında kapalı alanlarda vakit geçirdikleri gözlenmektedir. Çocuğun gelişimi açısından da önemli olan, aynı zamanda en temel haklarından biri olan oyun oynama faaliyetinin gerçekleşmemesi göçmen çocukların gelişimi açısından tehlikeli bir durum olarak karşımıza çıkmaktadır (Çakırer-Özservet ve Sirkeci, 2016). Dışarıda açık alanda mendil satıcılığı gibi işlerde çalışan çocuklar kenti gezerek mekansal aidiyetlerini artırmaktadırlar. Bunu nasıl değerlendirmek gerekir? Çocuklar zaten sokakta çalışıyor, sokaklar onların kısmen, mekansal olarak bu bağlarını ne tip projelerle değerlendirebilirizin üzerinde düşünmek gerekiyor.

Ülkemizdeki yerel yönetimler mevzuatında özellikle mültecilere yönelik neredeyse hiçbir hüküm bulunmamaktadır. Göçle karşılaşılan ilk dönemlerde yerel yönetim kurumları ağırlıklı olarak yardım organizasyonlarının düzenlenmesinde rol almışlardır. Ancak mülteci konusunu içeren uzun dönemli stratejiler belirlenmemekte ve toplumsal uyumu sağlayacak politikalar henüz pek üretilmemektedirler. Toplumsal uyum konusunda yerel yönetimlerin geliştirmesi gereken önemli stratejiler vardır. Toplumda göçmenlerle karşılaşmadan kaynaklı ciddi huzursuzluklar mevcuttur. Bu huzursuzlukları dengelemek ve göçmen çocukların yaşam şartlarını iyileştirmek adına ciddi önlemler almak gerekmektedir.

Kaynakça

AFAD, "Türkiye'deki Suriyeli Sığınmacılar, 2013 Saha Araştırmaları Sonuçları".
   https://www.afad.gov.tr/upload/Node/2376/files/60-2013123015491-syrian-refugees-in-
   turkey-2013_baski_30_12_2013_tr.pdf

Akalın, Tanay, A. (2016). "Türkiye'ye Gelen Suriyeli Göçmen Çocukların Eğitim Sorunları" Yüksek Lisans Tezi, İstanbul Aydın Üniversitesi Sosyal Bilimler Enstitüsü, Psikoloji Anabilim Dalı.

Akyüz, E. (2010). Çocuk Hukuku, Ankara: Pegem Akademi Yayınları.

Beter, Ö. (2006). Sınır Ötesi Umutlar: Mülteci Çocuklar, Ankara: Sabev Yayınları.

Bushin, N. (2008). "Quantitative datasets and children's geographies: Examples and reflections from migration research", Children's Geographies, 6, 451–457.

Çakırer-Özservet, Y. (2015). Göçmen Çocukların Şehre Uyumu ve Eğitim Politikası. (Uluslararası Göç ve Mülteci Uyumu Sorununda Kamu Yönetiminin Rolü Kitabı içinde. Editör: Yakup Bulut). ss.93-112. Umuttepe Yayınları. İzmit.

Çakırer-Özservet, Y. (2016a). Çocuklar için Katılımcı Yerel Yönetimler. (Çocuk Katılımı Kitabı içinde. Ed. Ercüment Erbay). Nobel Yayıncılık. Ankara.

Çakırer-Özservet, Y. (2016b). İstanbul Bütününde Yerel Yönetimlerin Stratejik Planlama Anlayışının Çocuk Üzerinden İrdelenmesi. II. Uluslararası Kent Araştırmaları Kongresi – Küresel ve Yerel Arasında Kentler: Stratejiler, Fırsatlar ve Sorunlar, Bildiriler Kitabı (Eds.Şerife Geniş ve Emir Osmanoğlu). İdealkent Yayınları:5. 786-817.

Çakırer-Özservet, Y. ve Sirkeci, İ. (2016). "Editörden: Çocuklar ve Göç". Göç Dergisi. Göç ve Çocuk Özel Sayısı. Londra. Cilt: 3, Sayı: 1, ss. 1 – 4.

Göç İdaresi Genel Müdürlüğü, 2016, Suriyeli Mülteci Nüfusun Yaşlarına Göre Dağılımı, Ankara.

Göçder (2013). Göz Ardı Edilenler: İstanbul'da Yaşayan Suriyeli Sığınmacılar Raporu, Göç Edenler Sosyal Yardımlaşma ve Kültür Derneği Eşit Haklar İçin İzleme Derneği, İstanbul.

Güngördü, Z. ve Kurtarır, E. (2016). "Mülteciler ve Hatay'da geleceğin plansız inşası". Göç Dergisi, Göç ve Çocuk Özel Sayısı. Londra. Cilt: 3, Sayı: 1, ss. 83–98.

Harunoğulları, M. (2016). "Suriyeli sığınmacı çocuk işçiler ve sorunları: Kilis örneği" Göç Dergisi. Göç ve Çocuk Özel Sayısı. Londra, Cilt: 3, Sayı: 1, ss. 29 – 63.

Sakız, H. (2016). "Göçmen çocuklar ve okul kültürleri: Bir bütünleştirme önerisi", Göç Dergisi, Londra. Cilt: 3, Sayı: 1, ss. 29–63.

SETA, (2016). "Suriyeli Çocukların Yıllara Göre Eğitim Verileri ve Okullaşma Oranları" (http://www.setav.org/suriyeli-cocuklarin-yillara-gore-egitim-verileri-ve-okullasma-oranlari/) Erişim: Ocak 2016.

SETA, (2016). Türkiye'deki Suriyelilerin Eğitiminde Yol Haritası Fırsatlar Ve Zorluklar Raporu. (Hzl. Müberranur Emin ve İpek Coşkun). Ankara. http://file.setav.org/Files/ Pdf/20160906135243_turkiyedeki-suriyelilerin-egitiminde-yol-haritasi-pdf.pdf) Erişim: 25.01.2017

TÜİK, (2015). İstatistiklerle Çocuk, (http://www.tuik.gov.tr/PreHaberBultenleri.do?id=21521) Erişim tarihi: 25.01.2016.

TÜİK, (2016). İşgücü İstatistikleri, Ekim 2016 (http://www.tuik.gov.tr/PreHaberBultenleri.do?id=24623) Erişim tarihi: 25.01.2016.

UNCHR, (2016a). Syria Regional Refugee Response (http://data.unhcr.org/syrianrefugees/country.php?id=224). Erişim tarihi: 24.01.2016

UNCHR, (2016b). Ocak 2016 Itibariyle UNHCR Türkiye İstatistikleri. (http://www.unhcr.org/turkey/uploads/root/tr(61).pdf). Erişim tarihi: 24.01.2016

UNESCO (2011). The Hidden Crisis: Armed Conflict ad Education, No Lost Generation: Protecting the future of children affected by the crises in Syria. (http://unesdoc.unesco.org/images/0019/001907/190743e.pdf) Erişim tarihi: 25.01.2016.

UNICEF, (2016). "Dünyada "köklerinden koparılmış" neredeyse 50 milyon çocuk var" (http://www.unicef.org.tr/basinmerkezidetay.aspx?id=22688). Erişim Tarihi: 24. Ocak 2016.

Url 1 Suriyeli öğrenciler için açık lise çalışması sürüyor. (http://www.hurriyet.com.tr/suriyeli-ogrenciler-icin-acik-lise-calismasi-suruyor-40322011). Erişim tarihi: 25.01.2016.

Url 10 Suriyeli çocuk hurda toplayarak ailesini geçindiriyor
(http://www.milliyet.com.tr/suriyeli-cocuk-hurda-toplayarak-ailesini-gaziantep-yerelhaber-565292/) Erişim: 25 Ocak 2016.

Url 2 Eğitimin 2016 yılı değerlendirmesi yapıldı: Eğitime ayrılan bütçe
yetersiz!(http://www.egitimajansi.com/haber/egitimin-2016-yili-degerlendirmesi-yapildi-egitime-ayrilan-butce-yetersiz-haberi-56102h.html)

Url 3 Bodrum'da mültecileri taşıyan 2 bot battı: 12 ölü 2 kayıp!
(https://www.evrensel.net/haber/259643/bodrumda-multecileri- tasiyan-2- bot-batti- 12-olukayip) Erişim: 25 Ocak 2016

Url 4 Türkiye'de çocuk işçiliği yine yükselişte. (http://www.dw.com/tr/türkiyede-çocuk-işçiliği-yine-yükselişte/a-19324253) Erişim: 25 Ocak 2016.

Url 5 "Suriyeli Çocukların Yıllara Göre Eğitim Verileri ve Okullaşma Oranları",
(http://www.setav.org/suriyeli-cocuklarin- yillara-gore- egitim-verileri- ve-okullasma-oranlari/) Erişim Tarihi: Ocak 2017.

Url 6 ILO: Dünyada 168 milyon çocuk işçi var. (http://tr.euronews.com/2015/06/12/ilo-dunyada-168-milyon-cocuk-isci-var). Erişim: 25 Ocak 2016.

Url 7 Çocuk olmadan yetişkin oldular. (http://www.aljazeera.com.tr/al-jazeera-ozel/cocuk-olmadan-yetiskin-oldular). Erişim: 25 Ocak 2016.

Url 8 14 yaşındaki çocuk 8 nüfuslu ailesini geçindiriyor
(http://www.ilkha.com/haber/46282/14-yasindaki-cocuk-8-nufuslu-ailesini-gecindiriyor) Erişim: 25 Ocak 2016.

Url 9 Suriye'de bacaklarını kaybeden çocuk ailesini geçindiriyor
(http://www.aksam.com.tr/yasam/suriyede-bacaklarini-kaybeden-cocuk-ailesini-gecindiriyor/haber-416475) Erişim: 25 Ocak 2016.

EK TABLO:

Bölge		Cinsiyet yaş	Çalışıyor mu?	Nerede	Aile ile birlikte mi yaşıyor?	Görüşmelere dair notlar ;
ESENLER	1	EE1, 16	EVET	Konfeksiyon	Hayır	
	2	EE2,12	HAYIR		Evet.	
	3	EK1,12	HAYIR		Evet.	
	4	EK2,13	HAYIR		Evet.	
	5	EK3,13	EVET	Konfeksiyon	Evet.	
	6	EE3,14	EVET	Konfeksiyon	Evet	
FATIH	1	Aile				10 çocuklu bir aile, 7 kız/3 erkek çocukları var. 5 kız annesiyle birlikte evde iş yapıyor. 2 Erkek konfeksiyonda çalışıyor. Aile ile birlikte yaşıyorlar.
	2	Aile				9 çocuklu bir aile, 6 kız, 3 erkek çocukları var. 1 oğlu Suriye'de asker. 14 yaşındaki kızı Konfeksiyon işinde, 2 çocuk mendil satıyor,
	3	Aile				10 çocuklu bir aile, 1 kızı konfeksiyon işinde.
	4	Aile				4 çocuklu bir aile, 2 çocuk mendil satıyor, hatta tüm çocuklarının mendil sattığını iddia ediyor.

FATİH	5	Aile				Ev aile apartmanı gibi, toplamda 30 çocuk var 2 katta. 16 Yaş nişanlı kız, 17 yaş 6 aylık evli kız çocuğu, 10 yaşında erkek çocuk Kıraathanede çalışıyor, 2 çocuk mendil satıyor,
	6	Aile				4 çocuklu bir aile ancak detay bilgi yok.
	7	Aile				10 çocuklu bir aile, 2 çocuk mendil satıyor.
	8	FE1, 13	EVET	Mendil satıyor.	Evet.	11 kardeşler.
	9	FE2, 13	EVET	Mendil satıyor.	Evet.	10 kardeşler, 2 kız kardeşi ile birlikte Fatih camii avlusunda satıyorlar
	10	FE3, 9	EVET	Mendil satıyor.	Evet.	Baba engelli, 5 yaşındaki küçük kardeşi babaya yardım ediyor. Çorap satıyorlar.
	11	FE4, 11	EVET	Mendil satıyor.	Evet.	12 kardeşler, 12 yaşındaki kardeşi ile birlikte çalışıyorlar. Mendil satıyorlar. Haftalık 100 TL kazançları var.
	12	FE5, 12	EVET	Mendil ve su satıyor.	Evet.	3 kardeşler, ilk zamanlarda tekstil atölyesinde çalışmış, ücret az olunca mendil satmaya başlamış.
	13	FE6, 13	HAYIR		Evet.	5 kardeşler.
	14	FE7, 11	EVET	Mendil satıyor.	Evet.	3 erkek kardeşler, 8 yaşındaki kardeşi ile birlikte mendil satıyorlar.
	15	FE8, 13	EVET	Su ve mendil satıyor.	Evet.	4 kardeşler, 8 yaşındaki kardeşi ile birlikte çalışıyorlar, o da mendil satıyor.
	16	FE9, 11	EVET	Mendil satıyor.	Evet.	4 kardeşler, Kardeşi de bir lokantada garsonluk yapıyor.
	17	FE10, 12	EVET	Lokantada garsonluk yapıyor.	Evet.	Ailece, babası ve abisi de lokantada garsonluk yapıyorlar.
ÜSKÜDAR	1	ÜE1, 13	EVET	Konfeksiyon	Evet.	Afganistanlı bir aile, 4 kardeşler. İlk
	2	ÜE2, 11	EVET	Konfeksiyon	Evet.	geldikleri 2 sene Küçüksu ya günde 2 saat yürüyerek gidip gelip çalışıyor kardeşiyle birlikte, şimdi anneleriyle birlikte konfeksiyonda çalışıyorlar. Sabah okul, okuldan sonra iş.
	3	ÜE3, 9	HAYIR			Afganistanlı ailenin diğer iki küçük
	4	ÜE4, 6	HAYIR			çocuğu, yaş grubu küçük olanı anne işe götüremediği için 9 yaşında olan çalışmıyor, evde ona bakıyor.
	5	ÜE5, 10	EVET	Konfeksiyon	Evet.	9 kardeşler, abisi ile birlikte tekstil işindeler
	6	ÜE6, 12	EVET	Konfeksiyon	Evet.	12 kardeşler, 2 kız kardeşi de kendisiyle birlikte çalışıyor.
SULTANBEYLİ	1	SK1, 12	HAYIR		Evet.	
	2	SK2, 9	HAYIR		Evet.	
	3	SE1, 10	HAYIR		Evet.	
	4	SE2, 9	HAYIR		Evet.	
	5	SE3, 8	HAYIR		Evet.	
	6	SE4, 12	EVET	Konfeksiyon	Evet.	
	7	SE5, 15	EVET	Konfeksiyon	Evet.	
	8	SK3, 17	EVET	Konfeksiyon	Evet.	
	9	SK4, 15	EVET	Konfeksiyon	Evet.	

Göç Sürecindeki Diyarbakır'da Çocuklarda Madde Kullanım Eğilimleri

Hasan Hüseyin Taylan[1] ve İsmail Barış[2]

Giriş

Diyarbakır Türkiye'nin Güneydoğu Bölgesi'nde yer alan, nüfusunun çoğunluğunun orta ve alt sosyoekonomik düzeyde olduğu büyük bir ilidir. Çevre illerden ve kırsal bölgelerden göç almaktadır. Son 30 yılda terör saldırıları nedeniyle bireylerin travma maruziyetleri yüksektir (Şimşek vd., 2014: 23).

1980'li ve 1990'lı yıllarda ise daha çok çatışma ortamının yaşandığı kırsal alanların yakınında yer alan Doğu ve Güneydoğu'da göçün önemli duraklarından birisi Diyarbakır olmuştur. Diyarbakır'a yönelen göç dalgası da önemli sorunları beraberinde getirmiştir. 2016 yılında Diyarbakır'ın kenar mahallelerinde yapılan bir araştırmada, hanelerin yüzde 24,4'ünün 1990 sonrasında göç eden "zorunlu göç" grubundan oluştuğu bulgulanmıştır. Zorunlu göçle gelen nüfusun eğitim düzeyi çok düşük ve birçoğunun sosyal güvencesi yoktur. Çalışanlardan çoğu geçici/dönemsel işlerde çalışmaktadır. Yaşanan konutların yetersizliği, kentsel altyapı sorunları, çocuklarını okula gönderememe, çevre ile uyum sağlayamama, dil-kültür farklılığı, potansiyel suçlu gibi görülme, güvenlik eksikliği, tedirginlik, yalnızlık duygusu, bulaşıcı hastalıklar göç sonrasında yaşanan başlıca sorunlar olarak sıralanmaktadır. Araştırmaya katılanların yarısından fazlası, göç sonrası yeni yerleşim yerine uyum göstermekte zorlandıklarını belirtmişlerdir. Uyumsuzluğun en temel nedenleri ise sırasıyla, geçim sıkıntısı, iş olanaklarının olmayışı, barınma sorunu, eğitim sorunu, sağlık sorunu olarak sıralanmıştır (Solak vd., 2016).

Göç eden insanın, bilmediği bir yaşam biçimi ve kültürel yapı ile karşı karşıya gelmesi; kentte sosyal güvence, istihdam, barınma gibi sorunlarla karşılaşması; eski yerleşim yerinde sahip olduğu sosyal destek sisteminden yoksun olması; yeni girdiği toplumdaki norm ve roller konusunda belirsizlik yaşaması ve çevresel değişim sonucunda ortaya çıkan sorunlarla baş etmede yetersizlik hissetmesi, fiziksel ve duygusal rahatsızlıklara neden olabilmektedir (Balcıoğlu ve Samuk, 2002). Bu rahatsızlıklar arasında travma sonrası stres bozukluğu, bağlanma ve uyum sorunları, anksiyete, duygudurum bozukluğu ve madde kullanımı en çok ifade edilenlerdendir (Steel vd., 2004 ve Warfa vd., 2006'den akt.: Polat, 2007: 90).

Göçün önemli sonuçlarından biri de eğitim aşamasındaki çocukların yaşadıkları olumsuzluklardır. Bunlar, uyum sorunları, akademik düzey ve başarı sorunları, aile sorunları, ekonomik sorunlar, yoksulluk, sosyal dışlanma ve özellikle de kenar mahallelerin suç ekolojisi.

2016 tarihli Diyarbakır'daki araştırmanın (Solak vd., 2016) sonuçlarından biri suç işleyen çocukların çoğunluğunun zorunlu göçle gelen ailelerden geldiğidir. Kapkaç,

---

[1] Yrd. Doç. Dr. Hasan Hüseyin Taylan, Sakarya Üniversitesi Fen Edebiyat Fakültesi.
E-posta: htaylan@sakarya.edu.tr
[2] Doç. Dr. İsmail Barış, Üsküdar Üniversitesi Sağlık Bilimleri Fakültesi.
E-posta: ismail.baris@uskudar.edu.tr

INTERNATIONAL MIGRATION AND CHILDREN

gasp ve hırsızlık gibi suçlardaki artışın kökeninde göç ve buna bağlı olarak ortaya çıkan 'sokakta çalışan çocuklar' ya da 'sokak çocukluğu' sorunları ve aile yapıları yatmaktadır. Diyarbakır'da suç veya asayiş olaylarına karışmış 12-16 yaş aralığındaki çocukların incelendiği başka bir araştırmada şu tespitler yapılmıştır: Suç işleyen çocukların yüzde 90'ının ailelerinin son 15 yılda Diyarbakır'a göç etmiş oldukları tespit edilmiştir (Solak vd., 2016).

Göçle ilintili sorunlardan biri de çocuklarda ve ergenlerde madde kullanma alışkanlıklarıdır. Genelde 18 yaş altı çocuklardan oluşan ortaokul ve lise öğrencilerinde (çocuklarda) uyuşturucu, uçucu madde alışkanlıkları yanı sıra alkol ve sigaranın aşırı kullanımı, toplum ruh sağlığımız, gelecek nesillerimizin sağlığı ve çocuklarımızın iyilik halleri açısından üzerinde durulması, düşünülmesi ve incelenmesi gereken önemli bir sosyal sorun alanıdır.

Zor koşullarda yasayan veya yaşadığı durumdan hoşnut olmayan gençler, yasadıkları sorunları sıkıntılarını unutmak, geçici bir hayal âleminde var olduğunu hissetmek, kendilerini olmadıkları bir yere ait hissetmek ve gerçeklerden kaçmak arzusu ile bağımlılık yapan maddeleri kullanabilmektedirler (Gezek, 2007: 1).

Madde denilince, "duyularla algılanabilen ve bölünebilen nesne" akla gelmekle birlikte, makalede teknik ve özel anlamda kullanılmaktadır. Buna göre madde, insanlara sarhoşluk veren, akim aktivitelerini yerine getirmesine engel olan bedensel ve ruhsal hayatın sağlığım bozan alkol, tütün, eroin, kokain, haşhaş ve ilaçlar gibi uyuşturucular kastedilmektedir (Budak, 2000: 494)

Lise öğrencilerinde madde kullanım yaygınlığı üzerine yapılan ilk çalışma 1991 yılında yapılmıştır. 1500 lise öğrencisine anket çalışması yapılmış ve araştırma sonunda herhangi bir maddeyi hayatında en az bir kez kullanan gençlerin oranı yüzde 2,6; esrar kullanım oranı ise yüzde 0,7 olarak bulunmuştur. Bu anket İstanbul'da dört okulla sınırlı kalmıştır (Özer, 1991: 18-34). İkinci çalışma 1995 yılında İstanbul'da 15 ayrı okulda 2800 öğrenci üzerinden yürütülmüş olan ESPAD çalışmasında herhangi bir maddeyi hayatında en az bir kez kullanan gençlerin oranı yüzde 7; esrar kullanım oranı yüzde 4; uçucu madde kullanım oranı ise yüzde 4; ecstasy kullanımı yüzde 1; sedatif hipnotik yüzde 7 ve eroin kullanım yaygınlığı ise yüzde 1 olarak bulunmuştur (Yazman, 1995: 6).

1995 yılında Sağlık Bakanlığı tarafından 7 ayrı ilde yürütülen bir çalışma yapılmıştır. Liselerde yapılan bu çalışmada da yaşam boyu alkol dışı psikoaktif madde kullanım oranının yaklaşık olarak yüzde 3,5 olduğu tespit edilmiştir (MEB, 1995'den akt.: Özmen ve Kubanç, 2013: 362).

Son yıllarda ise ortaokul ve liselerde yapılan 2 önemli madde kullanım araştırmasından ilki olan 2007 yılındaki Türkiye Büyük Millet Meclisi (TBMM) tarafından altmış ilde 261 okulda (130 resmi, 131 özel) yapılan araştırmadır. Bu araştırmada 26.009 öğrenciye detaya girilmeden madde kullanımı sorulmuştur. Araştırma sonuçlarına göre, son üç ay içinde uyuşturucu/uyarıcı madde kullanım oranı yüzde 2,9 olarak tespit edilmiştir (TUBİM, 2010; 21). İkincisi ise 2011 yılında TUBİM tarafından 2011-2012 öğretim yılında lise 2. sınıflarda eğitim gören toplam 11.812 kişiyi kapsayan bir araştırma yapılmıştır. Öğrencilerde herhangi bir yasa dışı bağımlılık yapıcı maddenin en az bir kere denenme oranı yüzde 1,5 olarak bulunmuştur. Bu oran erkeklerde yüzde 2,3, kızlarda yüzde 0,7 olarak hesaplanmıştır.

Öğrencilerin yüzde 1,1'inin ailesinde tütün ya da alkol dışında başka madde kullanan birisi vardır ve yüzde 87,4'ü anne/baba/kardeşlerden birisidir. Maddeyi ilk kez kullanma yaşı ortancası 14'tür. Araştırmanın hedef yaş grubunda madde kullanım oranı yüzde 1'dir. Bu oran erkeklerde yüzde 1,5; kızlarda ise yüzde 0,5'tir (TUBİM, 2013; 154).

E. Okumuş'un 2006 yılında Diyarbakır'da sokak çocuklarıyla yürüttüğü araştırmada (Okumuş, 2009) zorunlu nedenlerle köylerinden göç eden (zorunlu göç) çocukların ortak özelliklerinden birisi de "balicilik", "uyuşturuculuk", hırsızlık, "kapkaççılık" olduğu vurgulanmıştır.

Diyarbakır göç sürecinde bir şehirdir. Göç, daha çok köylerden, ilçelerinden ve civar illerden ve ilçelerden terör ve güvenlik nedeniyle gelenlerle oluşan bir zorunlu göç niteliğindedir. Zorunlu göç, aileler ve özellikle de çocuklar üzerinde ekonomik, sosyal, kültürel ve psikolojik sonuçlar doğurmaktadır. Çocuklar üzerindeki en önemli etkilerinden biri de sigara, alkol ve uyuşturucu, uçucu, yatıştırıcı, sakinleştirici madde kullanımıdır. Biz de çalışmamızda göç sürecindeki Diyarbakır'daki çocukların (ergenlerin/ortaokul ve lise öğrencileri) madde kullanım eğilimlerini ortaya koymayı amaçladık.

Yöntem

Diyarbakır'da ortaokul ve lise öğrencilerinin alkol, sigara ve madde kullanma alışkanlıklarının soruşturulduğu bu çalışma, alan taramasına (survey) dayanan betimleyici bir araştırmadır. 2015 yılı Mart aylarında Diyarbakır merkezideki yoğun göç alan Yenişehir ve Bağlar mahallelerindeki ortaokul ve liselerden seçilen 200 öğrenciye, yüz yüze görüşme yoluyla anket uygulanmıştır. Araştırma sonucu elde edilen veriler ise belirlenen istatistik teknikleriyle analiz edilip, yorumlanmıştır.

Araştırmamızla, ilk planda sigara kullanımının çocuklar (18 yaş altı) arasındaki kullanım boyutları konulmuştur. İkinci olarak alkol kullanımların boyutları ve kullanım düzeyleri ortaya çıkarılmıştır. Üçüncü olarak, alkol, uyuşturucu, uçucu, uyarıcı ve yatıştırıcı madde kullanım eğilimleri saptanmıştır.

Bu araştırmanın evreni 2014-2015 eğitim öğretim yılı Diyarbakır ilinin merkez ilçeleri olan Yenişehir ve Bağlar'da ortaokul ve liselerdir. Örneklemimiz ise, bu iki ilçedeki iki lise ve iki ortaokulda öğrenim gören 7-8-9-10-11. sınıflardır. Bu okullar Yunus Emre İlköğretim Okulu, Vehbi Koç İlköğretim okulu, Fatih Anadolu İmam Hatip Lisesi ve Vali Gökhan Aydıner Endüstri ve Meslek liseleridir.

Bulgular

Çocukların Demografik Bilgileri
Görüşülen çocukların yüzde 59'u kız; yüzde 41'i erkek çocuktur. 12-14 yaş aralığındaki öğrencilerin çoğunluğu ortaokul öğrencisidir ve görüşülen oranı yüzde 46. 15-18 yaş aralığındaki lise öğrencilerinin oranı ise yüzde 54'tür.

Yaşamlarının büyük kısmını *köyde* geçiren çocuklar yüzde 9,5; ilçede geçirenler yüzde 21,5; ilde geçirenler ise yüzde 69'dur. Görüştüğümüz örneklemimizin önemli kısmı kendileri ya da aileleri yaşamlarının büyük kısmını il merkezinde geçirmiştir. Köyden gelenlerin (göçle) oranı oldukça düşüktür.

INTERNATIONAL MIGRATION AND CHILDREN

Öğrencilerin yüzde 76'sı anne-babası sağ ve birliktedir. Ailelerin yüzde 24'ü ise parçalanmış aile yapısındadır. Boşanmış aile oranı yüzde 10'dur. Buradaki parçalanmış ailenin (vefat ya da boşanma yoluyla) oranındaki yükseklik dikkat çekicidir. Diyarbakır'daki örneklem grubundaki parçalanmış ailelerin oranı, Türkiye ortalamasının üzerindedir. Türkiye ortalamasında parçalanmış ailelerin oranı Türk Aile Yapısı Araştırması verilerine göre (2011) yüzde 17,7'dir.

Tablo 1. Demografik Durum

Cinsiyet	
Kız	59
Erkek	41
Yaş= 14,98 yaş	
12-14 yaş	46
15-18 yaş	54
Yerleşim yeri (en çok yaşadığı yer)	
Köy	9,5
İlçe	21,5
İl merkezi	69
Ebeveyn durumu	
Anne ve baba sağ ve birlikte yaşıyor	76
Anne veya babadan biri ölmüş	14
Anne ve baba sağ ve ayrı yaşıyor	10
Kaldığı yer	
Ailemle kalıyorum	78
Arkadaşlarımda kalıyorum.	10,5
Özel yurtta kalıyorum	11,5
Baba eğitim durumu	
Okuma-yazma bilmiyor	9,5
Okuma-yazma biliyor fakat diploma yok	8,5
İlkokul mezunu	34,5
Ortaokul mezunu/ İlköğretim mezunu	17,5
Lise mezunu	20,5
Üniversite mezunu	9,5
Anne eğitim durumu	
Okuma-yazma bilmiyor	40
Okuma-yazma biliyor fakat diploma yok	13,5
İlkokul mezunu	28
Ortaokul mezunu/ İlköğretim mezunu	6,5
Lise mezunu	7,5
Üniversite mezunu	4,5

Ailesiyle kalan çocukların oranı yüzde 78; geriye kalan yüzde 22'si ise ya arkadaşlarıyla evde ya da yurtta kalmaktadır.

Ebeveyn aile durumlarına bakıldığında, annelerin eğitim düzeyi, babaların eğitim düzeylerinden daha düşüktür. Örneğin üniversite mezunu babaların oranı yüzde 9,5 iken annelerde bu oran sadece yüzde 4,5'tir. Okuma-yazma bilmeyenlerde bu fark daha da belirgindir. Okur-yazar olmayan annelerin oranı yüzde 40 iken; bu oran babalarda yüzde 9,5'tir.

Maddeye Başlama Yaşı
Tablo 2. Alkol ve Uyuşturucu Madde Kullanım Yaşı

Değişkenler	Alkol	Uyuşturucu Madde
Kız	13,50	13,66
Erkek	13,60	13,68
Köy	12,00	12,66
İlçe	14,75	12,42
İl	13,59	14,35
Anne-baba birlikte	13,75	14,00
Anne-baba vefat	13,75	12,83
Anne-baba ayrı	13,00	13,66
Aile yanı	14,10	14,29
Arkadaş birlikte	11,00	12,33
Yurtta	14,00	13,00

Kızlar ile erkeklerin ortalama alkol kullanımına başlama yaşı birbirine yakın değerlerdedir (kızlar 13,5 yaş ortalamasına sahipken; erkekler 13,6 yaş ortalamasına sahiptir). Aynı benzerlik madde kullanımında da geçerlidir (kızların madde kullanımına başlama yakın ortalama 13,66 yaş iken; erkeklerde ortalama 13,68 yaştır).

Yaşamının en çok bölümünü köyde geçiren çocuklar, alkole daha erken yaşta başlamaktadırlar (ortalama 12 yaş). Yaşamının çoğu bölümünü köy ve ilçede geçiren çocuklar, il merkezinde geçiren çocuklara göre uyuşturucu madde kullanımına daha erken yaşlarda başlamaktadır.

Anne ve babası ayrı yaşayan çocuklar, alkole çok daha erken yaşta başlamaktadırlar (ortalama 13 yaş). Anne-babası ayrı ve vefat etmiş çocuklar, anne-baba birlikte yaşayan çocuklara göre daha erken yaşta uyuşturucu madde kullanımına başlamaktadırlar. Arkadaşlarıyla birlikte kalan ve yaşayan çocuklar, alkole ve uyuşturucu maddeye daha erken yaşlarda başlamaktadır (ortalama 11 yaş ve 12,33 yaş).

Madde Kullanımı
Tablo 3. Sigara, Alkol ve Uyuşturucu Madde Kullanımı

Değişkenler	Sigara	Alkol	Uyuşturucu Madde
Kız	28,9	5,1	5,9
Erkek	56,1	17,1	25,6
12-14 yaş	46,7	8,7	10,9
15-18 yaş	45,4	11,1	16,7
Köy	42,2	10,5	10,6
İlçe	48,8	16,3	18,6
İl	45,7	8,0	13,0
Anne-baba birlikte	42,1	9,2	11,2
Anne-baba vefat	57,1	10,7	21,4
Anne-baba ayrı	60,0	15,0	25,0
Aile içi olumlu ilişkiler	38,8	5,2	9,4
Aile içi anlaşmazlık	60,8	21,6	17,6
Aile içi şiddet olanlar	42,4	14,3	28,6
Aile yanı	44,9	9,0	11,6
Arkadaş birlikte	52,4	23,8	28,5
Yurtta	47,8	4,3	17,3

Erkekler (%56,1), kızlara (%28,9) göre daha çok sigara içmekte; daha çok alkol kullanmakta (erkekler %17,1; kızlar %5,1) ve daha çok uyuşturucu madde kullanmaktadır (erkekler %25,6; kızlar %5,9).

12-14 yaş aralığındaki ortaokul öğrencileri, 15-18 yaş aralığındaki lise öğrencilerine göre, daha fazla sigara içmektedir. Alkol ve madde kullananlar ise daha çok 15-18 yaş aralığındaki lise öğrencileridir.

İlçe kökenli çocuklar hem köy kökenli hem de il merkezinden gelen çocuklara göre daha fazla sigara içmekte; daha fazla alkol tüketmekte ve daha fazla madde kullanmaktadırlar.

Anne-babası ayrı olan ve vefat eden çocuklar, anne-babası birlikte olan çocuklara göre daha fazla sigara içmekte; daha fazla alkol tüketmekte ve daha fazla madde kullanmaktadır.

Aile içinde anlaşmazlık olan ve aile içi şiddet olan ailelerden gelen çocuklar, aile içinde olumlu ilişkilerin olduğu hanelerden gelen çocuklara göre daha çok sigara içmekte; daha çok alkol tüketmekte ve daha çok uyuşturucu madde kullanmaktadır. Dikkate çeken önemli bir konu, aile içinde şiddet olmaksızın geçimsizlik olan hanelerden gelen çocuklar, aile içinde şiddet olan ailelerden gelen çocuklara göre daha fazla alkol ve sigara kullanmaktadır. Uyuşturucu madde kullanımındaysa aile içi şiddet tanığı çocuklar, aile içi anlaşmazlık tanığı çocuklara göre daha fazla madde kullanmaktadır.

Arkadaşlarıyla birlikte ayrı bir hanede yaşayan çocuklar, ailesinin yanında yaşayanlar ve yurtlarda kalan çocuklara göre daha fazla sigara içmekte; daha fazla alkol tüketmekte ve daha fazla madde kullanmaktadırlar.

Sonuç
Diyarbakır göç sürecinde bir şehirdir. Göç, daha çok köylerden, ilçelerinden ve civar illerden ve ilçelerden terör ve güvenlik nedeniyle gelenlerle oluşan bir zorunlu göç niteliğindedir. Zorunlu göç, aileler ve özellikle de çocuklar üzerinde ekonomik, sosyal, kültürel ve psikolojik sonuçlar doğurmaktadır. Çocuklar üzerindeki en önemli etkilerinden biri de sigara, alkol ve uyuşturucu, uçucu, yatıştırıcı, sakinleştirici madde kullanımıdır. Bu çalışmada da göç sürecindeki Diyarbakır'daki çocukların (ergenlerin/ortaokul ve lise öğrencileri) madde kullanım eğilimlerini ortaya koymak amaçlandı. Çocuklarda uyuşturucu, uçucu madde alışkanlıkları yanı sıra alkol ve sigaranın aşırı kullanımının soruşturulduğu bu çalışma, alan taramasına (survey) dayanan betimleyici bir araştırmadır. 2015 yılı Mart aylarında Diyarbakır merkezideki göç alan Yenişehir ve Bağlar mahallelerindeki ortaokul ve liselerden seçilen 200 öğrenciye, yüz yüze görüşme yoluyla anket uygulanmıştır. Araştırma sonucu elde edilen veriler ise belirlenen istatistik teknikleriyle analiz edilip, yorumlanmış ve şu bulgulara ulaşılmıştır:

Görüştüğümüz örneklemimizin önemli kısmı kendileri ya da aileleri yaşamlarının büyük kısmını il merkezinde geçirmiştir. Köyden gelenlerin (göçle) oranı oldukça düşüktür. Öğrencilerin dörtte üçü anne-babası sağ ve birliktedir. Diyarbakır'daki örneklem grubundaki parçalanmış ailelerin oranı, Türkiye ortalamasının üzerindedir. Boşanmış ya da ebeveynlerinden en az birinin vefat ettiği aile oranı yüksektir (%24). Ailesiyle kalan çocukların oranı %78; geriye kalan çocuklar ya arkadaşlarıyla evde ya da yurtta kalmaktadır. Okur-yazar olmayan annelerin oranı çok yüksektir. Neredeyse annelerin yarısı okur-yazar değildir.

Öğrencilerin alkol, sigara ve uyuşturucu maddeye başlama yaşı ortalama 13 yaşlardadır. 13 yaş oldukça düşük bir yaştır. Üzerinde durulması gereken bir durum söz konusudur. Yaşamının en çok bölümünü köyde geçiren çocuklar, alkole daha erken yaşta başlamaktadır. Yaşamının çoğu bölümünü köy ve ilçede geçiren çocuklar, il merkezinde geçiren çocuklara göre uyuşturucu madde kullanımına daha erken yaşlarda başlamaktadır. Köyden gelenleri, zorunlu göçle gelenler olarak düşündüğümüzde zorunlu göçün alkol, sigara ve uyuşturucu madde gibi zararlı maddeleri erken yaşta kullanma üzerinde etkisi olduğu sonucuna varabiliriz.

Anne ve babası ayrı yaşayan çocuklar, alkole çok daha erken yaşta başlamaktadırlar. Anne-babası ayrı ve vefat etmiş çocuklar, anne-baba birlikte yaşayan çocuklara göre daha erken yaşta uyuşturucu madde kullanımına başlamaktadırlar. Ayrıca arkadaşlarıyla birlikte kalan ve yaşayan çocuklar, alkole ve uyuşturucu maddeye daha erken yaşlarda başlamaktadır. Aynı şekilde parçalanmış ailelerden gelen çocuklar ve ailesiyle değil arkadaşlarıyla daha çok vakit geçiren ya da ailelerinden ayrı arkadaşlarıyla yaşayan çocuklarda zararlı maddelere erken maruz kalma söz konusudur.

Erkekler, kızlara göre daha çok sigara içmekte; daha çok alkol kullanmakta ve daha çok uyuşturucu madde kullanmaktadır. Ortaokul öğrencileri, lise öğrencilerine göre, daha fazla sigara içmektedir. Alkol ve madde kullananlar ise daha çok lise öğrencileridir. İlçe kökenli çocuklar hem köy kökenli hem de il merkezinden gelen çocuklara göre daha fazla sigara içmekte; daha fazla alkol tüketmekte ve daha fazla madde kullanmaktadırlar.

Anne-babası ayrı olan ve vefat eden çocuklar, anne-babası birlikte olan çocuklara göre daha fazla sigara içmekte; daha fazla alkol tüketmekte ve daha fazla madde kullanmaktadır. Aile içinde anlaşmazlık olan ve aile içi şiddet olan ailelerden gelen çocuklar, aile içinde olumlu ilişkilerin olduğu hanelerden gelen çocuklara göre daha çok sigara içmekte; daha çok alkol tüketmekte ve daha çok uyuşturucu madde kullanmaktadır. Arkadaşlarıyla birlikte ayrı bir hanede yaşayan çocuklar, ailesinin yanında yaşayanlar ve yurtlarda kalan çocuklara göre daha fazla sigara içmekte; daha fazla alkol tüketmekte ve daha fazla madde kullanmaktadırlar.

Sonuç olarak ve özetle, alkol, sigara ve uyuşturucu, uçucu ve sakinleştirici madde kullanımı, göçle gelen mahallelerdeki okullarda oldukça yüksektir. Alkol, sigara ve madde kullanımı çok düşük yaşlara kadar inmiştir. Çocukların zararlı madde alışkanlıklarında "aile etkisi" göze çarpmaktadır. Aileleri sorunlu, aile içi şiddet ve anlaşmazlık olan ailelerde zararlı madde kullanımı çok daha yüksektir. Yine aileleriyle değil arkadaşlarıyla yaşayan çocuklarda zararlı madde kullanımı çok yüksektir.

Kaynaklar
Aile ve Sosyal Politikalar Bakanlığı (2013), Türkiye Aile Yapısı Araştırması 2011, Aile ve Toplum Hizmetleri Genel Müdürlüğü, Ankara.
Balcıoğlu, İ. ve Samuk F. (2002). "Göç ve Ruh Sağlığımız", Ed: İ. Balcıoğlu, Medikal ve Psikososyal Açıdan Göç Olgusu, Alfabe Basım Yayın, İstanbul.
Budak, S. (2000), Psikoloji Sözlüğü, Bilim ve Sanat, Ankara.

Gezek, F. (2007). "Sokakta Yasayan Gençlerin Aile Yapısı ve Madde Bağımlılığı Arasındaki İlişki", Yayımlanmamış Yüksek Lisans Tezi, Marmara Üniversitesi Eğitim Bilimleri Enstitüsü, İstanbul.
Okumuş, E. (2009). "Sokak Çocuklarının Sosyolojisi -Diyarbakır Örneği", Dinbilimleri Akademik Araştırma Dergisi, IX (2009), sayı: 1.
Özer, Ö. A. (1991). Lisede Öğrencilerin Psikoaktif Madde Kullanımına Yaklaşımı ve Demografik Özellikler, Uzmanlık Tezi, Bakırköy Ruh ve Sinir Hastalıkları Hastanesi, İstanbul.
Özmen, F. ve Kubanç, Y. (2013). Liselerde Madde Bağımlılığı – Mevcut Durum ve Önerilere İlişkin Okul Müdürleri ve Öğretmenlerin Bakış Açıları, Turkish Studies - Volume 8/3, Winter 2013.
Polat, G. (2007) "İç Göçün Çocuk Ruh Sağlığına Etkisi ve Sosyal Hizmet Müdahalesi", Toplum ve Sosyal Hizmet, Cilt 18, Sayı 1, Nisan 2007.
Solak, A. vd. (2016). Diyarbakır Göç Araştırması (Toplumsal Kabul, Uyum ve Değişme Bağlamında Diyarbakır İlinde Göç Olgusu: Sorunlar ve Çözümler), Hegem Vakfı Yayınları, Ankara.
Şimşek, Ş. vd. (2014). "Diyarbakır Çocuk ve Ergen Madde Bağımlılığı Araştırma ve Tedavi Merkezine Başvuran Hastaların Sosyodemografik Özellikleri ve Kullandıkları Madde Türleri", Bağımlılık Dergisi, Cilt:15, Sayı:1.
TUBİM (2010). EMCDDA 2010 Yıllık Raporu, Erişim Tarihi 15 Kasım 2016, http://www.kom.pol.tr/tubim/SiteAssets/Sayfalar/T%C3%BCrkiye-Uyu%C5%9Fturucu-Raporu/2010(T%C3%9CRK%C3%87E).pdf
TUBİM (2013). EMCDDA 2013 Ulusal Raporu, Erişim Tarihi 15 Kasım 2016, http://www.kom.pol.tr/tubim/SiteAssets/Sayfalar/T%C3%BCrkiye-Uyu%C5%9Fturucu-Raporu/2013(T%C3%9CRK%C3%87E).pdf
Yazman, Ü. (1995). Lise Gençliğinin Psikoaktif Maddelere Bakısı ve Kullanım Oranlarının Türkiye-İstanbul Örneği İle İncelenmesi, Uzmanlık Tezi, Bakırköy Ruh ve Sinir Hastalıkları Hastanesi, İstanbul.

Refakatsiz Göçmen Çocuklar

İsmail Bariş ve Melike Boztilki[1]

"Göçmen yer değiştirmez, yeryüzündeki yerini yitirir"
Zygmunt Bauman

Giriş

Göç, insanoğlunun dünya üzerindeki serüvenini belirleyen ve şekillendiren başlıca deneyimlerinden biridir. Tarih kitapları savaşlar ve hastalıklarla beraber en çok göçlerden söz eder. Günümüzde de insanoğlu kimi zaman özgürlük, kimi zaman daha iyi bir hayat için, bazen de yalnızca hayatta kalabilmek için göç etmeye devam etmektedir.

Bu çalışma; göç süresince ve nihai hedefleri olan ülkeye ulaştıktan sonra başlarına gelebileceklerle ilgili en fazla hassasiyet taşıyan grup olan refakatsiz çocuk göçmenler konusunu incelemektedir. Herhangi bir yetişkinin gözetimi olmaksızın anayurtlarını terk eden bu çocuklar, dünyanın en acımasız ticaretini yapan olan insan tacirlerinin insafında, istenmedikleri coğrafyalara uzanan ve nasıl bitebileceği belli olmayan yolculuklar yapmaktadır.

Refakatsiz Göçmen Çocuk

Refakatsiz çocuk; ebeveynlerinin ikisinden ve akrabalarından ayrı düşmüş ve kendisine yasal olarak bakım vermesi mümkün olan bir yetişkinin bakımı altında da olmayan çocuk demektir. **Refakatsiz göçmen çocuk ise**; yine anne ya da babası veya her ikisinin ve kendisine yasal olarak bakım verebilecek bir yetişkinin varlığı olmaksızın göç etmiş çocuğu tanımlamaktadır (Office of the United Nations High Commisioner for Refugess, 2016: 1).

Refakatsiz göçmen çocuklar da elbette çağımıza özgü bir olgu değildir. Tarih boyunca farklı sebepler ve itici güçler, çocukların, yanlarında onlardan sorumlu yetişkinler olmaksızın yaşadıkları yerden kopup, farklı coğrafyalara gitmelerine sebep olmuştur.

Günümüzde çocukların göç etmesinin sebepleri ise, tarihte görülen genel sebeplerle bazı noktalarda benzeşmekte, bazı noktalarda ayrışmaktadır. Temelde yoksul Afrika'da görülen savaş ve yoksulluğa bağlı kıtlık sorunlarıyla 1980'lerde başlayan yoğunlaşmaya başladığı görülen refakatsiz çocuk göçleri, bugün farklı coğrafyalarda şu sebeplerle artarak devam etmektedir;

* Savaşlar

* Yoksulluk ve buna bağlı olarak çocukların sağlıklı beslenme, eğitim alma, sağlık hizmetlerinden yararlanma gibi temel insan haklarından yararlanamamaları

* İnsan ticareti ve bu bağlamda çocukların organlarının satılması veya cinsel sömürü aracı olarak kullanılmalarına yönelik oluşan talep

---

[1] *Üsküdar Üniversitesi, Sağlık Bilimleri Fakültesi, Sosyal Hizmet Bölümü

- Kız çocuklarının sünnet ettirilmekten, erken yaşta evlendirilmekten kaçması gibi sosyal sebepler.

- Özellikle Afrika Kıtası'nda yüksek AIDS oranları sonucu gerçekleşen ebeveyn ölümleri sonucu ailelerin parçalanması; geride kalan çocuklara uygun bakım ve sağlık hizmetleri verilememesi. (Okitikpi ve Aymer, 2003)

Özellikle Nijerya, Gambiya, Somali, Fildişi Sahilleri ve Yeni Gine gibi ülkelerden Avrupa ülkelerine doğru gerçekleşen yoğun göç dalgası, günümüzde de devam etmektedir. Örneğin UNICEF verilerine göre 2016 yılında Afrika'dan İtalya'ya göç eden 10 çocuktan 9'u refakatsiz göçmen çocuk durumundaydı (Thousands of Children Travelling Alone From Africa to Europe, Says UNICEF, 2016). Afrika'dan özellikle İtalya kıyılarına ulaşmaya çalışan bu çocukların Avrupa'ya gelmeden önce ve geldikten sonra cinsel istismara, hatta tecavüze maruz kaldığı; organ mafyasının eline düştükleri, fiziksel şiddete maruz kaldıkları da bilinmektedir.

Bunun yanında özellikle Avrupa'ya göç eden çocukların önemli kısmının, insan kaçakçılarının geliştirdikleri "ödediğin kadar git" sistemiyle seyahat ettikleri bilinmektedir. Bu sistemin çocuklar açısından oluşturduğu en büyük tehlike, özellikle İsveç, Hollanda gibi uzak ülkelere ulaşabilmelerine yetecek kadar para kazanabilmek için Avrupa'ya ulaştıktan sonra da cinsel sömürü aracı ve uluslararası insan ticareti kurbanı haline gelmeleri ve ticari insan sömürü sistemine dâhil olmalarıdır.

Ancak refakatsiz mülteci çocukların nihai hedefleri olan ülkelere ulaştıktan sonra da pek çok sorunla karşılaştıkları görülmektedir. Çocukların karşılaştıkları temel sorunlar şunlardır;

- Çocukların yaşlarının doğru olarak tespit edilememesi, buna bağlı olarak 18 yaş altı ve üstü değerlendirmelerinin düzgün yapılamaması. Bu sebeple henüz 18 yaşını doldurmamış bazı küçüklerin "çocuk" statülerini kaybetmeleri; buna bağlı olarak çocuklara ait hukuki düzenlemeler ve haklardan mahrum kalmaları, sınır dışı edilmeleri.

- Çocukların göç sebeplerinin ve göç etmeden önceki öykülerinin bilinmemesi; bu sebeple ihtiyaçlarının doğru tespit edilememesi. Örneğin çocukların herhangi bir insan ticareti şebekesinin tehdidi altında olma riskinin doğru şekilde incelenmemesi.

- Çocukların yaşları, gelişimsel özellikleri, sağlık durumlarına uygun yeterli kuruluşun olmaması sebebiyle ihtiyaçlarına uygun bakım hizmeti alamaması

- Çocukların dil engeli, sosyal dışlanma gibi sebeplerle sosyal hayata ve eğitime katılımlarının sınırlı olması.

- Çocukların yabancı düşmanlığıyla ilişkili davranışlara ve sosyal dışlanmaya maruz kalmaları. (Crul, Keskiner, Schneider, Lelie, Ghaeminia, 2016)

Rekafatsiz Çocuk Göçmenlere Yönelik Düzenlemeler
Refakatsiz çocuk göçmenlere yönelik kanuni düzenlemeler ve verilen hizmetler ülkelere göre farklılaşmaktadır. En fazla göç alan bölgelerin başında gelen Avrupa Birliği (AB) üyesi ülkeler ile Amerika Birleşik Devletleri (ABD) ve Türkiye, çocuklara yönelik düzenlemeler yönünden şöyle farklılaşmaktadır:

Avrupa Birliği

Avrupa Birliği üyesi ülkeler, küresel göç dalgalarından yoğun şekilde etkilenmektedir. Bu göç trafiği içinde Birlik'in doğu ve güney sınırlarında yer alan Macaristan, Bulgaristan, Yunanistan, İtalya gibi ülkeler göç yolları üzerinde "geçiş ülkeleri" olarak; İsveç, Almanya, Fransa, İngiltere, Hollanda gibi ülkeler ise göçmenlerin "nihai durak"ları olarak yer almakta ve çok sayıda göçmene geçici veya kalıcı olarak ev sahipliği etmektedirler.

AB ülkelerine gelen göçmenler arasında refakatsiz çocuk göçmenlerin sayısının da oldukça yüksek olduğu görülmektedir. Örneğin 2013 yılında 12bin 690 (European Union Commission for Home Affairs, 2016), 2014 yılında 24 bin (Banco, 2016) , 2015 yılında 88 bin 300 refakatsiz çocuğun AB ülkelerine iltica başvurusu yaptığı belirtilmektedir. Resmi iltica başvurusu bulunmayan çocuklar da hesaba katıldığında, belirtilen bu rakamların çok daha üzerinde sayıda refakatsiz göçmen çocuğun AB sınırları içinde yaşamaya devam ettiği tahmin edilmektedir. Örneğin Belçika, sınırları içinde iltica başvurusu yapmayan refakatsiz göçmen çocukların sayısının, başvuru yapanlardan 3 kat fazla olduğunu belirtmektedir. (Eurostat, 2016)

Refakatsiz göçmen çocuklar sorununa ilişkin olarak farklı uygulamaları ortadan kaldırmak adına AB üyesi ülkeler, Birlik nezdinde hukuki ve siyasi adımlar atma yaklaşımına sahiptir. Bu amaçla öncelikle 2010 yılında "EU Action Plan on Unaccompanied Minors" – AB Refakatsiz Çocuklar Hakkında Eylem Planı" isimli plan kabul edilmiş ve bu belgeyle ortak hukuki adımlar safhasına geçilmiştir. (European Commission, 2015) AB, bu plan ve göçmen çocuklara yönelik devam etmekte olan çalışmalarda Çocuk Hakları Sözleşmesi ve temel insan hakları metinleri çerçevesinde davranılmasını bir kural olarak benimsediğini belirtmektedir. Bu sözleşmeye göreyse göçmen çocuklar, sığındıkları ülkenin vatandaşı olan çocuklara verilen bütün eğitim, sağlık, dil desteklerini alma hakkına sahiptirler. (United Nations International Children's Emergency Fund [UNICEF], (1989) Bu bağlamda göçmen olarak gelen bir çocuğun, AB üyesi bir ülkenin vatandaşı olan çocukla eşit haklara sahip olmasının, 'teorik' düzeyde kabul edilmiş bir yaklaşım olduğunu söylemek mümkündür.

AB göç yasalarına göre refakatsiz çocukların yerleştirilmeleri ise şu şekilde yapılabilir;

- En uygun seçenek olarak görülen ve yerleştirmelerde ilk gözetilen şart olarak, eğer çocuğun göç etmiş olduğu ülkede yaşayan ve ona bakım verebilecek şartlara sahip yetişkin akrabaları varsa onların yanına;

- Eğer böyle bir akraba yanına yerleştirilmesi imkânı yoksa koruyucu aile[2] yanına

- Çocuklar için özel şartlara sahip konaklama merkezleri

- Çocuklar için uygun olan diğer konaklama merkezleri

---

[2] Çocukların, akrabaları ya da tanıdıkları ailelerin yanına yerleştirilerek bakım alması uygulaması "informal bakım modeli" olarak adlandırılmaktadır. Dünyanın pek çok ülkesinde de bu bakım modeliyle göçmen çocukların yanı sıra, nüfusa kayıtlı korunma altındaki çocuklara da hizmet verilmektedir. (Csaky, Corinna., (2009), "Keeping Children Out of Harmful Institutions: Why We Should Be Investing in Family-Based Care" The Save the Children Fund)

AB göçmen politikaları kapsamında "Return Fund- Geri Dönüş Fonu" isimli bir uygulamayı yürürlüktedir. Bu uygulama kapsamında, masrafları üye ülkeler arasında paylaşılarak, mülteci çocukların ülkelerine ve ailelerine geri döndürülmesi uygulamaları yürütülmektedir. Çocukların, aile durumları ve anavatanlarında herhangi bir tehdit altında olup olmadıkları yeterince incelenmeden geri gönderildiği şeklinde eleştirilen uygulamayı, Danimarka dışında tüm AB ülkeleri benimsemiştir.

AB içinde 15-16 yaş altındaki çocukların kendi kültürlerinden aileler yanında koruyucu aile bakımından faydalandırılması bir yaklaşım olarak benimsenmiştir. Daha büyük çocuklara ise genellikle küçük grup evlerinde bakım hizmeti verilmektedir. Ancak Almanya, İngiltere gibi ülkeler, bu durumdaki çocuklara yeterli barınma imkânı sağlayamadıklarını; çocukların rehabilite edilmesi ya da toplum hayatına uyum sağlayabilmelerine uygun yapıların ise geliştirilemediğini belirtmektedirler.

Refakatsiz göçmen çocuklara uygun bakım hizmetlerinin geliştirilememiş olması, farklı çözüm arayışlarını gündeme getirmiş ve sayıları giderek artan göçmen çocukların çocuk koruma sistemine dâhil edilerek, koruyucu aile ve uluslararası evlatlık hizmetlerinden yararlandırılmaları yaklaşımı ortaya çıkmıştır. Böylelikle çocuklarına sağlanan hukuki imkânlardan yararlanma amacıyla, çocuklarından sonra kendileri de Avrupa'ya göçen ebeveynler sorununa çözüm bulunması da hedeflenmektedir.

Çocuk koruma sistemi içine dâhil edilemeyen refakatsiz çocuklar içinse AB ülkelerindeki durumun pek iç açıcı olmadığı görülmektedir. Örneğin çocukların fiziksel ve ruhsal ihtiyaçlarını yeterli düzeyde karşılayabilecek, sosyal hayata uyumlarının beklenen düzeye ulaşmasına sebep olacak barınma fırsatlarına ulaşmalarının zor olduğu görülmektedir. Fransa'da "Orman" olarak nitelendirilen ve pek çok çocuğun ortadan kaybolduğuna tanık olunan "Calais" isimli kamp, bu konuda oldukça iyi bilinen bir örnektir. Söz konusu kamp, aldığı tepkiler üzerine 2016 yılında yıkılmış; kampta kalan ve kampın yıkılmasından sonra nerede barınacaklarıyla ilgili plan yapılmayan çocuklardan bir kısmının yaşamını kaybettiği, bir kısmınınsa kaybolduğu belirtilmiştir (Urwin, 2016).

Refakatsiz göç eden çocukların çok istisnai durumlarda, uygun bakım eşliğinde ve sadece tek gece için alıkonulmaları yasal olarak ortaya konan ve Çocuk Hakları Sözleşmesi'ne taraf olan devletler tarafından kabul edilmiş bir yaklaşımdır. Ancak çocuğun yaşının yanlış tespit edilmesi ya da çocuğun yaşıyla ilgili beyanlarına güvenilmemesi sebebiyle çocukların bu tip alıkonulma durumları oldukça uzayabilmektedir. Çocukların beyanlarına inanılmamasının temel sebebi, ülkelerine geri gönderilme ihtimaline karşı, çocukların yaşları konusunda yalan söyleyebileceklerinin düşünülmesidir. Dolayısıyla çocuklara karşı duyulan bu güvensizlik, özellikle göçmenlerin ilk durakları olan Yunanistan gibi ülkelerde çocukların uzun süreli kapalı kuruluşlarda kalmalarına sebep olmaktadır. Yunanistan'a dünyanın farklı ülkelerinden gelen mülteci çocukların yaşantılarının, insan haklarına ilişkin uluslararası yasal metinler, AB kriterleri ve ÇHS'nin oldukça gerisinde kaldığı bilinmektedir. Ülkede, özellikle göçmenlerin ilk ulaştığı alanlarda yer alan kamplarda;

-   Çocukların birkaç ay'ı bulabilen uzun süreler boyunca gözaltı merkezlerindeki hücrelerde hapis tutuldukları

- Yetişkinlerle aynı birimlerde konakladıkları; bunun sonucu olarak da sık sık cinsel ve fiziksel istismara maruz kaldıkları

- Yetersiz beslendikleri, kanalizasyon sistemi olmayan birimlerde kaldıkları

- Eğitim alma, sağlık hizmetlerine ulaşma gibi haklarını kullanamadıkları bilinmektedir. (Smith, 2016)

Türkiye

Tarihi bir göç bölgesi olan Anadolu'da yer almasının sonucu olarak Türkiye, tarihi boyunca göçlere tanıklık etmiştir ve günümüzde de göçlerle şekillenmektedir. Türkiye'nin kuruluşundan bu yana geçen bir asra yakın süre boyunca göç olgusunu 3 boyutuyla birlikte deneyimlediği görülmektedir. Türkiye, özellikle 1950'li ve 60'lı yıllardan itibaren Avrupa ülkelerine doğru verdiği göçle "göç veren ülke"; Doğu Bloku'nun ve ardından Yugoslavya'nın dağılması, ABD'nin Körfez Harekâtı, sonrasında Irak ve Afganistan'ı işgalleri ile Suriye'deki iç savaş sonunda yaşanan göç süreçlerinde "göç alan ülke" niteliğinde olmuştur (İçduygu, Erder, Gençkaya, 2009:3). Bunun yanında özellikle coğrafi olarak doğusunda yer alan ülkelerden Avrupa'ya göç etme amacındaki kitleler sebebiyle Türkiye göç yolları üzerindeki bir "geçiş ülkesi" konumundadır.

21. yüzyıl itibariyle görülen göç hareketleri incelendiğinde ise Türkiye'nin "göç alan" ve "göç yolları üzerinde yer alan transit ülke" özelliklerinin yoğun şekilde ortaya çıktığı görülmektedir. Afganistan'ın ABD tarafından işgali ve Suriye'deki iç savaş, Türkiye'nin göç yolları üzerinde kilit önemde bir ülke haline gelmesine sebep olmuştur.

Ancak yakın tarihe kadar, genel göçmen nüfusu içinde çocukların durumlarının ayrıca incelenmediği görülmektedir. Öyle ki, Türkiye'ye gelen refakatsiz göçmen çocukların resmi kayıtları ancak 2005 yılında tutulmaya başlanmıştır. Bu tarihten önce gelen çocukların yaş, cinsiyet, göç sebebi, sağlık durumlarını belgeleyen resmi kayıt bulunmamaktadır. Bu tarihten sonraki veriler incelendiğinse ise, ülkenin aldığı dış göç içinde çocuk göçmenlerin, genel göçmen nüfusa oranının oldukça yüksek olduğu görülmektedir. Örneğin 2007-2011 yılları arası 4 yıllık dönemde 25.569 çocuğun yasadışı şekilde Türkiye'ye göç ettiği bilinmektedir (T.C. İçişleri Bakanlığı Göç İdaresi Genel Müdürlüğü, 2016).

Göç İdaresi Genel Müdürlüğü verilerine Türkiye'de 2016 yılı sonu itibariyle; anne ve/veya babasını kaybetmiş çocuklardan oluşan tek ebeveynli çocuklar ile ailesinden ayrı düşmüş 53 bin 253 çocuk bulunmaktadır. Söz konusu çocukların büyük bölümü 'informal bakım" almakta; yani aile yakınları ya da akrabaları yanında kalmaktadır.

Bunun yanında Türkiye'de sığınmacı olarak bulunan her çocuk, kural olarak, Türk vatandaşı bir çocuğun sahip olduğu asgari haklara sahiptir. 6 ay süreyle ikamet izni olan her çocuk, ücretsiz sağlık ve eğitim olanaklarından yararlanabilmektedir. Refakatsiz sığınmacı çocukların sağlık giderleri 5510 sayılı Sosyal Sigortalar ve Genel Sağlık Sigortası Kanunu doğrultusunda devlet tarafından karşılanmaktadır.

Türkiye içindeki refakatsiz sığınmacı çocuklar Aile ve Sosyal Politikalar Bakanlığı'nın sorumluluğundadır. Bu düzenleme sonucunda, Türkiye'deki bir refakatsiz çocuk, hakkında korunma kararı bulunan bir Türkiye Cumhuriyeti vatandaşı çocuklarla aynı kuruluşlarda kalmakta ve eşit hizmet almaktadır. Türkiye'ye

Afganistan, Somali, Sudan, Irak, Suriye gibi ülkelerden gelen refakatsiz çocuklar için Ağrı, Konya, Yozgat, Gaziantep, Bilecik, Erzincan, İstanbul ve Van illerinde Çocuk Destek Merkezleri oluşturulmuştur. Bunun yanında aileleriyle birleşme ihtimali görülen çocuklar ve ailelerinin birleştirilebilmesi için bir adet barınma merkezi kurulmuştur (T.C. Aile ve Sosyal Politikalar Bakanlığı Çocuk Hizmetleri Genel Müdürlüğü, 2015).

Türkiye, göç yolları üzerinde transit bir ülke olarak değerlendirilmesine rağmen, çocuklar konusunda hassas politikalar geliştirme eğiliminde görünmektedir. Örneğin farklı bir ülkeye gitme amacıyla Türkiye'ye gelen çocukların insan tacirlerinin eline düşmelerini engelleme adına, sığınmacı çocukların 18 yaşından önce 'mülteci' statüsü kazanabilecekleri ülkelere gitmesi engellenmektedir.

Amerika Birleşik Devletleri

ABD, geleneksel olarak bir "göçmen" ülkesi olarak tanımlanmaktadır. Ülke bugün de özellikle Amerika Kıtası'nın güneyindeki Honduras, El Salvador, Meksika, Guatemala gibi ülkelerden yoğun şekilde göç almaktadır. Göç deneyimi oldukça köklü olan ABD'nin, refakatsiz çocuk göçmenlere yönelik farklı uygulamaları bulunmaktadır.

Ülkede refakatsiz çocuklardan "Vatandaşlık ve Göçmenlik Hizmetleri" sorumludur ve refakatsiz çocuklar tarafından yapılan iltica başvuruları, tüm iltica başvuruları arasında en yüksek önem derecesinde işlem görür. Ülkeye 2003-2012 yılları arasında yılda 7.000-8.000 arası gerçekleşen refakatsiz çocuk iltica başvurusu bu tarihten itibaren artış göstermeye başlamıştır. Buna göre ülkede 2013'te 24.668; 2014 yılında 57.496 ve 2015 yılında 33.726 refakatsiz çocuktan iltica başvurusu alınmıştır (US Department of Health and Human Services, 2016).

ABD'deki refakatsiz göçmen çocuklara, Unaccompanied Refugee Minors Program (URM) (Refakatsiz Çocuk Göçmenler Programı) bünyesinde bakım hizmeti verilmektedir. Ulusal koruyucu aile sisteminden farklı olarak işleyen bu sistemle, çocuklara doğrudan bakım ya da tek başına yaşam organize edebilecek şekilde finansal destek verilmektedir. Bu sistemi devlet denetiminde iki dini kuruluş idare etmektedir. Bunlar Lutheryen Göçmen ve Mülteci Hizmetleri (Lutheran Immigration and Refugee Service, 2016) ile Birleşik Devletler Katolik Piskoposlar Birliği'dir. (United States Conference of Catholic Bishops) URM programına dahil edilebilecek çocukları belirlemek, çocuklara verilecek bakım hizmeti ya da desteğe kadar vermek, eğitimleri ve araştırmaları yönetmek gibi süreçlerin tamamı bu iki kuruluş tarafından yürütülmektedir.

Sonuç

Uluslararası göç, 21.yüzyıl itibariyle gelişmiş ve yoksul ülkelerin ortak sorunudur. Soruna yönelik çözüm geliştirilebilmesi de şu aşamada zor görünmektedir. Zira bu sorun hem gelişmiş, hem de yoksul ülkelerin ortak sorunudur. Diğer taraftan yoksulluk, savaşlar, otoriter rejimler ve bu rejimlerin bireyler üzerinde oluşturdukları siyasal baskı gibi göç olgusunu ortaya çıkaran ve besleyen, kökleri de yüzyıllar önceki sömürü temelli ilişkilere dayanan sorunların çözümü gerçekleşmeden, uluslararası göçün engellenemeyeceği açıktır.

Bu çetrefilli sorun içinde en zayıf halkayı, hemen tüm insani meselelerde olduğu gibi çocuklar oluşturmaktadır. Anayurdundan, ailesinden ve kültüründen kopmak zorunda kalan bir refakatsiz mülteci çocuğa, hayatın, sağlıklı ve mutlu bir birey olmasını mümkün kılacak olumlu ihtimallerden ziyade, duygusal ve bedensel travmalar, toplumsal dışlanma, etiketlenmeler getireceğini tahmin etmek zor değildir.

Dünyanın mevcut yapısı içinde göç sorununa çözüm geliştirilmesinin ya da göçü oluşturan sebeplerin ortadan kaldırılması mümkün görünmemektedir. Ancak bu, uluslararası göçün en azından çocuklar üzerindeki etkileri konusunda samimi çabalar içine girilmesi gerçeğini değiştirecek bir durum değildir. Özellikle göç alan ülkelerde kamuoyunun mülteci çocuklar sorunu konusunda bilinçlendirilmesi, öğretmenlerin ve sosyal çalışmacıların çocukların sosyal dışlanmaya maruz kalmasını engelleyici çaba içine girmesinin sağlanması önemlidir.

Mülteci çocuklarla ilgili yapılan akademik çalışmaların, göçün çocuklar üzerindeki psikolojik etkileri üzerinde yoğunlaştığı görülmektedir. Ancak mülteci konumundaki bir çocuğun psikolojik anlamda sarsılmamış olması beklenemez: Dolayısıyla psikolojik araştırmalara bu denli yoğunluk verilmesi çocukların ruh sağlığı açısından etiketlenmelerine sebep olma riski taşımaktadır. Diğer taraftan çocukların sosyal uyumlarının arttırılması, sosyal dışlanma ve etkiletmenin etkilerini azaltacak çalışmaların oldukça yetersiz düzeyde olduğu görülmektedir. Çocukların ve çocukların geleceklerini hazırladıkları toplumların sağlığı bu şartın hayata geçmesine bağlı görünmektedir.

Kaynakça

Banco, E. (2015). *Overwhelmed by Thousands of Refugee Children Traveling Around, Europe Considers Adoption.* http://www.ibtimes.com/overwhelmed-thousands-refugee-children-traveling-alone-europe-considers-adoption-2125338 (Erişim Tarihi: 25 Ekim 2016)

Csaky, C. (2009). *Keeping Children Out of Harmful Institutions: Why We Should Be Investing in Family-Based Care.* London: The Save the Children Fund.

Crul, M., Keskiner, E., Schneider, J., Lelie, F., Ghaeminia, S. (2016). *No lost generation. Education for refugee children. A comparison between Sweden, Germany, The Netherlands and Turkey.* Florence: EUI Forum on Migration, Citizenship and Demography

EU Commission for Home Affairs, Reference Document on Unaccompanied Children, http://www.connectproject.eu/PDF/CONNECT-EU_Reference.pdf (Erişim Tarihi: 25 Ekim 2016)

European Commission, European Commission Action Plan on Unaccompanied Minors, (2010-2014) https://ec.europa.eu/anti-trafficking/sites/antitrafficking/files/action_plan_on_unacompanied_minors_en_1.pdf (Erişim Tarihi: 25 Ekim 2016)

Eurostat, (2015). Almost 90000 Unaccompanied Minors Among Asylum Seekers Registered in the EU in 2015. http://ec.europa.eu/eurostat/documents/2995521/7244677/3-02052016-AP-EN.pdf/ (Erişim Tarihi: 25 Ekim 2016)

İçduygu, A., Serder, S., Gençkaya, Ö.F., (2009). *Türkiye'nin Uluslararası Göç Politikaları, 1923-2023: Ulus-devlet Oluşumunda Ulus-Ötesi Dönüşümlere.* İstanbul: Koç Üniversitesi Göç Araştırmalar Merkezi.

Lutheran Immigration and Refugee Service, 2016). People We Serve. http://lirs.org/our-work/people-we-serve/children/ (Erişim Tarihi: 19 Ekim 2016)

Office of the United Nations High Commisioner for Refugees, (2016). Guidelines on Policies and Procedures in dealing with Unaccompanied Children Seeking Asylum, http://www.unhcr.org/3d4f91cf4.pdf (Erişim Tarihi: 19 Ekim 2016)

Okitikpi, T., Aymer, C., (2003). Social Work with African Refugee Children and Their Families. *Child and Family Social Work, (8)*, 213-222.

Starkey, J., Lawrence, P. (2001), Child Rescue: the Migration of an Idea in Child Welfare and Social Action in the Nineteenth and Twentieth Centuries. Liverpool: International Perspectives,

Smith, H. (Kasım 2016). Forgotten Inside Greece's Notorious Camp for Child Refugee. https://www.theguardian.com/world/2016/sep/10/child-refugees-greece-camps (Erişim Tarihi: 16 Ekim 2016)

Thousands Of Children Travelling Alone From Africa To Europe, Says UNICEF. (Haziran 2016). https://www.theguardian.com/global-development/2016/jun/14/thousands-of-migrant-refugee-children-travelling-alone-from-africa-to-europe-says-unicef (Erişim Tarihi: 15 Ekim 2016)

United Nations International Children's Emergency Fund, (1989), Çocuk Haklarına Dair Sözleşme: Birinci Kısım, Madde 21-30. https://www.unicef.org/turkey/crc/_cr23d.html (Erişim Tarihi: 12 Ekim 2016)

Urwin, R. (2016). Calais Jungle: Meet the Lost Children of Europe's Refugee and Migrant Camp. http://www.standard.co.uk/lifestyle/london-life/calais-jungle-meet-the-lost-children-of-europes-refugee-and-migrant-camp-a3360581.html (Erişim Tarihi: 11 Ekim 2016)

T.C. İçişleri Bakanlığı Göç İdaresi Genel Müdürlüğü, (2016). Türkiye ve Göç. http://www.goc.gov.tr/files/files/goc_tasar%C4%B1m_icler.pdf (Erişim Tarihi: 10 Ekim 2016)

TC Aile ve Sosyal Politikalar Bakanlığı Çocuk Hizmetleri Genel Müdürlüğü, (2015). Refakatsiz Çocuk Yönergesi. Ankara.

United States Conference of Catholic Bishops, (2016). Children and Migration. http://www.usccb.org/about/children-and-migration/ (Erişim Tarihi: 11 Ekim 2016)

US Department of Health and Human Services. ORR Fact Sheet. https://www.acf.hhs.gov/sites/default/files/orr/orr_uc_updated_fact_sheet_1416.pdf (Erişim Tarihi: 12 Ekim 2016)

US Department of Health and Human Services, Office of Refugee Resettlement, (Kasım 2016). About Refugee Minors. https://www.acf.hhs.gov/orr/programs/urm/about (Erişim Tarihi: 13 Ekim 2016).

Sosyal Hizmet Mesleği Açısından Göç Olgusu

İsmet Galip Yolcuoğlu[1]

Göç Olgusu

Dünyada küreselleşmenin doğrudan ya da dolaylı etkileri, bölgesel çatışmalar, yoksulluk, teknoloji vb. faktörlerden dolayı göç edenlerin sayısı giderek artmakta olup, uluslararası göçmen sayısının 1965'de 75 milyon, günümüzde 214 milyon olduğu tahmin edilmektedir. Göç, çok farklı kültürlerden gelen bireylerin etkileşimi ile ortaya çıkan kültürel uyum sorunlarını getirmekte; dil, din, gelenek, kültür vb. pek çok açıdan birbirinden tümüyle farklı geçmişlere sahip bireyler aynı ortamda yaşamını sürdürmeleri o kadar da kolay olmamaktadır.

İç göç, ülkemizde kırdan kente doğru coğrafi mekân değiştirme sonucu sosyal, ekonomik, kültürel açılardan toplumsal yapıyı değiştiren ve aileleri derinden etkileyen, ülke sınırları içindeki il, bölge vb. belirli alanlar arasındaki nüfus hareketliliğidir. Dış göç ise; uzun süre kalmak ve çalışmak ya da yerleşmek amacıyla, bir ülke sınırlarını her iki yönden aşarak yapılan nüfus hareketleridir. İşçi göçü, beyin göçü gibi türleri bulunmaktadır. Dış göçlerin nedenleri; savaşlar, baskı, zulüm, tehdit, geçim sıkıntısı (işsizlik), sınırların değişmesi gibi faktörler olup, bu göçlerin sonucunda bazı olumlu-olumsuz toplumsal gerçeklikler birlikte gerçekleşir. Ülkeler arası ekonomik ilişkiler gelişir, kültür alışverişi söz konusu olur, aileler bölünür ve göç alan ülkede nüfus artarken; olumsuz açılardan da göçmenlerin uyum güçlüğü, aile sorunları, parçalanmış aileler, gıda sorunları, konut sorunları, çocukların eğitim sorunları, dinle ilgili sorunlar, yurtla olan ilişkilerin devamlılığının sağlanması sorunu, çeşitli dış etkilerle itildikleri ahlak dışı eylemler vb. sayılabilir.

Genel olarak göçün nedenlerini "itici" (savaşlar, açlık, siyasal ya da dini baskı gibi) olağanüstü olaylar, yüksek enflasyon ve düşük ücretler gibi durgun ekonomik koşullar ve "çekici" (iyi iş, yüksek ücret, iyi eğitim veya çekici çevre, dinsel özgürlük, aile ya da belirli gruplara yakın olma gibi) faktörler belirler (Tuzcu ve Bademli, 2014).

Türkiye gibi gelişmekte olan toplumlarda yaşanan içgöçlerin, sanayileşmiş toplumlarla olan ekonomik ve toplumsal farklılıkları nedeniyle, farklı süreçlerde gerçekleştiği ve farklı nedenlerden kaynaklanır. Ülkemizde yaşanan içgöç olayının açıklanmasında, sanayi toplumlarının gelişme süreçlerinde yaşadıkları göç deneyimlerinden ve onlara dayalı olarak geliştirilen kuramlardan yararlanmak gereklidir. Bugün gelişmiş ya da sanayileşmiş olarak nitelendirilen ülkeler, yaklaşık üç ya da dört yüzyıllık bir sanayileşme süreci sonrasında bu noktalara gelmişlerdir. Her şeyden önce, Türkiye ulus-devlet olma ve sanayileşme süreçlerini çok kısa bir zaman aralığında yaşamak zorunda kalmıştır. Bu nedenle de hızlı toplumsal değişmenin getirdiği sancılar ve yaşanan sosyal sorunlar daha kapsamlı ve derin olmakta; kırsal kesimden gelen insanların kentte iş bulmak, yaşam niteliğini yükseltmek gibi olumlu beklentiler ve umutlar taşıdığı bir gerçektir.

---

[1] Doç. Dr. İsmet Galip YOLCUOĞLU, Üsküdar Üniversitesi, Sağlık Bilimleri Fakültesi Sosyal Hizmet Bölümü

Ancak, İnan (2004)'ın yaptığı araştırmada, kente göç edenlerin % 24'ünün göçten sonraki ilk yıl içerisinde köye dönme isteğinde olduğu belirlenmiştir. Dolayısıyla, ülkemizdeki kırdan kente göç olgusunun çözüm getirici taraflarının fazla olduğunu söylemek olanaklı görünmemektedir.

İnan (2004: 11)'a göre;

"sanayi toplumunda göçün ortaya çıkışını açıklayan farklı yaklaşımlar bulunmaktadır. Bunlardan birincisi, soruna bir toplumsal evrim kuramı içinde yaklaşmaktır. Toplumun, özellikle üretim örgütlenmesi açısından geçirdiği dönüşüme paralel olarak göçün doğacağı kabul edilmektedir. Bu tür açıklamaların en yaygın olanı, kapalı tarım toplumundan sanayi toplumuna geçerken yaşanan köylülükten kopuştur. Kırsal kesim çözülmekte, kırda açığa çıkan emek, kentlerde toplanmaktadır. Kentleşme dediğimiz bu iç göç kategorisinde, bireyin karar süreçleri geri plana itilmiş, açıklama tamamen sistemin yaşadığı bir dönüşüme oturtulmuştur. Göçün ortaya çıkışına ilişkin ikinci açıklama çerçevesi, toplumsal sistem içinde mekânsal eşitsizliklerin ya da dengesizliklerin varlığıdır. Bu eşitsizlikler; ücret düzeylerindeki, işsizlik oranlarındaki farklılıklarla ifade edilebilmektedir. Bu açıklamada, sisteme ilişkin özellikler ve kişinin göç kararları eşit önemde bir yere sahiptir. Toplumsal sistemin gelişmesi sırasında sürekli dengesizlikler oluşmakta, bireyler de bu dengesizlikleri algılayarak başka yerlerde var olduğunu öğrendikleri fırsatlardan yararlanmak ve yaşam kalitesini artırmak için göç kararını vermektedirler."

Tekeli (2002), kişilerin beklentilerini gerçekleştirmek için başvurdukları yollardan birinin de göç ederek yaşam yerlerini değiştirmek olduğunu ve yer değiştiren kişilerin, mesleki ve sosyal hareketlilik sağlayıp, yeni yerlere giderek yararlanabilecekleri fırsatların sayısını artırma yoluyla göç ederek yeni bir yaşam biçimi seçebilmekte olduklarına değinmektedir.

Türkiye'de kentleşme sürecinin, oldukça büyük bölgesel dengesizlikler üzerine kurulu olduğunu söylemek çok da yanlış olmayacaktır. Bu bakımdan, bölgesel eşitsizlikler kırdan kente göçün hem nedeni hem de sonucu olarak değerlendirilmelidir. Kentleşme de tıpkı nüfus artışı gibi, önce olumlu bir toplumsal süreç olarak algılanmış, yanlış ve oy kaygısıyla gerçekleştirilen imar politikaları ve özellikle sanayileşme politikalarıyla desteklenmiştir. Kentleşmenin 'sorun' olarak kabul edilen diğer toplumsal boyutları, özellikle 1970'lerden sonra, yönetilemeyen, karmaşık 'büyük kentler sorunu'nun ortaya çıkışı ile gerçekten algılanmaya başlanmıştır. Köyden kente göçün başlıca nedenleri olarak; hızlı nüfus artışı, tarımda makineleşme ve eşitsiz ekonomik kalkınma, bölgeler ve kent ile kır arasındaki farklılıkların yanında, terör nedeniyle Doğu ve Güneydoğu Anadolu bölgelerinde bazı mezraların boşaltılması sonucu insanların büyük şehirlere zorunlu göç etmesi sayılabilir. 1990'lardan sonra, terör sonucu köylerini boşaltmak zorunda kalan aileler nedeniyle, büyük kentler ikinci göç dalgasıyla karşı karşıya kalmış; bu aileler ya yakındaki kentlere ya da doğrudan batıdaki kentlere göç etmişlerdir.

Bu dönemde İzmir, Ankara, Bursa, Antalya, Mersin, Adana ve Diyarbakır gibi illerin nüfusu % 25'lere varan oranlarda artış göstermiştir. 1997 yılında oluşturulan TBMM Zorunlu Göç Araştırma Komisyonu çalışmalarına göre; Diyarbakır, Hakkari, Şırnak, Tunceli, Van illeri mücavir alanı oluşturan Batman, Bingöl, Bitlis, Mardin, Muş

Süleymanov, Sönmez, Ünver, Akbaba (der.)

illerinde 920 köy ve 2.523 mezranın boşaltıldığı ve göç edenlerin sayısının 378.335'e ulaştığı ifade edilmektedir (Alptekin ve Şahin, 2001).

Göçün, sadece ekonomik olarak getirdiği zorluklar yoktur. Kentsel göçün etkilerini açıklamaya çalışan kültürel değişme teorisinde, geleneksel toplumda psikososyal olarak desteklenen insanların birdenbire kendilerini kaotik bir ortam içinde bulması ve bir yandan da gittikleri toplumda yaşadıkları uyum problemleri sonucu depresyon, anksiyete, psikosomatik bozukluklar ve evlilik çatışmalarını daha sıklıkla yaşadıkları ifade edilmektedir. Ayrıca, kent içerisinde çocuk ihmali ve istismarı arttıran çok sayıda risk söz konusudur.

Ülkemizde, 1960'lı yıllarda kentlerde yaşayanlar toplam nüfusun % 26'sını oluştururken; bu oran 1980'lere gelindiğinde, % 45'e ve 2000'li yıllarda % 59.25'e yükselmiştir (TÜİK, 2005). Göçmen grupları, geldikleri yörelere göre gruplar halinde kente yerleşerek İstanbul'da baskın bir hemşeri kümelenmesi oluşturmuşlardır. Bu yapı, onları kentteki yalnızlığa ve kent sorunlarına karşı güçlü kılarken, kent yaşamından ve kentlileşme sürecinden uzak tutmuştur. Köyden kente göçen ailelerin temel sorunu, barınma sorunudur. Konut konusunda en temel eşitsizlik ise normal standartlarda bir konuta ulaşmalarını sınırlayan gelir düzeyi ile ilişkilidir. Sürekli bir işi ya da hiçbir gelir güvencesi olmayan insanlar, toplumun saptadığı normlar ya da standartlar içinde konut sorununu çözemediğinden, çözümü kent ve kentlinin standardı dışında gecekondu yapmakta bulmuştur. Çünkü şehirde tutunabilmenin ilk koşulu, asgari standartlarda bile olsa ikamet edilecek bir konut bulabilmektir. Tatlıdil (1989)'in, köyden kente göçerek kentleşme sürecini yaşayanlar üzerinde yaptığı araştırmada, kente göçü izleyen ilk yıllarda, daha önce göç edip gelmiş olan dost ve akrabaların iş bulmada etkin rol oynadıkları belirlenmiştir.

Özbay ve diğerleri (2001), 1950'den itibaren kent topraklarının gecekondu biçiminde yağmalanmasına hükümetlerin seyirci kalmalarının, kısmen iktisat politikalarındaki değişme ve kentleşmenin iyimser yorumlarıyla açıklanabileceğini ancak gecekonduların, aynı zamanda oy depoları olarak görüldüğü popülist yaklaşımın daha sonra parti politikalarına hakim olduğunun altını çizmişlerdir.

Göç sonucu meydana gelen hızlı, sağlıksız kentleşme sürecinde geleneksel kalıplara bağlı aile yapısı bozulmaya başlamıştır. Aile içinde statü belirsizliğinin meydana gelmesi, toplumsal değerler ve normların bütünlüğünün bozulması ve yeni değerler sisteminin oluşturulamamasının, bireylerin toplumla uyum içerisinde yaşamalarını sekteye uğrattığı söylenebilir. Çocukların, aile ve toplum içerisinde sosyalleşmesi sürecinde olumsuz etkilenmeleri söz konusu olmuştur. Göç Çocukları Raporunda; Bilgili (1996: 25), göç yaşayan grubun alkol, madde kullanımı, anksiyete düzeylerinin yerleşik gruba oranla daha yüksek olduğu belirtmektedir. Bu durum, 'göç'ün aileler ve çocuklar için ne kadar büyük bir risk faktörü olduğunu sergilemektedir:

"Yaşanan göç dalgasından en büyük ve kalıcı zararı hiç şüphesiz çocuklar görmektedir. Göç sırasında yaşananlar çocukların yaşamları boyunca izleri kalacak acılar yaşanmaktadır. Kendilerini dış etkilerden koruyamayacak yaşta olan çocuklar göçten çok yönlü olarak etkilenmekte, 'göç çocukları', sağlık hizmetleri yanında eğitim hizmetlerinden de yeterince yararlanamamaktadırlar. Okula hiç devam etmeyenlerin oranı % 26'dır."

Erder (1995: 106-121), kente gelip yerleşenlerden durumlarına göre üç temel grubun ortaya çıktığını şu şekilde ifade etmiştir:

"Yükselenler, izole olanlar ve yoksullaşanlar. Yoksulluk-varsıllık çizgisinin bıçak sırtında gittiği bir ortamda bazı haneler, hemşerileri olsa bile, destek ve ilişki ağlarının dışında kalabilmektedir. Bu grup içinde yeni göç etmiş yoksullar, yetişkin yaşta mesleksiz ve becerisi olmayan göç edenler, sakatlanmış hane reisleri, dullar, iş yaşamında başarısız olmuş ya da hemşerilik ilişkilerinden dışlanmış haneler vardır. Çok çocuklu ve becerisi bulunmayan yetişkinlerin olduğu bu hanelerin, mevcut hemşerilik ilişkileri içine girmeleri çok daha zor olmakta ve bu gruplar yalnızlığa terk edilebilmektedirler. Bu grubun varlığı kökene dayalı ilişkilerin seçiciliğini ve kentte yoksulluğun bazı gruplar için yerleşikleşme eğiliminde olduğunu göstermektedir. Son dönem toplu göç ile gelenler için artık yoksulluk yerleşikleşmektedir".

Bu bilgilerle, ülkemizde son on yıllarda yaşanan göçün, plansız bir süreç olarak, iş bulamayan, kente tutunamayan, kentlileşemeyen gruplar açısından ümitsizlik ve aile çözülmeleri şeklinde bir sosyal sorun halinde cereyan etmiş olduğunu söylemek yanlış olmayacaktır. Bu durumun, risk altında yaşayan aile ve çocuk sayısını önemli ölçüde artırdığını tespitle, aşağıda; göç, kentleşme ve nüfus yapısındaki değişmelerin etkilerinin İstanbul metropolü açısından ele alınması doğru olacağı görülmektedir.

Devletin Sosyal Sorunlara Müdahale Süreci ve Sosyal Hizmet Mesleği
Mağdurlar, güçsüzler, yoksullar ve dezavantajlı koşullarda yaşayanlar, insanlık tarihi boyunca her zaman toplum gündeminde olmuş, ancak bütün bunların çözümünün bir kamu sorumluluğu gerektirdiği düşüncesi; dünyada 17. yy'ın başlarında konuşulmaya başlanmıştır.

Sanayi Devrimi sonrasında yaşanan "Aydınlanma dönemiyle" ortaya çıkan en önemli düşünce; "dünyanın bütün insanlığa ait olduğu ve var olan nimetlerden her insanın faydalanması gerektiği görüşü"dür. Bu yeni anlayış, toplumu oluşturan bireylerin refah içerisinde huzurlu yaşamalarına yönelik düzenlemeleri hedefleyen ve hümanist bir bakış açısının ürünü olarak, sosyal adalet ve insan haklarını temel alan "modern devletin de temel felsefesini" oluşturmuştur.

Sosyal hizmet mesleği; sosyal refah kurumunun işlerlik kazanmasıyla ortaya çıkmıştır. "Sosyal refah" hizmetleri ise, toplumu oluşturan tüm bireylerin, bedensel, zihinsel, duygusal, ruhsal gereksinimlerinin karşılanması ve «toplumun iyi olma haline» ulaşmasını destekleyen hizmetlerdir. "Sosyal hizmet"; insan hakları ve sosyal adalet ilkelerini temel alan; sosyal değişmeyi destekleyen, insanların iyilik durumlarının geliştirilmesi için, insan ilişkilerinde sorun çözmeyi, güçlendirmeyi ve özgürleşmeyi sağlamak için, kurumlara ve yapılara müdahale eden bir meslek ve disiplindir.

'Sosyal refah'; iyi yaşama ya da iyilik halini anlatan bir terim olarak; refahın artması 'gereksinimlerin' karşılanmasına bağlıdır. Çünkü esasında, sosyal refah politikaları, ailelerin gereksinimlerinin karşılanması, toplumdaki yaşam kalitesinin yükseltilmesi amacıyla tasarlanmış politikalar anlamına gelmektedir. «Sosyal koruma»; risk ve ihtiyaç gruplarının (yoksullar, göçmenler) yaşam yükünü azaltmak ve insan onuruna yaraşır bir yaşam sürebilmelerini sağlamak için, toplumu oluşturan tüm bireylere yönelik, kamu finansmanıyla sağlanan düzenli, sistemli ve ihtiyaçları karşılayan transferlerdir.

Bu çerçevede «sosyal hizmet»; göçle gelen göçmen grupların; kentsel toplumla bir arada uyum içerisinde yaşamaları, farklılıklarla ve yeni yaşamındaki güçlüklerle baş edebilmeleri ve karşılaştıkları güçlükleri aşmaları için, ihtiyaç duydukları kamusal destek çalışmaları içerisinde yer alan hizmetleri düzenlemektedir. Yeni yaşam biçimine uyum sürecinde bireyin yalnızlık, sosyal izolasyon, yabancılık, yabancılaşma, pişmanlık ve kendini değersiz görme gibi duyguları yaşanması ve stresinin daha da artması söz konusu olabilmektedir (Tuzcu ve Bademli, 2014).

Göç eden insanların; bilmediği bir yaşam biçimi ve kültürel yapı ile karşı karşıya gelmesi; kentte sosyal güvence, istihdam, barınma gibi sorunlarla karşılaşması, eski yerleşim yerinde sahip olduğu sosyal destek sisteminden yoksun olması, yeni girdiği toplumdaki norm ve roller konusunda belirsizlik yaşaması ve çevresel değişim sonucunda, ortaya çıkan sorunlarla baş etmede yetersizlik hissetmesinin fiziksel ve duygusal rahatsızlıklara neden olabildiğini vurgulamaktadır (Balcıoğlu ve Samuk, 2002). Teber (1993) ise; "çocuğun ruh sağlığının olgunlaşmasında», en temel koşulların, biyolojik ve fiziksel gereksinimlerinin giderilmesinin yanı sıra, güvenilir, hoşgörülü bir çevre ve insanlar arası ilişkilerin varlığı olduğunu vurgulamıştır.

Buna göre göç; içerdiği zorluklar nedeniyle 'ruhsal sağlığı' erken yaşlarda, çoğu kez dönüşü olanaksız bir şekilde örseleyebilmektedir. Yaşanılan stres ile etkili baş edememe, bireylerde anksiyete ve depresyon gibi sağlık sorunları yönünden büyük riskler oluşturmaktadır.

Göç eden bireylerin ruh sağlığının korunması ve geliştirilmesi için göçmenlerin yaşam şekilleri, karşılaştıkları zorluklar ve baş etme düzeylerinin, sosyal hizmet sisteminin psikososyal destekleriyle tahkim edilmesi yoluyla, toplumda «sosyal kontrolün» sağlanması gerekir. 2013'lerde Suriyeli göçmenlerin, kampların dışında da yaşayabilmesine izin verilmesi; ülkemizde de insanlarımız % 40'ının «muhtaçlık, mağduriyet» sınırında (ASPB, 2015) yaşadığı göz önüne alındığında, «sosyal kontrolün kaybedilmesi» anlamına gelmektedir. Dünyayı yöneten güçler, Ortadoğu'da, Suriye'de ve bölgemizde yarattıkları savaş ortamı ve insani sorunlarına ilgisiz-duyarsız kalması; önümüzdeki on yıllarda, dünyada yaşanacak, bedeli ödenecek toplumsal sorunların niteliğini ve devasa büyüklüğünü, organize biçimde yaratmaktadırlar.

Mağdur göçmenler açısından, değerlerin yitirildiği, kaotik durumların ortaya çıktığı, neyin iyi neyin kötü olduğun birbirine karıştığı bir "yabancılaşma" hali yaşadığından; umutsuz, desteksiz ve çok öfkeli hale gelebilmektedirler. Göçmenler, kentin görkemli, göz alıcı ve tutunamayanları isyan ettiren zenginliğinin ortasında, kendi ezilmişliğine, mağduriyetini düşünerek, zor koşullarla cebelleşmektedir. İnsani mağduriyetlerine çözüm bulunamadığında, gün geçtikçe, ziyadesiyle yasa dışı yollara ve suça açık hale gelmektedirler.

Değerlendirme ve Sonuç
Göçmen olma ailelerin parçalanmasına, sosyal ağ bağlantılarının azalmasına ve aile üyelerinde, psikososyal strese yol açmakta; göç sonucu yeni kültüre uyum sağlama sırasında yaşanılan stres bireylerde anksiyete ve depresyon görülmesine neden olabilmektedir. Yaşanılan stresin nedeni olarak yeni kültüre uyum sağlama sürecinde

karşılaşılan ekonomik zorlanmalar, sağlık hizmetlerinden yararlanamama, dil engelleri ve eğitim engelleri gibi faktörlerin etkili olduğu belirtilmektedir. Göçmen işçiler ile yapılan 125 göçmenin katıldığı bir çalışmada ise katılımcıların % 38'inin yasal sorunlar, sosyal izolasyon ve çalışma koşulları ile ilişkili ciddi düzeyde stres yaşadıkları belirtilirken % 18.4'ünde anksiyete, % 41.6'sında depresyon saptanmıştır (Tuzcu ve Bademli, 2014).

Ülkemizde göçmenler de dahil risk altında yaşayan tüm bireyler ve toplum kesimleri açısından; yetersiz sosyal politikaların, bir an önce özellikle çocukların "temel gereksinimlerini" karşılayabilecek güce ve kapsama ulaştırılabilmesi gerekmektedir. «Sosyal kontrolü» sağlayacak, kapsamlı ve geniş sosyal politikalar inşa edilmediğinde, toplumda insani gelişme ve ilerleme olmayacağı gibi; risk altında yaşayan gruplar her türlü toplumsal sorunların her türlü ihmal-istismara ve suça, sapma davranışlarına maruz kalması kaçınılmaz olmaktadır.

Tüm bireylere yönelik "asgari geçim desteği" gibi, modern sosyal sistemlerde var olan uygulamaların, «sosyal planlama» yapılarak yasal-örgütsel açıdan ülkemiz de geliştirilmesi, «sosyal adalete» ulaşabilmek başta olmak üzere, tüm toplumsal sorunlara, etkili bir çözüm getirecektir.

Kaynakça

Akkaya, Y. (2002). Göç, Yoksulluk, Kentsel Şiddet ve İnsan Hakları. Y. Özdek. (Ed.), Ankara: TODAİE, İnsan Hakları Araştırma ve Derleme Merkezi Yayını.

Alada, A. B., Sayıta, S. U. ve Temelli, S. (2002). Küreselleşme, Yoksulluk ve Şiddet Bağlamında Sokak Çocukları. *Yoksulluk, Şiddet ve İnsan Hakları.* Y. Özdek (Ed.), Ankara: TODAİE Yayını No: 311.

Alptekin, M. E. ve Şahin, N. (2001). İhmal Edilmiş Bir Sosyal Çalışma Alanı Olarak Göç. *Sosyal Hizmet Sempozyumu 1999, Bölgesel Kalkınma Sürecinde Sosyal Hizmet.* Ankara: GAP İdaresi ve Hacettepe Üniversitesi SHY Yayını.

Balcıoğlu, İ. (2007). *Sosyal ve Psikolojik Açıdan Göç.* İstanbul: Elit Kültür Yayınları.

Barut, M. (2002). Zorunlu Göç Araştırması. Göç Edenler Sosyal Yardımlaşma ve Kültür Derneği. http://www.gocder.com.

Başkaya, F. (2000). *Küreselleşmenin Karanlık Bilançosu.* Ankara: Özgür Üniversite.

Bilgili, A. (1996). Göç Çocukları Raporu. Van Yüzüncü Yıl Üniversitesi.

Eş, M. (2000). *Yoksullukla Mücadele.* Kocaeli Üniversitesi.

Kılınç, R. (2002). *Küreselleşmeyi İnşa Etmek: Egemenliğin Dönüşümü Olarak Küreselleşme.* Ankara: Liberal Düşünce Topluluğu Yayını, Sayı 25-26.

Kıray, M. (1982). Toplumsal Değişme ve Kentleşme: Kentsel Bütünleşme. Ankara: Tegav Yayınları. ss. 57-66.

Kongar, E. (1981). *Toplumsal Değişme Kuramları ve Türkiye Gerçeği.* Remzi Kitabevi.

Koray, M. (2000). *Sosyal Politika.* Bursa: Ezgi Kitabevi.

Oruç, Y. M. (2001). *Küresel Yoksulluk ve Birleşmiş Milletler.* Toplum ve Bilim, Sayı, 89.

Polat, G. (2007). İç Göçün Çocuk Ruh Sağlığına Etkisi ve Sosyal Hizmet Müdahalesi. *Toplum ve Sosyal Hizmet Dergisi.* Hacettepe Üniversitesi. İİBF Sosyal Hizmet Bölümü Yayını, Cilt: 18, 1: 89-106.

Şenses, F. (2001). *Küreselleşmenin Öteki Yüzü: Yoksulluk.* İstanbul: İletişim Yayınları.

Tatlıdil, E. (1989). *Kentleşme ve Gecekondu.* Ege Üniversitesi Yayınları.

Teber, S. (1993). Göçmenlik Yaşantısı ve Kimlik Değişimi. Oberhausen, Ortadoğu.

Tuzcu ve Bademli, (2014). Göçün Psikososyal Boyutu. Psikiyatri'de Güncel Yaklaşımlar. Cilt, 6; Sayı: 1.

Türkiye'nin Suriyeli Çocuk Gelinleri: Sosyolojik Bir Değerlendirme

Dolunay Şenol* ve Aybike Dinç**

Giriş

Göç olgusu, özellikle göç alan bölge için pek çok sorunu beraberinde getirmektedir. Gerek kırdan kente, gerekse ülkeler arası göçlerde öncelikli sorunlar olarak çarpık kentleşme, kentlerin etrafında veya sanayi bölgelerine yakın yerlerde sağlıksız yerleşim bölgelerinin oluşması, işsizlik oranının artması, eğitim ve sağlık sorunlarının baş göstermesi, suç oranının artması ve sosyo-kültürel yapıda meydana gelen değişiklikler gösterilmektedir. Birer toplumsal sorun olarak nitelenen bu durumların sebeplerinin anlaşılabilmesi ve çözüm yolları geliştirilebilmesi için öncelikle "göç", "göçmen", "sığınmacı", "mülteci" gibi kavramları açıklamakta ve sığınmacıların göç sırasında ve sonrasında yaşadığı sorunlara değinmekte fayda vardır.

İnsanların genellikle sosyal, ekonomik, kültürel, siyasi vb. nedenlerle bir yerleşim alanından başka bir yerleşim alanına geçişi göç olarak tanımlanır. Göçlerin, belirli bir zaman dilimi içinde, belirli bir yerleşim alanında yaşayan insanların yerleşim amacıyla aynı ülke içerisindeki yerleşim birimleri arasında yer değiştirmesi olarak ifade edilen "içgöçler" (internal migration) ve uzun süre kalmak, çalışmak ve yerleşmek için bir ülkeden diğerine yapılan nüfus hareketleri olarak ifade edilen "dışgöçler" (external migration) olmak üzere iki şekilde gerçekleşmiş olduğu kabul edilmektedir. (Özer, 2004: 11)

Göç, durağan bir olgu değil, aksine içinde "sınırlar", "devamlılık" ve "itici-çekici etkenler" barındıran dinamik bir olgudur. (İçduygu ve Ünalan, 1998:38) Nüfusu yaşadığı bölgeden dışarı iten her türlü sebep "itici güç" olarak adlandırılırken; göç edilen yerin daha güvenli olması, ekonomik ve sosyal canlılık gibi etkenler "çekici güç" olarak adlandırılmaktadır. Nüfusun iki yerleşim yeri arasında hareketini sağlayan ulaşım araçlarındaki ve imkânlarındaki gelişmeler vb. ise "iletici güç" olarak kabul edilmektedir. (Balcıoğlu, Kocabaşoğlu ve Savrun, 2000: 53) Bir diğer ifadeyle göç olgusu irdelenirken mesafe ve zaman boyutunun yanı sıra, kalıcı olup olmadığı da göz önüne alınmaktadır. Buna göre, sözgelimi kente yapılan göçler "kente gidiş aşaması", "kente geliş-gidiş dönemi" ve "kente temelli yerleşme aşaması" olmak üzere üç aşamada değerlendirilmektedir. (Kartal, 1978:35-36)

Göç olgusunu tanımlarken dikkat edilmesi gereken bir diğer husus ise Fichter'in (1990: 142) bireyin tercihini dikkate alarak yapmış olduğu "gönüllü göçler" ve "zorunlu göçler" ayrımıdır. Özkalp (1990: 211), gönüllü göçün insanların kendi istekleri ve beklentileri doğrultusunda gerçekleştiğini öne sürerken; Gürel (2001: 141), gönüllü göçün bireyin isteğine bağlı olduğunu ancak bu isteğin genellikle göç edilen yerdeki ekonomik ve sosyal koşulların zorlaması sonucu ortaya çıktığını ifade

* Prof. Dr., Kırıkkale Üniversitesi Fen-Edebiyat Fakültesi, Sosyoloji Bölümü Öğretim Üyesi, dolunay_senol@yahoo.com
** Kırıkkale Üniversitesi Sosyal Bilimler Enstitüsü, Sosyoloji Anabilim Dalı Doktora Öğrencisi, aybikedinc@gmail.com

etmektedir. Zorunlu göç ise, çeşitli kuvvetlerin etkisi ve zorlaması sonucu bireylerin iradesi dışında gerçekleşmektedir. (Akkaya, 1979: 23) Türkiye'de iç göçler büyük oranda kırsal alandan kentlere ve küçük kentlerden büyük kentlere doğru gönüllü göç şeklinde gerçekleşmektedir. Ancak GAP bölgesine bakıldığında, bölgenin yaklaşık 20 yıldır yaşadığı terör ortamı ve GAP projesi çerçevesinde yürütülen baraj yapımları nedeni ile zorunlu göçler yaşandığı görülmektedir. (Erkan, 2002:171) Bu ve buna benzer göç çeşitleri ile de zaman zaman karşılaşılabilmektedir.

Göç ile ilgili bir diğer kavram da göçmen kavramıdır. "Göçmen" kavramı yurt içi ve yurt dışı kalıcı yer değişikliği yapan, bir başka deyişle göç eden herkes için kullanılırken; "mülteci" ve "sığınmacı" kavramları kullanımları bakımından farklılık arz etmektedir. 1994 tarihli "İltica ve Sığınma Yönetmeliği"ne göre:

"Mülteci, Avrupa'da meydana gelen olaylar sebebiyle ırkı, dini, milliyeti, belirli bir toplumsal gruba üyeliği veya siyasi düşünceleri nedeniyle takibata uğrayacağından haklı olarak korktuğu için vatandaşı olduğu ülke dışında bulunan ve vatandaşı olduğu ülkenin himayesinden istifade edemeyen veya korkudan dolayı istifade etmek istemeyen ya da uyruğu yoksa ve önceden ikamet ettiği ülke dışında bulunuyorsa oraya dönmeyen veya korkusundan dolayı dönmek istemeyen yabancıyı ifade etmektedir.

Sığınmacı, ırkı, dini, milliyeti, belirli bir toplumsal gruba üyeliği veya siyasi düşünceleri nedeniyle takibata uğrayacağından haklı olarak korktuğu için vatandaşı olduğu ülke dışında bulunan ve vatandaşı olduğu ülkenin himayesinden istifade edemeyen veya korkudan dolayı istifade etmek istemeyen ya da uyruğu yoksa ve önceden ikamet ettiği ülke dışında bulunuyorsa oraya dönmeyen veya korkusundan dolayı dönmek istemeyen yabancıyı ifade etmektedir."

Her iki tanıma da dikkat edildiğinde, mülteci ile sığınmacı arasındaki tek farkın, mülteci tanımında yer alan "Avrupa'da meydana gelen olaylar sebebi ile" ibaresi olduğu görülmektedir. Buna göre, Avrupa dışından gelmiş olan yabancılar, mültecilikle ilgili tüm kriterlere sahip olmalarına karşın, mülteci değil sığınmacı olarak adlandırılmaktadır. (Başak, 2011: 5-6) Bu nedenle, bu çalışmada yer alan Suriye uyruklu göçmenler de "sığınmacı" olarak anılacaktır.

Yöntem
Türkiye'de yaşanmakta olan Suriyeli sığınmacılar sorununa çocuk gelinler bağlamında yaklaşarak, ülkemizdeki Suriyeli çocuk gelinleri konu edinen bu çalışmada yöntem olarak, nitel araştırmalarda önemli bir bilgi kaynağı olan doküman incelemesi yapılmıştır. Bu doğrultuda, Türkiye'ye sığınan Suriyeli kız çocuklarının erken yaşta evlendirilmesi sorununa ışık tutabilecek resmi belgeler, akademik çalışmalar, bilimsel araştırmalar, yayınlanan rapor ve makaleler ve konu ile ilgili yazılı basında çıkan haber dokümanları incelenmiştir. Resmi belgeler, basın açıklamaları, yazılı kural ve yönergeler, gazete, dergi ve kitaplar gibi dokümanlar, araştırılan konuyla ilgili kişi ya da kurumlara ulaşmanın mümkün olmadığı durumlarda etkili bir bilgi toplama yöntemi olması ve araştırmacıya geniş bir örneklem sağlaması bakımından değer taşımaktadır. Konu hakkında yazılı basında çıkan haber ve yorumlardan elde edilen zengin veri kaynaklarıyla, araştırmanın inanılırlığına katkı sağlanmaya çalışılmıştır.

Süleymanov, Sönmez, Ünver, Akbaba (der.)

Konu ile ilgili veriler 2016 yılının Eylül ve Ekim aylarında toplanmış olup, araştırmadaki veriler 2010 yılından günümüze kadar gelen zamanı kapsamaktadır. Verilerin sınıflandırılmasında araştırmanın alt problemleri esas alınmış, resmi kurumlar tarafından gerçekleştirilen araştırma sonuçlarına tablo ve grafiklerde istatistiksel olarak yer verilmiş ve çalışmanın inanılırlığı açısından, yazılı basında çıkan haberlere de resmi açıklamalarla birlikte yer verilerek çarpıcı görüşlerin yansıtılması amaçlanmıştır.

Türkiye'deki Suriyeli Göçmenler
Türkiye gerek coğrafi konumu, gerekse sosyo-ekonomik şartlarının komşusu olan ülkelerden daha iyi olması nedeniyle yüz yıllardır önemli bir dış göç ülkesi konumundadır. 15. yüzyılda İspanya'dan kaçan Yahudiler, 19. yüzyılda Avusturya'nın baskısından kaçan Macar ve Polonyalılar, 1980'lerde Bulgaristan'dan kaçan 300 bin Türk, İran-Irak savaşı boyunca 1 milyon kişi, Sovyetler Birliği'nin dağılmasından sonra Asya ülkelerinden ve Kafkasya'dan göçenler, Körfez Savaşı'ndan sonra göçen 500 bin Kürt, Yugoslavya'nın dağılmasıyla göçen 25 bin Boşnak ve son dönemde Suriye'den gelen milyonlarca insan Türkiye'nin dış göçlere açık bir ülke olduğunu açıkça göstermektedir. (Hassoy, 2016: 16)

Göç, kabaca yer değiştirme hareketi olarak tanımlansa da insanlar göç ederken toplumsal değerleri ve zihniyetleri ile birlikte göç etmektedirler. Ancak göç etmiş bulundukları sosyo-kültürel yapıların da kendilerine özgü toplumsal değerlerinin olduğunu unutmamak gerekir. Göç edenlerin ve göç kabul edenlerin toplumsal değerleri karşı karşıya geldiğinde göç alan bölgenin kendi kültürel değerlerinin baskın olması beklenir. Karşı karşıya kaldığı bu kültürel farklılık nedeniyle birey uyum güçlüğü çekebilmektedir. Uyum güçlüğü bireyin dâhil olduğu yeni çevrenin kültürünün, kendi kültürüne benzemesi ile doğru orantılıdır. (Garcia, 1985'ten Akt: Esentürk Ercan, 1998: 24) Ancak bireyin göç ettiği bölgenin kültürüne yakınlığı ve zaman içinde yeni kültürü tanımaya başlaması ile sosyal uyum sorunlarının azalması beklenmektedir.

Savaş ya da çatışma gibi itici etkenlere bağlı olarak ülke dışına göç etme, en dramatik göç şekli olup; sığınmacılar da bu durumdan en çok etkilenen gruplardır. (Noji, 2000'den Akt: Vatansever, 2016: 20). Sığınmacı ve mültecilerin yaşadığı sorunların başında sosyal uyum güçlüğünün yanı sıra; sağlıksız yaşam koşulları, barınma ve ulaşım ile ilgili sorunlar, yetersiz beslenme, sağlık hizmetlerinden ve sosyal hizmetlerden yeteri kadar yararlanamama, şiddet, suça eğilim vb. sorunlar yer almaktadır (Karadağ- Altıntaş, 2010'dan Akt: Vatansever, 2016: 20).

Suriye'de 2010 yılından bu yana sürmekte olan savaşın etkileri, ülkemizde de derinden hissedilmektedir. Savaşın yıkıcı etkilerinden kaçan milyonlarca insan hayatta kalabilmek için en yakın ülke olan Türkiye'ye sığınmış ve önemli bir nüfus hareketine neden olmuşlardır. Vatansever (2016: 20-21) Suriyeli sığınmacıların Türkiye'de dört grup halinde bulunduğu ifade etmektedir. Buna göre ilk grubu, düzenli ve nispeten yüksek gelir sahibi olmaları nedeniyle kamp dışında, daha yüksek standartlarda yaşamayı tercih edenler oluşturmaktadır. İkinci grupta, mevsimlik tarım işçiliği, kayıtsız işçilik, dilencilik gibi düşük ücretli geçici işlerde çalışarak Türkiye'de veya Avrupa'da hayat kurabilecek birikim yapmaya çalışanlar bulunmaktadır. Üçüncü grupta, yasadışı yollarla Avrupa ülkelerine geçiş yapabilmek amacıyla yerleştirildikleri kamplardan ayrılarak, sahil bölgeleri veya kent merkezlerinde

233

bekleyiş içine girenler söz konusudur. Son grupta ise çoğunlukla pasaportsuz olarak Türkiye'ye giriş yapmış ve uzun süredir Türkiye'de bulunan, düşük gelirli sığınmacıların olduğu kabul edilmektedir.

Gerek ülkelerinde, gerekse göç yolculuklarında büyük kayıplar veren ve kötü muamelelere maruz kalan Suriyeli sığınmacılar, hayatta kalmak için asgari yaşam standartlarının altındaki koşullarda yaşamayı göze alarak ülkemize gelmişlerdir. Bugün Türkiye nüfusunun %3'ünden daha fazlasını oluşturduğu bilimsel verilerle ortaya konulan Suriyeli sığınmacıların gerek ekonomik, gerekse sosyo-kültürel açılardan bir takım sorunları da beraberinde getirmiş olduklarını kabul etmemek mümkün değildir. Bu problemin en etkin çözümlerle en kısa süre içinde çözüme kavuşturulması bir zorunluluk halini almıştır. Aksi halde her türlü gecikme ve daha az etkin politikaların güdülmesi kriz durumunun yaşanmasını kaçınılmaz hale getirecektir.

Günümüz itibariyle sayıları 3 milyonu aşan Suriyeli sığınmacıların karşı karşıya kaldıkları sorunların başında barınma ve kalacak yer sıkıntısı gelmektedir. Ülkemizde 10 ilde kurulmuş, 15'i çadır kent olmak üzere, 25 göçmen kampı olduğu bilinmektedir (Dedeoğlu, 2016: 10). Kamplarda kalan sığınmacılar kalabalık, soğuk, yağmur geçiren ve yangın tehlikesi bulunan çadırlarda yurt içi ve yurt dışından gelen yardımlarla geçinmeye çalışmalarına rağmen; okul, sağlık hizmetleri, sosyal hizmet birimleri, oyun alanları, çamaşırhane, kantin, tv odası gibi olanaklardan yararlanabilmek adına kamp yaşamını tercih etmektedirler. Kamp dışında yaşayan Suriyeli sığınmacılar ise çoğunlukla sosyo-ekonomik düzeyi düşük semtlerde, kendi imkânlarıyla temin ettikleri kiralık konutlarda, birkaç aile bir arada veya metruk binalar ile derme-çatma barakalarda kalmaktadırlar. AFAD tarafından 2014 yılında gerçekleştirilen çalışmalar, Suriyeli sığınmacıların büyük bir kısmının yaşadıkları konutun büyüklüğünü, rahatlığını, iklime uygunluğunu ve güvenliğini yetersiz bulduğunu ortaya koymaktadır (Bahadır, Uçku, Varol, Çiçeklioğlu ve Usturalı Mut, 2016: 32-35). Bu da sığınmacıların farkında olmalarına rağmen zorunluluk sebebi ile durumu kabullenmek zorunda kaldıklarının bir göstergesi olarak değerlendirilebilir.

Göçün neden olduğu bir diğer olumsuzluk ise artan veya belirli bölgelerde ortaya çıkan sağlık sorunlarıdır. Sığınmacıların göç ettikleri bölgelere taşıdığı bulaşıcı hastalıkların tespit ve kontrolünü sağlamada yaşanan güçlüklerin yanı sıra; gerek daha önce kendilerinde bulunan, gerekse göç sonrası yaşam koşullarına bağlı olarak ortaya çıkan bulaşıcı olmayan hastalıklar, sığınmacıların aile hekimlerine kayıtlı olmamaları sebebiyle tanı, tedavi ve izlem açısından sorun teşkil etmektedir (İrgil, 2016: 59). Ayrıca, ekonomik şartlara göre değişiklik göstermekle birlikte; içme sularının pet şişelerden veya umumi musluklardan tedarik edilmesi, yemeklerin etraftaki lokantalardan, hazır gıda olarak marketlerden ve hatta çöplerden elde edilmesi, sert sokak zemini üzerine serilen kartonlar ve sınırlı sayıdaki battaniye, yorgan, yastıktan ibaret olan barınma şartları, banyo imkânının yok ya da sınırlı olması, tuvalet ihtiyacının hijyenik açıdan kötü durumdaki umumi tuvaletlerde giderilmesi gibi pek çok husus da sağlık sorunlarını tetikleyici rol oynamaktadır. Bunların yanı sıra; kamp dışında yaşamını sürdüren sığınmacıların herhangi bir sağlık kurumuna kayıtlı olmamaları nedeniyle, gebelik takipleri, bebek izlemleri, aşı taramaları gibi düzenli takip gerektiren sağlık hizmetleri karşılanamamaktadır (Varol, Terzi ve Altın, 2016:

39-40). Bu da sorunun boyutlarının her geçen gün artarak devam etmesi anlamına gelmektedir.

İstihdam bakımından ele alındığında Suriyeli sığınmacıların hem işveren hem de işçi olarak iş hayatında yer aldıkları görülmektedir. Özellikle ticaret ve sanayi işlerinde yoğunlaşan Suriyeli sığınmacıların, Mersin ve Gaziantep gibi kentlerde çok sayıda ticari ve sınaî şirket kurdukları veya perakende gıda, lokanta, berber, kahvehane, kuyumculuk gibi işlerde esnaf ve zanaatkâr olarak yer aldıkları görülmektedir. Aynı zamanda iş yeri sahiplerinin, işçi olarak da yine Suriyeli sığınmacıları çalıştırmayı tercih ettikleri ve bu işçilerin aldıkları ücretlerin, yerli işçilerin neredeyse %50 altında olduğu dikkati çeken önemli bir husustur. İnşaat ve mevsimlik tarım işlerinde çalışan Suriyeli işçilerin de yerli işçilerden %25-50 daha düşük ücretlerle çalıştığı bilinmektedir. Bu bakımdan, Suriyeli sığınmacılar gerek işveren, gerekse işçi statüsünde olsunlar, yerli işçilerin istihdamı açısından açık bir tehdit oluşturmaktadırlar (Lordoğlu, 2016: 42). Bunların yanı sıra, küçük yaştaki çocukların çocuk işçi statüsünde kaçak olarak veya sokakta satıcılık, dilencilik gibi işlerde çalıştırılması da bir diğer önemli sorun olarak karşımıza çıkmaktadır.

Türkiye 1924 tarihli Cenevre Çocuk Hakları Bildirisi'nin imzacısı olarak, uyruğu her ne olursa olsun tüm çocukların eğitim hakkı olduğunu savunmakta ve savaş nedeniyle ülkemizde yaşamaya başlamış olan Suriyeli sığınmacı çocuklara asgari standartlarda eğitim sağlamaya çalışmaktadır. Kamplarda yaşayan ve eğitimine ara vermek zorunda kalmış çocukların sene kaybını önlemek için, Milli Eğitim Bakanlığı tarafından koordine edilen çalışmalar başlatılmıştır. Müfredat içeriği Suriye Ulusal Koalisyonu Yüksek Eğitim Komisyonu tarafından oluşturulan ve Arapça olarak sürdürülmesi belirlenen eğitim için bölgedeki norm fazlası öğretmenler ile Suriyeli gönüllüler görevlendirilmiştir. Ayrıca Türk asıllı Suriyelilerin Türkiye müfredatına uygun eğitim görebilmesi ve Türkçe öğrenmek isteyen Suriyeliler için Türkçe ve mesleki eğitim kursları açılması sağlanmaktadır (Emin, 2016: 13). AFAD tarafından 2014 yılında yapılan araştırmaya göre kamp dışında yaşayan Suriyeli sığınmacıların %19'u okur-yazar değilken, %61'i ilkokul ve altı eğitim seviyesindedir. Ayrıca kamp dışındaki 6-11 yaş arası çocukların sadece %14'ü eğitimine devam ederken, 11 yaş üstü çocukların eğitim düzeyi, müfredat uyumu, dil problemi ile nasıl baş ettikleri gibi bilgilere ulaşılamamaktadır. Kamp dışında yaşayan Suriyeli çocukların eğitimleri çoğunlukla sivil toplum kuruluşlarınca işletilen ve belediyelere ya da şahıslara bağlı okullarda sürdürülürken; oturma izni alabilen ailelerin çocukları Türk okullarında, Türkçe eğitim alabilmektedirler (Bahadır, Uçku, Varol, Çiçeklioğlu ve Usturalı Mut, 2016: 34).

Göç hareketlerinden en olumsuz etkilenen gruplar, en savunmasız durumdaki kadınlar ve çocuklardır. Bu nedenle özellikle kadınların ve kız çocuklarının diğer gruplara kıyasla daha farklı ve özel koruma ihtiyaçları bulunmaktadır. Özellikle 15-49 yaş arası Suriyeli kadınların, üreme sağlığı, gebelikten korunma, doğum, doğum öncesi ve sonrası bakım, vitamin ve mineral takviyeleri, cinsel yolla bulaşan hastalıklar gibi konularda sağlık hizmetlerine ulaşamadıkları veya hiç başvurmadıkları görülmektedir. Bu nedenle istenmeyen gebelikler, düşük, kötü koşullarda doğum yapmaya bağlı olarak gerçekleşen doğum komplikasyonlarına ve anne ölümlerine sık rastlanmaktadır (Özgülnar, 2016: 52-53). Suriyeli sığınmacı kadınların, kadının toplumsal statüsü hakkında yaşadıkları sorunlarla ilgili bir diğer etken ise erken yaş evlilikleri ve 13-14 yaş gebelikleridir. Bu konuya "çocuk gelinler" kavramı kapsamında daha detaylı olarak değinilecektir.

"Çocuk Gelin" Kavramı

Her sosyo-kültürel yapının, toplumun devamlılığını ve düzenini sağlayabilmek amacıyla belirlemiş olduğu kendine özgü kuralları bulunmaktadır. Aile kurumu dikkate alındığında toplumun evlenme şekli, evlilik yaşı vb. kuralların da önceden belirlenmiş olduğu ve insanların bu kurallara uymada istekli oldukları bilinmektedir. Ülkemizde, özellikle kırsal kesimlerde yaşayan ailelerin, işgücü kaybını ve mağduriyetini en alt seviyeye indirebilmek için erkek çocuklarını askere göndermeden önce evlendirdikleri görülmektedir. Bunun temelinde yatan düşüncenin, özellikle geleneksel toplumlarda görülen, aileye katılacak olan gelinin, aile için yeni iş gücü olarak algılanmasının yanı sıra; çocuklarını erken yaşta evlendirmenin, sahip olacakları torun sayısına, dolayısıyla aileye katılacak daha fazla iş gücüne olan inancı olduğu tahmin edilmektedir. Böyle bir durumda en fazla mağdur olanlar ise erken yaşta evliliğin sorumluluğunu üstlenmek zorunda bırakılan çocuklar, özellikle kız çocuklarıdır. Çünkü erken yaşta evlendirilen kız çocuğu ailesinden ayrılmakla kalmayıp; bir yandan gittiği aileye uyum sağlamaya çalışırken, diğer yandan hem eşlik hem de geleneksel gelinlik görevlerini yerine getirmeye çalışmaktadır (Şenol ve Alp, 2012: 249).

Uluslararası belgeler kapsamında yapılan tanımlara göre, bireyin ruhsal ve fiziksel gelişimini tamamlamadan, 18 yaş altında gerçekleşen evlilikler "erken evlilik" kabul edilmekte ve çoğunlukla evliliğe maruz kalan bireyin bilinçli rızası olmaması nedeniyle literatürde "erken ve zorla evlilik" şeklinde yer almaktadır. Buna bağlı olarak 18 yaş altında evlendirilen kız çocukları ise "çocuk gelin" olarak adlandırılmaktadır. Erken ve zorla evlilikler hem erkek hem de kız çocukları açısından bir hak ihlali olarak görülmekle birlikte, kız çocuklarının daha erken yaşta evlendirilmesi ve kız çocuklarının erken yaş evliliklerinden daha fazla zarar görüyor olması, konuya kız çocukları açısından daha fazla eğilmeye ve "çocuk gelin" kavramının literatürde yer almasına neden olmuştur (Aydemir, 2011: 3).

Ülkemizde de "erken evlilik" ve "çocuk gelin" kavramları yasalarla belirlenmiş ve sınırlanmıştır. Türk Medeni Kanunu'nun 124. maddesi, on yedi yaşını doldurmamış erkek ve kadının evlenemeyeceğini, ancak olağanüstü durumlarda 16 yaşını doldurmuş erkek ve kadının anne-baba veya vasinin dinlenmesi şartıyla mahkeme kararı ile evlenebileceğini ifade etmektedir. Buna göre Türk Medeni Kanunu, on yedi yaşını doldurmadan evlenen kız çocuğunu "çocuk gelin" olarak kabul etmektedir. Çocuk Koruma Kanunu ise 18 yaşını doldurmamış bireylerin bedensel, zihinsel, ahlaki, sosyal ve duygusal gelişimini tamamlamamış olduklarını, bu nedenle kendilerini koruyamayacaklarını ve her türlü ihmal ve istismara açık olduklarını ifade ederek bu bireyleri "korunmaya muhtaç çocuklar" olarak tanımlamaktadır. Ancak Türk Ceza Kanunu, örtük olarak da olsa 18 yaşının altında evliliğe izin vermektedir. Bu bilgiler ışığında söylenebilir ki, Türk Hukuk sisteminde "çocuk gelin" kavramı farklılık göstermektedir ve kanunlardaki bu boşluklar zaman zaman kullanılmakta, ayrıca erken yaş evlilikleri çoğu zaman resmi kanallarla gerçekleştirilmemektedir (Şenol ve Mazman, 2012: 506). Toplumun dini nikâhı da yasalara rağmen meşru olarak kabul ediyor olması, bu yola başvurularak erken evliliklerin kolaylaştırılması ve gerçekleştirilmesine zemin hazırlamaktadır.

Erken yaşta evlendirilen çocukların eğitimlerinin yarıda kesilmesi sonucu bireysel gelişimlerini tamamlayamamaları, çocukluk ve gençliklerini yaşayamadan anne-baba olmaya zorlanmaları, çocuk bakımı ve eğitimi konusunda cahil olmaları nedeniyle şiddete başvurmaları gibi psiko-sosyal sorunların yanı sıra; kız çocuklarının fiziksel gelişimini tamamlayamadan cinsel ilişkiye girmeye zorlanması ve hatta tecavüze maruz kalması, annenin kendi fiziksel gelişimini tamamlamadan hamile kalması sonucu oluşan komplikasyonlar ve ölümler, kız çocuklarının kendilerini ve haklarını koruyamayacak yaşta olmaları nedeniyle fiziksel, ruhsal, cinsel ve ekonomik açıdan şiddete maruz kalmaları sonucunda yaşanan psikolojik travma ve intiharlar gibi pek çok sorunla karşılaşılmaktadır (Şenol ve Alp, 2012: 250). Günümüzde hakların yasalarla korunma altına alınmasına rağmen hala yazısız kuralların gücünü devam ettiriyor olması, bu istenmeyen durumların yaşanmasını kaçınılmaz hale getirmektedir.

Türkiye'de ve Dünyada Çocuk Gelinler
Çocuk evlilikleri dünyanın her yerinde görülen bir toplumsal sorun olmakla birlikte, görüldüğü ülkelerin içinde bulunduğu sosyo-ekonomik koşullar da erken evlilik uygulamalarını pekiştirebilmektedir. Bir başka deyişle, yapılan araştırmalar erken yaş evliliklerinin yüksek oranda görüldüğü ülkelerin, gelişmişlik düzeyi düşük olan ülkeler olduğunu (Aydemir, 2011: 8) ortaya koymaktadır.

Birleşmiş Milletler İktisadi ve Toplumsal İşler Birimi tarafından 2000 yılında gerçekleştirilen Evlilik Modellemeleri Araştırması da çocuk gelin oranları ile ülkelerin gelişmişlik düzeyleri arasındaki bağlantıyı destekler niteliktedir. Buna göre, 15-19 yaş aralığındaki kızların evlenme oranları gelişmiş ülkeler arasında kabul edilen İsveç'te %0,4, Kanada'da %0,6, Finlandiya'da %0,6, Fransa'da %0,6, Japonya'da %0,7, Almanya'da %1,2, Belçika'da %1,6, İngiltere'de %1,7, İspanya'da ise %2,3, Hollanda'da %2,4, İtalya'da %3, ABD'de %3,9 olarak tespit edilmiştir. Bu ülkelerde de önemli oranı gelişmekte olan ülkelerden göç edenlerin oluşturduğunu belirtmekte fayda bulunmaktadır. Güney Avrupa ülkelerinden olan Yunanistan'da bu oran %5,5 ve Portekiz'de %5,7 olarak belirlenmiştir. Aynı araştırma verilerine göre, 15-19 yaş aralığındaki kızlarda evlenme oranı, Şili'de %11,7, Azerbaycan'da %12, Arjantin'de %12,4, Peru'da %12,5, Lübnan'da %13,2, Mısır'da %15,9'dur. Görüldüğü gibi ülkelerin gelişmişlik düzeyi düştükçe, çocuk gelin oranları artmaktadır. Bu nedenle çocuk gelin oranlarının dünya genelinde en yüksek olduğu yerler Doğu-Batı-Orta Afrika ülkeleri ile Güney Asya'dır. Doğu Afrika ülkesi olan Mozambik'te bu oran %47,1, Batı Afrika ülkesi olan Nijer'de %61,9, Orta Afrika ülkesi olan Demokratik Kongo Cumhuriyeti'nde %74,2 iken; Güney Asya ülkesi olan Bangladeş'te %51,3 ve Afganistan'da ise %53,7'dir (Şenol ve Mazman, 2012: 506).

Aynı araştırmada Türkiye'ye dair oran %15.5 olarak verilse de; verilerin Nüfus ve Vatandaşlık İşleri Genel Müdürlüğü'nden alınan bilgilere dayanarak elde edildiği, Nüfus ve Vatandaşlık İşleri Genel Müdürlüğü'nde sadece hâkim kararıyla yapılan evliliklerin kaydının bulunduğu ancak sosyolojik anlamda yapılan evliliklerin kayıtlarda yer almadığı, bu nedenle de araştırma verilerinde yer alan bu oranın gerçeği yansıtmadığı ifade edilmektedir (Şenol ve Mazman, 2012: 506). Erken yaşta yapılan evliliklerin resmi şekilde gerçekleştirilmemiş olması ve yasalara göre 18 yaşının altında evlilik yapmanın mümkün olmaması, rakamların oldukça düşük çıkmasına neden olmuştur. Resmi olarak erken yaşlarda yapılan evlilikler ile sosyolojik anlamda gerçekleştirilen erken yaş evliliklerinin Türkiye ortalamasının ise %30 ile %35 civarında olduğu kabul edilmektedir (HÜNEE, 2014: 107).

Tablo 1. Birleşmiş Milletler İktisadi ve Toplumsal İşler Birimi tarafından gerçekleştirilen Evlilik Modellemeleri Araştırması'na göre gelişmişlik düzeylerine göre ülkeler ve çocuk gelin oranları

Ülke	Oran	Ülke	Oran
İsveç	%0,4	Portekiz	%5,7
Kanada	%0,6	Şili	%11,7
Finlandiya	%0,6	Azerbaycan	%12
Fransa	%0,6	Arjantin	%12,4
Japonya	%0,7	Peru	%12,5
Almanya	%1,2	Lübnan	%13,2
Belçika	%1,6	Türkiye	%15,5
İngiltere	%1,7	Mısır	%15,9
İspanya	%2,3	Mozambik	%47,1
Hollanda	%2,4	Bangladeş	%51,3
İtalya	%3	Afganistan	%53,7
ABD	%3,9	Nijer	%61,9
Yunanistan	%5,5	Kongo	%74,2

TÜİK tarafından 17 Ocak 2014 tarihinde yapılan yazılı kamuoyu duyurusu ise 2002-2013 yılları arasında gerçekleşen evlilikler içindeki 16-17 yaş çocuk evliliklerini ve 2001-2012 yılları arasında doğum yapan çocuk anne sayılarını gözler önüne sermektedir. Ancak TÜİK yapmış olduğu bu duyuruda yer alan verilerin yalnızca resmi kayıtları yansıttığını, kayıt dışı gerçekleşen evlilik ve doğumları kapsamadığını özellikle belirtmiştir. TÜİK tarafından yayınlanan veriler aşağıdaki tablolarda verilmiştir.

Tablo 2. TÜİK, Evlenme İstatistikleri - Evlenen kız çocuk sayısı ve ilgili yıldaki toplam resmi evlilikler içindeki oranı

Yıl	Toplam Evlenme Sayısı	Evlenen Kız Çocuk Sayısı	Çocuk Gelinlerin Toplam İçindeki Oranı
2002	510.155	37.263	% 7,3
2003	565.468	45.981	% 8,1
2004	615.357	49.280	% 8,0
2005	641.241	51.944	% 8,1
2006	636.121	50.366	% 7,9
2007	638.311	50.723	% 7,9
2008	641.973	49.703	% 7,7
2009	591.742	47.859	% 8,1
2010	582.715	45.738	% 7,8
2011	592.775	42.700	% 7,2
2012	603.751	40.428	% 6,7

(Kaynak: http://www.tuik.gov.tr/duyurular/duyuru_1591.pdf?utm_source...utm) (Erişim tarihi: 23.10.2016)

TÜİK tarafından gerçekleştirilen ve tabloda verileri gösterilen araştırmaya göre 2012 yılında yapılan toplam resmi evlenmeler içinde 16-17 yaşında evlenen kız çocuklarının oranı %6,7 ve sayıları 40.428'dir. Kız çocuk evliliklerinin toplam

Süleymanov, Sönmez, Ünver, Akbaba (der.)

evlenmeler içindeki oranı yıllara göre incelendiğinde 2003 yılında %8,1, 2008 yılında %7,7 olduğu ve 2012 yılında %6,7'ye düştüğü görülmektedir. Buna göre, resmi kız çocuk evliliklerinin, toplam resmi evlenmeler içindeki oranının azalma eğilimi gösterdiği söylenebilmektedir.

Tablo 3. TÜİK, Doğum İstatistikleri – Doğum yapan çocuk anne sayısı ve toplam doğum yapan kadın sayısına oranı

Yıl	Toplam Doğum Yapan Kadın Sayısı	Toplam Doğum Yapan Çocuk Anne Sayısı	Doğum Yapan Çocuk Annelerin Toplam Doğum Yapan Kadınlar İçindeki Oranı
2001	1.323.288	53.573	% 4,0
2002	1.229.500	47.512	% 3,9
2003	1.198.853	40.188	% 3,4
2004	1.222.403	37.440	% 3,1
2005	1.243.883	36.623	% 2,9
2006	1.255.106	35.797	% 2,9
2007	1.289.016	35.159	% 2,7
2008	1.294.227	34.729	% 2,7
2009	1.263.289	32.070	% 2,5
2010	1.255.937	29.434	% 2,3
2011	1.241.412	25.677	% 2,1
2012	1.279.864	22.369	% 1,7

(Kaynak: http://www.tuik.gov.tr/duyurular/duyuru_1591.pdf?utm_source...utm) (Erişim tarihi: 23.10.2016)

TÜİK tarafından gerçekleştirilen ve tabloda detayları verilen araştırmaya göre 2001 yılında doğum yapan çocuk anne sayısı 53.573 iken, 2012 yılında bu sayı 22.369'a düşmüştür. Doğum yapan kadınlar içinde çocuk anne oranı 2001 yılında %4 iken, 2012 yılında %1,7'ye düşmüştür. Buna göre, Türkiye'de çocuk annelerin yaptığı doğumların sayısı her geçen yıl azalmakta olduğu söylenebilmektedir.

Türkiye'de özellikle son yıllarda yapılan araştırmalar başta Güneydoğu Anadolu olmak üzere pek çok bölgede, sosyo-ekonomik düzeyi düşük ailelerde erken evlilik ve çocuk gelin vakalarına sıkça rastlandığını ortaya koymaktadır. Kimi ailelerde kız çocuğu büyüdükçe aileye yük olarak görülüp, bir an önce evlendirilerek başlık parası vb. geleneklerle maddi kazanç elde etmek istenirken; kimi ailelerde ise kız çocuğunun, içinde bulunulan kötü sosyo-ekonomik şartlardan evlenerek kurtulması amaçlanmaktadır. Ancak sosyo-ekonomik nedenlere dayalı olarak ortaya çıkan bu durumun kaynağı her zaman aileler olmamaktadır. Yapılan bazı araştırmalar kız çocuğunun, hem kendisini hem de ailesini içinde bulunduğu kötü sosyo-ekonomik şartlardan kurtarmak amacıyla, evlenmeye razı olduğunu ortaya koymaktadır. (Aydemir, 2011: 17) Böyle bir durumda istenmeyen bir durumdan kurtulmaya çalışılırken çok daha arzu edilmeyen bir durum ile karşılaşılabilmektedir. Bu da sorunların artarak devam etmesi anlamına gelmektedir.

Türkiye'nin Suriyeli Çocuk Gelinleri
Göçün en savunmasız mağdurlarının çocuklar ve kadınlar olduğu üzerinde fikir birliği söz konusudur. Kadının statüsünün düşük olduğu ülkelerden gelen bu kadınlar, bulundukları ülkelerde cinsel ve fiziksel istismar, sömürü ve mal ve hizmetlerin

dağıtımında ayrımcılık gibi toplumsal cinsiyete dayalı sorunları daha belirgin olarak yaşamaktadırlar. Bu kadınlar arasında erken yaş evlilikleri ve erken gebelikler de göze çarpan bir diğer önemli sorun olarak karşımıza çıkmaktadır.

Birleşmiş Milletler Nüfus Fonu'nun yayınlamış olduğu Suriye Krizi Bölgesel Aylık Raporları'nın ortaya koyduğu verilere göre (UNFPA, 2015(38): 2) ülkemizdeki 2.154.826 Suriyeli'den 538.707'sini üreme çağında kadın ve genç kızlar oluşturmaktadır ve bunlardan 34.320'si gebedir. Ancak Türk Tabipler Birliği'nin 2014 yılında yayınladığı "Suriyeli Sığınmacılar ve Sağlık Hizmetleri Raporu"na göre, Suriyeli sığınmacı kadınların Türkiye'de bulundukları süre içinde cinsel sağlık, aile planlaması, gebelik taraması gibi konularda herhangi bir yardım almadıkları belirtilmektedir. Birleşmiş Milletler Nüfus Fonu'nun raporlarında (UNFPA, 2015(39): 7) bugüne dek 2667 kadına üreme sağlığı danışmanlığı verildiği, 571 kadının cinsiyete dayalı şiddet danışmanlığı aldığı ve 17'sinin cinsel şiddet mağduru olduğu belirtilmektedir. (Özgülnar, 2016: 52-53)

Suriyeli sığınmacılar kız çocuklarda erken yaş evliliklerini, kızlarının ekonomik yüklerinin olmaması, kalacak daimi bir evlerinin olması, namus ile ilgili bir sıkıntı yaşamaması gibi nedenlerle onaylamaktadırlar. Bu, kendi sosyo-kültürel yapıları içinde meşrulaştırdıkları bir durum olarak karşımıza çıkmaktadır. Ancak günümüzde yerel halk arasında Suriyeli kadınlarla çok eşliğin yaygınlaşması ve evliliğin bir maddi çıkar unsuru haline gelmesi bir sorun haline gelmektedir. Çünkü evlenmek isteyen yetişkin erkekler, aracılara başvurmakta ve genç Suriyeli kadınlarla evlenebilmek için aracılara ücret ödemektedirler. Suriyeli aile açısından kızlarını evlendirmek, bir taraftan kızlarının hayatını kurtarmak anlamına gelirken, diğer taraftan maddi kazanç kapısıdır. Ancak burada göz ardı edilen en önemli etken, çocuk yaştaki kızın istismarıdır (Özgülnar, 2016: 52-53). Bu kızları istismar edenlerin hiç kuşkusuz sadece bu kızlarla evlenenler değil, aracılar ve aynı zamanda kızlarını istismar ettiklerinin farkında olmayan aileleri olduğunu belirtmek gerekir.

Polis Akademisi Suç Araştırmaları ve Kriminoloji Araştırma Merkezi (SAMER) tarafından 11-13 Aralık 2015 tarihlerinde Antalya'da gerçekleştirilen sempozyumda "Türkiye'deki Suriyeli mülteci kız çocuklarının maruz kaldığı cinsel istismar" konusu tartışılmış; işlenen konularda gerek kamp içinde; gerekse kamp dışında yaşayan Suriyeli kadın ve çocukların kadın tacirlerinin eline düşme riskiyle karşı karşıya olduğu, Suriyeli küçük kızların imam nikâhıyla kuma yapılmasının yaygınlaştığı ve yaş sınırının 11- 12'ye kadar düştüğü ifade edilmiştir. Ayrıca kadın ve çocukların nikâh görüntüsü verilerek ticaretinin yapıldığı, zorla çalıştırılan ve fuhuş yaptırılan kız çocuklarının yaş ortalamasının 12'ye kadar düşebildiği belirtilmiştir (Türkay, 2016: 72).

MAZLUMDER (2014) tarafından hazırlanan bir başka raporda ise Suriyeli sığınmacı kadınların yaşadığı bir diğer istismar türünün erken yaşta ikinci veya üçüncü eş olarak, çok eşli evlilikler yapmaya zorlanması olduğu belirtilmiştir. Raporda, bunların yanı sıra kaçak geçişlerin yapıldığı sınır iller başta olmak üzere, yerleştikleri pek çok bölgede insan tacirleri tarafından seks kölesi yapılması ve fuhuş sektöründeki diğer kadınlara nazaran çok daha ucuz ücretlere çalıştırılması gibi ileri düzeyde bir istismara dikkat çekilmiştir. Ayrıca raporda, kadın ve genç kızlarla yapılan kısa süreli evliliklerin ve fuhuşun yaygın hale gelmesinin, cinsel yolla bulaşan hastalıkları artırması gibi beraberinde getireceği diğer tehlikelere de yer verilmiştir (Özgülnar,

2016: 54). Bu veriler Suriyeli sığınmacı kız çocuklarının ne derece büyük bir risk altında olduğunu gözler önüne sermektedir.

Basında Suriyeli Çocuk Gelinler

Suriyeli sığınmacıların yoğun olarak ülkemize giriş yapması ve erken yaş evliliklerini olağan karşılaması nedeniyle, hali hazırda bir toplumsal sorun olan "çocuk gelin" vakalarında artış yaşandığını ve bu durumun beraberinde pek çok sorunu getirdiğini daha önce belirtmiştik. Suriyeli çocuk gelinler hakkında basında çıkan haberler de konu hakkındaki somut gerçekler ortaya koyması bakımından önem arz etmektedir. Yazılı basında yer alan haberlerden birkaçına bakacak olursak:

~ Suriye'den Göç Çocuk Gelin Sayısını Arttırdı (Haberler.com – 4.06.2014)

"Bursa'da Mor Salkım Kadın Dayanışma Derneği tarafından başlatılan 'Gelinlik Giydirildi, Çocukluk Sobelendi' projesi ile çocuk gelin sorununa karşı ilçelerde anne ve babalar, öğretmenler, öğrenciler ve kamu görevlileri eğitilecek. Mor Salkım Derneği Başkanı Dilek Üzümcüler, çocuk gelin sayısının her yıl arttığını belirterek, "Suriye'den çok göç aldık. Maddi sıkıntılar nedeniyle aileler çocuklarını başlık parası, imam nikahı ile para karşılığı evlendiriyor. 2012 yılında 160 bin iken 2014 yılında Türkiye'de çocuk gelin sayısı 181 bini aştı" dedi."

(Kaynak: http://www.haberler.com/suriye-den-goc-cocuk-gelin-sayisini-arttirdi-6119277-haberi/) (Erişim tarihi: 29 Ekim 2016)

~ Türkiye'nin Çoğalan Suriyeli Çocuk Gelinleri (Bianet – 20.09.2014)

"Özellikle erken yaşta zorla evlilikler ve çocuk istismarının yoğun bir şekilde yaşandığı ülkemizde, sığınmacı kadınların büyük zorluklarla karşılaşmayacaklarını düşünmek gibi bir olanak ne yazık ki mümkün değil. Medyada çok fazla yer almayan mülteci kadınlara yönelik artan taciz ve tecavüz vakaları ile ilgili bilgiye çeşitli kuruluşların yayınladıkları raporlar sayesinde ulaşabiliyoruz. MAZLUMDER raporuna göre; Batman Barosu Kadın Hakları Komisyonu Üyesi avukat Seçil Erpolat, Batman'da da küçük yaştaki Suriyeli kızların çoğu zaman komisyoncuların aracı olduğu, imam nikâhı ile ticarete dönüşmüş evliliklerle istismar edildiğini ve özellikle çocukların başlık parası adı altında belirli bir ücret karşılığında evlendirilmesi durumunun çok sık yaşandığını belirtiyor."

(Kaynak: http://bianet.org/biamag/toplumsal-cinsiyet/158617-turkiye-nin-cogalan- suriyeli-cocuk-gelinleri) (Erişim tarihi: 29 Ekim 2016)

~ "Mülteci Kız Çocuklarının Evlendirilmesine Göz Yummayın" (Bianet – 10.12.2014)

"Aralarında kadın ve çocuk hakları örgütlerinin de yer aldığı 36 örgüt ortak yaptığı açıklamada, özellikle son bir yıldır Suriye, Rojova, Şengal ve Kobanê'daki savaştan kaçmak zorunda kalan binlerce kişinin Türkiye'de en temel ihtiyaçlarının dahi karşılanamadığı koşullarda, her gün ayrımcılık ve şiddetle yüz yüze gelerek hayatta kalma mücadelesi sürdürdüğünün altı çizildi.

Açıklamada, böylesi kırılgan durumlarda ilk gözden çıkarılan ya da ilk "göz koyulan" kız çocuklarının, tecavüz tehlikesine karşı koruma, başlık parası, bakım yükünden kurtulma gibi bahane ve nedenlerle Türkiye vatandaşları ya da kendi vatandaşlarıyla evlendirildiklerine ilişkin iddialara dikkat çekildi. Ancak bu iddiaların araştırılması yönünde herhangi bir çalışmanın başlatılmamış olmasının, devlet yetkililerinin bilgisi dâhilinde gerçekleştiğine dair kamuoyu nezdinde şüphe uyandırdığı belirtildi.

Açıklamada, kız çocuklarının evlendirilmesine göz yummanın evlilik içi tecavüze uğramalarına seyirci kalmak anlamına geleceği belirtilerek sorumlular göreve çağrıldı."

(Kaynak: http://bianet.org/bianet/toplumsal-cinsiyet/160665-multeci-kiz-cocuklarinin-evlendirilmesine-goz-yummayin) (Erişim tarihi: 29 Ekim 2016)

~Suriyeli Çocuk Gelin Kadınlar Günü'nde Canına Kıydı (İHA – 8 Mart 2016)

"Edinilen bilgiye göre, Suriye'nin Halep şehrinde yaşayan MafeZafur (15), 2015 yılı Ağustos ayında teyzesinin oğlu İbrahim Hüseyin ile evlendirildi. Daha sonra kocası ile birlikte Türkiye'ye gelerek Kayseri'de yaşamaya başlayan Zafur'un evliliği sadece 6 ay sürdü. Kocası tarafından terk edilip sokağa atılan Zafur, yaklaşık 1 ay önce Gaziantep'in Şehitkamil ilçesi İncesu Mahallesi'ndeki kırsal alanda bulunan besi çiftliğinde çalışan ağabeyi Cihat Zafur'un yanına geldi.

Annesi ile diğer 6 kardeşi Suriye'de olan MafeZafur, eşi tarafından terk edildikten sonra, besi çiftliğinde çalışan ağabeyi Cihat Zafur (19) ve amcasının oğlu Cuma Zafur (14) ile birlikte bir kamyonetin kasasında yaşamaya başladı. MafeZafur'un son zamanlarda ağır bir bunalım yaşadığı öğrenildi. MafeZafur'un sabah saatlerinde yalnız olduğu bir sırada, içinde bulunduğu psikolojik durumu kaldıramadığı için çiftlikte bulunan av tüfeğini boynuna dayayarak tetiği çektiği iddia edildi."

(Kaynak: http://www.iha.com.tr/haber-suriyeli-cocuk-gelin-kadinlar-gununde-canina-kiydi-542062/) (Erişim tarihi: 30 Ekim 2016)

Sonuç

Erken yaş evlilikleri ve çocuk gelinler hem yasal olarak suç teşkil etmesi bakımından, hem de sağlıklı nesillerin yetişmesine zarar veren bir etken olması bakımında gerek dünyada, gerekse ülkemizde dikkati çeken ve üzerinde hassasiyetle durulması gereken önemli bir sorundur.

Son yıllarda Suriye'deki savaştan kaçarak, sığınmacı olarak ülkemize giriş yapan ve bugün sayıları neredeyse 3 milyonu bulan Suriyeliler ise sağlık, eğitim, istihdam, ekonomi, suç gibi pek çok olumsuzluğu beraberinde getirmesi nedeniyle sorun olarak nitelendirilirken, bunlara bir de çocuk gelin vakalarındaki artışlar eklenmiştir.

Zihinsel ve fiziksel gelişimini henüz tamamlamamış, çocuk yaştaki kızların evlenmesi ve erken yaşta anne olması, başta kendi fiziksel ve psikolojik sağlıkları açısından kötü sonuçlara sebep olmaktadır. Bunun yanı sıra, eğitimsiz olması ve kendisinin çocuk yaşta olması nedeniyle çocuk büyütebilecek bilinç ve olgunluğa sahip olmaması nedeniyle, doğan çocuğun bakımı, eğitimi, sağlıklı bir yetiştirme ortamı da mümkün olamamaktadır. Genç annenin çocukluk ve gençlik dönemlerini yaşayamadan çok fazla sorumluluk altına itilmesi; bir yandan ailesinden ayrı kalmanın ve yeni bir ailede "gelin" olarak yer almanın neden olduğu baskı ile mücadele ederken, diğer yandan bir "eş" ve "anne" olarak görevlerini yerine getirmeye çalışması anlamına gelmektedir. Bu durum genellikle çocuğun psikolojik çöküntülerle erken yaşta tanışmasına sebep olmakta ve çoğunlukla depresyon, şiddet eğilimi, evden kaçma, cinnet, intihar gibi travmatik sonuçlara yol açabilmektedir.

Suriyeli sığınmacıların kendi sosyo-kültürel yapıları içinde kız çocuklarının erken yaşta evlendirilmesi hali hazırda normal karşılanırken, başka bir ülkede zor şartlar altında yaşam mücadelesi veriyor olmaları bu durumu meşrulaştırmış ve yaygınlaştırmıştır. Bir yandan kızlarının kalacak daimi bir evi, ona bakacak bir ailesi olması ve namusunun korunması gibi sebepleri öne sürerek 18 yaş altı kız çocuklarının evlenmesine müsaade eden aileler, diğer yandan "başlık parası" karşılığında kızlarını evlendirerek durumu kısa süreliğine de olsa maddi kazanç haline dönüştürebilmektedirler.

Kız çocuğunun evlendirilmesi sonucu maddi kazanç elde edilmesi, bu durumun ticarete dökülmesine ve kız çocuklarının para karşılığında kısa süreli olarak evlendirilmeye başlanmasına, dolayısı ile de ticari meta haline getirilmesine sebep olmuştur. Hem herhangi bir kurumda vatandaş veya göçmen olarak resmi kayıtlarının bulunmaması, hem de yaşları itibariyle resmi nikâh kıyılamıyor olması, imam nikâhıyla geçici süreli evliliklerin önünü açan faktörler olarak karşımıza çıkmaktadır. Böylece, kız çocuklarının para karşılığında birkaç aylık sürelerle imam nikâhıyla evlendirilmeleri, taraflar açısından yasal zorunluluklarının olmaması, bir süre sonra özellikle evlendirilen kızlar ve doğan çocukları açısından istenmeyen ve çözümü de üretilemeyen çok büyük problemlerin başlangıcı ve habercisi olabilmektedir.

Yapılan araştırmalar bu durumun yalnızca erken evliliğe maruz kalan kız çocuğunu değil, toplumun bütününü ilgilendiren başka sorunlara da sebep olduğunu ortaya koymaktadır. Suriyeli sığınmacı kız çocuklarının kadın ticaretine maruz kalması, fuhuşa zorlanması, cinsel yolla bulaşan hastalıkların bu bölgelerde artış göstermesi gibi sorunların yanı sıra; yasal olmayan çok eşli evliliklerin artması, boşanmaların artması, aile planlaması yapılamaması, aile yapısında ve sosyo-kültürel yapıda meydana gelenler bozulmalar da bu durumun meydana getirdiği önemli sorunlardan sadece birkaçı olarak yansımaktadır.

Suriyeli sığınmacı ve erken yaş evlilikleri sorununun çözümü için yapılması gereken şeylerin başında ülkeye giriş yapan her bir sığınmacının kayıt altına alınarak, sağlık ve sosyal hizmet birimleri tarafından düzenli takibinin sağlanması gerekmektedir. Özellikle kadın ve çocukların beslenme, eğitim, sağlık, barınma ihtiyaçları öncelikli olarak karşılanmalı ve öz bakım, aile planlaması, temel hak ve özgürlükler gibi konularda bilinçlenmeleri sağlanmalıdır. 18 yaş altındaki kız veya erkek hiçbir çocuğun evlenmeye zorlanmaması için aileler bilinçlendirilmeli ve yasal olarak takibi yapılmalıdır. Aksi taktirde erken yaş evlilikleri ve çocuk gelin – çocuk anne vakaları kontrol edilemez boyutlara ulaşacak, bu durum yalnızca Suriyeli sığınmacıları değil, bizim sosyo-kültürel yapımızı da olumsuz olarak etkilemeye artarak devam edecektir.

Göçün en fazla kadınları ve çocukları mağdur ettiği üzerinde fikir birliğinin olduğundan daha önce bahsetmiştik. Ancak sığınmacı olunduğunda yaşanılan sıkıntıların çok daha fazla olduğu da bilinmektedir. Buna göre ülkemize son yıllarda Suriye'den sığınmacı olarak gelen kadınların sayısının erkeklerden daha fazla olması ve kadınların gittikleri ülkeye en kısa süre içinde uyum sağlayarak ailelerinin uyumunu daha kolaylaştırmak gibi çok önemli fonksiyonlarının olması, onlar için sorumluluğun boyutlarını çok daha büyük hale getirmektedir.

Kadın, sığınmacı olduğu ülkede kendi ayakları üzerinde durabilmeyi başarmak, kültürler arasında uyumu sağlamak ve ailesinin başta yemek, hijyen, sağlık, eğitim, vb. fonksiyonlarını yerine getirmek gibi görevleri, sanki ülkesinde ev içi rollerini yerine getiriyormuş gibi en azami şekilde yerine getirmeye çalışmaktadır. Buna yaşının küçüklüğü, farklı bir kültürde yaşamanın sıkıntıları ve sığınmacılığın sıkıntıları da eklenince bazen katlanılamaz boyutlara uzanmaktan kaynaklanan istenmeyen durumlar yaşanabilmektedir. Bu sorunlara işaret ederek etkin politikaların üretilmesi ve uygulanılmaya konulmasının ne derece hayati öneme sahip olduğuna dikkat çekmenin gerekliliğine vurgu yapmak istiyoruz.

Kaynakça

Akkaya, T. (1979). Göç ve Değişim, İstanbul: İstanbul Üniversitesi Edebiyat Fakültesi Yayınları

Aydemir, E. (2011). Evlilik mi Evcilik mi? Erken ve Zorla Evlilikler: Çocuk Gelinler, USAK Raporları, No: 11-08, Ankara: USAK Yayınları

Bahadır, H., Uçku, R., Varol, Z. S., Çiçeklioğlu, M., Usturalı Mut, A. N. (2016). "Kamp Dışında Yaşayan Sığınmacılar; Çalışma, Gelir, Eğitim, Barınma, Su, Banyo ve Beslenme Koşulları", Savaş, Göç ve Sağlık, Ankara: Türk Tabipleri Birliği Yayınları

Balcıoğlu, İ., Kocabaşoğlu, N., Savrun, M. (2000). Suç, Göç, Çocuk, Yeni Symposium, Sayı:38, Cilt:2, s. 51-55

Başak, C. (2011). Mülteciler, Sığınmacılar ve Yasa Dışı Göçmenler, Ankara: İçişleri Bakanlığı Yayınları

Emin, M. N. (2016). Türkiye'deki Suriyeli Çocukların Eğitimi: Temel Eğitim Politikaları, Analiz Dergisi, Sayı: 153, İstanbul: SETA Yayınları

Erkan, R. (2002). "GAP Bölgesinde Nüfus Hareketleri ve Göç", GAP Yöresinde Nüfus, Çevre ve Kalkınma Konferansı, Ankara: Türkiye Çevre Vakfı Yayını

Esentürk E. L., (1998). "Yabancı Uyruklu ve Türk Üniversite Öğrencilerine Ait Sorunların Bazı Değişkenler Açısından İncelenmesi", (Yayınlanmamış Doktora Tezi), Ankara: Gazi Üniversitesi.

Fichter, J. (1990). Sosyoloji Nedir? (Çev. N. Çelebi), Konya: Selçuk Üniversitesi Yayınları

Gürel; S. (2001). "Türkiye'de Göç ve Bütünleşme Sorunsalı", 21. Yüzyılın Karşısında Kent ve İnsan (Ed: F.Gümüşçüoğlu), İstanbul: Bağlam Yayınları

Hacettepe Üniversitesi Nüfus Etütleri Enstitüsü (2014). "2013 Türkiye Nüfus ve Sağlık Araştırması", Ankara: Hacettepe Üniversitesi Nüfus Etütleri Enstitüsü

Hassoy, H. (2016). "Sığınmacılara İlişkin Genel Durum", Savaş, Göç ve Sağlık, Ankara: Türk Tabipleri Birliği Yayınları

İçduygu, A., Ünalan, T (1998). "Türkiye'de İç Göç: Sorunsal Alanları ve Araştırma Yöntemleri", İçduygu, A., Sirkeci, I, Aydıngün, İ. içinde, *Türkiye'de İç Göç*, İstanbul: Tarih Vakfı Yayınları.

İrgil, E. (2016). "Suriyeli Sığınmacılarda Bulaşıcı Olmayan Hastalıklar Sorunu",Savaş, Göç ve Sağlık, Ankara: Türk Tabipleri Birliği Yayınları

Kartal, S. K. (1978). Kentleşme ve İnsan, Ankara: TODAİE Yayınları,

Lordoğlu, K. (2016). "Göçmenler ve Çalışma Hayatlarından Özetler", Savaş, Göç ve Sağlık, Ankara: Türk Tabipleri Birliği Yayınları

MAZLUMDER (2014). Kamp Dışında Yaşayan Suriyeli Kadın Sığınmacılar Raporu, http://mazlumder.org/webimage/MAZLUMDER%20KAMP%20DI%C5%9EINDA%20YA %C5%9EAYAN%20KADIN%20SI%C4%9EINMACILAR%20RAPORU(9).pdf (Erişim Tarihi: 26 Ekim 2016)

Özer, İ. (2004). Kentleşme, Kentlileşme ve Kentsel Değişme, Bursa: Ekin Kitabevi

Özgülnar, N. (2016). "Kadınların Sorunları", Savaş, Göç ve Sağlık, Ankara: Türk Tabipleri Birliği Yayınları

Özkalp, E. (1990). Sosyolojiye Giriş, Eskişehir: Anadolu Üniversitesi Yayınları

Şenol, D., Alp, Y. E. (2012). "Çocuk Gelin ve Çocuk Dul Kadınlara Kırıkkale ÖrneğiyleSosyolojik Bir Bakış", Uluslararası Katılımlı Çocuk İhtiyaçları Sempozyumu Bildiri Kitabı, Ankara: Mutlu Çocuklar Derneği Yayınları

Şenol, D., Mazman, İ. (2012). "Erken Yaşta Evlilik: Çocuk Gelinler", Uluslararası Katılımlı Çocuk İhtiyaçları Sempozyumu Bildiri Kitabı, Ankara: Mutlu Çocuklar Derneği Yayınları

TUİK (2014). Çocuk Gelinlere İlişkin Kamuoyu Duyurusu, http://www.tuik.gov.tr/duyurular/duyuru_1591.pdf?utm_source...utm (Erişim tarihi: 23 Ekim 2016)

Türkay, M. (2016). "Çocukların Sorunları", Savaş, Göç ve Sağlık, Ankara: Türk Tabipleri Birliği Yayınları

UNFPA (2015). RegionalSituation Report ForSyriaCrisis, Issue:38 http://www.unfpa.org/sites/default/files/resourcepdf/UNFPA_REGIONAL_SITUATION_R EPORT_FOR_SYRIA_CRISIS_IS SUE_38_OCT_2015.pdf (Erişim Tarihi: 25 Ekim 2016)

UNFPA (2015). RegionalSituation Report ForSyriaCrisis, Issue:39 http://www.unfpa.org/sites/default/files/resourcepdf/UNFPA_REGIONAL_SITUATION_R EPORT_FOR_SYRIA_CRISIS_IS SUE_39_NOV_2015.pdf 7.

Varol, Z. S., Terzi, C., Altın, Z. (2016). "Kamp Dışında Yaşayan Sığınmacılara Dair Bir Değerlendirme Örneği: İzmir'de Sokakta Yaşayan Suriyelilerin Sağlık Durum Değerlendirmesi", Savaş, Göç ve Sağlık, Ankara: Türk Tabipleri Birliği Yayınları

Vatansever, K. (2016). "Sığınmacıların Kamplardaki Sorunları", Savaş, Göç ve Sağlık, Ankara: Türk Tabipleri Birliği Yayınları

Suriyeli Sığınmacı Kadın ve Çocukların Göç Sürecindeki Yaşam Tecrübeleri: Kilis Şehri Örneği

Muazzez Harunoğulları ve Yadigar Polat

Giriş

Göç; bireysel, grup ve kitlesel olarak nüfusun bir idari sınırdan başka bir idari sınıra olan hareketidir. Göç hareketi sonucu yalnızca fiziksel mekân değil aynı zamanda sosyal yapıda da değişim yaşanmaktadır. Göç olgusu, insanoğlunun tarihi boyunca sürekli olarak yaşanmış doğal afetler, ekonomik, sosyal, siyasal, kültürel, dini gibi pek çok nedene bağlı olarak gerçekleşmiştir. Göç etme nedenleri zamana ve mekâna göre farklılık göstermekle birlikte, yaşanan göçler hem göç edenler hem de varış ülkedeki sosyo-ekonomik hayat üzerinde önemli etkiler (Doğan ve Karakuyu, 2016: 303) meydana getirmektedir. Uluslararası insan hareketleri ulus ötesi nüfus akımları zaman ve mekanda süreklilik arz etmektedir. Göç sürecinin karmaşık ve çok yönlü bir doğası vardır (Massey vd. 2014:12).

2010 yılında Orta Doğu'da yaşanan halk hareketleri ve bu hareketlerin yaygınlaştığı süreç Tunus, Libya, Mısır gibi Kuzey Afrika ve pek çok Orta Doğu ülkelerini etkilemiştir. Suriye'de 2011'de yaşanan halk hareketleri iç çatışmalara ve akabinde altı yıldır devam eden bir iç savaşa neden olmuştur. Suriye iç savaşı yalnızca bölge ülkelerini değil tüm dünyayı politik ve ekonomik olarak etkilemiştir. Ülke içi karışıklık ve şiddet, bölge ve bölge ötesinde toplu göç meydana getirmiştir. "Mülteci krizi" etkin bir biçimde artmış, hem komşu ülkeleri hem de Avrupa ülkelerini etkilemiştir. Bu etki özellikle bölgede çok daha derin yaşanmaktadır. Suriye'de yaşanan iç savaş sonucu milyonlarca Suriyeli hem ülke içinde hem de ülke dışında yer değiştirmek zorunda kalmıştır. Suriye'de yaşanan iç savaştan siyasal, ekonomik ve toplumsal olarak en fazla etkilenen ülkelerin başında Türkiye gelmektedir.

Suriye'de Mart 2011'de başlayan savaş sonucu, bugüne kadar tahminen 11 milyon Suriyeli evlerini terk etmek zorunda kalmıştır. Savaşın altıncı yılında ülke içindeki 13,5 milyon kişinin insani yardıma ihtiyacı vardır. Birleşmiş Milletler Mülteciler Yüksek Komiserliğine (UNHCR) göre 4.8 milyon Suriyeli Türkiye, Lübnan, Ürdün, Mısır, Irak'ta bulunmaktadır. 6.6 milyon kişi de ülke içinde yerlerinden edilmiştir (www.syrianrefugees.eu, Eylül 2016). Nisan 2011 ile Ekim 2016 yılları arasında Avrupa'da (Şekil 1) bulunan toplam kayıtlı Suriyeli sayısı 884,464 kişidir (3RP, 5 Ocak 2017).

5 Ocak 2017 tarihi itibariyle dünyada kayıtlı Suriyeli mülteci sayısı: 4,862,778 (% 51.5 erkek, %48.5 kadın) kampta kalanların toplam sayısı: 489,009 (% 51.8'i erkek, % 48.2'si kadın) dur. 22 Aralık 2016 yılı itibariyle Türkiye'deki kayıtlı sığınmacı sayısı 2,814,631'dir. Bunların % 53.2'si erkek, % 46.8'i ise kadındır (3RP, 2017). Türkiye'de ikamet eden sığınmacı sayısı 22 Aralık 2016 itibariyle 2,814,361 kişidir. Bunların yaklaşık 275 bini kamplarda (3RP, 2016) diğer geri kalanlar ise kentlerde halkla iç içi yaşamaktadır.

Coğrafi, jeopolitik ve jeostratejik konumu Türkiye'yi göç geçişlerinin en çok yaşandığı ülke durumuna getirmiştir. Orta Doğu'da yaşanan siyasi gerilimler, savaşlar,

INTERNATIONAL MIGRATION AND CHILDREN

terör olayları sebebiyle büyük istikrarsızlığın yaşandığı bu coğrafyadan refah düzeyi ve insan hakları standartları yüksek Avrupa ülkeleri arasında köprü olan Türkiye, göç geçişlerinin en çok yaşandığı bir güzergâh durumundadır (www.goc.gov.tr, 2015). Türkiye sınır komşusu Suriye'den açık kapı politikasıyla yaklaşık üç milyon sığınmacıya yurt olmuştur.

Şekil 1. Suriyeli mültecilerin gittikleri bölge ve Avrupa ülkeleri

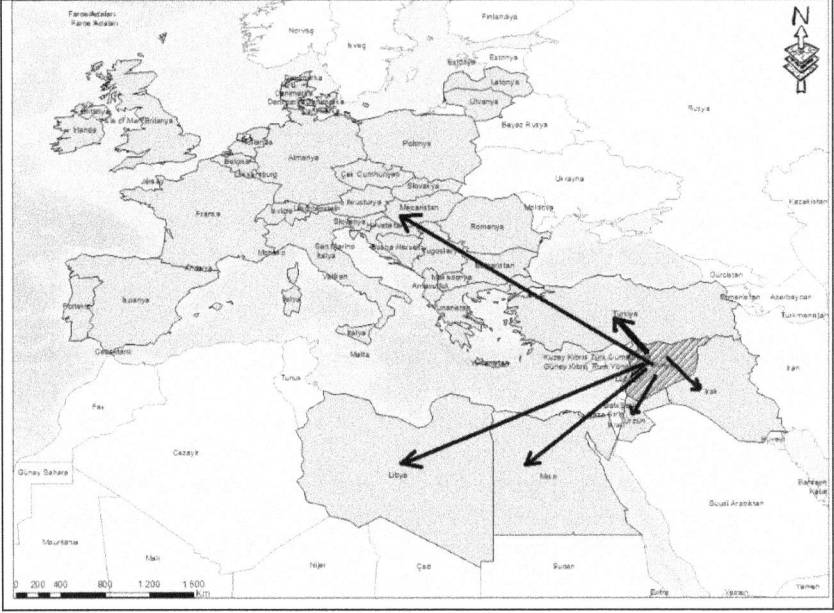

Suriye'den göç eden mültecilerin bir kısmı sınır kentlerde oluşturulan kamp, konteynır ve çadır kentlere yerleştirilmiş, büyük kısmı ise Gaziantep, Hatay, Kilis, Şanlıurfa, Adana, İstanbul başta olmak üzere Türkiye'nin farklı kentlerinde yerli halkla iç içe yaşamaya başlamıştır. Suriye'de yaşanan savaşın altı yıldır tüm şiddetiyle sürmesi, mültecilerin ülkelerine dönme umudunu her geçen gün tüketmektedir. Çoğunluğu yoksulluk sınırının altında yaşayan mülteciler, zor yaşam koşulları içinde daha da yoksullaşmakta, dilencilik, çocuk yaşta evlilikler, çocuk işçiliği gibi çeşitli olumsuz durumlarla başa çıkmaya çalışmaktadırlar. Ev sahibi kentlerdeki yerel halkın tüm desteğine rağmen mültecilere sağlanan desteği sürdürme her geçen gün daha da zorlaşmaktadır. Ayrıca sığınmacıların sosyal ve kültürel farklılıkları geldikleri yerleşmelerde uyum sorunlarına yol açmaktadır (Kaypak ve Bimay, 2016; 94).

Kuramsal Çerçeve
Göçler; sosyo-ekonomik, doğal afetler, savaşlar, güvenlik sorunları, siyasal gelişmeler, terör gibi birçok nedenle gerçekleşmektedir (Genç ve Kara, 2016: 31). Göçün demografi ve diğer sosyal süreçler arasındaki bağlantılarından biri; nüfusun yaş yapısı ve işgücü kaynaklarına olan etkisidir (Bijak, 2011: 3). Sömürgecilik, sosyal etkileşim, ticaret, yatırım ve kültür gibi diğer bağlantılar iki ülke arasındaki göç akışları uluslararası göç sistemi göçmen ile ortaya çıkan bir yapıdır (Özgür vd. 2014: 106). Uluslararası göçte en büyük etken ülkeler arasındaki ücret ve istihdam

248

şartlarının farklı olması, emek piyasasındaki koşullar ve diğer pazarlardaki şartlardır. Modern sanayileşmiş ülke ekonomileri, küreselleşmenin etkisiyle pazarları ulusal sınırları aşmış olması bu ülkelere yaşanan göçleri arttırmıştır. Ailelerin gelirlerini arttırmak için aldıkları göç kararları ulusal ve uluslararası düzeyde yapısal faktörler tarafından şekillenmektedir (Massey vd. 2014: 13).

Ailelerin göç etme kararları ve gidecekleri yerler toplumsal cinsiyete dayalı olarak gerçekleşmektedir. Göç, fiziksel değişime bağlı olarak ekonomik, sosyal ve kültürel etkenlerin farklılaşmasıyla toplumsal cinsiyet rollerinde de farklılaşmalara neden olmuştur. Göç sonrasında göçmenler yeni alışkanlıklar edindikleri gibi yeni bir sosyal çevrede yeni roller üstlenerek ailede yeni bir tarz oluşturmayı zorunlu kılmıştır (Genç ve Kara, 2016: 31). Göçler, zamansal ve mekânsal anlamda farklılık göstermekte, iki farklı mekân arasında yaşanan bu olgu, doğası gereği kurulan ilişki ağlarına bağlı olarak mekânsal anlamda yayılma göstermektedir (Yakar, 2012: 743). 21. yüzyılda dünyanın pek çok bölgesinde ve ülkesinde yaşanan iç karışıklık ve savaşlar nedeniyle özellikle son 30 yılda yaşanan göç önemli bir güç olarak ortaya çıkmıştır. Uzak Doğu, Orta Asya, Afrika ve pek çok Orta Doğu ülkesinden Avrupa'ya ve diğer gelişmiş ülkelere çok sayıda göç yaşanmaktadır (Massey vd. 2014: 13).

Kuzey Afrika ve Orta Doğu ülkelerinde yaşanan ve batılı bir söylem olan "Arap Baharı" pek çok ülkeyi etkilemiştir. Bu değişim hareketinin etkisiyle Suriye'de yaşanan rejim karşıtı halk hareketleri çatışmaya dönüşmüştür. Çatışmalar rejim kuvvetleri ve muhalif örgütler arasında devam ederken küresel ve bölgesel ülkeler kendi çıkarları doğrultusunda Suriye rejimi veya muhalif örgütleri desteklemiştir. Suriye'de yaşanan halk hareketlerinin ardındaki en önemli temel nedenler; sosyo-ekonomik ve siyasal sebepler, halkın yönetimden talepleri, Beşar Esed'in yönetiminin gösterilere katılan halka karşı şiddet kullanması ve uluslararası boyutudur (Şen, 2013: 55). Orta Doğu'daki otoriter rejimler halkın demokratikleşme talebini karşılamaktan uzaktır. Demokratikleşmeyi engelleyecek baskıcı aygıtlar dört faktörün bir araya gelmesiyle açıklanmaktadır. Bunlar (Bellin 2012, 128-129; Şen, 2013: 57);

- Petrol, doğal gaz ve jeostratejik konum gibi kaynaklardan elde edilen gelirlerle baskıcı yapının daha fazla güç kazanması,
- Uluslararası destek ağlarının kurulması,
- Siyasi reform adına baskıcı aygıtlara toplanabilen halk hareketlerinin düşük seviyede olması,
- Baskıcı aygıtın kurumsallaşmasının düşük seviyeli olmasıdır.

Suriye, 1946'da bağımsızlığını kazanmış, 1950 ve 1960'lı yıllarda yaşanan askeri darbeler ülkede istikrarsızlığa yol açmıştır. 1970'teki askeri darbeden sonra Hafız Esed'in başında olduğu Baas partisi iktidara gelmiş, ülkede istikrar ve düzeni sağlamıştır (Süer, 2012; 2). Hafız Esed döneminde Nusayriler Suriye siyaseti ve ekonomisinde etkin bir konum kazanmıştır. Ülkenin en önemli konumlarına kendi ailesinden ve mezhebinden insanları yerleştirmiştir. Bu kadrolaşmayla birlikte Esed iktidarının devamını sağlamıştır (Mercan 2012, 20-21; Şen, 2013: 57). Ancak Esed'in var olan sisteme angaje olmasını sağladığı için reform çabalarını engellemiştir. Bu sebeple Suriye'deki muhalif grubun 2005'teki "Şam Deklarasyonu" sonuç vermemiş, oluşturulan konseyin bazı üyeleri hapse mahkum edilmiştir (Süer, 2012: 2). 1973 Anayasasıyla ülkedeki tüm kurumlar üzerinde mutlak bir hâkimiyet sağlayan Esed, hem bir devlet başkanı, hem komutan hem de Parti genel sekreteri olmuştur. Devlet başkanının meşrutiyetini arttırmak ve yönetime demokratik bir görünüm vermek isteyen Esed, yedi yılda bir devlet başkanlığı seçimi yapmıştır. 1970 ve 1980'li yıllarda rejim muhalifi gruplara karşı verilen mücadele rejimi güçlendirme sürecinin bir parçası şeklinde değerlendirilmiştir (Şen, 2013: 57). Hafız Esed'in otoriter rejimi 2000 yılına kadar sürmüş, ölümünden sonra yerine oğlu Beşar Esed gelmiştir. Ülkedeki reform ihtiyacını dikkate alan Esed, 2001'de "Şam Baharı" adıyla bir açılım yapmaya çalışmış ancak süreç istenildiği gibi sonuçlanmamıştır. Beşar Esed, bundan sonra kendi konumunu güçlendirmek için reformlara karşı çıkan grubu yavaş yavaş rejimden uzaklaştırmıştır (Yazgan vd., 2015; 185).

27 Mayıs 2007'de yapılan referandumda % 97,67 oyla Beşar Esed ikinci kez devlet başkanı seçilmiştir. Suriye'de siyasi ve ekonomik sistemde yaşanan tıkanıklık hızla gelişen ve değişen toplum ihtiyaçlarına cevap veremez duruma gelmiştir. 2010'da Kuzey Afrika ve Orta Doğu coğrafyasında başlayan halk ayaklanmaları Suriye rejimince ciddiye alınmamış ve halkın ekonomik zorluklar ve siyasi açmazlar karşısında harekete geçebileceği kabul edilmemiştir (Şen, 2013: 59). Suriye'de ilk toplumsal hareketler 17 Mart 2011'de Dera'da ortaya çıkmıştır. Bütün ülkeyi etkisi altına alan kuraklık ve yolsuzlukla birlikte büyük bir işsizlik probleminin yaşanması bunda etkili olmuştur. Dera'da başlayan ayaklanmalar daha sonra Banyas, Lazkiye, Hama, Devrizor ve Humus'a sıçramıştır. Rejimin halk ayaklanmasını şiddete başvurarak durdurmak istemesi halk ayaklanmasının tüm ülkeye yayılmasında en önemli etken olmuştur (Süer, 2012: 9). Bununla birlikte 2011 yılı, Suriye için bu ülkenin göç hacmi ve doğası önemli ölçüde değiştiği için bir dönüm noktası olmuştur. Birkaç Arap ülkesindeki diktatörlüklere karşı yapılan halk ayaklanmalarının ardından, birçok Suriyeli Beşar Esad hükümetini protesto etmek için sokaklara çıkmıştır. Sokak protestoları, sonradan muazzam bir mülteci akışına neden olacak bir iç savaşa dönüşmüştür (Yazgan vd. 2015: 185).

2011 yılının Mart ayında Suriye'de yaşanan halk hareketinin altında yatan en önemli sebepler gelir dağılımındaki dengesizlik, işsizlik, refah düzeyinin düşük olması, yoksulluk ve demokratik taleplerdir (Yılmaz, 2011: 19). Suriye'deki muhalif hareketler, etnik-mezhepsel boyutu ağır basan iç savaşa dönüşmüştür. Irak ve Suriye'de yaşanan istikrarsızlık, şiddet kullanımı ve siyasal dışlanmışlık; radikal düşünceye sahip gruplara yeni bir savaş alanı doğurmuş, umutsuzluk duygusuna kapılan geniş halk kitlelerinin bu gruplara katılmasına ve sempati duymasına sebep olmuştur (ORSAM, 2014: 7). Kuzey Afrika ve Orta Doğu'da yaşanan halk hareketleri, ABD başta olmak üzere büyük güçlerin bölge üzerindeki politikalarının yeniden gözden geçirilmesi gerekliliğini ortaya koymuştur. Halk hareketleri, Orta Doğu ülkelerinin çoğuyla kurulmuş çıkar odaklı ilişkileri erozyona uğratmış, ancak ABD için bu durum tekrar fırsata çevrilmeye çalışılmış ve ABD, halk kalkışmalarının yaşandığı bütün ülkelere demokratik hakların elde edilmesi doğrultusunda (Oğuzoğlu, 2011: 69) yardımcı olmuştur.

Toplumların yaşadığı değişmez olgulardan biri olan göç, bireylerin veya grupların bir yerleşim yerinden yakın veya uzak yeni yerleşim alanlarına ve toplumlara doğru olan kalıcı coğrafik ve sosyal hareketliliği kapsamaktadır. Bununla birlikte kalkış ve varış noktasındaki mekânların organizasyonunun sunduğu imkân ve fırsatlar göçün temel belirleyicilerindendir. Göç olgusu yoğunluklu olarak sanayi toplumunda endüstrileşme-kapitalizm-kentleşme olgularının birlikte ilerleyen süreçlerinde öne çıkmıştır (Bal vd, 2012: 192). Teknoloji ve üretimde yaşanan artış göçü motive etmekte, baskıcı uygulamalar, olumsuz doğa koşulları insanları göçe zorlamaktadır. Özellikle küresel nitelikteki sığınmacı ve mülteci göçleri baskıcı uygulama ve kötü yasalardan dolayı gerçekleşmektedir (Bal vd, 2012: 194). Göçle birlikte hem kalkış hem de varış noktalarında sosyal, ekonomik, kültürel gibi birçok alanda sorun ortaya çıkmaktadır. Göçün varış noktasında yaşanan sorunlardan biri göç edenlerin istihdam talebinin karşılanamaması ve işsizlik kitlesinin artmasına yol açmasıdır. Bu durumda yetenekli olanlar istihdam edilirken diğerleri düşük ücrete razı olur veya işsiz kalırlar. Göç eden nüfusun yeni yaşam alanına uyumunu gerçekleştirip gerçekleştiremediği de ortaya çıkan diğer bir sorundur (Bal vd, 2012: 196). Varış noktasındaki doğal ve beşeri çevre şartları göçle gelenlerin uyumunu büyük oranda etkiler. Göçmenler yeni geldikleri mekânda informel kesimde çalışmak mecburiyetinde oldukları gibi iş güvencesinden yoksun, düşük ücrete çalışmak zorunda kalmaktadırlar.

Göçmenler kendi yerleşik değer-norm sistemlerini, alışkanlıkları ve tutumlarını konak ülkeye beraberlerinde getirirler (Bal vd, 2012:197). Göçmenler ve konak toplum arasındaki ilişkiler işgücü piyasalarını, sosyal güvenlik sistemlerini, sağlık harcamalarını, mali denge ve ulusal tasarrufları etkiledikleri gibi diğer makroekonomik göstergeleri de etkilemektedir. Göçle birlikte iş gücü piyasası hem göç gönderen hem de alan ülkelerin ekonomilerini etkilemektedir. Ayrıca göç sonucu konak topluma göçmenlerin entegrasyonu sosyal alanda önemli bir yer tutmaktadır (Bijak, 2011: 4). Yerinden edilmiş kişiler, mülteciler ve sığınmacılar son derece önemli göç krizleri üretmektedir. 20. ve 21. yüzyılda yaşanan Angola, Sudan, Cezayir, eski Yugoslavya, Ruanda ve Çeçenistan'da yaşanan çatışmalar göç krizlerine sebep olmuştur. Böyle trajik olayların demografik sonuçlarını tahmin etmek oldukça zordur (Bijak, 2011: 4). Göç süreci erkek, kadın ve çocuklarda farklı izler bırakmaktadır. Savaşı farklı boyutlarıyla deneyimleyen kadın ve çocuklar savaş ortamı, savaştan özgürlüğe kaçış, bu süreçte yaşanılan yoksunluk ve yoksulluk, hayatı idame etme gibi durumlarla karşı karşıya kalmaktadır.

Çalışmanın Amacı ve Yöntemi
Çalışmanın amacı, Kilis kentindeki Suriyeli sığınmacı kadın ve çocukların zorunlu göç sürecinden etkilenme durumlarına, bilmedikleri farklı bir coğrafyada yaşadıkları bireysel ve toplumsal sorunlara dikkat çekmektir. Çalışmayı yaparken toplumsal cinsiyet yaklaşımı içerisinde göç süreci, bu süreçte kadın ve çocukların varlığının anlaşılması esas alınmıştır. Kadın ve çocuk gözüyle zorunlu göç süreci ve yeni gelinen coğrafyada yaşanılan süreç içinde karşılaşılan durumlar, yaşam deneyimleri anlatıları doğrultusunda ele alınmıştır. Anlatılar göçü bir süreç olarak ele alan bir yaklaşımla yorumlanmıştır. Niteliksel olarak yapılan bu araştırmada 15 Suriyeli kadın ve 20 çocukla görüşme yapılmış ve onların iç dünyasına içerden bakmaya çalışılmıştır. Suriyeli kadın sığınmacıların evlerine gidilerek Arapça derinlemesine görüşme ve gözlem yapılmıştır. Görüşmelerde Arapça konuşan bir tercümandan yardım alınmıştır. Sığınmacıların yaşadıkları sıkıntılar, yoksulluk, sosyal problemler benzerlik göstermektedir.

Çalışma Alanı
Kilis, güneyinde Suriye, kuzeybatısında ve batısında Gaziantep ilinin İslahiye ilçesi, kuzey ve kuzeydoğusunda Gaziantep merkez ilçesi olan Şahinbey, doğusunda ise

Gaziantep'in Oğuzeli ilçeleriyle çevrilidir (Şekil 2). Mezopotamya ve Anadolu arasında geçiş güzergahında bulunan Kilis tarihi dönemlerde oldukça stratejik bir öneme sahip olmuştur. Pek çok farklı medeniyete ev sahipliği yapan Kilis, $38^0\ 27^1$ ve $38^0\ 01^1$ boylamları ile $36^0\ 38^1$ ve $37^0\ 32^1$ kuzey enlemleri arasında yer almaktadır.

Şekil 2. Kilis ili lokasyon haritası.

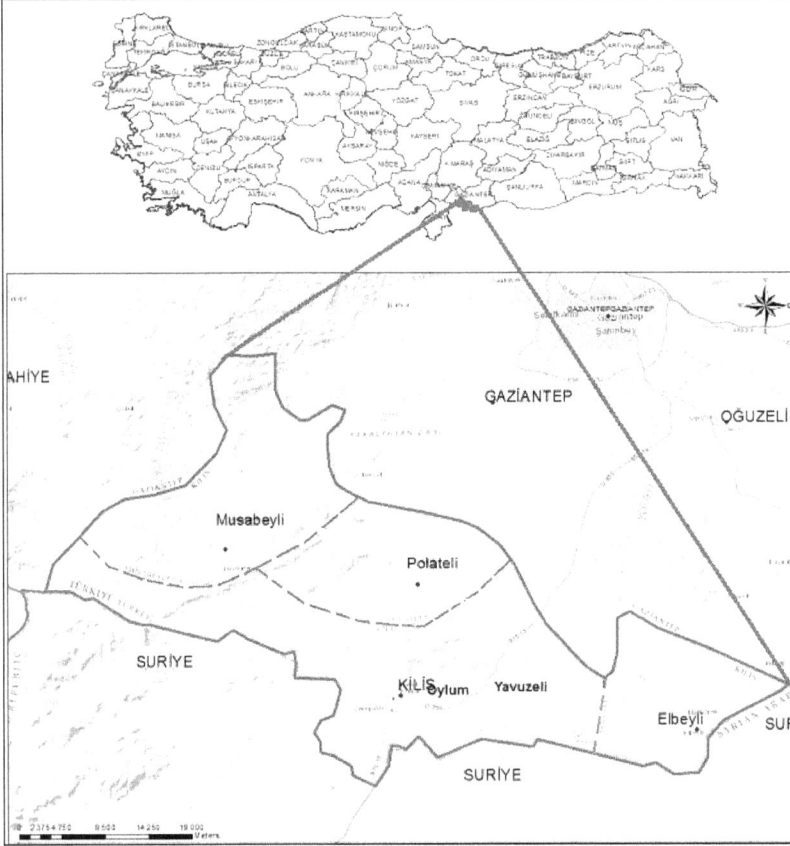

Akdeniz ikliminin görüldüğü Kilis'te tarımsal faaliyetler ve tarıma dayalı sanayi önemli bir yer tutmaktadır. Kilis ilinin 2015 yılındaki toplam nüfusu 106 293, il merkezindeki nüfus 93 266, belde ve köyler nüfusu ise 13 027'dir. Yıllık nüfus artış hızı ise % 26,3'tür (TÜİK, 2016). Kilis şehri, yerli nüfusundan daha fazla Suriyeli sığınmacıya ev sahipliği yapmaktadır. Kilis merkez ilçesinde yaşayan sığınmacıların sayısının 100 binin üzerinde olduğu yerel idarece ifade edilmiştir.

Bulgular ve Tartışma

Suriyeli Sığınmacı Kadınlar
Yapılan görüşmeler sonucu elde edilen veriler ışığında Suriyeli kadınların yaşamında geleneksel değerlerin hâkim olduğu söylenebilir. Suriye'de eğitimine devam etmeyen kızlar 14-15 yaşlarında evlenirken eğitimini tamamlayanların ise 20'li yaşlarda evlilik

yaptıkları belirlenmiştir. Erken yaşlarda evlenen kadınlar çok sayıda çocuk sahibi olmaktadır. Suriye'de erken yaşta evlilik ve çok eşle evlenme normal karşılanmaktadır. Kilis'te Suriyeli sığınmacı göçüyle birlikte boşanmalar ve ikinci evlilik sayısı da artış göstermiştir. Daha güvenli ve daha rahat yaşamak isteyen Suriyeli ailelerin kızları yerli halktan erkeklerle evlilikler yapmaktadırlar. Oldukça bakımlı olan Suriyeli kadınlar evlenecekleri kişilerden herhangi bir şey talep etmedikleri için tercih edilmektedir. Geleneksel yaşam tarzının hâkim olduğu yerlerde kadınlar dini ve muhafazakâr bir hayat sürmektedirler. Suriye'de kadınların çalışması pek yaygın değildir. Kadınlara biçilmiş roller dâhilinde ancak belirli işlerde çalışabilmektedir. Kapalı bir aile yapısı içinde belli rolleri yerine getiren Suriyeli kadınlar daha çok kendi tarlalarında kendi işlerinde çalışmakta, eğitim görenler ise kamuda memuriyette istihdam edilmektedir. Kadınların her işte çalışması gibi bir durum söz konusu değildir. Ayrıca kadın giyim mağazalarında erkeklerin çalışması uygun görülmediğinden bu yerlerde kadınlar istihdam edilmektedir. Kadınlar memur, öğretmen, doktor gibi meslek alanlarında bulunabilmektedir. Bunlar dışında farklı iş kollarında kadın çalışana pek rastlanmamaktadır. Kadınların büyük kısmı evlerinde ev işleriyle uğraşmakta veya evlerinde dikiş dikerek aile bütçesine katkı sağlamaktadır. Kilis'teki dil bilmeyen ve ataerkil bir toplum kültürüne sahip olan Suriyeli kadınların büyük kısmı çalışmamaktadır. Ancak az da olsa tarım işlerinde, bazı gündelik ev işlerinde ve terzihanelerde çalışma durumu söz konusudur.

Demokratik bir siyasal rejimden, modern teknolojilerden, eğitilmiş insan gücü ve yüksek istihdam kapasitesinden yoksun az gelişmiş ekonomilerin yol açtığı olumsuzluklardan en çok kadın ve çocuklar etkilenmektedirler. Hızlı nüfus artışı, sağlık ve eğitim hizmetlerindeki yetersizlik ve düşük gelir düzeyi ve yoksulluktan yine en çok kadın ve çocuklar etkilenmektedir. Suriyeli kadınların kendi toplumlarında ikinci planda olduğu ataerkil bir aile yapısı içinde eşleriyle ve aileleriyle geçinmeye çalıştıkları ve eşlerinden şiddet görseler dahi herhangi bir şekilde buna karşı bir duruş sergileyemedikleri ifade edilmiştir. Savaştan önce kendi ülkelerinde pek çok sorunla karşı karşıya kalan ve toplumda geri planda olan kadınlar için hayat oldukça zor olduğu gibi savaş sebebiyle göç ettikleri yerlerde de hayatın yükümlülüğünü ve zorluklarını omuzlarına alan kadınlar için yaşam hiç te kolay olmamaktadır. Sığınmacıların çocuk ve kadın ağırlıklı olması istismara açık bu iki hassas grubun istihdam alanında da yoğun olarak sömürülmesine neden olmaktadır. Gelişim dönemlerinde ihtiyacı olan eğitim, oyun ve diğer sosyal imkânlardan uzak kalan sığınmacı çocuklar ucuz iş gücü olarak zorlu iş koşullarında çalışmak zorunda kalmaktadır. Sığınmacı kadın ve çocukların yapabilecekleri işlerde çalışmaları normal piyasanın çok altında ücrete tabidir. Günlük işlerde 15-20 tl kadar düşük ücrete çalışmak zorunda kalan kadın ve çocuklar için geçim çok zordur. Yabancı bir ülkede yabancı bir halk içinde kendileri için yeni bir yaşam oluşturmaya çalışan Suriyeli kadın ve çocuklar yaşadıkları ortamda pek çok sorunun üstesinden gelmek zorundadır. Okuma yazmanın yanı sıra Türkçe bilmiyor olmaları sebebiyle yaşadıkları şehirdeki ekonomik ve sosyal zorluklarla baş etmek zorunda kalmaktadırlar.

Suriye'de savaş başladığı yıl Suriye nüfusu yaklaşık 22.5 milyondur (Şen, 2013: 54). Nüfusun yaklaşık 2.5 milyonu Nusayri, 20 milyonu Sünni halktır. 2.5 milyon Nusayri Suriye yönetiminde söz sahibidir. Suriye'de savaştan önce halk çok fakir bir hayat sürmekle birlikte devlete ve rejime karşı çıkmadıkları sürece yaşam alanlarına pek müdahale edilmemektedir. Ülkede tek partili bir rejim vardır. Seçim dönemlerinde de herkes Esed'in partisine oy vermek zorunda olduğu gibi her aileden en az bir kişi Esed'in askeri olmak mecburiyetindedir. Ayrıca eğitim gören herkes memur olmak istiyorsa Esed'in partisine mutlaka üye olmak ve parti ile ilgili işleri yapmak zorundadır. Partiye üye olmama gibi bir durum söz konusu değildir. Bütün yerleşim yerlerinde Esed'in gizli polis gücü halkın arasında fişleme yaparak yönetimden memnun olmayanları tespit ederek tutuklamış ve onları hapse attırmıştır. Sünni yerleşimlerde meydana gelen saldırılar sonucu halk güvensiz bir ortamda yaşam mücadelesi vermek zorunda kalmıştır. Görüşmelerden elde edilen bulgulara göre Suriye'deki ilk ayaklanma 21 Mart 2011 yılında Şam'ın güneyindeki Dera kırsalında 10-13 yaşlarındaki çocukların duvarlara Esed'i istemiyoruz diye yazmalarıyla başlamıştır. Halk ayaklanmaya başlamadan önce çocuklarını öne sürerek gösteriler ve yürüyüşler yapmış, Esed'in askerleri çocukları hapse atarak onları işkenceye maruz bırakmıştır. Bu çocuklardan biri de 13 yaşındaki Hamza Ali El-Hatip'tir. Halk, ağır işkence altında hayatı son bulan çocukların cesetlerini karakoldan almaya gidince çocuklar ailelerine teslim edilmemiştir. Halkın üzerine ateşle karşılık verilmiş, halkın baskısı artınca işkence görmüş Hamza Ali El-Hatip ve diğer çocukların cesedi ailelerine teslim edilmiştir. Kefene sarılı halde alınan cesetler daha sonra işkence iddiaları üzerine kefenleri açılarak bakılmış son derece şiddetli işkence gören çocukların cesetlerinin görüntülerinin paylaşılması üzerine bölgedeki ayaklanmalar artmıştır. Polislerin halka saldırması sonucu bu yerleşim alanında ve çevre yerlerde aşiretler devlete karşı etkili bir ayaklanma başlatmış, Sünni yerleşim yerlerinde Dera ve Humus kırsalında başlayan ayaklanmalar, daha büyük yerleşim alanlarına ve şehirlere yayılmış, Esed'in jandarma kuvveti Sünni yerleşik halka saldırı başlatmıştır.

Normal şartlarda toplumsal cinsiyete dayalı ayrımcılık sebebiyle sosyo-psikolojik açıdan baskı altında olan ve toplumsal cinsiyete dayalı şiddet pratiklerini farklı boyutlarıyla deneyimleyen kadınlar, savaş ortamında şiddeti en can yakıcı biçimiyle yaşamaktadır. Savaş ortamı hukuki sistemin çöktüğü tamamen güç mücadelesinin etkin biçimde yaşandığı bir ortam olarak kadın ve çocukların üzerinde bıraktığı etki daha derin ve yıkıcı olmaktadır. Savaş başlangıcında Esad askerleri önce evlere saldırmışlardır. Görüşme yapılan Suriyeli kadınların çoğu askerlerin kızları zorla götürüp çeşitli işkence ve tecavüze maruz bıraktıklarını beyan etmiştir. Daeş, Şebbiha vb. terör gruplarının Lazkiye gibi çeşitli yerleşmelerde kadınları ve kız çocuklarını kaçırarak cinsel istismarda bulunmaları ve bu olayların artış göstermesi sonucu aileler kadınlarını ve kızlarını güvenceye almak için Türkiye'ye göç kararı almışlardır. Ailesiyle birlikte Şam'daki savaş ortamından kaçarak Türkiye'ye sığınan ve daha sonra Kilis'e yerleşen 48 yaşındaki J., bu süreçte yaşadıklarını şöyle anlatıyor:

"2 yıl önce Suriye'deyken ayrıldığım eşim ve çocuklarımla Türkiye'ye geldik. Önce Alanya'ya daha sonra İzmir'e gittik. Eski eşim ve 4 çocuğum botlarla Ege'den geçerek Avrupa'ya göç ettiler. Param olmadığı için ben onlarla gidemedim. Yolculuk esnasında eski eşimin Sırbistan'da kalp krizi geçirip öldüğünü çocuklarımın Viyana'ya gittiğini öğrendim. Çocuklarım Esed'e karşı protesto gösterilerine katıldı, bir oğlum muhaliflere katıldı, baskı ve ölüm korkusundan dolayı göç etmek zorunda kaldık. Eski kocam tarafından sürekli şiddet görüyordum. Evlendiğimden beri koca dayağıyla baş etmek zorunda kaldım. Dayanamayıp boşandım. Eşimden ayrıldıktan sonra evde terzilik yaparak geçimimizi sağlamaya çalıştım. Suriye'de kendimize ait bir evimiz vardı. Bize yetiyordu. Savaş çıktıktan sonra eski eşim evi satarak çocuklarla birlikte

Avrupa'ya göç etti. Ben Türkiye'de kaldım. İzmir'de 3 ay ikamet ettim. Burada eşinden ayrılmış 2 kız çocuğu olan 38 yaşındaki Y. ile dini nikah kıyarak evlendim. Su tesisatçılığı ve şarkıcılıkla geçimini sağlıyordu. Evlendikten sonra eşimin farklı şehirlerdeki akrabalarının yanına gitmeye ve belli bir süre oralarda kalmaya başladık. Daha sonra Y. Silah kaçakçılığından tutuklandı ve Kilis'teki cezaevine gönderildi. Ben de ardından geldim. Daha sonra Y. benden boşandı. Kilis'te AFAD'a başvurarak barınma talebinde bulundum. Dul ve yetimler evine yerleştirildim. 7 ay burada kaldıktan sonra buradaki Suriyeli sorumlular çocuğum olmadığı bahanesiyle beni kapı dışı ettiler. 20 gün bir kız arkadaşla kaldıktan sonra şu anki evde kalan aileyle birlikte yaşamaya başladım. Tatlıcıda sabah 9 akşam 8 saatleri arasında günlük 15 tl ye çalışıyorum. Ara sıra temizliğe gidiyorum. Çalıştığım tatlıcıda burada 20 yıldır bulunan bir Suriyeli kadın aracılığıyla Kilisli evli ve 5 çocuklu 34 yaşındaki A. ile imam nikahlı olarak evlendim. Evlendikten 3 gün sonra A. insan kaçakçılığından yakalanarak cezaevine konuldu. Onunla hala nikahlıyım ondan ayrılmayı düşünmüyorum. A. dan hiçbir maddi destek görmedim. Benimle evlenmek isteğini söyleyen kişiler tarafından telefonda rahatsız ediliyorum. Yaşadığım mahallede ve işyerinde herhangi bir taciz olayıyla karşılaşmadım."

33 yaşında ve 5 çocuk sahibi ve ilkokul mezunu olan R. göç sürecini en derin etkileriyle yaşayanlardan biri. En büyük çocuğu 14 yaşında en küçük çocuğu 8 aylık. Halep-Ferdos'ta yaşarken eşinden sürekli şiddet görmüş ve uyuşturucu müptelası olan eşi tarafından dilencilik yaptırılmış. 18 yaşında, işsiz ve eğitim görmemiş olan eşiyle evlenen R. Suriye'deki hayatını bir işkence olarak değerlendiriyor. Eşinin sürekli olarak kendisini ve çocuklarını dövdüğünü, para kazanmak için kocası tarafından zorlanarak sokaklarda dilencilik yaptığını ifade etmiştir. Eşi 2014 yılında Özgür Suriye Ordusuna gönüllü olarak katılmış, uzun bir zamandır eşinden haber alamamış, göç etmeden önce eşiyle bağlantısı tamamen kopmuştur. Rusya'nın Halep ve çevresine yaptığı hava saldırıları sonucu evleri yıkılmış kendisi ve büyük oğlu evin yıkıntıları arasından kurtarılmıştır. Kilis'e ilk geldiğinde yetimler evinde barınmış ancak orada kalan diğer Suriyeliler, çocuklarının yaramazlığından şikayet ederek evden atmışlardır. Şu anda Kilis halkının yardımıyla garajdan bozma evde çocuklarıyla barınmaktadır.

E., 60 yaşında, 7 çocuk sahibi, Halep Heritan'dan gelmiş, 5 yıldır Kilis'te yaşıyor. Kilis'te oğlu, gelini, torunları ve eşiyle birlikte 10 kişi aynı evde yaşıyorlar. Görüşme esnasında soruları cevaplarken gözyaşlarını tutamadı. 25 yaşında olan en küçük çocuğu muhaliflere katılmış, erkek kardeşini savaşta kaybetmiş 8 aylık torunu uçak saldırıları sonucu atılan kimyasal bombada zehirlenerek ölmüş. Yaşadıkları kırsal alanda, saldırıların artması sonucu şehre (Halep'e) göç etmişler. Kanser hastası olan eşini tedavi ettirmek amacıyla eşiyle birlikte Ramazan ayında oruçlu iken ancak 2 günde Türkiye'ye gelmişler. Sınırda yaşanan yoğunluk sebebiyle araçlar uzun bir kuyruk oluşturmuş sınırda 2 gün bekledikten sonra Türkiye'ye geçiş yapmışlardır. Türkiye sınırından geçtikten sonra eşi hasta olduğu için Türkiye'de askerler onları Adıyaman'a kadar götürmüş, yetimlere ait konaklama yerinde barınmışlardır. Sonra Urfa'ya gelmiş ve burada çadır kentte 2 ay kalmışlar. Daha sonra kimliklerini sınırdaki askerlere teslim ederek Suriye'ye gitmişlerdir. Suriye'de de evleri yıkıldığı için 2 ay akrabalarında kaldıktan sonra savaştan tekrar kaçarak ikinci gelişlerinde

Türkiye'ye Kilis'ten giriş yaparak buraya yerleşmişlerdir. E. yaşadıklarını şu şekilde ifade etmiştir:

"Allah Türkiye'yi korusun, Kilis'i korusun Türkiye'ye bir şey olmasın (gözyaşları içinde). Rüyalarımda sürekli uçak saldırılarını ve bombalamaları görüyorum. Rus uçakları ve Esed'in askerleri kaldığımız yerleşim yerine uçaklarla saldırdılar, evimiz yıkıldı komşularımız, akrabalarımız öldü. Çok korkunçtu. Savaş ilk başladığında tarafsızdık ancak Esed'in saldırıları ve hapishanelere toplatılan insanlara işkence yaparak öldürülmeleri sonucu muhalifleri destekledik. Daiş yakaladıklarının kafasını kesip meydanlara atıyordu, Esed askerleri de hapishanelerde işkenceyle öldürdükleri kişilerin cesetlerini açık kanalizasyon şebekelerine atıyordu. Esed ve Daişin zulümleri aynı ikisi de zalim. Esed rejimine halkın herhangi bir şekilde eleştiri getirmesi söz konusu değildir. 1980 li yıllarda Hafız Esed zamanında halk isyanlarını bastırmak için Baba Esed 100 bin sivili katletti. Aynı şeyi oğul Esed de yaptı. O dönem de de binlerce kişi Türkiye'ye göç etmişti."

Suriyeli sığınmacıların içine girdikleri zorlu şartları ve umutlarını Kilis'te yaşadıkları mahallelerde evlerin duvarlarında görmek mümkündür (Şekil 3).

Şekil 3. Kilis'te sığınmacılardan birinin yaşadıkları evin duvarına yazdığı "yaşam" yazısı onların yaşadıklarını ve hissettiklerini tek kelimeyle anlatmaktadır.

Sığınmacı çocuklar
Toplumun üyesi olan çocukların birey olarak toplumun bir parçası olması fiziksel ve beşeri çevrenin etkisiyle ortaya çıkmaktadır. Çocuklar yetişkinlerden farklı ihtiyaçlara sahiptir. Çocukların gelişmesi, sosyalleşmesi ve toplumun etkin bir bireyi olması son derece önem arz etmektedir. Yetişkinlerden en büyük farklılığı çocuğun oyun ihtiyacıdır. Oyun çocukların gelişiminde, eğitiminde ve öğrenmede yaşamsal bir ihtiyaçtır. Açık alanda güvenli bir ortamda akranlarıyla neşeli bir şekilde oynayan çocuğun sosyal ve duygusal gelişimi olumlu bir biçimde etkilenir. Suriyeli sığınmacı

çocukların bir kısmı sokaklarında parklarda kendi akranlarıyla oyun oynama şansına sahipken, bir kısmı ailesinin ekonomik sıkıntısı sebebiyle çocuk yaşta çeşitli işlerde çalışmak zorunda kalmaktadır. Kampta yaşayan Suriyeli sığınmacı çocuklar eğitimlerini sürdürmektedir. Kent içindeki sığınmacı çocukların büyük bir kısmı ekonomik sıkıntılar ve zorluklar nedeniyle çeşitli işlerde ve sokaklarda çalışmak zorunda kaldıklarından eğitimlerine devam edememektedirler. Bununla birlikte kentteki Suriyeli sığınmacı çocuklar için açılan okullarda ve az da olsa yerli öğrencilerin devam ettiği okullarda eğitimlerini sürdürenler de bulunmaktadır. Okula gidemeyen çocukların büyük kısmı aile bütçesine katkı sağlamak için, kimi aileler tarafından kimi de kendi istekleriyle çalışmaktadırlar

E., 10 yaşında ilkokul 3 sınıfta Suriyelilerin gittiği okula gidiyor. Savaş sırasında alışveriş yaparken uçak bombardımanı sonucu yakınına bomba düşmüş, çok sayıda ölü ve yaralı olmuş, evler yıkılmış, çok korkmuş. Türkiye'ye göç esnasında uçak saldırıları yaşanmış yakınlarına bomba düşmüş. Savaştan ailesiyle kaçarak Kilis'e yerleşen E., yaşadıkları mahalle için; "Mahallede iki kardeş tarafından baskı görüyorum, onun dışında bana karışan yok. Bizimle uğraşan bu iki kardeşten dolayı mahallede huzurlu değiliz." demiştir.

Görüşme yapılan 7 yaşındaki A., ile 8 yaşındaki V., okulda arkadaşları olduğu için çok rahat ve huzurlu olduklarını, ancak yaşadıkları mahallede arkadaşları olmadığından kendilerini yalnız ve dışlanmış hissettiklerini belirtmişlerdir.

A., 9 yaşında Türkçesi kısıtlı 3 sınıf öğrencisi yerli öğrencilerle birlikte aynı okulda eğitim görüyor. Türkiye'yi seviyor ancak savaş bittikten sonra Suriye'ye dönmek istiyor. Ailesi sokakları güvenli görmediğinden dışarıda oynamasına izin vermiyor. Arkadaşlarıyla ancak okulda oyun oynuyor. Büyüyünce öğretmen olmak istiyor derslerinde başarılı.

Türkçeyi az bilen 10 yaşındaki M., "4. sınıfta okuyorum, derslerim iyi büyüyünce pilot olmak istiyorum. Hafta sonları babama yardım ediyorum. Arkadaşlarımla aram iyi olduğu zamanlar Kilis'i seviyorum. Arkadaşlarımla anlaşamadığım zamanlar ise Suriye'ye dönmek istiyorum. Suriye'de uçak saldırılarını bombardımanı yaşadım, savaş uçakları evleri bombaladılar, evler yıkıldı, insanları öldü, hala çok korkuyorum. Rüyalarımda daha çok yılan ve savaş sahneleri görüyorum. Savaştan sonra Suriye'ye dönmek istiyorum".

7 yaşındaki A., ve 6 yaşındaki M. Kardeşler "mahallede yerli ve Suriyeli çocuklarla oyun oynuyoruz. Ancak zaman zaman yaşıtlarımızdan veya yaşı daha büyük olanlardan dayak yiyoruz. Parkta oyuncaklarla oynamamıza çoğu zaman hem büyükler hem de küçükler izin vermiyor" şeklinde düşüncelerini belirtmişlerdir. Beslenme yetersizliğinden dolayı boyu kısa kalmış M., Halep'i seviyor. Aliye Türkiye'yi seviyor. Çocuklar uçak saldırılarını ve bombardımanı yaşamışlar. Rüyalarında hala uçak bombardımanını görüyorlar. Çocuklar oldukça sağlıksız ve her bakımdan yetersiz garajdan bozma bir yeri konut olarak kullanıyor.

Kamp Dışında Yaşayan Suriyeli Kadın ve Çocuk Sığınmacılar ve Mekânsal Dışlanma
Şehrin farklı mahallelerinde ve tüm kente dağılan Suriyeli sığınmacıların sosyo-ekonomik durumlarına göre barınma olanakları farklılaşmaktadır. Göçmenler büyük çoğunlukla kentin varoşlarında yerleşmişlerdir. Yaşam koşulları oldukça elverişli

evleri satın alan ya da kiralayan Suriyeli sığınmacılar bulunmakla birlikte yaşanılan mekânların insani koşullardan çok uzak olduğu meskenler de söz konusudur. Maddi durumu iyi olmayan, düzenli bir işte çalışmayan ve çoğu zaman yerli halkın yardımlarıyla hayatlarını sürdürmeye çalışan yoksul Suriyeli göçmenler hijyen ve sağlık koşulları oldukça kötü yerlerde yaşamak durumunda kalmıştır. Görüşme yapılan Suriyeli sığınmacıların bir kısmı küçük ve dar olan tek gözlü garaj olarak yapılmış yerler içinde banyo–tuvaleti naylon veya çadır denilen plastik örtülerle birbirinden ayırarak kapılarına da battaniye veya yine çadır denilen plastik malzemeyle kapatarak yaşam alanı oluşturmuşlardır. Bu garajların tavanı oldukça yüksek olduğundan ısınma son derece zor olmaktadır. Hatta bazı aileler daha geniş olan garajlarda çadırlarla birbirinden ayrı bölmeler yapmışladır. Güneş görmeyen, rutubetli 6-8 kişinin birlikte kaldığı bu yerler sağlık açısından risk taşımaktadır. Bazı evlerin kırılan camları naylonla kapatılmıştır. Bazı evlerin kapıları battaniyeyle örtülmüştür. Özellikle eski ve köhnemiş meskenler çok fazladır. Suriyeli sığınmacıların yoğun olması şehirdeki ev kiralarını arttırmıştır. Ancak ev kiraları son 1 yılda düşüş göstermektedir. Bundaki en büyük etken 2016 yılı Nisan ayından itibaren Kilis'e Daiş tarafından atılan roketlerdir. 20'nin üstünde kişi bu roketler nedeniyle hayatını kaybetmiştir. Saldırıların sıklaşması sonucu Mayıs-Eylül 2016 döneminde Kilis'ten başka şehirlere hem yerli halkın hem de Suriyeli sığınmacıların göçü artmıştır. Bu yüzden daha önce 450 tl olan evler aylık 350'ye, 250 olan sağlıksız ve küçük mekânlar da 200-150 tl'ye kiraya verilmeye başlanmıştır. Meskenler, çoğunluğu 1 veya 2 odalı, mutfağı ve banyosu olmayan, lavabosunu 6-15 kişinin birlikte kullandığı, 7-8 kişilik ailelerin birlikte yaşadığı, soğuk, rutubetli, yeterince güneş görmeyen, sıvaları dökülmüş, küçük bir tezgâhın mutfak olarak kullanıldığı sağlıksız ortamlardır. Sobayla ısıtılan meskenlerin büyük kısmı yeterince güneş alamamakta, bu evlerin bir kısmı nemli olduğu gibi bir kısmının lavabosu veya banyosu bulunmamaktadır. Ev kiraları yüksek olduğundan ve sığınmacılar başka bir yer bulamadıklarından, sağlık ve hijyen koşulları kötü olan evleri kiralamak zorunda kalmışlardır. Eskiden kullanılan ancak daha sonra boşaltılmış pek çok tek ve küçük odalı eski yapılar, evlerin bodrumları, depolar sığınmacılar tarafından ikametgâh olarak kullanılmaktadır (Şekil 4).

Şekil 4. Kilis şehrindeki sığınmacıların ikametgâhları

Süleymanov, Sönmez, Ünver, Akbaba (der.)

Konutlarda genelde yerli yardımsever halk tarafından verilen eski eşyalar vardır. Çoğu meskende yere atılan sünger yatak birkaç kap kacak ve yere serilen eski kilim veya battaniyeden başka bir şey bulunmamaktadır. Konutların çoğunda kullanılan temel ihtiyaç malzemelerinde niteliksel ve niceliksel olarak ciddi eksiklikler bulunmaktadır. Türkçe bilmeyen ve yaşadıkları mahallelerde yerli halkla iletişime geçemeyen ve bazı yerli komşuları tarafından dışlanan sığınmacı kadınlar toplumsal cinsiyet rolleri ve sığınmacı kimliğinin psiko-sosyal etkileri nedeniyle vakitlerinin çoğunu güneş görmeyen, havasız ve sağlıksız konutlarda geçirmektedirler. Çocuklar kadınlara göre sokağa çıktıkları ve sokakta diğer çocuklarla oynadıkları için daha şanslıdırlar. Ancak onlar da kötü beslenme şartları nedeniyle zayıf kalmakta ve boyları uzamamaktadır. Çocukların bakımından ve ev işlerinden sorumlu olan kadınlar mevcut koşullar nedeniyle yaşam şartlarının ağır yükü altında kalmaktadır.

Kadın ve Çocukların İş Durumu
Başta tarım ve inşaat olmak üzere hemen hemen tüm sektörlerde, sığınmacılar ucuz işgücü olarak kayıt dışı çalışmaktadırlar. Yerli halkla aynı işleri yapan ancak onların aldığı ücretin yarısını kazanabilen göçmenler ağır bir emek sömürüsü altındadır. Suriyeli kadın sığınmacıların çoğu çalışmamakla birlikte çalışma imkânı bulan sığınmacı kadınlar daha çok terzihanelerde, temizlik işlerinde, tarım gibi sektörlerde düşük ücretle istihdam edilmektedirler. Ekonomik durumları çok kötü olan göçmenlerin küçük çocukları zor koşullarda, düşük ücret karşılığında çalışmak zorundadırlar. Çocukların bir kısmı küçük gıda satıcılığı yapmakta, bir kısmı otogarda ve diğer işyerlerinde ayak işlerinde çalışmaktadır. Bunların yanında çöp toplayıcılığı yaparak sağlıksız ve kötü koşullarda çalışmak zorunda olan kız ve erkek çocuklar da vardır. İş bulamayan çocuklar ise sokaklarda dilencilik yaparak para toplamaktadırlar.

Sığınmacı Kadınların Türkiye'de yaşanan 15 Temmuz darbe ve işgal girişimi hakkındaki düşünceleri
H., 30 yaşında "ben çok üzüldüm. Savaş halklar için çok kötü bir şey, millet için çok korktum. Türk halkı için çok üzüldüm. Savaşı kimseye dilemiyorum. Allaha çok şükür ettim bir şey olmadı."

R., 33 yaşında "darbe gerçekleşecek diye çok korktum, Suriye'den geldik nereye gideriz diye düşündüm. Türkiye bizi ülkemize geri gönderir diye korktum. Suriye'de yaşadıklarım aklıma geldi. İç savaş çıkacak diye çok korktum. Kilis'e atılan roket ve bombalardan da çok korkuyorum. Türkiye'yi seviyoruz. Çocuklar sokakta güvenli bir şekilde hareket edebiliyor."

S. 27 yaşında "15 Temmuz gecesi ablamın evindeydik. Hemen eve kaçalım diye düşündüm. Bütün gece korku ve kaygı içinde uyuyamadım. 3 gün boyunca ben ve ailem korkudan dışarı çıkamadık. Türkiye'de böyle bir olayın olmasına çok şaşırdım. Eğer darbe gerçekleşir, Erdoğan giderse Suriyelileri memleketlerine geri gönderirler diye düşündüm çok korktum. Suriye'deki iç savaş yüzünden ve burada çatışan terör örgütlerinin Türkiye'yi zayıf düşürmek için Kilis'e roket attıklarını düşünüyorum. Türkiye için Allah'a dua ediyorum. Allah Türkiye'yi korusun."

Sonuç ve Tartışma
Yapılan görüşmelerde kadınların savaş, çatışma ve göç sürecinden son derece derin bir biçimde etkilendikleri belirlenmiştir. Savaştan önce ülkelerinde ellerindeki

INTERNATIONAL MIGRATION AND CHILDREN

imkanlar dahilinde daha rahat bir yaşamları varken savaşla birlikte hem özgürlükleri, hem yaşamları hem de mal varlıkları tehlikeye girmiştir. Görüşme yapılan bütün kadınlar Suriye'deki her şeylerini kaybettiklerini ifade etmişlerdir. Evleri yıkılmış, iş yerleri yıkılmış, arazileri talan edilmiş. Göç sonucu geldikleri yerlerde sorumlulukları arttığı gibi yeni roller kazanımı da söz konusu olmuştur. Ülkesinde sadece ev işleriyle uğraşan, tarlasının mahsulünü toplayan kadınların bir kısmı zor ekonomik koşullar sebebiyle Kilis'te tatlıcı, terzi, lokanta, tarla, konfeksiyon gibi yerlerde çalışmaya başlamışlardır. Temel yaşam ihtiyaçlarını karşılamaları çoğu sığınmacı kadın ve çocuk için oldukça zordur. Savaş ortamında eşlerini kaybeden çocuklarıyla baş başa kalan kadınlar aynı zamanda hane reisi rolünü üstlenmiştir. Savaştan önce geleneksel aile yapısı içinde toplumda geri planda olan ve pek çok sorunla karşı karşıya olan kadınlar savaş sonucu göç ettikleri yerlerde de zorlu şartlarda ailelerini bir arada tutma gayretindedirler. Türkçe bilmediklerinden çevreleriyle uyum sorunu yaşamakta, çevreye tam anlamıyla adapte olamamakta, şehir hayatına katılamamaktadırlar. Yaşadıkları mahallelerde güven sorunu sebebiyle ötekileştirilmekte, aidiyet duygusunun gelişmesi gecikmektedir. Kadınların ve çocukların farklı bir coğrafyada farklı bir kültür içinde kendilerini ifade edebilmeleri zorlaştığından psikolojik olarak da sıkıntılar ortaya çıkmaktadır. Sığınmacı çocuklar oldukça sağlıksız meskenlerde yaşamak ve maddi imkansızlık nedeniyle zor şartlarda düşük ücrete çalışmak durumundadırlar. Sığınmacı kadınların kendi ve çocukları için barınma ve beslenme koşulları oldukça güçtür. Yetersiz beslenme, çocukları çeşitli hastalıklara karşı korumasız bırakmaktadır. Sığınmacı çocukların büyük kısmı, içinde bulundukları olumsuz yaşam şartları nedeniyle eğitimlerini sürdürememektedirler. Eşi olmayan aile reisliğini üstlenen kadınların meslek edindirilmeleri ve çocuklarının eğitimlerini sürdürmeleri için yerel idarece çalışmalar yapılmaktadır. Ancak çoğu kadın ve çocuk bu imkanların farkında değildir. Bu sebeple zor yaşam koşulları içinde olan kadın ve çocukların tespit edilip onların hayatlarını kolaylaştırıcı yönde çalışmaların arttırılması ve bu kadın ve çocukların bilinçlendirilmesi önem arz etmektedir. Çalışmak zorunda olan çocuklara meslek edindirici kurslar verilerek, belli bir meslek dalında yetişmiş eleman olmaları yönünde ve geleceklerini inşa etmelerinde yardımcı olunmalıdır.

Kaynakça

Bal, H., Aygül, H.H., Oğuz, Z., Uysal, M.T. (2012). "Göçle Gelenlerin Toplumsal Sorunları (Isparta Örneği)", *SDÜ Fen Edebiyat Fakültesi Sosyal Bilimler Dergisi* Sayı:27, s.191-210.

Bellin, E. (2012). "Reconsidering the Robustness of Authoritarianism in the Middle East". *Comparative Politics*, January p.127-149.

Bijak, J. (2011). *Forecasting International Migration in Europe: A Bayesian View*, The Springer Series On Demographic Methods And Population Analysis, Southampton, UK.

Doğan, B., Karakuyu, M. (2016). "Suriyeli Göçmenlerin Sosyoekonomik ve Sosyokültürel Özelliklerinin Analizi: İstanbul Beyoğlu Örneği", *Marmara Coğrafya Dergisi* Sayı: 33, Ocak - 2016, s.302-333 İstanbul – ISSN:1303-2429 E-ISSN 2147-7825 copyright ©2016 http://www.marmaracografya.com.

Genç, Y. Kara, H. Z. (2016). "İç Göç Sürecinde Birey Rollerinin Toplumsal Cinsiyet Açısından Değerlendirilmesi", *PESA Uluslararası Sosyal Araştırmalar Dergisi*, Cilt:2, Sayı 3,ss.31-40. e-ISSN: 2149-8385 p-ISSN: 2528-9950, www.sosyalarastirmalar.org

İçişleri Bakanlığı Göç İdaresi Genel Müdürlüğü, (2015). www.goc.gov.tr

Kaypak, Ş., Bimay, M. (2016). "Suriye Savaşı Nedeniyle Yaşanan Göçün Ekonomik ve Sosyo-Kültürel Etkileri: Batman Örneği", *Batman Üniversitesi Yaşam Bilimleri Dergisi*; 6 (1), 84-110.

Massey, D. S., Arango, J., Hugo, G., Kouaouci, A., Pellegrino, A., Taylor, J. E. (2014). "Uluslararası Göç Kuramlarının Bir Değerlendirmesi", *Göç Dergisi*, 1 (1), 11-46.

Mazlumder, Kamp Dışında Yaşayan Suriyeli Kadın Sığınmacılar Raporu, Mazlumder Kadın Çalışmaları Grubu, Mayıs 2014.

Mercan, M. H. (2012). *Suriye: Rejim ve Dış Politika*. İstanbul: Açılım Kitap.

Oğuzlu, T. (2011). "Ortadoğu'daki Halk Hareketleri ve Büyük Güçler. Ortadoğu Analiz", ORSAM, Ankara, 3 (29), 68- 76.

ORSAM Ortadoğu Stratejik Araştırmalar Merkezi, 2014 Annual Report, www.orsam.org.tr/files/FaaliyetRaporu/2014/14eng.pdf

Özgür, E.M., Deniz, A., Hasta, D., Yüceşahin M. M., Yavuz, S. (2014). The Immigration of Russians and Azerbaijanis to Turkey: Who are They? Why are They Here? *Insight Turkey* Vol. 16 / No. 4 / 2014, pp. 105-1212014:106

Süer, B. (2012). "Suriye'de Değişim Çabaları: Bir Bağlam ve Süreç Analizi", *Akademik Orta Doğu*, 6 (2), 1-20.

Syria Regional Refugee Response (3RP) Regional Overview, (2017). www.data.unhcr.org

Syrian Refugees, (2016). www.syrianrefugees.eu

Şen, A. B., Vural, C. (2014). "Suriye İç Savaşında Göç ve Kadın", *Yaratıcı Drama Dergisi,* Cilt 9, Sayı 17, 29-40.

Şen, Y. (2013). "Suriye'de Arap Baharı", *Yasama Dergisi* 23, ss.55-76.

TÜİK (2016). Adrese Dayalı Nüfus Kayıt Sistemi.

Yakar, M. (2012). Türkiye'de iç göçlerin ilçelere göre mekânsal analizi: 1995-2000 dönemi, *Uluslararası İnsan Bilimleri Dergisi*, 9 (1), s.742-767. Erişim: http://www.insanbilimleri.com

Yazgan, P., Utku, D. E., Sirkeci, İ. (2015). "Syrian Crisis and Migration, Migration Letters", *Göç Dergisi*, Volume: 12, No: 3, pp. 181 – 192 ISSN: 1741-8984 & e-ISSN: 1741-8992,

Yılmaz, M. E. (2011). "Suriye: Süreklilik ve Değişimin Çatışması", *Ortadoğu Analiz*, 3 (30), 15-23.

Suriyeli Mülteci Çocukların Temel Haklarının Uluslararası ve Ulusal Mevzuat Bağlamında Değerlendirilmesi

Zülfikar Özkan[1] ve Nurefşan Tomaç[2]

Giriş

2011 yılında başlayıp hâlen devam etmekte olan Suriye iç savaşının sonucunda; milyonlarca insan, zorunlu göç ile başka ülkelere sığınmakta ve yaşam mücadelesi vermektedir. Zorunlu göçler içerisinde yer alan ve acı boyutları barındıran sığınmacı göçleri; biyolojik, ekonomik, sosyo-kültürel, siyasal ve psikolojik açıdan birçok sonuçları da beraberinde getirmektedir. Dolayısıyla "sığınmacılar", dikkatle incelenmesi gereken en önemli göçmen gruplarından biridir. Sığınmacıların, karşılaştığı sosyokültürel, sağlık ve ekonomik sorunlarının dışında göç sürecinin getirmiş olduğu ruhsal problemleri de ortaya çıkarmaktadır.

Savaşın derin izlerini taşıyan, şiddet korku ve göç ile yaşamları şekillenen Suriyeli mülteci çocuklar; kriz karşısında en ağır bedeli ödeyen ve en ağır yükü taşıyan kesim olmaya devam etmektedir. Savaş ve göç sonucunda çocukların asgari düzeyde temel ihtiyaçları karşılanamamakta ve en temel insani hakları ihlâl edilmektedir. Erken yaşta evlilik, çocuk askerler, cinsel istismar, çocuk kaçakçılığı, eğitim, sağlık, barınma ve beslenme sorunları, savaş sonucu yaralanma ve ölümler, kayıp kuşak olma riski, suça sürüklenme, aidiyet duygusundan yoksunluk, vatansız kalma, benlik kaybı vb. birçok çocuk hakları ihlâlleri mevcuttur. Bu noktada çocukların durumu, üzerinde hassasiyetle durulması gereken önemli bir sorundur. Çocuk olmak ile göçmen olmanın dezavantajının birleşmesi dolayısıyla çifte dezavantajlı olan göçmen çocuk grubu birincil öncelikler arasında olmak durumundadır.

Bu çalışmada Suriyeli mülteci çocukların temel hakları uluslararası ve ulusal hukuk mevzuat bağlamında ele alınacaktır.

Kavramlar

Bu makalede geçen ve aşağıda verilen deyimler şu anlamları ifade eder:

Çocuk: Bir yetişkinin; bakım, himaye ve desteğine ihtiyaç duyan, 18 yaşını doldurmamış bireydir.

Mülteci: "Vatandaşı olduğu ülke dışında olan ve ırkı, dini, tabiiyeti, belirli bir sosyal gruba mensubiyeti veya siyasi düşüncesi nedeniyle zulme uğrayacağından haklı sebeplerle korktuğu için vatandaşı olduğu ülkeye dönemeyen veya dönmek istemeyen kişileri ifade etmektedir" (BM Mültecilerin Hukuki Durumuna Dair Sözleşme, 1951).

Çocuk Hakları: Çocukların sağlıklı ve normal biçimde gelişebilmesi için hukuk kuralları ile korunan yararlarıdır.

---

[1] Yrd. Doç. Dr. Zülfikar Özkan, Üsküdar Üniversitesi, İTBF, Sosyoloji Bölümü, Öğretim Üyesi
[2] Nurefşan Tomaç, Üsküdar Üniversitesi, SBF, Sosyal Hizmet Bölümü, 4.Sınıf Öğrencisi

Korunması Gereken Çocuk: "Bedensel, zihinsel, ahlaki, sosyal ve duygusal gelişimi ile kişisel güvenliği tehlikede olan, ihmal veya istismar edilen ya da suç mağduru çocuktur" (5395 sayılı Çocuk Koruma Kanunu, 2005).

Çocuğun Korunmasının Önemi

'Çocuk' kavramı bir statüyü tanımlar. Bu statü; modern çocukluk anlayışı ile birlikte ortaya konmuştur. Çocuk olma statüsü, yetişkinlere yükümlülükler verir ve çocuğa biricik bir "özne" olarak temel haklar sağlar. Çocuklar; bedensel, zihinsel, ruhsal, sosyal, duyusal anlamda kendilerine özgü bir gelişim süreci içinde olması nedeniyle ekonomik ve sosyal anlamda yetişkinlerin bakım, gözetim ve desteğine ihtiyacı vardır.

Çocukların; yanlışa kolayca sürüklendiği yaşlarda olmaları nedeniyle onlara toplum içinde yararlı, suç ve istismardan uzak bir yaşam alanı oluşturmak ve koşullarının iyileştirilmesi için gerekli her türlü önlemleri almak çocuk koruma anlayışının temelini oluşturmaktadır. Hukuk sistemlerinde çocukların korunması iki ana ilkeye bağlıdır:

*Birincisi, çocuk bir kişiliğe sahiptir ve bu ilke gereği çocuk korunmalıdır.

*İkincisi, çocuğun toplumun çok önemli bir parçasını oluşturmasıdır.

Çocuk koruma politikaları; koruyucu, önleyici ve rehabilite edici 3 ana boyutu esas alır. Genel olarak ele aldığımızda; yetişkinlerin hukuk kurallarından farklıdır. Çocuğa dair hukuk kurallarıyla gelişen kurumsallaşma vardır. Kamusal politikaların oluşturulması ve uygulanması amaçlanır.

Şimdi çocuk hakları konusunu uluslararası ve ulusal hukuk mevzuat bağlamında ele almaya çalışalım.

Uluslararası Hukukta Çocuk Hakları

İlk evrensel metinlere baktığımızda; çocukların ve anaların korunması alanında Uluslararası bir merkez kurulması yolunda ilk resmi girişim 1912 'de İsviçre'de görülmektedir. 1921 yılında Brüksel'de bir kongre toplanmıştır.

I. Dünya Savaşı'nın sonlarına kadar çocukların haklarını kapsayan bir bildirge yayınlanmamıştır. Ancak savaşın sonunda çocukların korunması için, Cenevre'de "Uluslararası Yardım Birliği" kurulmuştur. Bu birliğin hazırladığı belge 1924 yılında Birleşmiş Milletler tarafından "Cenevre Çocuk Hakları Bildirgesi" olarak kabul edilmiştir.

Sözleşme; uluslararası hukuk açısından çocuklara yönelik tutum ve davranışlara ilişkin evrensel ölçü ve ilkeleri düzenleyen ve bağlayıcı güce sahip hukuksal bir metindir. Çocuk hakları konusunu ele alan en önemli belge; İnsan Hakları Evrensel Beyannamesidir. Bu konudaki en önemli sözleşmeler; Çocuk Haklarına Dair Birleşmiş Milletler Sözleşmesi, Mültecilerin Hukuki Durumuna İlişkin Sözleşme'dir.

İnsan Hakları Evrensel Beyannamesi

Birleşmiş Milletler; İnsan Hakları Evrensel Beyannamesi'nde ve diğer sözleşmelerde her bireyin, bu metinlerde yer alan hak ve özgürlüklerden hiçbir ayrım gözetilmeksizin yararlanma hakkına sahip olduklarını kabul eder. Çocuğun; toplumda kabul gören bir birey olarak yer alabilmesi için adalet, eşitlik, barış, saygı, hürriyet ve dayanışma ruhuyla geleceğe hazırlanmasının gerekliliği vurgulanmaktadır.

İnsan Hakları Evrensel Beyannamesi'nde çocukların özel ilgi ve yardıma hakkı olduğu açıkça belirtilmektedir. Toplumun temelini oluşturan tüm bireylerin, özellikle çocukların kişiliğinin uyumlu olarak gelişebilmesi için ailenin sorumluluklarını tam olarak yerine getirmesi gerekliliği kabul edilir ve bu ortam için uygun koşulların sağlanmasından devlet yükümlüdür. Ebeveynlerin rol ve sorumluluğu; ihmâl ve istismar edildiği durumlarda modern çocuk koruma anlayışı çerçevesinde her daim devletin rolü ve sorumluluğudur.

İnsan Hakları Evrensel Beyannamesi'nin en dikkat çekici maddeleri şunlardır:

* "Yaşamak, hürriyet ve kişi emniyeti her ferdin hakkıdır" (m.3).

* "Hiç kimse işkenceye, zalimane, gayriinsani, haysiyet kırıcı cezalara veya muamelelere tabi tutulamaz" (m.5).

* "Herkes her nerede olursa olsun hukuk kişiliğinin tanınması hakkını haizdir" (m.6).

* "(1) Herkes zulüm karşısında başka memleketlerden mülteci olarak kabulü talep etmek ve memleketler tarafından mülteci muamelesi görmek hakkını haizdir. (2) Bu hak, gerçekten adi bir cürüme veya Birleşmiş Milletler prensip ve amaçlarına aykırı faaliyetlere müstenit kovuşturmalar halinde ileri sürülemez" (m.14).

* "(1) Herkesin kendisinin ve ailesinin sağlık ve refahı için beslenme, giyim, konut ve tıbbi bakım hakkı vardır. Herkes, işsizlik, hastalık, sakatlık, dulluk, yaşlılık ve kendi iradesi dışındaki koşullardan doğan geçim sıkıntısı durumunda güvenlik hakkına sahiptir. (2) Anaların ve çocukların özel bakım ve yardım görme hakları vardır. Bütün çocuklar, evlilik içi veya evlilik dışı doğmuş olsunlar, aynı sosyal güvenceden yararlanırlar" (m.25).

Sözleşme'nin "Herkes zulüm karşısında başka memleketlerden mülteci olarak kabulü talep etmek ve memleketler tarafından mülteci muamelesi görmek hakkını haizdir" maddesinden günümüzde en fazla Suriyeli çocukların faydalanma hakkı vardır. Suriyeli çocuklara kapısını açan Türkiye, bir taraftan Birleşmiş Milletler Çocuk Hakları Sözleşmesi'nin gereğini yerine getirirken diğer taraftan insani ve vicdani olarak görevlerini yapmaktadır.

Çocuk Haklarına Dair Birleşmiş Milletler Sözleşmesi
Uluslararası hukukta çocuk haklarını düzenleyen en temel yasal metin "Çocuk Haklarına Dair Birleşmiş Milletler Sözleşmesi'dir. Sözleşmenin onaylanması devletleri yaptıkları hareketlerden sorumlu tutar. Devletler Çocuk Hakları Sözleşmesi'ni onayladıktan sonra yasalarını sözleşmeyle aynı düzeye getirmek zorundadırlar. Ancak ölçü ve ilkeleri daha yüksek ülkeler kendi ilkelerini uygulayacaklardır.

Sözleşme'nin kabulünden itibaren, çocukların temel haklarının gerçekleştirilmesine yönelik oluşturulan çocuk koruma sisteminde önemli ilerlemeler kaydedilmiştir. En başta korunma, sağlık ve beslenme, barınma, eğitim haklarının yerine getirilmesi öncelik teşkil etmektedir. Çocukları, ihmâl ve istismara karşı koruyacak bir ortam oluşturmanın gerekliliği sözleşmenin 4 temel ilkesi çerçevesinde ortaya konmaktadır:

1) Ayrım Gözetmeme İlkesi: "Taraf Devletler, bu Sözleşme'de yazılı olan hakları kendi yetkileri altında bulunan her çocuğa, kendilerinin, ana–babalarının veya yasal vasilerinin sahip oldukları, ırk, renk, cinsiyet, dil, siyasal ya da başka düşünceler, ulusal, etnik ve sosyal köken, mülkiyet, sakatlık, doğuş ve diğer statüler nedeniyle hiçbir ayrım gözetmeksizin tanır ve taahhüt ederler" (m.2).

Ayrımcılığı yasaklayan bu maddeye göre, sözleşmedeki haklardan tüm çocuklar herhangi bir ayrım gözetilmeksizin yararlanır. Ana-babaları veya vasîlerinin sahip oldukları farklı statüler nedeniyle çocuklar ayrımcılığa maruz bırakılamaz.

2) Çocuğun Yüksek Yararı İlkesi: Çocuğun yararı, hukukun en üst ilkesidir. Yüksek yarar kavramı hâkimin takdirine açık, somut olaya uyarlanması gereken bir kavramdır (Serozan, 2005:67). Dolayısıyla bu ilke, kanunların uygulanmasında resmi birimlere yol gösterme işlevine sahiptir. Sözleşme'ye göre, "Kamusal ya da özel sosyal yardım kuruluşları, mahkemeler, idari makamlar veya yasama organları tarafından yapılan ve çocukları ilgilendiren bütün faaliyetlerde, çocuğun yararı temel düşüncedir" (m.3).

Çocuğun yüksek yararı ve bu yararın önceliği kavramı; çocuğa yönelik yürütülen karar ve eylemlerden sorumlu kişilerin, yarar çatışmalarında çocuğun tarafında yer almasını ve uygun işlem yapmasını gerekli kılmaktadır.

3) Çocuğun Yaşaması ve Gelişmesi İlkesi: "(a) Taraf Devletler, her çocuğun temel yaşama hakkına sahip olduğunu kabul ederler. (b)Taraf Devletler, çocuğun hayatta kalması ve gelişmesi için mümkün olan azami çabayı gösterirler" (m.6).

Bu madde açıkça taraf devletleri, savaş mağduru her çocuğun hayatta kalması ve gelişebilmesi için her türlü çabayı göstermeyi zorunlu tutmaktadır. Yetişkinlerden farklı bir statüye sahip olmaları, uygun yaşam koşullarının tüm bireylere yönelik sağlanmasını garanti altına alan bir sistemin varlığını gerekli kılmaktadır.

4) Çocuğun Katılımı İlkesi: "(a)Taraf Devletler, görüşlerini oluşturma yeteneğine sahip çocuğun kendini ilgilendiren her konuda görüşlerini serbestçe ifade etme hakkını bu görüşlere çocuğun yaşı ve olgunluk derecesine uygun olarak, gereken özen gösterilmek suretiyle tanırlar. (b) Bu amaçla, çocuğu etkileyen herhangi bir adli veya idari kovuşturmada çocuğun ya doğrudan doğruya veya bir temsilci ya da uygun bir makam yoluyla dinlenilmesi fırsatı, ulusal yasanın usule ilişkin kurallarına uygun olarak çocuğa, özellikle sağlanacaktır" (m.12).

Katılım hakkını düzenleyen madde, çocukların görüşlerini serbestçe ifade etmelerini, karar ve eylem süreçlerinde aktif bir birey olarak yer almalarını sağlamaktadır. Ayrıca; çocuğun üstün yararı için görüşlerinin dikkate alınması, izlenecek yol ve müdahale sisteminin belirlenmesinde önemli rol oynamaktadır (Grassinger, 2009:65).

Mültecilerin Hukuki Durumuna İlişkin Sözleşme
"Taraf Devletler, bu Sözleşme hükümlerini mültecilere; ırk, din veya geldikleri ülke bakımından ayrım yapmadan uygulayacaklardır" (m.2) maddesi BM Çocuk Hakları Sözleşmesi'nin gerekliliklerini ve sözleşmeyi imzalayan tarafların tüm mülteci çocuklara kapılarını açma, modern çocuk koruma anlayışı çerçevesinde bakım ve himaye yükümlülüğünü ortaya koymaktadır.

Sözleşme'nin bir diğer maddesi, "Her mültecinin bireysel statüsü, daimi ikametgâhının bulunduğu ülkenin yasalarına veya eğer daimi ikametgahı yoksa, bulunduğu ülkenin yasalarına tabidir" (m.12) tüm mültecilere bulunduğu devletin yasalarınca tanınan haklardan yararlanmasını sağlayan hukuki statüyü kazandırmaktadır.

Ulusal Hukukta Çocuk Hakları

Ulusal hukuk sistemimizde çocuk haklarının korunmasıyla ilgili kurallar birçok kanunda yer almaktadır. Yargı sisteminde yer alan bu haklar, çocuğun yaşama, gelişme, korunma ve katılım haklarını düzenlemektedir.

T.C. Anayasası ve Medeni Kanun'da çocuk haklarını özel olarak koruyan hükümler bulunmaktadır. Eğitim haklarını düzenleyen kanunların yanı sıra çalışma hayatında çocuk istismarının önlenmesine ilişkin İş Kanunu'nda hükümler yer almaktadır. Ceza kanunları ile çocuk suçluluğu önlenerek adli süreçte çocuğun yüksek yararı korunmaktadır.

Mülteci çocuklar için özel bakım ve korunmaya ilişkin alınacak önlem ve müdahaleleri içeren 5395 sayılı Çocuk Koruma Kanunu ile 6458 sayılı Yabancılar ve Uluslararası Koruma Kanunu'nu ele alalım.

5395 sayılı Çocuk Koruma Kanunu

"Bu kanun; korunma ihtiyacı olan çocuklar hakkında alınacak tedbirler ile suça sürüklenen çocuklar hakkında uygulanacak güvenlik tedbirlerinin usûl ve esaslarına, çocuk mahkemelerinin kuruluş, görev ve yetkilerine ilişkin hükümleri kapsar" (m.2).

5. maddesi'nde "Risk Altındaki Çocuklara Yönelik Önleyici Ve Destekleyici Tedbirler" yer almaktadır: sorunların çözümünde yol göstermeyi sağlayan danışmanlık tedbiri, eğitim ve mesleki beceri kazandıran eğitim tedbiri, korunma ihtiyacı içindeki çocuklara yönelik kurum bakımı ve koruyucu aile hizmetlerini barındıran bakım tedbiri, fiziksel ve ruhsal sağlığın sürdürülmesine yönelik sağlık tedbiri, barınma yeri olmayanlara ise barınma tedbiri uygulanmaktadır.

6458 sayılı Yabancılar ve Uluslararası Koruma Kanunu

"Bu Kanun kapsamındaki hiç kimse; işkenceye, insanlık dışı ya da onur kırıcı ceza veya muameleye tabi tutulacağı veya ırkı, dini, tabiiyeti, belli bir toplumsal gruba mensubiyeti veya siyasi fikirleri dolayısıyla hayatının veya hürriyetinin tehdit altında bulunacağı bir yere gönderilemez" (m.4). maddesi ile mültecileri ülkelerine geri gönderme yasağının bulunduğu açıkça ortaya konulmaktadır.

"Aşağıda belirtilen hâllerde, diğer ikamet izinlerinin verilmesindeki şartlar aranmadan, Bakanlığın onayı alınmak ve en fazla birer yıllık sürelerle olmak kaydıyla, valiliklerce insani ikamet izni verilebilir ve bu izinler uzatılabilir: a) Çocuğun yüksek yararı söz konusu olduğunda b) Haklarında sınır dışı etme veya Türkiye'ye giriş yasağı kararı alındığı hâlde, yabancıların Türkiye'den çıkışları yaptırılamadığında ya da Türkiye'den ayrılmaları makul veya mümkün görülmediğinde" (m.46). İnsani ikâmet izni, çocuğun üstün yararı göz önünde bulundurularak plânlanmaktadır.

Değerlendirme ve Sonuç

Suriye'deki insani krizin boyutu; Suriye vatandaşlarına yönelik çocuk koruma çalışmalarının düşük düzeyde savunuculuk, farkındalık oluşturma ve tespit faaliyetleri ile sınırlı kaldığını ortaya koymaktadır. Mülteci çocukların temel hakları; mevzuat sisteminde çok geniş yer almasına rağmen uygulama noktasında yetersizlikler ve insanlığın sessiz kalması sonucu çocukların hayatları şiddet, korku ve göçle şekillenmektedir. Ne yazık ki Suriye topraklarından çıkılsa bile çocuklar için hayatta kalma mücadelesi acı boyutlarıyla sürmektedir.

Kanunlarda açıkça belirtildiği gibi; yaşamak, her çocuğun temel hakkıdır ve herkesin ilk görevi çocukların yaşama hakkının tanınması ve gelişmesinin en geniş ölçüde güvenceye alınmasıdır. İnsanın zulüm ve baskıya karşı son çare olarak ayaklanmaya mecbur kalmaması için insan haklarının hukuk ile güvence altına alınması elzem bir yükümlülüktür.

"Taraf devletler Çocuk Hakları Sözleşmesi'ni onayladıktan sonra yasalarını sözleşmeyle aynı düzeye getirmek zorundadırlar." Bu esas; mevzuatı onayladığımız sürece mültecileri kapılarımızı açarak kabul edeceğimizi, ülkemizden geri gönderemeyeceğimizi, onlara insan onuruna yaraşır asgari düzeyde yaşam koşullarını sunma sorumluluğumuzu hukuksal olarak açıklamaktadır.

Eğitim sorunlarına değindiğimizde; Türkiye'de yaşayan yaklaşık 1.5 milyon Suriyeli mülteci çocukların 830.000'i okul çağındaki grubu oluşturmaktadır. Milli Eğitim Bakanlığı Şubat 2016 verilerine göre, 2015-2016 eğitim yılında bu çocukların yalnızca 330.000[3] okula kayıtlıdır. Tahminen 500.000 [4]üzerinde çocuk okula gidememektedir.

Genel olarak Türkiye'deki Suriyeli çocukların üçte ikiden fazlası örgün eğitim almıyor. İnsan Hakları İzleme Örgütü, Türkiye hükümetinin ve uluslararası ortakların Türkiye'deki Suriyeli çocukların okula gidebilmesini sağlamak için derhal harekete geçmesi gerektiğini belirtmiştir. Türkiye hükümeti, Suriyeli çocukların devlet okulu sistemine erişimini garanti altına alan ulusal düzenlemeye tüm illerde ve devlet okullarında uyulmasını sağlamalıdır. Bu bağlamda, öğrencilere dil desteği, öğretmenlere mülteci çocukların eğitimine özel zorluklarla ilgili eğitim verilmelidir.

Suriyeli mültecilerin okula kayıt yaptırma işlemleriyle ilgili doğru bilgiye sahip olmalarını sağlamalıdır. Ayrıca, mülteci çocuklar arasındaki yüksek çocuk işçiliği oranını azaltmak için, çalışma izinlerine yaygın olarak erişilmesini ve düzenli ücretli işe girme olanağı sağlamalıdır.

Öneriler
İvedilikle, tüm dünyada risk altına yaşayan çocuk nüfusunun belirlenerek, bunların gereksinimlerini karşılayacak, politika/plan ve programların üretilmesi ve uygulanması elzemdir. Çünkü çocukların iyi olma halini sağlayabilmek, insan olarak geleceğe yapılabilecek en önemli ve kayda değer yatırım olacaktır.

Mültecilerin hukuki durumuna ilişkin ulusal ve uluslararası antlaşmaların gözden geçirilmesi, mülteciler için sağlanan koruyucu ve destekleyici tedbirlerin genişletilmesi, hükümlerin uygulanması noktasında taraf devletlerin denetimi ve koordinasyonunun sağlanması gerekmektedir.

Sözleşmeye göre devletler çocuğun; gelişimi, iyilik hâlinin sağlanması ve toplumda kabul gören birey olarak yaşamını sürdürmesi için gerekli önlemleri almalıdırlar. Çocuklara yönelik savaş travmasının sonlanmasına dair psiko-sosyal destek hizmetleri, sosyal entegrasyon çalışmaları güçlendirilmelidir.

Uluslararası topluluk, Suriyeli mültecilerin eğitim ihtiyaçlarının artmasına yönelik girişimler için acilen ekonomik destek sağlamalıdır. Ayrıca, Türkiye uluslararası insan

---

[3] Veriler Milli Eğitim Bakanlığı tarafından sağlanan Şubat 2016 verileridir. Bu rakamlar Suriyeli olmayan ancak Arapça konuşan (örneğin Iraklı) mülteci çocukları da kapsamaktadır.
[4] UNICEF tahminleri UNHCR/GİGM ve Milli Eğitim Bakanlığı'nın Şubat 2016 verilerini temel almaktadır.

hakları standartlarıyla uyumlu olarak, Suriyeli mültecilerin yasal olarak çalışmasına izin vermelidir. Böylece, çocuklarının okula gitmeleri mümkün olacaktır.

Bu çocukların tamamının eğitim görmesini garanti altına almak, erken evlilik ve çocukların silahlı gruplar tarafından askere alınmaları gibi riskleri azaltacak, para kazanma potansiyellerini arttırarak ekonomik geleceklerini sağlamlaştıracaktır.

Türkiye Cumhuriyeti ÇHS'nin 22. Maddesinde ifade edildiği gibi, taraf devlet sığınmacı statüsünü kazanmaya çalışan veya sığınmacı olan Suriyeli çocukların haklarını kullanabilmesi, korunma ve insani yardımlardan faydalanabilmesi için gerekli önlemleri almakla yükümlüdür. Hiçbir yakını olmayan, kimsesiz duruma düşen sığınmacı Suriyeli çocuklar ÇHS'de belirtilen ilkelere göre aile ortamından yoksun bir çocuğun sahip olduğu korunmaya kavuşturulmalıdır.

Kaynakça

Akyüz, E. (2015). Çocuk Hukuku Çocukların Hakları ve Korunması. Ankara: Pegem Yayınları

Deniz, O. (2009). "Mülteci Hareketleri Açısından Van Kentinin Durumu ve Kentteki Mültecilerin Demoğrafik Profili", *Doğu Coğrafya Dergisi*, 14 (22).

Ehntholt K.A., W. Yule (2006). "Practitioner Review: Assessment and Treatment of Refugee Children and Adolescents Who Have Experienced War-Related Trauma". *J Child PsycholPsychiatry*, 47(12): 1197-1210.

Grassinger, G.E. (2009). Küçüğün Kişi Varlığının Korunması İçin Alınacak Tedbirler, İstanbul

Serozan, R. (2005). Çocuk Hukuku, İstanbul.

Süleymanov, E. (2016). "Suriyeli Mülteci Çocuklarla El Ele Projesi Sultanbeyli İlçesindeki Suriyelilerin Yaşam Deneyimleri Sonuç Raporu", İstanbul, 7.

UNICEF (June 2016). Syria Crisis. Humanitarian Results

İnsan Hakları Evrensel Beyannamesi. (1948)

Mültecilerin Hukuki Durumuna İlişkin Sözleşme (1951)

Çocuk Haklarına Dair Birleşmiş Milletler Sözleşmesi (1989)

5395 sayılı Çocuk Koruma Kanunu (2005)

6458 sayılı Yabancılar ve Uluslararası Koruma Kanunu (2013)

Mülteci Çocuklarda Sosyalleşme ve Krem

Şehadet Ekmen[1]

Giriş

12 milyon Suriyeli, ya ülke içinde ya da ülkelerinin dışına çıkarak evlerini terketmek zorunda kalmıştır. AFAD (Afet ve Acil Yönetim Durumu Başkanlığı) (AFAD, 2016), Birleşmiş Milletler ve diğer uluslararası raporlara baktığımızda aslında bu durum II. Dünya savaşından sonra meydana gelen en geniş çaptaki mecburi göç olduğu gözlemlenmiştir (BM) 8 milyon Suriyeli, Suriye içinde yer değiştirmek zorunda kalmış, yaklaşık olarak 4 milyonu ülkeyi kendi içine batıran çatışmadan, sivil savaştan ve diktatörlükten kurtulmak için sınırlara akın etmiştir. Bu çatışmadan etkilenenlerin çoğu çocuklardır ve bunların hasta olma, kötü beslenmeden kaynaklı sıkıntılar yaşama, istismara ve sömürüye uğrama riski vardır. Milyonlarcası okulu bırakmak zorunda kalmıştır. Suriyeli mültecilerin büyük bir kısmı Orta Doğu'da kalmıştır ve bunlar daha cok Türkiye, Lübnan, Ürdün, Irak ve Mısır'dadır, yaklasık yüzde 10'luk bir kısmı Avrupa'ya göç etmek zorunda kalmıştır. Çatışmaların başladığı 2011 yılından itibaren Türkiye, Suriyelilere hiçbir sınırlılık getirmeden misafir edebilmek icin 'Açık Kapı Politikası' izlemiştir (AFAD, 2016). Türkiye 22 tane tam teşekküllü mülteci kampı inşa etmiş ve 3 tane daha inşası yakın zamanda biten kampı mevcuttur. Bunların içinde, sağlık-bakım servisi, eğitim olanakları gibi bir çok imkanlarıda mevcuttur. Dünyanın en büyük oranda mülteci sayısına sahip olan Türkiye, Suriyelilerin Türkiye'ye ilk gelişinden bu yana toplam 8 milyar dolar harcayarak ev sahipliği yapmıştır. AFAD verilerine göre, yaklaşık olarak 260 bin mülteci şu an kamplarda yaşamakta ve büyük bir çoğunluk ise çeşitli şehirlere ve kentlere yerleşmiştir. Türkiye Sağlık Bakanlığı'nın açıklamasına göre, Suriyelilerin Türkiye'ye geldiğinden itibaren 121.712 çocuk dünyaya gelmiştir. Basar Asad'a karşı ayaklanan Türkmenlerin, son dönemde Rusya tarafından bombalanması ve devamlı saldırıda bulunulması, sınırda Suriyeli ve Türkmen mülteci akımını daha da arttırmıştır (AFAD, 2016).

Türkiye'ye göç eden bireylerin hepsi aileleriyle gelmiyor, özellikle çocuklar; bir kısmı tamamen refakatçileri olmadan geliyorlar, bir kısmı ise ebeveynlerini göç ederken kaybediyorlar. Bazıları da sadece anneleri ile geçiş yapıyorlar. Bu göçmenlerin bir kısmı Türkiye'de kalmayıp Avrupa'ya geçiyor. Avrupa'da ise son dönemde Europol'den (Avrupa Polis Örgütü) edinilen bilgilere göre 10.000 çocuk Avrupa'da kayıp durumdadır (Yaşar, 2016). Bunların durumları konusunda herhangi bir bilgi mevcut değildir. Europol'un genel müdürü durumla ilgili şu açıklamada bulunmuştur,

"10 bin çocuğu arıyoruz. Suç örgütleri tarafından kullanılma ihtimalleri var. Bazılarının aileleri bulunabilir. Ancak şu anda nerede ve kimlerle olduklarını bilmiyoruz." Donald'ın yaptığı açıklama da beş bine yakın çocuğun İtalya'da, yaklaşık bin çocuğun ise İsveç'te kaybolduğunu belirtti.

---

[1] Psk. Şehadet Ekmen, UMAO - Hazar Derneği

Resmi rakamlara göre Türkiye'de ise yetim sayısı 6 ay önceki verilere göre 53 bindir (Afad, 2016). Son dönemde resmi olmayan kayıtlara göre 80 bini bulduğu açıklanmıştır. Suriye bölgesindeki belirsizlik göz önüne alındığında bu durumda artış olacağı aşikardır ve bunların bir kısmı yurtlarda bir kısmı ise mülteci kamplarında yaşamaktadır. Akrabalarının yanında kalan yetim çocuklarda dahil. Bu çocukların çoğunluğu Kilis, Antep, Hatay ve İstanbul'da bulunmaktadırlar. Gitgide artan çocuk rakamı, çocuklarda oluşabilecek psikolojik sıkıntılara da dikkat çekilmesine neden olmuştur. Bu göçmen çocuklarda ciddi anlamda psikolojik sıkıntılar olduğu gözlemlenmiştir. Almanya'da Münih Üniversitesi'ndeki araştırmaya göre kamplarda, ya da yetimhanelerde yaşayan yetim mülteci çocuklarının en büyük psikolojik problemi post travmatik stres bozukluğudur. Bu çocukların 3'te 1'i bununla yaşamaya çalışıyor. Ailelerini gözünün önünde kaybetmeleri, sürekli bomba sesleri, nereye düşeceği bilinmeyen bombaların altında yaşamaları, yiyecek ekmek bulamamaları, devamlı bir kargaşa ortamında yaşamaya çalışmaları ve buna ek olarak dillerini dahi bilmedikleri bir ülkeye gelinceye kadar süren zorlu bir yolculuk. Bu yolculuk sırasında ailesini kaybedenler olmuştur. Filmlerde bile kolay kolay görülemeyecek sahnelere çocuklar bire bir şahit olmuşlardır ve bunun zihinlerinden silinmesi hayli zordur. Şoka giren çocuklarda, ciddi bir korku ve güvensizlik meydana geliyor. Kendilerini güvende hissettikleri ve devamlı koruduklarını düşündükleri aileleri de bu duruma çaresiz kalıyor ve çocukların güven duygusu zedelenip, üzerinden atayamayacakları etkileri oluyor.

Bu olaylar çocuklarda kaygı bozukluğunun oluşmasına ve depresyona girmelerine neden olabilir. Dış dünyadan kendilerini soyutlamalarına neden olabilir ve insanlarla iletişimi kesebilirler. Bunun nedeni başlarına kötü bir şey geleceğini düşünmeleridir. Akabinde post travmatik stres bozukluğunun çıkması ve devamlı yaşadıkları tecrübeleri sürekli hatırlayarak zihinlerinde gerçek olan ile olmayanı ayırt etmeleri zorlaştırıyor. Kişilikleri ister istemez değişime uğruyor, mesafeli, şüpheci ve öfkeli olmaları insanlarla iletişim kurmalarını engelleyebiliyor ve topluma uyum sağlamada güçlük çekebiliyorlar. Bu yaşanan sorunların çözümü için bölgeye belli aralıklarla psikologlar gitse bile, dil bariyerinden ve effektif bir terapinin eksikliğinden çözüme ulaşmak zaman alabiliyor. Çocukların yaşadıkları travmaları atlatmada ve onların ruhsal durumunu güçlendirmede mesaj terapisi adı altında çalışmalara başlanmış (Mowen, 2001). Bu çalışma kapsamında; krem ve masajın, travma ve travma sonrası oluşan stres bozukluklarında yapıcı bir etksi olduğu gözlemlenmiştir (Mowen, 2001). Daha önce travma için yapılan dokunma terapilerinde (trauma touch theraphy), kişilerde canlılık ve farkındalığın yüksek oranda arttırdığı gözlemlenmiştir (Mowen, 2001). Yapılan diğer bir araştırmada, anksiyete- kaygı bozukluğu olan çocuklarda ise dokunma terapilerinden sonra uyku süresinin arttığı ve anksiyetelerinde azalma olduğu gözlemlenmiştir (Field et al., 1992).

Biz de bu literatürden elde ettiğimiz verilerden yola çıkarak, Suriyeli çocuklara krem ile masaj terapisini uygulamaya karar verdik. Onlarda canlılık ve farkındalıklarında bir değişim olup olmadığını, bakıcılarının gözlemleri neticesinde sonuçlandıracağız.

Yöntem

Yaklaşık olarak 2 yıldır birçok kurum, dernek Hatay ve diğer illerimizdeki göçmen yetimlerle ilgilenmektedirler. Bu çalışmalar daha çok çocukların travmasını hafifletmek adına yapılmış olup, yapılan etkinlikler daha çok hediye alma, kıyafet ve oyuncak temini gibi aktiviteleri içermiştir. Bu çalışmalar çocukları anlık mutlu etse de, çocuklardaki çekingenliği, güven duygusu eksikliğini azaltmada, insanlara yaklaşabilme yetisi kazandırmada eksik kalıyordu (hem göz teması hem ten teması olsun, sarılma ve benzeri gibi çocuklarda eksikti). Travma ile baş etmede öncelikle çocuklarda güven duygusunun artması gerekir ki bağlılık artsın. Çünkü çocukların hikayeleri trajik ve ağır. Ailesini, ebeveynlerini gözünün önünde kaybeden çocuklar için kimi zaman kapı tıklama sesi bile korkutucu bir ses haline gelebilir. Dünyada en çok bağlantı kurdukları, en çok güvendikleri insanların kaybı, çocuklarda duygularınında kaybına neden olmuştur. Bu aşamada bu çocukların ailelerini geri getiremesek de en azından bu duygularını tekrar yerleşmesini sağlayabiliriz.

Krem çalışması bu amaçla uygulanmaya başlandı. Çalışmayı tüm aktiveler başladıktan sonra yapıldı. Top oyunu, balon futbol gibi bir çok oyunda 1 dakika dolmadan bu çocuklar grup iletişimini kesmişlerdi. Deneme amaçlı bir iki çocuğa krem sürüldü, onlarda biraz şaşkın bir halde kremler ellerine sürülmeye başlandı. Sonrasında bu çocuklar göz kontağı kurmaya başladılar, gülmeye başladılar. Bu ilk iki çocuğu diğerleri takip etti, 5-10 kişi derken yaklaşık olarak nerdeyse tüm çocuklar oyunu bırakıp krem sürülmesi için geldiler. Yaklaşık olarak 300 çocuğa krem sürüldü, krem sürülen çocuklarla tekrar oyun oynandı. Bu sefer bu çocuklar, kişilerle irtibat kurmada ve sohbeti devam ettirmede daha istekliydiler.

Sonuç
Bu çalışmada bizim için önemli olan bu krem sürüldükten sonra meydana gelen herhangi bir değişikliğin olup olmadığıdır. Programdan hemen sonra ve takip eden haftalarda orada çalışan görevlilere, gönüllülere çocuklarda bir farklılık olup olmadığı soruldu. Bir ay sonra, yetimhanedeki görevlilerle görüşüldü. Görüşmelerin sonucunda, çocuklarda ciddi bir değişmenin meydana geldiği şu sözlerle ifade edildi.

"Bizler 2 yıldır buradaki yetimlerle çalışıyoruz ve buradaki kızlarda utanma duygusu çok fazla olduğundan onların yanına gittiğimizde çok fazla çekingen ve iletişime kapalıydılar, erkeklerle konuşabiliyorduk ama iletişim çok zayıftı. Sizler gelip bu çocuklara krem sürdünüz ve akabindeki haftalarda bu çocukları ziyaret ettik. Bu çocuklarda ciddi bir değişim oldu. Kız çocukları bizimle konuşmaya iletişim kurmaya, sohbet etmeye ve bizimle temas etmeye (sarılma gibi) başladılar, erkek çocuklar ise bizi görünce sarılmaya, sırtımıza çıkmaya başladılar. Biz bu çocuklarla 2 yıldır ilgileniyoruz ve krem sürülünceye kadar böyle bir değişim hiç görmedik. Çocukların bize karşı olan ön yargıları azalmış ve bizden zarar gelmeyeceğini anlamışlar"

Krem projesine başlamadan önce çocuklarda ziyaret önce ve sonrası ciddi bir değişim meydana geldiği yapılan gözlemlere dayanılarak varılmıştır.

Tartışma
Daha önce yapılan çalışmalar, post travmatik stres bozukluğu olan çocuklara travma dokunma terapisinin sonucundaki olumlu değişmelerden bahsediliyordu. Fakat hiç bir çalışmada, mülteci yetim çocuklarına uygulandığına dair veri içermiyordu. Biz bu çalışmada, bu çocuklara toplu bir şekilde krem terapisini ellerine uygulayarak etkisi olup olmadığını test ettik. Sonuçlar olumlu olsa bile bazı konuların ele alınması gerekiyor. Sistemli ve aktif bir şekilde sahada psikolog ve doktorların beraber çalışması, gelen psikolojik desteğin belli bir sisteme göre verilmesi dikkat edilmesi

gereken önemli unsurların başında. Bunlar biraz daha göz önünde tutuldugu taktirde, çocuklardaki psikolojik iyileşme daha hızlı olacaktır.

Kaynaklar

AFAD (2016). https://www.afad.gov.tr/tr/2373/Giris

Mowen, K. (2001). Trauma Touch Therapy: An Interdisciplinary Approach to Trauma. *Massage and Bodywork Magazine*, 27-31.

Field, T. M. (1998). Touch therapy effects on development. *International Journal of Behavioral Development*, 22(4), 779-797.

Kap, D. (2014). Suriyeli Mülteciler: Türkiye'nin Müstakbel Vatandaşları. *Akademik Perspektif*, 30-35.

Field, T., Morrow, C., Valdeon, C., Larson, S., Kuhn, C., & Schanberg, S. (1992). Massage reduces anxiety in child and adolescent psychiatric patients. *Journal of the American Academy of Adolescent and Child Psychiatry*, 31, 124-131

Birlesmis Miletler Report (27 May 2016). https://t24.com.tr/haber/birlesmis-milletlerin-suriye-raporu-5-yilda-283-bin-kisi-hayatini-kaybetti,342359

Yasar, D. (01.02.2016). Kayıp sığınmacı çocuklar, krizin suç boyutunun vahim bir noktaya ulaştığının kanıtı'. https://tr.sputniknews.com/dunya_panorama/201602011020580112-kayp-siginmaci-cocuklar-europol-avrupa-siginmaci-krizi/.

Türkiye'deki Mülteci Çocukları için Kültürlerarası Eğitim Modeli

Ulaş Sunata[1]

Giriş

Göç ve mülteci arka planlı çocuk ve gençler dünya nüfusunun önemli bir kesimini oluşturuyor. Son beş yıldır yaşanılan mülteci kriziyle, Türkiye'deki ilgili çocukların boyutu çarpıcı biçimde artmıştır. Türkiye'de Suriye'den gelen ve geçici koruma altında olanların Türkiye nüfusuna oranı yüzde üçü geçmiştir. Bazı bölge ve şehirlerde bu oran yüzde 20, hatta bir şehirde yüzde 50'yi geçmektedir. Bu durum önemli demografik değişime sebep vermiştir: Suriyeli mültecilerle birlikte daha genc bir nüfus. Yarısı 19 yaş altı olan yeni mülteci nüfusun başat ihtiyacının eğitim olduğu açıktır. İltica arka planlı bir çocuğun eğitime adaptasyonu özel bir durumdur. Bu bildiri; sosyal içerleme ilkesiyle her çocuğun iyi kalitede eğitime erişim hakkı temeline saygıyla Türkiye'deki okul sisteminde kültürlerarası eğitim imkanlarının düzenlenmesi ve çoğaltılması üzerine olacaktır.

Mevcut Durum

Türkiye'de sığınmacı/mülteci ve uluslararası koruma altındakilerin olduğu gibi geçici koruma altında olanların da eğitime erişim hakkı mevcut yasalar ile belirlenmiştir. Tüm mülteciler kayıtlı bulundukları şehirdeki Türk okullarına kayıt yaptırma hakkına sahiptir. Bu bağlamda tüm mülteci çocukların okullara erişiminden sorumlu ve okullaşma önündeki idari engelleri aşmak için yol olması gereken kurum Milli Eğitim Bakanlığı (MEB) olarak belirlenmiştir. Türkiye'de halen MEB'in liderliğinde yürütülen mülteci eğitimi konusunda Birleşmiş Milletler (BM) kurumları da destek verici konumdadır: Birleşmiş Milletler Mülteciler Yüksek Komiserliği (UNHCR) ve Birleşmiş Milletler Çocuklara Yardım Fonu (UNICEF). BM kurumları daha çok Türk ulusal eğitim sistemine erişime teşvik üzerinde durmaktadır. Bu bağlamda Türkçe dil kursları, beceri geliştirme ve yüksek eğitim erişime yönelik çalışmaktadırlar. Hem UNHCR hem de UNICEF, MEB'e doğrudan teknik destek ve hem kendi bünyesinde hem de STK'lara eğitimler vererek mültecilere erişim ve özellikle eğitim imkanları hakkında danışmanlık hizmetinin gelişimine çalışmaktalar.

Mülteci eğitimi için sürdürülebilirlik ve sertifikalı eğitime erişim birincil önemdedir. Suriyeli sığınmacı çocuklar Türk okullarına kayıt olabilecekleri gibi Geçici Eğitim Merkezleri'nde (GEM) de eğitimlerine devam edebilirler. GEM'lerde Suriyeli gönüllü öğretmenlerle Arapça eğitim imkanı verilir, çoğunlukla dersler Suriye müfredatının güncellenmiş hali şeklinde işlenir. GEM'ler tüm mülteci kamplarında/Geçici Barınma Merkezleri'nde (GBM) vardır (25 adet-anaokulundan liseye kadar). Ayrıca kamp-dışı şehir bölgelerinde 350'den fazla GEM bulunmaktadır. İlgili GEM'lerin çoğu ilgili iki BM kurumu (UNHCR ve UNICEF) tarafından desteklenmektedir. Ayrıca MEB'in tanıdığı tüm GEM'lerden alınan başarı sertifikası MEB'nın Türk okulları için verdiği ile eşdeğerdedir.

---

[1] Doç. Dr. Ulaş Sunata, Göç ve Kent Çalışmaları Merkezi (BAUMUS), Bahçeşehir Üniversitesi. E-posta: ulas.sunata@eas.bau.edu.tr

Suriyeli öğrencilerin %60'ından fazlası okul-dışıdır (UNHCR, Eylül 2016). Eğer GBM'lerde formal eğitime kayıtlı %85'i bu orandan düşersek, şehir bölgelerinde okullaşma sadece %30 olduğunu söylemek gerekmektedir. Okula giden çocukların %77'si GEM'lere kayıtlı (245,000) iken, %23 civarı (75,000) Türk okullarında kayıtlıdır.

2013-2015 yıllarında Yüksek Öğrenim Kurumu (YÖK) Türk devlet üniversitelerinde kayıtlı Suriyeli mültecilere öğrenci harcı muafiyeti getirdi. Türkiye Cumhuriyeti 2015 yılında devlet üniversitelerindeki 1,600 Suriyeli öğrencinin harç maliyetini destekledi. Diğer ülkelerden mülteciler Türkiye'de üniversiteye devam edebilir, ama yabancı öğrenci harcı ödemesi gerekmektedir. UNHCR (2016) bilgisine göre; Türkiye'deki Suriyeli sığınmacı gençlerin %2,2'si yüksek öğrenime devam etmektedir. Türkiye'de eğitime devam edenlerin %20'si savaştan önce Suriye'de üniversiteye kayıtlıydı.

Türkçe dil eğitimi için sunulan imkanlarda artışlar göze çarpmaktadır. Bu imkanlar daha çok Türk okullarına kayıt ve devamı kolaylaştırmak maksadıyla yabancı dil olarak Türkçe eğitimi için gerekli müfredat ve materyal geliştirmek ve ilgili eğitimi sunmak üzerinedir. MEB'nın Halk Eğitim Merkezlerinde sunulan Türkçe ve beceri kurslara 80,000'e yakın Suriyeli katılmıştır (MEB, Kasım 2015). Türk üniversitelerine kabulü sağlayacak dil seviyelerine gelebilmeleri için 2015/2016 yılında UNHCR 1,600 lise mezununa 10 aylık ileri Türkçe dil bursu imkanı verdi.

2016 yılında Türk okullarına kayıtlar resmi olarak teşvik edilmekte ve Kasım ayındaki son yasal düzenleme ile GEM'lerinin mülteci eğitimindeki rolleri düşürülerek Türk okullarına kademeli olarak iki yıl içinde geçilmesi planlanmıştır. UNHCR Suriyeli-olmayan mülteci çocuklara Türk okuluna kaydı olduğunu belgeli ispatına nakdi yardımı yılda iki kez devam ettirmektedir.

Değerlendirme ve Öneri
Zorunlu göçün ilk kuşağı olarak savaşın çocuklarının sayısının hızla arttığı bir dünyadayız. Onların eğitim imkanlarından fiziksel, ekonomik, psikolojik ve sosyal mesafelerine bir gönderme olarak bazıları onlar için "kayıp kuşak" diyorlar. Son yıllarda "mülteci krizi" olarak adlandırılan olgunun bir başka boyuttan baktığımızda "çocuk krizi" olarak anılmasının daha doğru olacağını düşünüyorum. Nitekim mecburi göç yaşayanların neredeyse yarısı 18 yaş altıdır. Bu mülteci çocuklar ve sosyal denge için en uygun ve sürdürülebilir eğitim modelini değerlendirmek istiyorum.

Göç bağlamındaki bu son "çocuk krizi" ile özellikle ilgili çocukların Türkiye, Ürdün ve Lübnan'da ciddi oranda ani olarak arttığını görüyoruz. Ürdün ve Lübnan'da Suriye mültecilerin görece büyüklüklerinin daha çok olduğunu görmemize rağmen, Türkiye en fazla Suriyeliyi sınırlarında barındırmaktadır. Uluslararası koruma altındaki kayıtlı Suriyelilerin oranı ülke genelinde neredeyse yüzde 4'e yaklaşmıştır. Bu oran kentsel ve bölgesel bağlamda değerlendirildiğinde yüzde 20, hatta yüzde 50'ye çıkmaktadır. Türkiye'de mülteci eğitimi konusu sadece ani girişteki büyüklükten değil ayrıca sosyal koşullardan dolayı oldukça hassastır. Mülteci eğitimi bakımından Türkiye'deki en önemli toplumsal mevzu dil farkıdır.

Mülteci ve yerel halklar arasındaki dilsel farktan kaynaklı mevcut sosyal sorunları değerlendirebilmek için Türkiye'deki dil meselesinin tarihini de anlamak kritiktir. Resmi tek dil olarak Türkçe'nin kabulü ve 1928'de Arap alfabesinden Latin alfabesine geçilmiştir. Eğitim dilinin baskın olarak Türkçe oluşu etnik birliktelikte bazı sorunlara ve Türkiye coğrafyasında bazı dillerin son kullanıcılarının vefatıyla dillerin tükenişinin görülmesine (bakınız Ubıhça) sebep verdi. Milli eğitim sisteminde ana dilde eğitim alanında 2000'li yıllarda yapılan reformlarla eğitim dilindeki bakışa dair çerçevede değişiklik olmuştur.

GBM olarak adlandırılan mülteci kamplarında kalan sayısı giderek azalmış ve şimdilerde her 100 Suriyeliden sadece 9'u GBM'lerde kalmaktadır. Daha durağan ve sürdürülebilir bir yaşama geçmek adına yüzde 91'i artık Türkiye'nin çeşitli şehirlerinde olan Suriyeliler kamplara göre eğitim gibi servislere erişimde çok daha ciddi sorun aşamaktadırlar. Her ne kadar GBM'lerdekine göre şehir mültecileri Türkçe öğrenmeye dair ihtiyaç ve arzularının arttığı görülmektedir. Şehirde yaşayan mülteci çocuk eğitime erişimde kamptakinden daha fazla zorluk yaşamaktadır.

Küresel ölçekte mülteci eğitimi özellikle iki ana sebepten iyi bir kariyere sahip değildir: erişim sınırları ve düşük kalite. Politik uygulamalar genelde kaliteden ziyade eğitime erişimi arttırmaya çalışır. Saha deneyimlerime göre; mekan kıtlığı, taşıma, çocuk işçiliği ve erken evlilik eğitime erişimdeki sosyal engeller arasındadır. Ama en önemli bariyerin dil ve müfredatla ilgili olduğu açıktır. Mülteci eğitimin kalitesi ayrıştırılmış eğitim modelleri sürdürüldüğü sürece negative etkilenecektir. Ayrıca ayrıştırılmış eğitim modeli yerel halklar ile mülteciler arasındaki sosyal uyum yerine sosyal gerilimi tetiklemekte ve önyargıların çoğalmasına hizmet etmektedir.

Okullarda etnik birliktelik dil farklılıklarından değil ama iki-dillilik hatta çok-dillilik imkanlarının yokluğundan bozulabilir. Bu yüzden mülteci çocuğu olmayandan ayıran ayrıştırmacı model yerine empati, ötekiyi anlamayı ve işbirliğini arttırmayı tetikleyen kültürlerarası eğitim modelini öneriyorum. Bu model mülteci çocukların hayatlarını kurabilmeleri için sosyalleşme ve öğrenme fırsatlarına ihtiyacını karşılamayı önemser. Çocukların eğitime katılma ve eğitimi kendinin kılma haklarını gözönünde bulundurarak "kaynaştırma eğitimi" yerine "içerleyici eğitim" demenin daha doğru olacağını düşünüyorum. Birlikte yaşam kültürü farkların farkındalığı ve kabulü ile mümkün olabilir. Bu kültürü desteklemek farklı eğitim ihtiyaçları da olan öğrencileri izole etmeden içerleyici model ile mümkündür.

Yaşamlarında ve sosyal çevrelerinde karşılaştıkları travma-sonrası stress bozukluğu, ayrımcılık ve yabancı düşmanlığı sbebiyle eğitime adaptasyonları daha özel olan mülteci çocukların mevcut okul sistemi içine kabul ve uyumlarını kolaylaştırmak önemlidir. Sosyal içerleme prensibiyle farklı arkaplanlı çocukların iyi kalitede eğitime erişim hakları gözetilmelidir. Bunun için varolan eğitim sistemi için Türkçe öğrenmek bir önkoşul gibi görülse de, öğrenci-merkezli öğrenme ve kültürel çeşitliliği koruyan kültürlerarasılığı içerecek şekilde dönüşmesi Türkiye'deki eğitim modeli içinde bir fırsata dönüşebilir.

Education is the Key for the Future of Syria

İbrahim Özdemir

"If a person is sick, they can get treatment and get better.

If a child doesn't go to school, it will create big problems in the future—they will end up on the streets, or go back to Syria to die fighting, or be radicalized into extremists, or die in the ocean trying to reach Europe".

Shaza Barakat, director of a Syrian temporary education center in Istanbul and mother to a son who died aged 16 in 2012, when he returned to Syria to fight with opposition forces after finding no educational opportunities in Turkey. (HRW 2015)

Introduction

History of civilizations teaches that migration and its positive and negative results for humanity is old as humanity itself. There are many reasons, famines, droughts, natural disasters, economic, as well as political one. The migration of Syrians since 2011 is a result of domestic political conflicts and instability. The Syrian conflict with a brutal military crackdown on antigovernment civil and peaceful protestors in Daraa, a small town southwestern Syria, began in March 2011. This conflict eventually has displaced more than 12 million people by Feb., 2016. Majority of Syrians have fled to neighboring countries in the region, such Jordan, Lebanon, and Turkey. Therefore, the Syrian conflict is one of the biggest humanitarian, peace, and security crisis facing the world and humanity today. Intensified fighting and a deteriorating humanitarian situation continue to cause massive people flows within Syria and into the region. The UN estimates 13.5 million people in Syria need humanitarian assistance while 4.6 million have fled to neighboring countries, including Lebanon, Jordan, Turkey, Iraq and Egypt.

Dislocation of millions of people tears the fabric of family and society on one hand, creates complicated problems for receiving societies on the other. Although some countries and peoples struggle to receive the massive influx of refugees, it seems that current initiatives would be not enough to address the problem. Therefore, international community should find and devise more creative and inclusive policies to minimize the impact of refugees on receiving communities. Therefore, creating open, inclusive, and willing integration into the new society that helps rebuild the fabric of family and community is essential and urgent. Unfortunately, some European countries has been negative policies to accept refugees, which is against core values of European enlightenment as well as human rights. Moreover, acceptance and integration of refugees and migrants is a core duty of our modern world.

Education is Life

Many thinkers, philosophers and prophets, including Confucius, Socrates, Prophet Muhammad (pbuh), Gandhi, Alfred North Whitehead, and Said Nursi, stressed the importance of education for humanity and transformation of society. Moreover, humanization, civilization, and possession of a future are all made possible by education. It means quality education is key for sustainable development, social cohesion, and a brighter future.

More importantly, it should not be forgotten that education is a fundamental human right to which all men and women are entitled. Social development is ensured via high-quality education. Likewise, better health services, greater participation in social activities and enjoyment of fundamental rights are possible via education. This suggests that education is a matter of survival for any nation in the 21st century. In a world of interconnectedness and interdependence characterized by high technology and enhanced means of communication, education appears to be the most important issue.

Therefore, human rights advocates claim and insist that "every child has a right to education". According to Sharon E. Lee, this claim is based primarily on two premises:

> *"First, rights advocates endorse the right to education because they believe that if children receive basic primary education, they will likely be literate and numerate and will have the basic social and life skills necessary to secure a job, to be an active member of a peaceful community, and to have a fulfilling life. Second, rights advocates recognize that, despite this recognition of education as a right by the Universal Declaration of Human Rights (UDHR), for example, many children fail to benefit from even basic primary education" (Lee, 2013). Moreover, Lee argues that "(T)his gap between the positive recognition of the right to education and the negative reality facing many children has led rights advocates to conclude that education must be considered a human rights issue on par with the right to food or the right to freedom" (ibid).*

On these bases, it can be concluded that, there is a need for a fundamental change of mindsets and beliefs regarding education of refugee children and youth. So, once "the right to education" is accepted, then "such a human right requires the need to establish what qualifies education as an object in the set of vitally needed material goods, personal freedoms, and secure protections that rights advocates claim each individual is owed" (Lee, ibid). This concerns as much the question of what we are doing – and why we are doing it – as it concerns the way we are doing it. Therefore, the purposes of child education must focus on personal development, the preparation for the labor market, and preparation for life as active citizens in modern, complex and democratic societies of today. In other words, providing every child's right to education in a porper way, would "advance every child's chance to get at least a minimal level of protection and support as that child develops" (Lee, ibid).

Therefore, it is needless to say, education will be a permanent and remaining investment in the future of a society and it is true for the future of Syrian refugees. To quote John Dewey, "Since education is not a means to living, but is identical with the operation of living a life which is fruitful and inherently significant, the only ultimate value which can be set up is just the process of living itself." (Dewey, 2014, 259; 1997). Therefore, schools are a place of transmission and development of values, whether this is intentional or not. Teachers, by the way they behave, by the language they use, by the methods and pedagogy they choose, communicate values to the students and the whole community.

No Education, No Future, No Peace!
According to the United Nations High Commissioner for Refugees (UNHCR) the number of registered Syrians in Turkey is 2,715,789 (03 Mar 2016). UNHCR underlines that approximately half of the Syrian refugees are under the age of 18, and around 40 percent are under the age of 12. The Directorate General for Migration Management of Turkey which is founded in 2013, also confirms these numbers and notes that the total number of refuges accepted by EU member countries is only 813.599. *(January 2016).*

It should be underlined that before the conflict, Syria reported universal enrollment in primary schools, and near-universal enrollment in secondary schools. However, during the 2014-15 academic school year, half of all Syrian children did not attend school and Syria's primary school enrollment rate is now one of the lowest in the world. Upon arrival in countries of first asylum, Syrian children have encountered various disruptions and barriers to receiving an adequate education. The United Nations estimates that approximately half of Syrian refugee children were not enrolled in school in mid-2015.

Recent studies suggest that the enrollment rates of school-age Syrian children are an estimated 20 percent in Lebanon, 30 percent in Turkey, and 68 percent in Jordan. (Sirin-Sirin, 2015).

Education Gap: Girls and Boys
Studies also underline that "the educational crisis is more severe for Syrian girls than boys. Refugee girls have abysmal secondary school attendance rates; the lowest is in Lebanon's refugee camps, where 91 percent of girls between the ages of 15 and 18 were out of school in 2014". It is well documented that the education of girls can greatly affect intergenerational poverty, infant mortality rates, and family health and well-being.

Girls out of school are more vulnerable to early marriage and sexual exploitation, and several reports have found this to be the case among Syrian girls. Data shows that there ate "708,000 are school-age children" in Turkey. In 2014-2015, just over 212,000 were enrolled in formal education at the primary and secondary levels, based on Ministry of National Education data.

Although the enrollment rate inside refugee camps was nearly 90 percent, most Syrians live outside camps, where only 25 percent of school-age children were enrolled in school. For example, in Gaziantep approximately 350.000 Syrians live the city.

The Turkish government has been generous and its exemplary works in its response toward the Syrian human crisis, Turkey has struggled to ensure that Syrian schoolchildren have the access to education.

According to the Turkish authorities, as of February 2016 Turkey had spent $7.5 billion overall on the Syrian refugee crisis, while the total contributions it received from international donors stood at $300 million. It should be kept in mind that what Turkish people spend as a charity is not included. During our visit, we witnessed some people who provided shelter even shared his apartment with refuges for free. Therefore, Turkey's investment represents the largest contribution "made to date towards addressing the Syrian [refugee] crisis" as a whole.

Since March 2011, the Turkish government has built 25 camps near the Turkish-Syrian border, where, as of August 13, 2015, it sheltered 262,134 Syrian refugees with the camps at their full capacity.

The other 85 percent of the refugee population are "urban refugees," scattered in towns and cities throughout the country. The largest concentration lives in the southeastern provinces on Syria's border, where some municipal populations have increased by 10 percent or more due to the refugee influx. However, settlements of refugees from Syria can also be found in major urban centers such as Istanbul, Ankara, and Izmir.

The Ministry of National Education of Turkey trying to do its best to ensure that Syrian schoolchildren have the access to education and no child left behind. When I visited Mr. Yusuf Buyuk, deputy undersecretary for education (Ankara, April 2016), he told me that, "If we cannot educate these students, they will fall into the wrong hands, they are going to be exploited by gangs, criminals.... We are trying to improve the standards in our country which means also improving standards for Syrians." It seems that the Ministry of National Education of Turkey is planning and envisioning the "elimination of barriers ... such as language barriers, legislative barriers, and technical infrastructure gaps" that prevented Syrian refugee students from attending school (Buyuk, 2016). Moreover, as a local authority told us in a near future they have been planning to have at least initially more than 100.000 children in schools in Gaziantep. It seems it will be a good example for other cities as well as countries.

The authorities also acknowledged the positive and meaningful contribution prominent national and international NGOs to reach all students and no child left behind project.

As we are told, the government adopted an important policy in September 2014 for the education of Syrian children. However, when compared with Jordan and Lebanon, there some major and key obstacles for Turkish authorities such as language barrier, educational materials, social integration, and economic hardship. Turks are struggling to provide Arabic material and also overcome the language barrier, employing Syrian teachers. Still there are some obstacle for Syrian refugee children who live outside refugee camps from attending school:

- Lack of information: families lack crucial information on Turkey's educational system and admission procedures.
- Language barriers: most Arabic-speaking Syrian children face a language barrier in Turkish-language schools. Turkish authorities trying their best to overcome this obstacle.
- Economic hardship: lack of money affects families' ability to pay the costs of transportation, supplies. Many families are dependent on their children's income because parents cannot make a fair wage without labor protections. (HWR, 2015)

During our visit, we listened similar complaints from teachers as well as students. However, we observed that education means hope for a better future and job for refugees. Otherwise, "with no real hope for a better future, desperate Syrians may end up putting their lives on the line to return to Syria or take dangerous journeys to Europe."

Many NGOs have been working closely with local authorities and the Turkish government need to work quickly to make sure that Syrian children in Turkey can go to school.

A report found that "securing these children's education will reduce the risks of early marriage and military recruitment of children by armed groups, stabilize their economic future by increasing their earning potential, and ensure that today's young Syrians will be better equipped to confront uncertain futures". (HWR, 2015)

In September 2014, the Ministry of National Education issued a policy that offered all registered Syrian humans access to the public-school system. The ministry also began accrediting Syrian "temporary education centers" – a system of schools operated by charitable organizations and local communities that offer an Arabic-language curriculum. However, for many Syrian families, practical obstacles remain. Many Syrian children are unable to attend Turkish public schools because of the language barrier and lack of Turkish language support for non-native speakers. Others face bullying and social integration difficulties that lead students to drop out or that discourage them from enrolling. Some Syrian families lack accurate information on enrollment procedures. Human Rights Watch documented some cases of school administrators improperly turning away Syrian families who attempted to enroll their children in local public schools.

Temporary education centers are limited in number and not widely available in all geographic areas hosting Syrian humans in Turkey, nor do the existing centers have the capacity to serve the large number of Syrian schoolchildren who need education. Many of the centers charge tuition or require families to pay additional transportation fees that put them out of reach of some financially struggling Syrian families.

The Role of Teachers
Listening to teachers, looking around and talking to students once more we understand the importance of teachers for refugee children. These teachers were examples of what Jacob and Noam Neusner described as "good teacher" as follows:

> *What makes a good teacher, then, is clear. A good teacher is someone who can enter the mind of another person and bring life to the mind of that person. A good teacher does the work by arguing, pressing, asking questions, challenging answers, asking more questions. The life of the good teacher is expressed in giving life to ideas, imparting meaning to what appears to lie entirely beyond the intellect, making the obvious into a problem, turning the world of settled truths into an adventure. A good teacher is argumentative, disorderly, prepared for confrontation everywhere, all the time, with everyone, on everything—all for the sake of the vital mind, the freely inquiring spirit. (Allen, W. B. Barclay, W. 2003, 9).*

Therefore, teachers are important and key actors for social change and that the success of education for refugees and the future of Syrian society depend significantly on the teaching profession.

Although, there are many NGOs dealing and helping refugees, many of do not quite value the role of teachers at the level it deserves. During or visit and talks with teachers we are convinced that we were with some of the best teachers in the world, who are giving their experience, energy, and hope to their students in these hard times.

Knowing that some of students are also orphans once more we understand what an incredible teacher can mean to a child who lost his country, family and beloved one. Meeting with some students and later visiting some families, it was not difficult to understand and appreciated the role of education and teachers for refugee children and youth.

Once more, we convinced that a good teacher holds the power to influence, inspire and shape a young person's life for a better future. They represent the key to real change in this world. Talking and listening to teachers, who themselves are refugees, was incredible as well as instructive. We listened to similar stories and tragedies of young people from them. It is not like you are watching it on TV or reading on newspapers about refuges. You are talking to them right away. You can see both their suffering, sacrifices and also hope from their eyes and emotion. It is really challenging and touching to meet and talk to these devoted and committed teachers.

You once more fully understand that teachers are uniquely placed to recognize and support the most vulnerable and troubled children in refugee camps and outside of the camps. They reach young people early on in their education and provide them with the extra support they need and giving them the best possible chance in life. This is an incredible work for our common future.

Any Neglected child may be a problem for tomorrow
Every neglected child without education, basic life skills, and hope, may be a potential problem for the society and world community. Therefore, the education of refugee children and youth is not only key for the future of Syria also for the future of the region and the world security.

Many countries revising their migration polices. They preferring to accept educated refugees. It means children and humans with a good education and skills also may have a future wherever they go or they are accepted.

Visiting refugee schools in Gaziantep, the role of education and the teacher are reinforced and its importance confirmed as the world questions the problem of refugees in general and what future we want for their children. Spending two days with children and teachers it was really amazing and also inspirational to see the role of education and teachers.

These teachers, like Kawkab, grew up in Syria and were in schools. After conflicts broke out in Syria they were regularly witnessed exposed to violence. This is why they left country and become refugees. Many of their students left traumatized from witnessing a shooting on their way home from school.

Now, they are back at the school and teaching their students. They are not only teaching a regular curriculum, they are also developing trusting, respectful and affectionate relationships, encouraging youngsters to work together and rewarding positive behavior to be a part of family and also Turkish society.

Educational Needs of Syrian Refugee Children

In the past, Syria considered as "an education success story," reporting universal enrollment in primary school and near-universal enrollment in secondary school. However, during the 2014-15 school year, 51 percent of all Syrian children did not attend school, and in the hardest-hit areas up to 74 percent of children were not enrolled. As of 2014 Syria's net primary education enrollment rate was the second-lowest in the world. After conflict, one in four schools have been destroyed, damaged, or converted into shelters; and as of September 2015, an estimated 2.7 million Syrian children did not attend school.

The deterioration of Syria's education system means that many children arrive in refugee camps already at an educational disadvantage. If there has been a disruption in their schooling, refugee children will be behind in all subjects and will need to catch up while simultaneously learning a new language and adjusting to an entirely new cultural and social environment.

To concluded, "Syrian refugee children will likely need ongoing, targeted support to bridge the gaps in their education, attain fluency in the host-country language, and deal with trauma and other mental health symptoms". To this, NGOs should work hand-in-hand with local authorities as well as families.

What can be done

It's easy to take these overwhelming statistics at face-value and declare with passion that, *"Something must be done to help all of these poor children out there!"* If we stop for long enough to look at the data regarding Syrian refugees and their children and examine exactly what it is that is being measured, three things become clear:

1. Thousands of refugee children still out school, waiting for us.

2. Thousands of children who currently live on the streets or have left their education due to forced labor, war or natural disasters, still have the chance for education and schooling.

3. Thousands of children even attending a school, need educational material, food, clothe and protection.

The meaning of these three truths is evident and has clear message for us: There are a lot to be done Syrian refugee children and the education is the first and most important one.

Conclusion

Syrian refugee children need many things: Shelter, food, protection, health, sanitation, and education. However, education is vital and key for the future of individual humans, families, and Syria. If these children were not educated, they would be generation-lost. Moreover, these uneducated generations will be a burden on society and a security problem for international community. Therefore, we have to understand this problem in depth and come up with a clear strategy.

Failing to provide Syrian children with education puts an entire generation at risk. With no real hope for a better future, desperate Syrian humans may end up putting their lives on the line to return to Syria or take dangerous journeys to Europe.

In short, the reality is very clear: Syrian refugee children out of schooling deserve nothing less than our greatest efforts to provide them their basic human right: The right to education. We must not forget that, without education and basic life skills, they will be the most vulnerable and marginalized group in the future. Now, it's time to stop passing the buck and launch a serious and efficient effort for the education of refugee children. To do this, we have to change our mind set be a part of this process.

Today, we know better than ever that "change is not the work of one person (or of one institution, or of one law). Change is a process in which many people and institutions are involved and seize the opportunity to contribute". "Change in education is a shared responsibility of all those who have a stake in it: learners, parents, teachers, teacher trainers, schools, higher education, education policy, teacher associations and organizations, civil society, etc" (Actions for Change, 2016).

If we change ourselves today to be a part of helping refugee children's education, we can change and shape the future of these children and youth through education. In a nutshell, education is the key for the present and future of Syrian refugee children and youth.

References

Actions for Change, (2016). https://eflatunplatosu.com/2016/03/19/actions-for-change/
Allen, William B.- Allen, Carol M. (2003), *Habits of Mind: fostering access and excellence in higher education*, Transaction Publishers New Brunswick (U.S.A.) and London (U.K.).
Buyuk, Yusuf (2016). Personal Communication.
Education for sustainable democratic societies: the role of teachers, MED 23-13, 2010.
Education for change, (June 2015), Change for education, Council of Europe.
Dewey J., (1997), *Democracy and education*, first published 1916, Free Press, New York, NY, 1997.
Dewey, J., (2014). Democracy and Education, Aakar Books, Delhi.
Lee, S. E. (2013). Education as a Human Right in the 21st Century. *Democracy and Education*, 21 (1), Article 1. http://democracyeducationjournal.org/home/vol21/iss1/1 (erişim: 1 Mart 2017).
Selcuk R. Sirin and Lauren Rogers-Sirin, (2015) "The Educational and Mental Health Needs of Syrian Refugee Children, October 2015". http://www.migrationpolicy.org/research/educational-and-mental-health-needs-syrian-refugee-children
The Human Capital Report 2015, World Economic Forum.
UNICEF – http://www.unicef.org/statistics/index_step1.php
"When I Picture My Future, I See Nothing": *Barriers to Education for Syrian Refugee Children in Turkey*, Human Watch 2015. https://www.hrw.org/report/2015/11/08/when-i-picture-my-future-i-see-nothing/barriers-education-syrian-refugee-children
World Bank – http://data.worldbank.org/data-catalog/world-development-indicators.

Suriyeli Göçmen Çocukların Eğitimi ve Dil Öğretiminin Önemi: Uluslararası Gönüllülük Esaslı Bir Proje Olarak "Paper Airplanes"

Havvanur Özdemir±

Giriş

Öncelikle mülteci sorunu benim için insani bir sorun olduğu kadar, komşularımıza karşı hissettiğimiz moral bir sorun. Gaziantepli olmam ve ayrıca göç başladığı dönemde babamın Gaziantep'te görevli olması sorunla yakından ilgilenmeme sebep oldu. Mülteci kamplarını ziyaret ettim, şehirde yaşayan Suriyelilerle görüştüm. Dahası mültecilerle ilgili STK'larda ve devlette çalışan çeşitli kişilerle görüştüm. Sorunun farklı boyut ve yansımalarını onlardan dinleme imkanı buldum. Suriyeli mültecilerin devam ettiği bir üniversiteyi ziyaret ettim. Öğretim üyeleri ve özellikle de kız öğrencilerle görüştüm. Bundan dolayı, mülteci sorununu sadece medyada izleyen ve okuyan biri olarak değil, âdeta sorunun içerisinde yaşayan biri olarak anlamaya ve anlamlandırmaya çalıştım. Konuyu daha nesnel olarak anlamak için Erasmus+ bursu ile Çek Cumhuriyeti Charles University in Prague bünyesindeki Geographical Migration Center (GEOMIGRACE) Göç Merkezindeki çalışmalara katıldım. Göç sorununu ve bunun uluslararası sonuçlarını bu merkezdeki meslektaşlarımla tartıştım. Ve Türkiye'deki Suriyeli Mülteci Çocukların Eğitimi üzerine bir ders verdim. Bu çalışma da eğitime farklı bir proje olan Paper Airplanes'e dahil olmam sonucunda şekillendi.

Göç ve Türkiye

Türkiye'nin Açık Kapı (Open Door Policy) ve Geçici Koruma (Temporary Protection) politikalarıyla komşu ülkelerdeki şartlara göre daha iyi imkanlar sunan bir ülke olarak, artık bu süreci geçici çözümlerle idare etmek yerine, sürdürülebilir ve kalıcı çözümler üretmelidir. Bu sürecin başlarından itibaren ülkemize sığınan Suriyelilere "misafir" statüsünde bakılmasından da anlaşılacağı üzere konunun uzmanları bile Suriye Savaşı'nın bu kadar uzun sürmesini öngöremedi. İnsan Hakları izleme Örgütü'nün verilerine bakılarak; devletin sınırlı imkanlarıyla bu insan selinin sadece %13 'lük kısmı kamplar içinde barındırılıp temel ihtiyaçları karşılanabildi. Geriye kalan %87'si şehirlerde yaşam mücadelesi vermeye çalışmaktadır (UNHCR, 2015).

Mültecilerin yarıdan fazlasını oluşturan çocuklar ve gençler üzerine yoğunlaştığımızda, eğitim hayatına henüz başlayamamış, yarıda bırakmak zorunda kalmış çocukların "kayıp nesil" olması gerçeğiyle karşı karşıyayız.

Birleşmiş Milletler Kalkınma Programı'nın 2030 yılı gündemindeki 17 Sürdürülebilir Kalkınma Hedefi'ni incelersek önümüzdeki 15 yıl için insanlığa, gezegene ve refaha hizmet edecek bir eylem planı yapıldığını görürüz (UN, 2015). Konumuzla ilgili olarak Birleşmiş Milletler Genel Kurulu'nun bu 17 maddelik eylem planının 4.

± İstanbul Şehir Üniversitesi, İnsan ve Toplum Bilimleri Fakültesi, Sosyoloji Bölümü. E-posta: havvanurozdemir@std.sehir.edu.tr

Maddesi "Herkes için nitelikli eğitim" ile ilgilidir. Bunun anlamı ise şu şekilde özetlenebilir:

"Kız ya da erkek, zengin ya da fakir 2030'a kadar her çocuğun gelecekte kendisine mesleki gelişim sağlayacak eğitim alması hedefleniyor. Erkekler ve kadınlar etnik veya sosyal kökenleri ve engellerinden bağımsız olarak eğitimde aynı fırsat eşitliğine sahip olmalıdır" (Deutsche Welle, 2004).

Mülteci çocukların temel insani ihtiyaçlarından biri olan eğitimin hedeflenen yıla kadar bir aşama kat edebilmesi için; Birleşmiş Milletler'in, devletimizin ve sivil toplum kurum/kuruluşlarımızın omuzuna büyük bir sorumluluk yüklediği aşikardır. "Türkiye'de yerel halka bu konudaki görüşleri sorulduğunda, çalışma haklarından çok farklı bir biçimde toplumda Suriyelilerin eğitim imkânına kavuşturulması konusunda ilgi olduğu gözlenmektedir" (Erdoğan 2014). Bu çalışmada sivil toplum kuruluşlarının, mülteci çocukların hayatına ışık tutabilmesi açısından nasıl bir rol oynadığı somut bir örnek olarak "Paper Airplanes" online özel eğitim programı üzerinden incelenecektir.

Projenin ortaya çıkmasını sağlayan genç beyin, Amerika'da Carleton College Uluslararası İlişkiler mezunu Bailey Ulbricht adında bir öğrencidir. Böyle bir projeye başlamasına sebep olan dönüm noktasını Maryland'teki Severna Park Voice Yerel gazetesine verdiği röportajda şöyle anlatıyor: *New York Times*'ta Suriye'de neler olduğunu anlatan bir makaleyi okurken "Bu makalenin amacı ne? Burada oturup okumaya devam mı edeceğim? Gitmek zorundayım, yardım etmek zorundayım" diye yola çıktığını söylüyor (Muir, 2015).

İşin başında, Bailey bu uzun yola yalnız çıkıyor ama zamanla eğitim vereceği kişiler artınca öncelikli olarak arkadaşlarından başlayarak yeni gönüllüler buluyor. Böylece projenin adı olan Paper Airplanes/Kağıt Uçaklar havalanıp Suriye ve ötesine uçup yeni köprüler kuruyor. Paper Airplanes sadece bir dil eğitiminden ibaret değil. Kültürel ve duygusal değişim, empati kurabilme, farklı dünyaları görüp her iki tarafında hayata bakış açılarının değişmesi gibi daha bir sürü etkisi de var.

Bulgular
Hareketin çıkış noktasını da göz önünde bulundurarak içinde oldukları durumu Suriyelilerden daha iyi anlatacak birini bulamayız. Bu sebeple İnsan Hakları İzleme Örgütü (HRW)'nün 9 Kasım 2015 tarihli raporunda verilen Suriyeli bir anne ve bir kız öğrencinin anlattıkları üzerinden durumu analiz etmeye çalışalım. Birinci örneğimiz Suriyeli bir anne. Daha doğrusu, İstanbul'da, Suriyeliler için kurulan bir geçici eğitim merkezinin kurucusu ve Türkiye'de okuma şansı bulamayınca, savaşmak üzere Suriye'ye dönerek muhalif güçlere katılan ve 2012'de, 16 yaşındayken ölen bir gencin annesi. Okulun ve eğitimin mülteci çocuklar kadar bölgenin ve küresel barış için ne kadar önemli olduğunu açık ve net olarak ifade ediyor:

"Bir insan hastalanırsa tedavi olur ve iyileşir. Bir çocuk okula gitmezse, bu ileride büyük bir sorun olur – ya sokağa düşer, ya Suriye'ye döner ve savaşırken ölür, ya radikalleşir ve bir köktendinci olur, ya da Avrupa'ya ulaşmaya çalışırken denizde ölür" (İnsan Hakları İzleme Örgütü, 2015).

Rüzgar; rotası belli bir gemiye yön verirken, rotası belli olmayanı hiç bilmediği sulara götürür. Aynen öyle de eğitimden uzak düşen gençler yaşama gayelerini, geleceğe dair umutlarını kaybettikleri için her rüzgarla, her dalgayla tehlikeli sulara doğru yol alıyorlar. Her geçen gün yeni insanların radikal eylemlere ve aşırı köktenci hareketlere canlı bomba olmaya ikna olduğu bir zamanda, yapılan tespitlere göre en çok da kaybedecek bir şeyi olmayan insanların bu tür eylemlerde başrol oynadığını hesaba katmalıyız. Gençlerin bu tür radikal hareketlerden uzakta kalabilmeleri içinse; onlara nitelikli eğitimle geleceklerini inşa edebilme fırsatını sunmalıyız.

Rasha (19) Kayıp Nesil'in medyatik yüzü olarak belki de ne kadar büyük bir problemle karşı karşıya olduğumuzu bir kere daha hatırlattı. Rasha'nın 2013'te haykırdığı sorun medyada ancak 2015 yılında yankı bulmuş olsa da şimdi üniversiteye gitmesi gereken bu Suriyeli genç kızın, hayalini bile edemediği geleceğine dair hiçbir umudu kalmamıştır. Bu sorunun altında yatan sebeplere baktığımızda sadece yetersiz eğitim imkanlarının değil, ailelerin yaşadığı ekonomik zorlukların finansal desteğini için belkemiğini oluşturan çocuk işçilik ve toplumsal uyuşmazlık gibi daha birçok problemin buna sebep olduğunu Rasha'nın örneğinden çıkarabiliriz. 16 yaşındaki Rasha Ağustos 2013'te Suriye, Kamışlı'dan İzmir'e geldiğinde, ikamet izni olmadığı için okula kayıt yaptıramadı. Türkçe konuşamadığı için, yaşıtlarıyla birlikte 10. sınıfa gidemedi ve daha alt sınıfa gitmesine de izin verilmedi. Onun ifadesiyle durum:

"Artık okula gidemiyorum ya, işte o çok zor bir durum. Alışması güç. Ara sıra çalışıyorum, ablalarım fabrikaya gitmeyince onların yerine ben gidiyorum. Geleceğimi hayal etmeye çalıştığımda hiçbir şey göremiyorum İnsan Hakları İzleme Örgütü, 2015).

Ama bu örnekte de görülebileceği üzere problemlerin başını çeken sorun Rasha'nın yüzleşmek zorunda kaldığı dil bariyeridir. Bu engeli aşamadığı için, eğitim hakkını nasıl savunacağını, problemi çözebilmek için alternatif yolu nasıl bulacağını bilmemektedir. Sonuç olarak, okuması gereken sınıfı bırakıp daha alt sınıfa gitmesine bile izin verilmediği için eğitim hayatına koca bir ara vermek zorunda kalmıştır. 21. Yüzyılda insanlığın karşılaştığı en büyük insani krizlerden biri olan Suriye Mülteci Krizi'ne sebep olan Suriye Savaşı 6.yılına girerken, bu süreçte doğan bebekler bile büyüyüp okula gidecek yaşa geldi. Bebek doğumlarıyla da her geçen gün sayıları artan genç nüfus sınırlı imkanlar sebebiyle "Kayıp Nesil" olma tehlikesiyle karşı karşıya kalmaya devam etmektedir.

Bu bağlamda çocukların ve gençlerin maruz kaldıkları zorluklara, travmalara karşı kendilerine güvenli bir ortam oluşturabilecekleri, yeni sosyal ilişkiler kurarak psiko-sosyal destek alabilecekleri eğitimin hayatlarındaki yeri çok önemlidir. Bununla beraber iletişimi kurabilmek, duygularını ifade ederek yeni girdiği ortamda kabul görmek açısından dilin önemi yadsınamaz. Paper Airplanes tam olarak bu dil engeline takılan gençlere yardım etmek onları gönüllü öğrencilerle buluşturmayı hedeflemiş bir hareket olarak hedef kitle olarak ilk önce Amerika'daki gençleri belirleyerek başlamış, sonrasında 2.7 milyondan fazla mülteci barındıran Türkiye'yi de kapsayarak bu ülkelerde dil becerisi kazanıp yeterlilik almaya ve üniversitelere kabul almaya çalışan gençleri hedef almaktadır.

Bu eğitimleri veren ve alan öğrencilerin geri bildirimleri incelendiğinde oldukça farklı ve ilham verici tepkilerle karşılaşmamız mümkündür. Mesela Jade Ferrell adında bir eğitmen ders esnasında Skype üzerinden konuşurlarken bomba patladığını söylüyor. Eğer o bomba Amerika'da patlamış olsaydı herkes bağırıp çağırıp kaçardı ama onların gündelik hayatının bir parçası haline gelmiş diyor. Bu sayede, aslında ne kadar da farklı hayatlara sahip olduklarının canlı bir örneğine şahit olmuş oluyor.

Programa İngilizce öğrenmek için katılan Ahmad Habboush geri bildirimi ise öğrenci perspektifinden resmin diğer tarafını gösteriyor: "Seema ile derslere başladığımızda sadece IELTS'e hazırlıkta bana yardım edecek diye düşünmüştüm ama gündelik İngilizce, Amerika'daki akademik sistem ve öğrenci hayatıyla alakalı birçok ilginç şey öğrendim" diyerek programın sadece dil eğitimi vermediğini göstermiş oluyor (Paper Airplanes, 2013).

Sonuç ve Tartışma
Paper Airplanes, her biri kendine özgü yeteneklere sahip ve içinde yaşadıkları toplumu değiştirebileceklerine inanan bir grup üniversite öğrencisi tarafından kurulan bir sivil toplum hareketidir. Online, birebir dil eğitimleri ve kültürel paylaşımlarıyla üniversiteye hazırlanmak isteyen ama dil bariyerine takılarak bu hayallerine ulaşamayan gençlere umut ışığı olmaya devam eden –öğrenciler tarafından, yine öğrenciler yararına- kurulan öğrenci merkezli bir harekettir.

Elbette eleştiri olarak temel ihtiyaçlarını bile karşılayamayan mülteciler söz konusuyken belirlenen hedef kitlesinin kapsayıcılığı tartışılabilir. Skype üzerinden özel eğitim ile her çocuğa ulaşamayacak olması bu projenin en önemli sınırlarından biridir. Ama yine de eğitim alanındaki boşluğu doldurmaya çalışan sivil toplum hareketleri içinde, öğrenci temelli bir hareket olarak ortaya çıkmıştır. Çok sınırlı bir hedef kitlesi olmasına rağmen dil bariyerini aşmak için Suriyeli mülteci çocukların İngilizce ve Türkçe yeterlilik sınavlarını verebilmelerine ve üniversiteye yerleşebilmelerine yardımcı olmayı görev bilmiş önemli bir harekettir. Bu projenin önemi ve en anlamlı yönü yaptıkları değil; bir bütün olarak düşünüldüğünde üniversite gençliğini başta mülteci gençlerin eğitimi olmak üzere toplumsal sorunlar konusunda nelere yapabileceklerini göstermesidir. Bu nedenle, bu mütevazi proje geçmişe değil geleceğe yönelik olup, tüm gençlerin katkısına açıktır. Küresel sorunlar, küresel ölçekte iş birliklerini zorunlu kılıyor. Bu proje bu tür iş birliğinin küçük bir örneği olarak görülmelidir. Umut vaat eden bir örnek!

Kaynakça
Deutsche Welle, (2004, 5 Ekim). *Gelecek için 17 Hedef.* Erişim: (5 Kasım 2016). Deutsche Welle, http://www.dw.com/tr/gelecek-i%C3%A7in-17-hedef/g-18746148
Erdoğan, M. M. (2014, Aralık). *Türkiye'deki Suriyeliler: Toplumsal Kabul ve Uyum Araştırması.* Erişim: (06 Kasım 2016). http://fs.hacettepe.edu.tr/hugo/dosyalar/ TurkiyedekiSuriyeliler-Syrians%20in%20Turkey-Rapor-TR-EN-19022015.pdf
İnsan Hakları İzleme Örgütü (Human Rights Watch). (2015, 9 Kasım). *Geleceğimi Hayal Etmeye Çalıştığımda Hiçbir Şey Göremiyorum: Türkiye'deki Suriyeli Mülteci Çocukların Eğitime Erişiminin Önündeki Engeller – Kayıp Nesil Olmalarını Önlemek.* Erişim: (06 Kasım 2016). https://www.hrw.org/tr/report/2015/11/09/283247#7fb75e
Muir, K. (2015, 06 Ekim). *Paper Airplanes Tutoring Takes Flight To Syria And Beyond.* Erişim: 06 Kasım 2016. Severna Park Voice. http://www.severnaparkvoice. com/community/paper-airplanes-tutoring-takes-flight-syria-and-beyond

Paper Airplanes. (2013). Erişim: (7 Kasım 2016), Paper Airplanes,   http://www.paper-airplanes.org/

UNHCR Syria Regional Refugee Response. (2016, Eylül). *UNICEF: Syria CrisisSeptember 2016 Humanitarian Results.* Erişim: (7 Kasım 2016). Syria Regional Refugee Response Inter-agency Information Sharing Portal.
http://data.unhcr.org/syrianrefugees/documents.php?page=1&view=grid&Sector%5B%5D= 10

United Nations. (2015, August 12). *United Nations Sustainable Development Goals:17 Goals to Transform Our World.* Erişim: (6 Kasım 2016). http://www.un.org/ga/search /view_ doc. asp?symbol=A/69/L.85&Lang=E

www.ingramcontent.com/pod-product-compliance
Lightning Source LLC
Chambersburg PA
CBHW072055020426
42334CB00017B/1511